中国の対外経済論と戦略政策

片 岡 幸 雄

溪水社

まえがき

　本書は2004年に出版した片岡幸雄・鄭海東『中国対外経済論』（渓水社）の筆者執筆部分である第一章から第七章の部分に若干の修正を加え、新たに第八章、第九章、第十章を加えて刊行したものである。鄭海東氏との前共著は、元々「広島経済大学学術共同研究─中国の対外経済関係の深化・拡大と中国国民経済統合のディレンマ」（研究者代表・広島経済大学・片岡幸雄、広島経済大学・溝口敏行、福井県立大学・鄭海東）の研究成果の報告を主目的とし、広島経済大学から出版助成を受けて広島経済大学研究双書として出版したものであった。前共著は三ヵ年にわたる共同研究の成果とはいえ、全体として480頁に及ぶかなり分厚い書物となり、予算と時間上の制約もあり、筆者が当初これに組み込んで出版する予定であった本書の第八章、第九章、第十章部分を割愛することになった。
　鄭氏と筆者は、上記共同研究の主題に焦点を合わせて問題の整理の作業を進め、成果を公刊することにした。特に鄭氏は中国のWTO加盟の動機と経緯、対外経済政策の指向を丹念にたどり、中国のWTO加盟の中に含まれる潜在的な問題点の摘出と、その政策指向「努力代替型工業化」に警鐘を鳴らしている。当時の中国の主流的論調は、WTO加盟とこれによって享受する環境は、中国の将来の経済発展を確実に保障するという雰囲気に満ちていた。この風潮の中にありながら、筆者達は内心この論調に全面的には同意しがたい観点をもっていた。鄭海東氏はかなり明確な形で批判的な意見を打ち出し、危惧の念を表明したのであった。
　筆者は前共著の中で、中国の学術界における中国のWTO加盟問題を含む対外経済の議論を整理する過程で、間接的ながら先進国主導の世界経済秩序と中国の本来的な内在的要求および指向の間に、「対立と協調」という相矛盾する両面があることを示しておいた。この基底には、冷戦後の経

済のグローバリズムとグローバリゼーションをどのようなものとして受け止め、どのように位置づけるかという問題がある。現下の経済のグローバリズムとグローバリゼーションを中国がどう受け止め、どのように位置づけるかは、論理的問題であるとともに、また現実の進行過程における「対立と協調」の具体的な現れの検証の上に立たなければならないし、これによって対応策の内容も明確化する。鄭氏は前共著の中で、中国のWTO加盟にいたる経緯と加盟交渉の過程で、中国が受け入れた加盟条件（本書ではこれについての整理を繰り返すことを避けたので、必要があれば前共著の該当部分を参照されたい）を詳細に検討した上で、加盟のあり方と条件、主体性認識に批判的視点を打ち出し、顕在化してくる可能性のある問題に警告を発したが、これに対して積極的対応策を提示したわけではなかった。このことから、本書の第八章、第九章、第十章においては、経済のグローバリズムあるいは経済のグローバリゼーションを一応肯定的に受け止めている中国の論者達の受け止め方の内容にいささか立ち入って検討を加えた上で、論者達が中国のWTO加盟をどのように位置づけているか、またWTO加盟後の貿易と外資直接投資の両面におけるグローバリゼーションの進展と実態を踏まえて、これにどのように対応しようとしているのかを整理して、新たに本書を上梓することとしたわけである。

　現下の経済のグローバリズムとグローバリゼーションの下における途上国の経済発展の問題は、従来とは異なった様相を示している。今日の経済のグローバリゼーションの推進軸は多国籍企業であり、多国籍企業は途上国を直接的に自己の世界戦略の中に組み込み、途上国の経済発展の枠を規定する面をもつ。場合によっては、多国籍企業の世界戦略は途上国の命運を支配する。多国籍企業は現代資本主義の生命力の強さを示しており、グローバルな世界戦略をもつ主体として、世界経済の統合を従来の枠を超えた形で展開してきている。この意味からすれば、現下の経済のグローバリズムとグローバリゼーションは、世界的な社会主義移行への直結的展望を当面無実体化したということができ、かつてのレーニンの「帝国主義論」の主流的解釈を再検討した上で、新たな歴史時代認識を設定し、現代資本

主義の生命力の強さとその内在的矛盾をみるという課題に取り組むことを迫っているということになる。

　筆者は、今日の政策課題を議論する場合、今日の世界経済が、「帝国主義論」の主要内容と現象形態、あるいは本質認識上どうちがうのかを明確にし、今日的課題の位相を正確に押さえた上で、政策課題を正視していかなければならないと考えている。中国の改革・開放政策への転換、社会主義市場経済の構築、WTO加盟といった一連の動きは、世界経済の現段階的主潮流である経済のグローバリズムとグローバリゼーションに対する中国の単なる対応（受容）として以上に、中国にとっての積極策として（矛盾は含むが）の位置づけがなされなければならないと考えるからである。この意味では、中国は先ずレーニンの「帝国主義論」の従来の正統的解釈を再検討し、現代資本主義の生命力を見直し、世界政治経済の新たな時代設定をおこなわなければならないという課題を突き付けられることとなった。

　中国は改革・開放政策への転換の中で、世界政治経済が今いかなる段階にあり、その中に自己をどう位置づけるべきかの議論を通して、本格的改革・開放の中身を整えてきた。世界政治経済に対する歴史認識構造の変化に応じて、中国の対外経済関係の基軸も変わってきた。このことを踏まえて、国内経済の運営方針も変えざるをえなかったわけでもある。中国の研究者あるいは日本の研究者が、屢々「改革・開放への転換以後」という書出しで、その後の議論なり、改革の進展の叙述に入るのを見かけるが、改革・開放政策への転換の前提こそが問題だと筆者は考えている。建国後の中国の経済建設路線が封鎖的内向型経済建設方式であるといわれること自体にまちがいはないのだが、実はそれは前提として「帝国主義」段階にある世界政治経済の中で、中国の採用する経済建設として最良であるとの判断にもとづくものであった。それはまた、生産力発展の桎梏としての「帝国主義」、「死滅しつつある資本主義」、生産力解放の必然的道としての「社会主義革命の前夜」における輝かしい先進的経済建設方式であった。したがって、この場合の封鎖的内向型経済建設方式は、世界経済と無関係に切り離された建設方式ではなく、むしろ世界経済に規定された経済建設

方式だったわけである。

　改革・開放政策への転換後、中国の世界政治経済に対する歴史認識構造は大きく変わったが、さりとて「社会主義」の看板をまったく捨てたわけではないことは周知のところである。旧来の認識は改めたが、それは苦悩と、ある意味では矛盾を胎内にもつ「新しい社会主義」の模索の始まりである。「社会主義市場経済論」がそれである。従来の「中央集権的計画経済」＝「指令性計画経済」では、すべては中央が計画を立て、指令性下達にしたがって経済運営が行われるから（その方がより生産力の解放に役立つと考えていた）、個別経済単位が自己の特性にそって自発的に分業を発展させることはなかった。改革・開放政策の本格化とともに、経済発展の段階に応じた社会的分業を、経済発展の大きな源泉の一つとして位置づけるようになってきた。国際分業もその枠組の中に組み込まれる。このことを考えに入れて、現段階の中国経済を「国家資本主義」と位置づける立場もあるが、この議論は後日に残して、本書の中では直接この論争に立ち入らない。しかし、中国の正統派の経済学者達は、本論の中でみるように五つの所有制の併存とその積極性から「社会主義」の理念を降ろしてはいない。

　「社会主義市場経済論」を正面に据え、市場経済に傾斜していったからといって、世界経済のグローバリゼーションに合わせて、中国は「民族経済」概念を捨象したわけではない。この意味では、一般均衡論的世界経済の予定調和論的立場をすべての人が支持しているわけではない。今日の中国の先端的主流派が考えるように、現段階の世界政治経済が、「帝国主義」の「国家独占資本主義」段階をすでに脱却した新しい国際的協調と調整の段階にある（したがって、「戦争と革命」の時代から「平和と発展」の時代に入ったとみる）とする見解は、昨今のアメリカへの一極集中と、国際的協調と調整に解決の突破口が開けなかった2003年3月20日のアメリカの「イラク侵攻」をみると、手放しで全面的賛成もし難い部分がのこる。

　WTOによれば、2004年における世界貿易に占める中国の貿易の序列は輸出、輸入両面ともに第三位の地位にあり、少なくともこのことだけから見れば貿易大国としての地位に立つといえよう。2004年には輸出額5,

934億ドル、対前年比35％増、輸入額5,614億ドル、同36％増となっており、2005年の世界貿易におけるシェアはあるいはさらに高まっているかもしれない。2004年の外資直接投資導入契約件数は4万3,664件、対前年比6％増、契約外資金額1,534億79百万ドル、同33％増、実行外資投資額606億3千万ドル、同13％増で、『国際商報』紙によれば、中国は同年における世界最大の外資直接投資純導入国である。

日本にとっては、今や中国は単にお隣の国といった以上の存在の国になっており、日本側からみた2004年の日中貿易総額は1,680億ドル、輸出額738億ドル、輸入額942億ドルで、アメリカに次いで第二位の地位にある。香港経由の中継貿易による間接的日中貿易額の中身が定かでないから推計し難いが、香港と日本との間の貿易額370億ドルをそのまま加算すれば、その額2,050億ドルは、日米貿易総額1,893億ドルを超える。輸入においては中国単独でアメリカからの輸入額624億ドルを大幅に超える。

世界経済における中国の位置、また日本にとっての中国との経済関係の地位が、このような状況にあるにもかかわらず、これまで日本では中国自体の対外経済認識の内的構造と戦略政策について、必ずしも本格的研究が深められてきたとは言い難いように思われる。今日中国経済についての研究や調査は多いが、対外経済政策の背後にある中国自体の世界政治経済に対する基本認識を踏まえる形で、議論が深められている例は少ない。思うに、日本人にとって中国とは奇妙な存在の国のようだ。改革・開放政策への転換以前には、中国は日本人にとって危険な国、怪訝な国、ちょっと近づき難い国だったように思える。しかし、それは注意の外の国、無関心ではいられなかった国でもあったようだ。改革・開放政策への転換後も諸側面で交流は進んだが、両国間には政治的問題をめぐる懸案事項もあり、今一つ日本人には中国の姿がはっきり掴めない部分もあり、感覚的にしっくりいかない面もあるようだ。

こういった事情を踏まえて、本書では、第一章から第四章までは、建国以来の中国の世界政治経済に対する歴史認識構造の枠組の変化を整理し、これに合わせて経済建設の基本的枠組の変化と対外経済関係構築の内的論

理構造を論じている。第五章は、解放前中国における外資直接投資と今日の中国の外資直接投資の本質的なちがいを明らかにし、今日の中国の経済建設の中における外資直接投資の位置づけに関する理論問題を整理している。第六章は、改革・開放政策への転換後における外資直接投資の実態分析と問題点を整理した。ここでの分析は、前共著執筆段階2003年に利用できる資料上の時間的制約から、細部の統計資料は基本的には2001年までのもの、政策関連の資料と概況的統計資料は一部2003年までのものによっている。第七章は、改革・開放政策への転換後における対外貿易の発展と問題点の摘出にあてた。ここでの分析も、前共著執筆段階2003年に利用できる資料上の時間的制約から、基本的統計資料は2002年までのもの、政策関連の資料等は一部2003年までのものによっている。

第八章は、第九章と第十章の前提作業として、現下の経済のグローバリゼーションを中国がどのように受け止め、今日の世界政治経済関係の中にどのように位置づけた上で、これに対応しようとしているのかの整理にあてた。現下の経済のグローバリゼーションと新たな国際分業の発展を、中国の経済発展の内的要求とどのように結びつけようとしているのかが、ここでの問題である。

第九章は、WTO加盟後における中国の対外貿易戦略政策をめぐる論争を整理しつつ、そこで提出された現実進行上の問題点を踏まえて、中長期の中国対外貿易政策の基本戦略をつかむ作業をおこなった。本章の主要目的が、WTO加盟後における中長期の中国対外貿易政策の基本戦略を探ることにあることから、目的に合わせて問題を明確化するに必要な最小限の資料を、第七章の分析を補う形で簡潔に差し挟むこととした。

第十章は、WTO加盟後製造業における中長期の外資直接投資導入政策の基本戦略をつかむ作業にあてている。本章で外資直接投資導入戦略論争に固有のスペースを割かなかったのは、貿易と投資一体化の現下の経済のグローバリゼーションの状況下にあっては、貿易戦略と外資直接投資導入戦略を切り離して論ずることはさして意味がなく、貿易戦略をめぐる議論の中にすでに外資直接投資導入戦略の議論が有機的に組み込まれる構造に

なっているからである。このことについては、第九章を一読されれば、容易にご理解いただけるものと思う。今日における中国貿易の推進基軸は、外資系企業によって担われているのである。中国の外資直接投資導入の主要目的は、現代的経済発展水準を具えた産業の国際競争力の構築に、外資直接投資導入を如何に有効に結合していくかに置かれている。したがって、第十章は、前章の論争の整理を基礎とした上での展開となっていることをご理解いただきたい。本章もまた、その目的に合わせて問題を明確化するに必要な最小限の資料を、第六章の分析を補う形で簡潔に差し挟むことにしている。

周知のように、WTO加盟後、中国は「WTO加入に関する議定書」、「議定書附属書」および「中国加入作業部会報告書」の約束に沿って、従来の政策の枠を改め、法律・規定の多くの制定、改正など（透明化、明文化も含む）をおこなうとともに、新しい方向性を盛り込んだ多くの政策措置を打ち出してきている。

対外貿易に関連する主要なものとして、「中華人民共和国進出口関税条例」の改正（2003年11月公布、2004年1月1日施行）、「中華人民共和国対外貿易法」の改正（2004年4月公布、同年7月1日施行）、「対外貿易経営者備案登記弁法」の制定（2004年6月公布、同7月1日施行）、「中華人民共和国進出口貨物原産地条例」の制定（2004年9月公布、2005年1月1日施行）、「貨物自動進口許可管理弁法」の制定（2004年12月公布、2005年1月1日施行）、「貨物出口許可証管理弁法」および「貨物進口許可証管理弁法」の制定（同上）、その他個別製品管理に関する規則・通達等々の数々がある。

また、外資直接投資導入に関連する主要なものとしても、「外商投資産業指導目録」の改正（2004年11月改定、2005年1月1日実施）、「中西部地区外商投資優勢産業目録」の改正（2004年7月改定、同年9月1日実施）、「国務院弁公庁関于促進東北老工業基地進一歩拡大対外開放的実施意見」（2005年6月）、「促進産業結構調整暫行規定」および「産業結構調整指導目録」（2005年12月2日公布、同日実施）、「中共中央国務院関于実施科技規画綱要増強自主創新能力的決定」および中華人民共和国国務院「国家中長期科学和技術

発展規画綱要（2006－2020年）」（2006年1月26日決定）、またサービス貿易分野の開放と管理に関する法令類等々が数多く出されている。対外貿易と外資直接投資導入に関するこれらの資料は、すでに述べたように現下の貿易と投資が一体化した形で進行している経済のグローバリゼーションの状況下にあって、中国のこれに対する積極的対応であれば、両者は弁別しつつも、また相互に有機的に関連させてみていかなければならない。本書ではこれらのものに逐一触れなかった。これらのものを系統的に整理してまとめ、解説する作業が必要なことは、筆者自身十分に承知しているが、この作業は膨大な作業であるとともに、一研究者としての筆者一人の作業の手に負えるものではない。あるいは別途、何らかの予算的裏づけが得られ、その作業のための固有の組織が設けられる機会があれば、その作業に取り組みたいと考えている。本書のささやかな作業の一部は、こういった作業をおこなう場合のあるいは基本的な視角を提供する一助となるかもしれない。

　さて、筆者のことについて若干のことを述べる事をお許しいただきたい。
　筆者は大阪市立大学大学院経済学研究科において故名和統一教授の学恩に与った身であるが、教授は戦前、戦後を通じて、世界政治経済における中国の位置について常に深い注意を払っておられ、当時中国の対外経済関係に対する社会全体の関心が今日ほどではなかったにもかかわらず、中国の対外経済関係に対する筆者の学問的関心に理解と支持を与えられた。当時筆者の主要な研究課題は「経済発展と外国貿易」であり（今日もそのこと自体に変わりはないのだが）、特に発展途上国の開発と外国貿易の研究に主要な焦点を当てていた。筆者の観点からすると、中国は明らかに発展途上国なのであるが、当時経済学者達は一般には、中国社会主義の面に焦点を当てて議論していた。筆者は、発展途上国としての中国、社会主義国としての中国、大国としての中国の三つの側面から、中国の対外経済関係の相互規定性をみなければならないと考えていた。この状況の下で、筆者は自身の全体研究テーマの中の一部分として、細々と中国の論調を追うという作業を続けていた。中国の外交・経済関係における西側諸国への傾斜、

まえがき

 日中国交回復後の新しい動き、中国の対外経済関係の実際上の進展の前に、筆者は中国共産党の論調、中国の経済学者・研究者・実務家達の発表する論文等に対してある程度の研究時間を割かなければならないようになっていった。今や、中国の対外経済関係の追跡、理論的位置づけ、分析などにかなりの時間を費やすようになっている。筆者の心情からすれば、このようなささやかな作業が、先達の研究のほんの一部でさえも補うことにでもなれば、また最近頓に増してきつつある新進気鋭の若手研究者の研究に役立つところありとすれば、喜びたるやこの上もない。ご叱正を切に請う次第である。

 前共著のときと同様今回もまた、広島経済大学大学院後期課程院生 田海波君、呂 明星君、玄 錦月嬢が、本書の作表・作図、索引作成などの作業を手伝ってくれた。院生諸君に謝意を表したい。

 今回も前回同様、溪水社社長 木村逸司氏にお世話になった。現下の学術書の出版事情の困難な中を、筆者の本書出版の意図に理解と支援を与えられ、出版を快諾された溪水社社長 木村逸司氏から賜ったご厚情に厚くお礼申し上げる。

　2006年3月20日

　　　　　　　　　　　　　　　　　　　　　　　　片 岡 幸 雄

目　　次

まえがき　*i*

序　章　本書の構成 ………………………………………………*3*

第一章　建国期における世界政治経済に対する
　　　　　歴史認識構造と対外経済関係論 …………*15*
　第1節　建国期における世界政治経済認識 ………………*15*
　　1　中国の世界政治経済状況に対する基本姿勢 …………*15*
　　2　アメリカを中心とした資本主義諸国の対中経済包囲網の形成 ……*17*
　第2節　国民経済構築戦略の基本論理構造と対外経済関係の
　　　　　地位 ……………………………………………*21*
　　1　反帝国主義―独立自主政治主導型国民経済構築論理 ………*21*
　　2　世界的な社会主義革命への歴史的体制転換過程にある
　　　　中国国民経済の構築論理 …………………………*22*
　　3　社会主義計画経済の優越性を前提とした国民経済の構築論理 ……*25*
　　4　国際市場経済関係捨象―封鎖型自己完結的国民経済構築論理 ……*26*

第二章　世界政治経済の変革主体認識構造と対外経済関係論 …*33*
　第1節　「戦争と革命」の時代認識 …………………………*33*
　第2節　世界政治経済における米ソの姿勢と中国の対外戦略 …*35*
　第3節　対外経済関係の地位―対外経済関係の理論認識 ……*44*

第三章　世界政治経済に対する認識の変化 …………………*49*
　第1節　「戦争と革命」の時代認識との訣別 ………………*49*
　　1　認識の変化の底流 ……………………………………*49*
　　2　「戦争と革命」の時代認識との訣別 ………………*51*

第2節　資本主義の再評価と現代資本主義論……………………58
　　1　資本主義再評価論の登場—鄭励志氏の問題提起……………58
　　2　「現代資本主義論」—「帝国主義」は変わったか……………62

第四章　新しい中国社会主義経済論と対外経済論……………81
　第1節　「平和と発展」の時代認識下における新たな対外
　　　　　経済論構築への始動
　　　　　—旧来の認識下における国民経済構築論理から新たな国民経済
　　　　　構築論理への転換—……………………………………81
　　1　反帝国主義—独立自主政治主導型国民経済構築論理の基礎前提の転換……81
　　2　世界的な社会主義革命への歴史的体制転換過程認識の抽象時間
　　　　化と国民経済構築の新編成論理…………………………83
　　3　社会主義計画経済の優越性を前提とした経済建設理念と政策展
　　　　開の相対化…………………………………………………86
　　4　国際市場経済関係捨象—封鎖型自己完結的国民経済構築論理の基軸転換…88
　第2節　中国社会主義経済論の新展開………………………92
　　1　三大挑戦課題………………………………………………92
　　2　中国社会主義市場経済論への道程………………………96
　第3節　社会主義市場経済理論の形成………………………98
　　1　商品経済と市場経済の区別………………………………98
　　2　社会主義市場経済論………………………………………100
　第4節　対外経済論……………………………………………112
　　1　中国の対外貿易の地位と役割……………………………112
　　2　併存する二つの世界市場論………………………………114
　　3　中国対外経済貿易発展理論の基礎構造…………………116
　　4　対外経済貿易発展戦略……………………………………127
　　5　外資直接投資の導入と貿易及び経済発展………………138
　　6　APECと中国………………………………………………139
　　7　WTOと中国…………………………………………………140

8　中国対外経済貿易の総体政策 …………………………………… *142*

第五章　中国における外資系企業と民族経済論 ……………… *147*
　第1節　旧中国―半植民地半封建経済下における外資系企業
　　　　　に対する評価 …………………………………………… *147*
　第2節　史的認識構造からみた民族経済概念のコントラスト … *150*
　　1　民族経済概念捨象論 ……………………………………… *151*
　　2　伝統的民族経済擁護論 …………………………………… *153*
　第3節　新民族経済論 ………………………………………………… *157*
　　1　新しい民族経済概念 ……………………………………… *157*
　　2　民族経済保護論 …………………………………………… *160*
　第4節　協調と対立―協調的管理政策を求めて ………………… *165*

第六章　改革・開放と外資直接投資導入の動態
　　　　　　―成果と問題― ………………………………………… *169*
　第1節　対外開放の歩み ……………………………………………… *170*
　第2節　外資導入の概況 ……………………………………………… *173*
　第3節　外資直接投資の発展と外資直接投資導入政策内容の
　　　　　変化 ………………………………………………………… *177*
　　1　第一段階（1979～83年）―対外開放の試験的準備期 ……… *178*
　　2　第二段階（1984～91年）―発展段階期 …………………… *178*
　　3　第三段階（1992～93年）―高度発展段階期 ……………… *179*
　　4　第四段階（1994～99年）―調整・安定的発展期 ………… *180*
　　5　第五段階（2000年～）―WTO加盟と新段階 ……………… *184*
　第4節　外資系企業の地位と基本的特徴 ………………………… *190*
　　1　中国国民経済における地位概況 ………………………… *190*
　　2　製造業部門における外資系企業の地位と特質 ………… *192*
　第5節　外資系企業の進出戦略と中国のディレンマ …………… *216*

xiii

第七章　貿易体制改革、外資系企業の貿易参入と対外貿易の発展―成果と問題― …………229

第1節　貿易体制改革と外資系企業の貿易における地位の躍進 ……230
1. 第一段階（1979〜83年）―貿易体制改革開始期 …………230
2. 第二段階（1984〜87年）―本格的体制改革突入期 ………233
3. 第三段階（1988〜90年）―旧体制脱皮への試走期 ………236
4. 第四段階（1991〜93年）―旧体制脱皮期 …………238

第2節　新たな貿易体制の構築過程 ……………241
1. 外国為替管理の刷新 ……………242
2. 新しい枠組の貿易体制の構築 ……………243

第3節　貿易形態と構造的特質 ……………256
1. 貿易形態 ……………256
2. 貿易形態の構造的特質 ……………262

第4節　貿易の産業構造的特質と輸出競争力 ……………279
1. 貿易の産業構造的特質と形成要因 ……………279
2. 輸出競争力の現状 ……………282

第5節　内在するいくつかの問題 ……………286

第八章　経済のグローバリゼーションと対外経済関係論 …………291

第1節　経済理論にみる二つのグローバリズム ……………292
第2節　マルクス主義グローバリズムの問題点―マルクス主義グローバリズムにおける民族問題と国民国家― …………298
1. マルクスとエンゲルスにみる民族、国民国家論 …………298
2. マルクスとエンゲルスの世界社会主義革命論の問題点とその後の発展 …………302

第3節　中国におけるマルクス主義グローバリズムと
　　　　社会主義民族国家論 …………………………… *312*
第4節　経済のグローバリゼーションに対する中国の
　　　　対外経済関係認識 ……………………………… *317*
　1　現下のグローバリゼーションの風潮に対する中国の基本姿勢 …… *317*
　2　経済のグローバリゼーションと現下の世界政治経済に対する
　　　中国の認識 ………………………………………… *318*
第5節　経済のグローバリゼーションに臨む
　　　　中国経済の位置と発展への結合 …………………… *328*
　1　経済のグローバリゼーションと中国工業化の発展段階、
　　　対外貿易の内的構造 ………………………………… *329*
　2　中国経済にとっての要素流動化と国際分業の新展開 …………… *332*

第九章　WTO加盟後の貿易戦略政策 ……………………… *337*
　第1節　グローバル競争への一体化戦略論 ………………… *338*
　第2節　管理的貿易自由化戦略論 ……………………… *346*
　第3節　両見解の主要論点の整理 ……………………… *353*
　　1　輸出政策上における両主張の相違 ……………………… *354*
　　2　輸入政策上における両主張の相違 ……………………… *357*
　　3　加工貿易の位置づけをめぐる両論の相違 ……………… *361*
　　4　国際競争力強化をめぐる政策協調と基軸をめぐる両論の相違 …… *363*
　第4節　両見解に対する評価 …………………………… *366*

第十章　WTO加盟後製造業における
　　　　　外資直接投資導入戦略 ……………………… *375*
　第1節　WTO加盟後の外資導入戦略の
　　　　　前提としての国民待遇と超国民待遇 ………… *375*
　第2節　WTO加盟後の外資直接投資導入総体戦略 ………… *380*

xv

第3節　WTO加盟後製造業の外資導入戦略 ……………… *392*
　1　外資導入と産業発展モデルの選択 …………………… *392*
　2　新たな外資直接投資導入産業戦略論 ………………… *395*
　3　中長期戦略政策と「第十一次5ヵ年規画」の指向 ……… *409*

索　引 ……………………………………………… *421*

中国の対外経済論と戦略政策

序章　本書の構成

　本書は全10章から成るが、内容構成からするとほぼ七つの構成部分に分けられる。

　第一の部分は、反帝反封建民族解放闘争を経て中華人民共和国を建国し、世界経済が独占資本主義の段階にあるとの認識の上に立ち、「死滅しつつある資本主義」に対する新しい体制としての「社会主義計画経済」体系が構築される中に、対外経済関係がどのように位置づけられ、組み込まれていったかに関する部分である。この構成部分は第一章である。

　第一章「建国期における世界政治経済に対する歴史認識構造と対外経済関係論」では、先ず当時の世界政治経済が「独占資本主義段階―帝国主義段階」にあるとの基本認識にもとづき、アメリカを頭目とする反共的、独占段階にある資本主義は、もはやこれ以上の生産力の解放をなしえない「死滅しつつある資本主義」であるととらえ、世界的反帝闘争理論と実践的展開を広げ、新しい生産力解放を推進するものとしての「社会主義」体制の論理の構築に力を注ぎ、実践的にもソ連と組んでその方向での政策を積極的に推進した状況を整理する。

　「死滅しつつある資本主義」に取って代わる「社会主義」への歴史的体制転換過程にあるこの時期にあって、「社会主義計画経済」の「資本主義」経済運営に対する絶対的優位の確信とその貫徹こそが「社会主義計画経済」の優位性の保障であること、反帝独立自主政治主導型国民経済構築論理を背景として、対外経済関係の捨象あるいは軽視論が主軸的地位を占めるようになる。論理構造としては貿易関係における比較生産費説の徹底批判、貿易搾取論と資源の独占的収奪論が主軸に立つようになる。

　第二の部分は、資本主義陣営に対する社会主義陣営内部において、外

交・国際経済関係をめぐる姿勢に亀裂が生じ、決定的対立にまで発展していき、中国がこれに対して外交・国際経済戦略に対する考え方を漸次改めていき、現実の外交・国際経済関係においても、基軸の置き方と組み合わせに変化が出てきた事態に関する部分である。第二章「世界政治経済の変革主体認識構造と対外経済関係論」である。

中ソの意見の対立は1956年からとされるが、60年以後対立は公開された形となり、党さらに進んでは国家間対立にまでに発展する。本論との関連からいえば、世界各国、植民地、従属国のプロレタリアートの積極的な反帝闘争こそが、歴史のダイナミズムの源泉であるとの立場から、現行世界政治経済秩序を徹底否定する中国と、社会主義陣営の頭目としてのソ連が、資本主義対社会主義の対立の構図の中における資本主義の命運を決定する主軸であり、ソ連の主導する秩序こそが根幹となるとするソ連の対立である。

その後中国は1968年ソ連を「社会帝国主義」と非難し、社会主義陣営の団結ということから背を向け、70年頃から性急な革命路線にブレーをかけ、西側への傾斜をすすめる。第三世界を世界変革の原動力であるとしつつも、社会主義陣営がすでになくなったとの認識に立つ中国は、「資本主義の全般的危機」と「併存する二つの世界市場」を否定し、民族主義的立場を強調するようになり、資本主義の長期生命性を肯定的にとらえるようになる。貿易に対する認識では、基本的には従来の考え方が踏襲されたが、西側との貿易は、体制的、制度的に組み込まれた搾取論を退けた、自国要求に基づく積極的「有無相通ずる貿易」として展開されることになる。

第三の部分は、従来の世界戦略の抜本的再点検に入り、現段階の世界経済の歴史発展段階的位置づけの再検討と、その中における「社会主義」の歴史発展段階的定在措定、このことを踏まえた新たな世界戦略の構築に関する部分である。具体的にいえば、現代世界経済はどう変わったか、経済発展段階に応じた社会主義経済の内容の模索ー「社会主義市場経済論」、「改革・開放」、経済協力の位置づけ、世界経済秩序の新たな方向の模索などである。第三章「世界政治経済に対する認識の変化」と第四章「新しい

中国社会主義経済論と対外経済論」である。

　1960年代から兆しはあったものの、ある程度察知できる形でそれが現れてくるのは78年の初期頃からであろうか。現代世界政治経済の下においては帝国主義戦争を抑止することができるとの認識（帝国主義戦争を契機とする社会主義革命の展望の困難性）、「死滅しつつある資本主義」と社会主義の全面勝利構想の現実性に対する疑義認識が深まり、戦後資本主義の高度発展の現実の前に、資本主義体制の自己調整能力と生命力に対する再評価と、両体制の長期共存の客観的現実可能性に対する認識が強まっていった。このような認識の変化の基礎前提には、理論的には現代資本主義をどう評価するか、「現代資本主義は変わったか」といった問題がある。今日の資本主義を「国家独占資本主義」としてとらえ、その積極的役割を評価する論が力をもってくる。この点に関して、今日政策との関連で注目すべき論は、「国家独占資本主義」を「帝国主義」段階の一小段階とみなす立場と、これをすでに「帝国主義」段階を脱却した新しい段階（この下では帝国主義戦争が回避される可能性が展望でき、国家独占資本主義の国際的連合、協調、協力の体系を通じて生産力の発展が期待できる）としてとらえる立場の二つであろう。前者も改革・開放政策に必ずしも全面的反対ではない。

　上述の基本認識を土台として、先ず建国期の経済建設の基本的な考え方と、新たな認識に立っての経済建設の基本的考え方を対照的に整理し、然る後に「新しい中国社会主義経済論」の構築過程と内容をまとめる作業を行った。この中での論理的起点は、従来の中央政府による指令性計画の中で否定されてきた個別経済単位の自己の特性に基づく分業の肯定である。このためにまた、従来の所有制の変革と基本的には五つの混合所有制の重層的国民経済統合構築論が正統的地位をえる。対外経済関係もこの中に位置づけられ、国際分業も世界経済の社会的分業としての位置づけをみる。比較生産費説が肯定的に評価されるようになり、国際貿易における搾取論が後退し、本格的対外経済開放の枠組と、これに基づく中国対外貿易および外資直接投資導入を組み込んだ積極的開発戦略と政策の策定が推し進められる。

第四の部分は、第三の部分の一部分でもあるが、現在最も関心の深い問題であることから、敢えて「中国における外資系企業と民族経済論」を第五章として設け、解放前中国における外資直接投資と今日の外資直接投資の本質的なちがいを明確にし、今日の中国の経済建設における外資直接投資に対する理論問題、現下の世界経済における民族経済および民族資本概念の必要性否定論と、民族経済および民族資本概念を飽くまでも根底におかなければならないとする論の両論の立場を整理している。
　第五の部分は、第三と第四の部分の内容を基礎にした外資直接投資導入政策と対外貿易政策の展開、両面における動態の分析と問題である。第六章「改革・開放と外資直接投資導入の動態―成果と問題―」および第七章「貿易体制改革、外資系企業の貿易参入と対外貿易の発展―成果と問題―」である。
　中国の対外経済関係をみていく場合、改革・開放前との関連性、改革・開放前と改革・開放後の比較をみるということからいえば、先ず対外貿易から始めるというのが通常の方法かと思われるが、今日の状況からすれば、外資系企業の貿易における地位が中心的位置を占めるということから、先に外資直接投資の状況をみることとした。ここでは後の章のために、対外開放の歩みを概略し、外資直接投資の拡大とこれに対する中国の導入政策の変遷を、執筆当時に入手できる2002年あるいは2003年までの資料によって辿っている。また、入手される工業部面各業種全般にわたる資料としては初めての2001年の資料によって、工業部面各業種における外資系企業の地位を生産額、付加価値額、売上高の三つの面から押さえ、外資系企業の特化度、特化度とマーケットシェアの関係を整理し、さらに各業種ごとの国内市場と輸出市場における地位をみた。この作業の上に立って外資系企業の対中進出戦略を分類し、外資系企業の戦略と国内資本企業の関係を検討し、WTO加盟後を目ざした外資系企業の新たな戦略変化の動きの中での今後の問題を探った。
　貿易の面においては、貿易体制改革が進められる中で、従来貿易の国家独占制の下で、中央の数社の対外貿易専業公司が専ら貿易を担当していた

状態から、地方が自ら対外貿易公司を認可・設立して貿易経営をおこなう体制へ転換され、一部の国内資本メーカーも対外貿易経営権をもつようになり、外資系企業も貿易権をもつようになった。今日では私営企業にも貿易経営権が与えられている。この過程で外貿企業の数は膨大な数にふくれ上がっていくと同時に、貿易形態の範囲も広がっていった。貿易形態上今日中心的位置にあるのは加工貿易形態のもので、通常貿易がこれに次ぐ状態になってきている。加工貿易を担う中心的主体は外資系企業で、国内資本企業は通常貿易を中心としている。貿易の中心的存在となっている加工貿易を担う主軸的主体が外資系企業であることは、上述の外資系企業の生産額やマーケットシェアにおける地位と有機的な内的関係をもち、ここに中国対外貿易の発展における一つの大きな問題もある。

中国の貿易の急速な発展は目を見張るほどのものがあり、産業内貿易指数でみると、かなり産業内貿易指数の高い部門もあるが、これも加工貿易と内的関連をもつ。輸出競争力は一応輸出競争力指数として測定でき、いくつかの分野では、内容的にも中国が独自にかなりの競争力をもつものもあるが、委託加工・組立貿易と輸入加工貿易形態による輸出競争力という固有の内面的事情が含まれ、表面的には競争力をもつように見えるが、実体的内容としては、やはり労働集約型低次加工や低技術加工輸出の部分も多い点、またWTO加盟後の日中貿易にみられるように輸出競争力の低下がみられる点など、ここでは内在する問題をいくつかみている。

第六の部分は、中国が今日の経済のグローバリゼーションをどのように受け止め、これにどのように対応しようとしているのかの基底にある考え方の、全体的な基本的枠組をまとめた部分である。第八章「経済のグローバリゼーションと対外経済関係論」がこの部分である。この部分は、後続の第九章「WTO加盟後の貿易戦略政策」と第十章「WTO加盟後製造業における外資直接投資導入戦略」の議論の前提的枠組をなす。この章を敢えて設定したのは、経済のグローバリゼーションに対する中国の考え方が、多面的且つ重層的な構造をもっていることを考慮したからである。

周知のように、第二次世界大戦後の世界の政治経済は、リベラリズムの

経済理論の基礎に置かれているグローバリズムとマルクス主義経済理論の基礎に置かれているグローバリズムが、現実に発動された形での直接的対峙の構造となっていた。マルクス主義グローバリズムは世界的には一応は敗退をみたという形になり、差し当たり当面はこれがグローバルな形で発動されるという条件に乏しいとみられる。しかし、このことは必ずしも、マルクス主義グローバリズムの価値観が完全に打ち砕かれたということを意味するものでもなく、従来マルクス主義グローバリズムを奉じていた国のすべてが、その価値観を自ら葬り去ったというわけでもない。具体的に中国では、マルクス主義グローバリズムの価値観を底面に沈めた上で、マルクス主義グローバリズム発動の歴史発展段階論的な観点からみたマルクス主義グローバリズム発動の基礎前提条件を再設定し、この意味において一国社会主義建設へ傾斜していったわけである。

　したがって、中国は基礎前提条件からして、マルクス主義グローバリズムの直接的発動を取り止めたとはいえ、リベラリズムの経済理論の市場主義的グローバリズムに全面的に賛成しているわけではない。一番底に置かれているのは、市場による世界秩序が予定調和的で、公正且つ平等なものか否かという点である。"社会主義市場経済"概念を用いる一つの背景であろう。この概念には、さらに今一つの性格が重ね合わされる。中国が発展途上国であるという性格である。中国にとって、民族解放と国民経済の建設の課題は、それ自体とすればナショナリスティックな要素のものであるが、中国ではこの課題の解決をマルクス主義グローバリズムの発動の中で成し遂げようとした。中国は一方で強烈な民族主義を意識しつつも、一方でマルクス主義グローバリズムの直接的発動の中で、これを止揚しようとしたのであるが、結局マルクス主義グローバリズムの直接的発動の中で、この課題を成し遂げることができなかった。少なくとも、当事者の立場からみても、歴史発展段階的な基礎条件からすれば、マルクス主義グローバリズムの発動は前提条件を満たしていなかったということであろう。後に残されたのは、リベラリズムの経済理論の市場主義的グローバリズムとグローバリゼーションが世界を席巻する中での国民経済建設の課題である。

さりとて、中国の市場経済自体は未成熟な状態にある。したがって、"社会主義市場経済"概念には、市場経済自体の未成熟な性格要素を加えなければならないことになる。この面からもまた中国は、リベラリズムの経済理論の市場主義的グローバリズムを全面的に受容しにくい一面がある。

　マルクス主義グローバリズムが世界的には一応は敗退し、一方でリベラリズムの経済理論の市場主義的グローバリズムが世界を席巻する中で、中国は世界経済の三極構造の中に、リベラリズムの経済理論の市場主義的グローバリズム発動の総体性と相対性をみる。経済のグローバリゼーションとリージョナリズムの構造においてである。中国は先進国との間にある「対立と協調」の両面と世界経済の三極構造の間の矛盾関係を結合し、アメリカ主導の経済のグローバリゼーションに歯止めをかけ、世界政治経済の民主的運営を盾として、途上国中国の利益擁護と経済の国家安全をはかろうとしている。中国は現下における経済を除く分野におけるグローバリズムも、グローバリゼーションも容認しない。中国は経済のグローバリゼーションに限ってこれを受け容れているのみである。

　中国は自国経済の発展段階を工業化の中期段階にあると位置づけし、この条件を踏まえた上で、経済のグローバリゼーションを受け入れようとしている。この発展段階にある中国にとっては、経済のグローバリゼーションの進行の中で、新しい国際分業と認識する要素国際分業、産業内国際分業を、経済発展に如何に積極的に組み込むか、これに焦点を合わせた戦略政策が重要な問題となる。

　第七の部分は、中国がWTO加盟によって、現段階の経済のグローバリゼーションの全体的枠組を本格的に受け入れた後の、貿易と外資直接投資導入の両面における戦略政策を取り扱っている。この部分は、第九章「WTO加盟後の貿易戦略政策」と第十章「WTO加盟後製造業における外資直接投資導入戦略」から構成される。現下の経済のグローバリゼーションは貿易と投資が一体化した形で進行しており、中国も伝統的な国際分業と異なったこの新しい形の国際分業の展開を積極的に評価し、この積極的発展に関する統一ルールを取り決めているWTO協定を受け入れたわけで

あるから、このルールを基礎にして、対外的には、いわば制約を受けた受動調整的政策をとらざるをえなくなるわけである。

中国はWTOに加盟するまでは、漸次経済のグローバリゼーションの動きに合わせて政策的対応をしてきたとはいえ、基本は中国自身が独自の主体性をもつ固有の政策（開放戦略を含む）を立て、自己の遂行計画に合わせて実行するということを前提としていた。中国は自己の政策に合わせた対外開放プログラムやどの程度開放するか（漸進的、段階的に外向型経済の発展をはかり、地域政策と外資優遇政策をとるなど）などは、すべて中国自身が自分の手に握っていたのである（第五の部分で述べた内容の一部には、中国がWTO加盟交渉の過程で政策調整を余儀なくされた部分があるが、これとてもこの段階では中国の一応の主体的同意ではある）。中国がWTOに加盟したということは、経済のグローバリゼーションを本格的に自国の経済体系に組み込むことにしたという意味で、従来中国が置いてきた基礎とは前提条件を異にする。

このことを踏まえて、第七の部分は、第五の部分での議論を踏まえながら、中国はWTO加盟後の制約を受けた新たな条件の下で、貿易と外資直接投資導入の両面で、どのような戦略政策を用意するかに焦点をあてた。

第九章「WTO加盟後の貿易戦略政策」では、WTO加盟後の戦略政策をめぐる二つの立場を検討している。WTO加盟後経過期間などの一定の条件があるものの、その統一ルールを基礎として経済のグローバリゼーションを本格的に自国の経済体系に組み込むということにした場合、立場が大きく二つに分かれる。一つは、直接的にこの流れに自己の身を一体的に合わせる形での積極的自己対応型戦略を基礎とする貿易政策をとるべきであるという、「グローバル競争への一体化戦略論」の立場である。今一つは、自己開発型戦略を基礎とした上で、経済のグローバリゼーションとの結合をはかる貿易政策をとるべきであるという、「管理的貿易自由化戦略論」の立場である。筆者が両者の立場からの主張を整理し、第七章の分析の上に立てば、前者の立場は、工業化の中期段階にある中国の経済発展に向けての課題に十分に応えることができないと思う。貿易と投資が一体化

した形で進んでいる現下の経済のグローバリゼーションが、新しい要素国際分業（技術を含む競争優位型国際分業がもっとも重要である）、工程国際分業、産業内国際分業として進んでいるとしても、国際競争力をもつ中国の輸出商品の大部分は、労働集約的製品、加工工程上低次の末端加工部分で、ハイテク製品といっても加工・組立が中心となっている。一部は「貧困化」輸出ですらある。したがって、貿易政策を中性化し（過度の輸出指向も輸入代替政策もとれない）、WTOルールの中で残された範囲内で各種政策と貿易政策を組み合わせ、保護政策の内部化をはかり、保護を中心とした政策から扶助を主とした政策に切り換え、技術を中心とした要素国際分業を構築していくべきであるという、「管理的貿易自由化戦略論」の立場が、中国の経済発展に向けての基本戦略であるべきかと考えられる。

第十章「WTO加盟後製造業における外資直接投資導入戦略」は、第九章の内容と有機的に連なっている。なぜならば、中国の輸出の過半分が外資系企業によっているという事情からみて、中国の経済発展にとって、そのことが重要な意味、関連をもつからである。外資系企業が中国の輸出成長に大きな役割を果たしたとはいっても、その輸出競争力は中国の産業構造の高度化、技術高度化を背景としたものではなく、主として中国の自然的要素としての労働力優位を基礎としたものにすぎなかったという意味においてもである。外資系企業の多くは、価値連鎖の低次末端加工部分、労働集約的部分を中国に移転しているにすぎない。これは従来の中国の外資直接投資導入政策（輸出奨励のための優遇政策）に起因する部分も大きく、それはそれなりに一定の役割を果たしたとはいえるが、これでは本来の中国の経済発展の要求に応えたことにはなっていないわけでもある。

これまでの中国の外資直接投資導入の基本戦略は、80年代の「不足を補い不要を避ける（補短避長）」という戦略を経て、90年代に入ってから「市場をもって技術と交換する（以市場換技術）」という戦略に重きをおくようになった。80年代の戦略は、労働集約的輸出型産業に外資直接投資導入の重点をおくものであった。90年代の戦略は外資直接投資導入によって国内産業構造の調整の促進をはかろうとしたのであった。この戦略によっ

て、技術水準はある程度高まったが、戦略目標の実現からみれば尚程遠いとの評価が一般的である。中国がWTOに加盟した今、取引条件を行使して市場と引き換えに技術を手に入れるという前提条件は弱くなってしまった。すでに上段でみたように、今日における国際競争力の中心軸が技術要素競争優位とか、ブランド競争優位にある（中国としては全般的にこの向上をはからなければならない課題をもつ）との認識に立てば、新たな外資直接投資導入の戦略基軸を、技術戦略やブランド戦略に置かなければならないことは自明のことであるが、問題はどのようにしてこれを獲得するかである。一つは外資に依存する方法である。今一つは自主開発する道である。前者の方法はすでに経験済みである。従来の政策では目的を十分に達成できない。WTOに加盟した今日、従来の延長線上での外資に対する全般的な優遇政策を取り止め（平等な国民待遇条件がWTO加盟国の元来の原則である）、外資に対する優遇は技術移転、共同研究開発を中心としたもののみに焦点を絞って与えるべきであるという論が有力な主張となって台頭してくる。この方向での外資政策指向が、貿易面での国際競争力の創出、深化、向上戦略と一体的に結びついているのは容易に理解されるところであろう。

　中国のWTO加盟後、筆者はこの方向での中国の模索を注視してきたが、果たせるかな、昨年10月に開催された党第16期5中全会では、「第十一次5ヵ年規画」期には、経済成長方式の転換と自主革新能力を高めていく方針が打ち出され、自己の知的所有権とブランドをもち、相当の国際競争力を具えた企業を作り上げていかなければならないことが明確な形で示された。この新たな戦略は、全体としては社会主義現代化建設の全面に及ぶ重大な戦略的政策と位置づけられる革新型国家建設戦略政策と呼ばれる国家戦略である。革新型国家建設の核心は、自主革新能力の強化を科学技術発展戦略の基礎とし、中国の特色ある自主革新の道に乗り出し、科学技術における飛び越し発展方式を推進するということにあるとされる。自主革新能力の強化を産業構造調整、成長方式転換の中心的環節とし、資源節約型、環境に優しい社会を建設し、国民経済の急速かつ優れた発展を推進すると

いうことである。自主革新能力の強化を国家戦略として、現代化建設の各方面に貫徹させ、自主革新に有利なシステムを形成し、理論革新、制度革新、科学技術革新を推し進めるというのである。

　昨年末に出された「促進産業結構調整暫行規定」並びに「産業結構調整指導目録」の中では、党第16期5中全会の方針がすでに盛り込まれ、本年1月26日中共中央国務院は「自主革新能力強化科学技術計画要綱実施に関する決定」をおこない、同時に発表された「国家中長期科学和技術発展規画綱要（2006－2020年）」の中では、上述の戦略を具体的な形で明確に打ち出している。

　中国は「第十一次5ヵ年規画」期以後、これまでの貿易戦略政策と外資直接投資導入戦略を大きく転換する。2006年3月14日第10期全国人民代表大会第4回会議において批准された「国民経済と社会発展第十一次5ヵ年規画要綱」ではこの点が盛り込まれており、部分的には時間的に調整実行される様子がうかがわれないでもないが、基本的には上述の方向での政策が具体化されていくものとみられる。第七の部分は、経済のグローバリゼーションの自己への取り込みをはかり、WTOに加盟した中国の制約された条件下における主体的突破口を模索する、新段階の貿易戦略政策と外資直接投資導入戦略をとりまとめた。

第一章　建国期における世界政治経済に対する歴史認識構造と対外経済関係論

　「まえがき」にも述べたように、建国以来構築された中国の経済建設モデルは屢々封鎖的内向指向型・自己完結的国民経済構築原理として捉えられているが、それは中国自身の世界政治経済に対する歴史認識構造からすれば、「帝国主義」という世界政治経済段階の客観性によって規定された必然的存在であった。したがって、それは生まれながらにして世界経済性を体化したものであったといえる。それ故にまた、中国の世界政治経済に対する歴史認識構造の変化に対応して、中国の経済建設モデルは変わるが、そのこともまた世界経済からの規定性をもつのであって、自ずから世界経済性を体化している。

　改革・開放政策への転換は中国の世界政治経済に対する歴史認識構造の変化の反映であるが、このことを十全に把握するために、以前とどこが、何がどのように変わったかを明確にする作業として、先ず建国期における世界政治経済に対する歴史認識構造と対外経済関係の位置づけから始めることにしよう。

第1節　建国期における世界政治経済認識

1　中国の世界政治経済状況に対する基本姿勢

　激しい民族解放闘争を通じて、帝国主義による半植民地支配から民族の独立を勝ち取り、1949年10月1日中華人民共和国建国を成し遂げた中国

人民にとって、新中国の建国は輝かしい偉業だったにしても、新中国を取り巻く資本主義世界政治経済の環境は依然として帝国主義の支配の壁に囲まれたものであった。周りには未だ帝国主義の支配下にある植民地、従属国が多数存在していたし、目下民族解放闘争の渦中にあるものも数多あった。新たに建国した中華人民共和国自体なお未解放のイギリス帝国主義の支配の下にある香港、ポルトガルの支配下にあるマカオといった植民地を残し、アメリカ帝国主義の保護下にある台湾地域が未解放のままであった。したがって、新中国にとって資本主義世界政治経済は正しく帝国主義そのものの環境であるとの認識に立っていた。

1949年9月29日中国人民政治協商会議第1回全体会議の採択した『中国人民政治協商会議共同綱領』第一章総綱第11条は「中華人民共和国は世界のすべての平和、自由を愛する国と人民、なによりもまず、ソ連、各人民民主主義国、各被抑圧民族と連合し、国際平和民主陣営の側に立って、世界の恒久平和を保障するため、ともに帝国主義の侵略に反対するものである[1]」と謳い上げ、外交政策に関する第54条は、「中華人民共和国の外交政策の原則は、自国の独立、自由と領土主権の保全を保障し、世界の恒久平和と各国人民の間の友好協力を擁護し、帝国主義の侵略政策と戦争政策に反対することである[2]」、と述べている。

1950年6月の朝鮮戦争の勃発に際し、毛沢東は中央人民政府委員会第8回会議において、自国領土の侵略も含むアメリカ帝国主義の侵略行為を糾弾し、同会議は周恩来外交部長の当該問題に関する非難声明を一致して支持した[3]。

1955年4月インドネシアのバンドンで開かれた「アジア・アフリカ会議」に出席した周恩来は、今日のアジア・アフリカはこれまでのアジア・アフリカとは異なり、自らの運命を自らが決定するという歴史的状況下に

---

1) 柳随年・呉群敢主編『中国社会主義経済略史（1949-1984）』（邦訳版）、北京周報社、1986年、538頁。
2) 同上書、548頁。
3) 鄭徳栄・邵鵬文・朱陽・顧民主編『新中国紀事（1949-1984）』、東北師範大学出版社、1986年、29～30頁。

あるとの基本認識に立ちながらも、「植民地主義の当該地域における支配は決してまだ終わってはおらず、新たな植民地主義者が旧植民地主義者の地位に取って代わろうと画策している[4]」と警告している。

中国の認識に基づけば、レーニンのいう帝国主義なるものが眼前に客観的に存在する以上、帝国主義による侵略政策、戦争政策が常に企てられ、遂行されようし、またそれが「社会主義革命の前夜」なるものの存在であれば、社会主義諸国（陣営）との戦いも企てられ、遂行されるとの基本認識に立ったと思われる[5]。事実アメリカを中心とした主要資本主義諸国によって、その動きは実行された。

2　アメリカを中心とした資本主義諸国の対中経済包囲網の形成

アメリカはソ連及び東欧の共産圏諸国に対する輸出統制を1948年から始め、さらに主要資本主義諸国を抱き込む形で、共同でその輸出統制政策作りと実行を画策した。主要資本主義諸国もこの動きに応じ、対ソ連圏諸国向け輸出統制を実行していった。1949年11月組織的にこの方向での共同の意見を協議するため非公式な多角的協議機関がパリに設置され、1950年1月から活動を開始した。この協議機関の下に非公式な形ながら、実務的な作業を行うために設置されたのが調整委員会（Co-ordinating Committee 略称のいわゆるCOCOM）である。これによって作られた禁輸リストがココム・リストである。ココムへの当初の参加国はアメリカ、イギリス、フランス、イタリア、オランダ、ベルギー及びルクセンブルグであったが、その後数年の間に西ドイツ、カナダ、デンマーク、ノルウェ

---

4) 周恩来「在亜非会議全体会議上的発言」、『周恩来選集（下巻）』、人民出版社、1984年、147頁。
5) 周知の通りレーニンは、所謂『帝国主義論』の中で「列強のあいだでの世界の分割」、「帝国主義が社会主義革命の前夜である」との認識を示している（ヴェ・イ・レーニン、マルクス＝レーニン主義研究所訳「資本主義の最高の段階としての帝国主義—平易な概説」、ソ同盟共産党中央委員会付属マルクス＝エンゲルス＝レーニン研究所編、マルクス＝レーニン主義研究所訳『レーニン全集』第22巻、大月書店、1965年、293〜306頁、215頁、345〜352頁）。

一、ポルトガル、トルコ及び日本が参加した。この頃から、アメリカはこの内容と共通する戦略的貿易統制を中国にも拡大することを、秘密裏にココム参加国と交渉し始めた。朝鮮戦争の勃発直後の1950年7月、ココム参加国はこのアメリカの意図に同意した[6]。

　特定国中国に対する選択的貿易統制は1949年初め（1949年10月1日に中華人民共和国の建国が宣言されるから、同国の成立前である）から始まった。その後1950年3月までに、アメリカの対中輸出統制はソ連及び東欧諸国に対するものと同等の範囲にまで拡大されていった。

　1950年6月24日朝鮮戦争の勃発の3週間後アメリカは中国に対して輸出の全面的許可制を採用した。同年7月20日までに非戦略物資は別として、アメリカは対中輸出の禁止を実施した。「翌月、国務省の要請にもとづき、海外に設備をもつ米国の石油会社は、あらゆる方面からの中国に対する石油の輸出を禁止することを自発的に同意した[7]」。さらに10月の中国の朝鮮戦争への参戦をうけて、対中貿易統制を強化した。12月3日商務省は中国に対する直接、間接のいかなる商品輸出に対しても、同省による書面による許可を必要とする旨の命令を発した。また、12月17日財務省は中国（および北朝鮮）の居住者のアメリカにある資産を凍結し、中国国民よりの一切の輸入と取引を禁止した。「商務省はまた、合衆国に登録された船舶および飛行機が中国の諸港や諸地域に停泊あるいは着陸すること、あらゆる種類の貨物を中国共産主義者の統制のもとにある中国および一切の地域に輸送すること、および直接的あるいは間接的に共産中国向けのものであることを知って、いかなる積荷をも外国に運ぶことを禁止する命令を発した。かようにして、米国はその中国との貿易および支払取引を全面的に禁止してしまったのである[8]」。

　アメリカは自国の対中貿易統制の強化に合わせて、他の資本主義諸国も

6）宮下忠雄・上野秀夫著『中国経済の国際的展開』、ミネルヴァ書房、昭和50年、113～114頁。
7）同上書、110頁。
8）同上書、110～111頁。

対中経済包囲網戦線に抱き込んだ。かくて、各国によって程度の差はあれ、資本主義諸国の戦略物資禁輸強化措置が採られるようになり、全体的な資本主義諸国による対中経済封鎖・禁輸網が形成されるところとなった[9]。

このような動きの中で、1951年2月1日国連特別総会は中国に対して「侵略者」という刻印を押し、同年5月17日の国連総会では中国（および北朝鮮）に対する戦略物資禁輸案が可決された[10]。この決議は1951年6月までに、そのすべてあるいは一部が実施されつつあることが、大部分の国連加盟国から表明された[11]。

中国に対する経済封鎖・禁輸の包囲網は、共産圏全体に対するものと特定国中国に対するものが重なり合う形で展開、形成されていくようになるが、中国の朝鮮戦争への介入後の1950年11月、アメリカはココム・リスト以上に厳しい貿易統制を中国（および北朝鮮）に実行した。

1951年8月「1951年相互防衛援助統制法」（通称バトル法）がアメリカ

---

9)「1950年7月10日、米国は、化学薬品以下、輸出統制品目に含まれる一切の貨物の中国向け輸出を禁止するとともに、日、英、オランダの諸国をしてこれに同調させた。7月29日には、香港も、石油、ゴム以下10品目の輸出を禁止し、8月18日には、禁輸品目を鋼鉄、金属製品以下200品目に拡大した。しかし自由諸国の対中輸出制限が強化せられるようになったのは、同年12月3日、米国が全面的に中国に対する物資の供給を制限したのちのことであった。すなわちこれを契機として、日本、カナダ、香港などの米国経済に依存するところの大きい国から、漸次に多数の国にわたって、国ごとに程度の差はあるが、戦略物資禁輸強化の措置が採られた」（同上書、111頁）。

10) 1951年5月14日国連集団対策委員会で可決された対中禁輸決議案の中での対中禁輸措置に関する規定は以下の通りである。

「一、共産中国政府の支配下にある地域および共産主義北鮮に対し、兵器、弾薬、軍需資材、原子力原料、石油および兵器・弾薬・軍需資材の製造に役立つ品目の輸出を禁止する。

二、各国は、その領土から輸出される商品のうち、いかなる日用の消費物資品目が禁輸品目に該当するかを決定し、その輸出を禁止する。

三、各国は、対共産中国輸出禁止案に参加しない国を中継地とする再輸出のような禁輸決議回避策を阻止するように努力する。

四、各国は禁輸案を実行するために協力する。

五、各国は、集団対策委員会に、対共産中国禁輸についていかなる手段を採ったかを、30日以内に報告する。」（同上書、111〜112頁）。

11) 同上書、112頁。

議会を通過し、10月26日トルーマン大統領は同法に署名した。「同法は〈ソ連およびその支配下にある一切の国ぐに《共産中国が含まれる》に対して、同法に記載した物資を輸出した国には、米国の援助をあたえない〉旨を定めたものである[12]」。

1952年9月にはアジア共産圏諸国向けのココム版中国委員会（China Committee略称のいわゆるChincom）が設けられ、中国に対しては特別の禁輸リスト（いわゆるチンコム・リストあるいはチャイナ・リストと呼ばれたりする）が作成された。このリストはココム・リストよりも二倍も長いものだったといわれている。対ソ連圏諸国向け禁輸リストも対中国向け禁輸リストも、いずれもココム参加国による絶対的な、最低の合意を示したもので、実際には多くの国ぐには禁輸リストよりも広汎な管理を行っていた。アメリカはこの後も中国に対して、チンコム・リストよりもより厳しい対応措置で臨んだ[13]。その後もチンコムはずっと残されるが、この点については後に触れることとする。

---

12) 同上書、112頁。宮下忠雄教授によれば、同法の要点は以下のようなものである。
「バトル法第1章に基づく禁輸リスト（"Title Ⅰ Goods"といわれる）はA類（Category A）とB類（Category B）の2類にわかれている。A類には、兵器、弾薬、戦争用具および原子力物資など最重要物資24品目をあげており、B類は26品目にわたり、石油、戦略的価値を有する輸送資材および兵器・弾薬・戦闘用具の生産においてソ連圏諸国にとり第一次的戦略価値を有する種目を指定している。バトル法によれば、A類物資を輸出した国に対しては、米国の当該国に対する援助が全面的に停止される。B類物資を輸出した国に対しても、援助が停止されるが、しかし援助の停止がかえって米国の安全に有害であるという事態が明瞭であるならば、米国大統領は例外的に援助の継続を認めることができることになっている。バトル法第2章第22条は、前述のA、B両類以外のもの（"Title Ⅱ Goods"といわれる）であっても、ソ連圏諸国に対して輸出を管理するように交渉すべきであると思われる品目については、米国は被援助国に対して、これを管理するように交渉すべきであると規定している。そのなかには、工作機械、原料、輸送・鉱業・建設・電気設備などの第二次的戦略価値ある物資が含まれている」（同上書、112〜113頁）。

13) 次頁へ

第2節　国民経済構築戦略の基本論理構造と対外経済関係の地位

1　反帝国主義—独立自主政治主導型国民経済構築論理

　新中国は建国と同時に三大外交方針と政策を打ち出した。
　① 外交の新規まき直し（另起炉灶）
　従来の国民党政府との間で結ばれた外交関係はすべて取り消し、国民党時代のいかなる外交機関・外交要員の地位も取り消される（旧中国で駐在していた各国使節は一般の中国居住外国人とみなされ、いかなる意味の外交的代表ともみなされない）。平等互恵、主権・領土の相互尊重の完全なる基礎の上にあらゆる国との外交関係を樹立する。
　② 帝国主義のいかなる在華特権的要素及びその残滓たるものの一掃と新外交の探索（打掃干浄屋子再請客）
　急がず道を探して機を待つ。
　③ 向ソ一辺倒政策[14]
　激烈な反帝反封建民族解放闘争の中から、民族独立を勝ち取り、建国を果たした新中国にとって、民族独立を達成したとはいえ、そのことはすぐさま自己の希求する帝国主義諸国との正常な政治経済関係が打ち立てられるということを保障するものではなかった。況してや上に述べてきたよ

---

13) 同上書、114頁。なお、宮下忠雄教授によればココム・リストは機密に属し、公表されていないとのことである。宮下教授は前述の「相互防衛援助統制法」の年報に掲載された概要を、以下のように紹介されている。
　「ココム・リストには、約160に上る類（Categories）の生産物を含んでいた。それらのうちの約40種類は、(1)兵器、(2)弾薬、(3)戦争用具、(4)原子力原料に関係している。他のものは、次のような一定の型あるいは種類の品目を含んでいる。すなわち、(1)電気設備、(2)化学品、類金属および石油製品、(3)科学機械およびその装置、(4)金属、鉱物およびそれらの製品、(5)化学設備および石油設備、(6)輸送設備、(7)一般的工業設備、(8)合成ゴムおよび合成フィルムである」（同書、114頁）。

14) 戴徳錚等著『当代世界格局与国際関係』、武漢大学出版社、1999年、418～419頁。

に、帝国主義諸国を中心にした対中政治経済包囲網が張り巡らされる中では、そのことは不可能であったし、中国側も強くこれに対抗せざるをえなかったであろう。

　新中国にとって、民族独立、領土主権の不可侵と尊重は建国の起点であり、このことの上に立ってこそ新たな政治経済発展があるのであり、これを蔑ろにすれば元の道への回帰となると考えたのである。民族独立、領土主権の不可侵と尊重の国是は、レーニンの規定する意味の帝国主義諸国との関係はもちろんのこと、その他の国ぐにとの関係においても、当然強く認識されていた。民族独立、領土主権の不可侵と尊重ということは、それ自体としては政治概念であり、新中国の国際経済構築の前提に政治性が突出して置かれる所以である。具体的な新中国を取り巻く世界的な政治経済環境からして、新中国が帝国主義諸国を中心とした資本主義諸国と積極的に深い経済関係を打ち立てようとしなかったし、打ち立てられなかった事情はここにある。新中国の前提的基本論理構造の第一はこの点である。

2　世界的な社会主義革命への歴史的体制転換過程にある中国国民経済の構築論理

　第二に、中国の反帝反封建闘争の歴史的位置づけにかんする前提的論理構造がある。中国の反帝反封建民族解放闘争は、共産主義への歴史認識を根底にもった中国共産党の指導する反帝反封建民族解放闘争であったから、その闘争は「社会主義革命の前夜」としての帝国主義に対する闘争として位置づけられていた。レーニンの「資本主義の最高の段階としての帝国主義」に示される基本認識は、目下の世界経済に対する中国共産党の現状認識そのものだったのである。

　レーニンは同上書において、現段階の資本主義を資本主義の発展段階としての独占資本主義段階と論断し、「帝国主義とは、独占と金融資本との支配が成立して、資本の輸出が顕著な重要性を獲得し、国際トラストによる世界の分割がはじまり、最強の資本主義諸国によるいっさいの領土の分

割が完了した、そういう発展段階の資本主義である[15]」と規定している。

それ故、中国共産党にとっては、反帝反封建民族解放闘争は直接に社会主義革命と結合したものとして認識されていた。ソビエト社会主義革命の勝利によって、資本主義は最早世界経済の唯一の、すべてを包括する制度ではなくなった。このことは資本主義の全般的危機として認識される[16]。第二次世界大戦後の状況の進展は、この認識を強く裏づけるものであった。

1952年スターリンが「ソ同盟における社会主義の経済的諸問題」論文の中で論断した、「全体を包括する単一の世界市場の崩壊」と「たがいに対立している平行的な二つの世界市場をもっているということ」に対して、薛栄久教授は当時の中国国内の全体的認識状況として、「50年代この理論に対して疑いを挟む学者もいないではなかったが、この理論は中国の学界としてほぼ全面的に受け容れられるところとなっていた[17]」と指摘されている。

「全体を包括する単一の世界市場の崩壊」と「たがいに対立している平

---

15) ヴェ・イ・レーニン、マルクス＝レーニン主義研究所訳「資本主義の最高の段階としての帝国主義―平易な概説」、ソ同盟共産党中央委員会付属マルクス＝エンゲルス＝レーニン研究所編、マルクス＝レーニン主義研究所訳、『レーニン全集』第22巻、大月書店、1965年、308頁。

16) 周知のように、スターリンによってこの全般的な総括は与えられた（イ・ヴェ・スターリン「ソ同盟共産党〈ボ〉第16回大会にたいする中央委員会の報告」、ソ同盟共産党〈ボリシヴィキ〉中央委員会付属マルクス＝エンゲルス＝レーニン研究所編、スターリン全集刊行会訳『スターリン全集』第22巻、大月書店、1953年、271頁。同スターリン著、飯島貫一訳『ソ同盟における社会主義の経済的諸問題』、国民文庫社、1955年、69頁）。

　薛栄久教授によれば、中国は建国当初全面的にソ連の理論を導入した（強制された）。

　この中には所謂「二つの世界市場論」が含まれている（薛栄久学術報告、片岡幸雄・林　家凡要約「中国国際貿易理論の史的展開―変遷と新たな模索―」、『広島経済大学経済研究論集』第13巻第4号、1990年、102～103頁）。

　また、鄭励志教授も同様のことを指摘されている。「若干のわが同志たちは過去相当長期間にわたって……戦後資本主義経済の発展についての評価が十分でなく、認識がはっきりしていなかった。この問題では、スターリンの論断が一定程度影響している」（鄭励志、游仲勲・片岡幸雄共訳「戦後主要資本主義諸国の経済発展（上）」、『世界経済評論』Vol.24 No.7 1980年7月号、37頁）。

17) 次頁へ

行的な二つの世界市場をもっているということ」の状況の下で、資本主義陣営の社会主義陣営に対する経済封鎖によって、「新しい世界市場は息の根をとめられないどころか、つよまることになったのである……戦後の時期にこれら諸国が経済的に結束して、経済的な協力と相互援助とをうちたてた……ただ一つの資本主義国も、ソヴェト同盟が人民民主主義諸国にあたえているような効果的で技術的に質の高い援助を、これら諸国にあたえることはできなかった……その結果、これらの諸国では工業の発展テンポが高い。工業がこのようなテンポで発展してゆけば、これらの諸国は、資本主義諸国から商品を輸入する必要がなくなるばかりか、自分の生産する余剰の商品をそとへ出す必要を感じるようになるのもまもないことだ、と確信をもっていえるのである。……以上のことからして、主要な資本主義諸国（アメリカ、イギリス、フランス）が世界資源にたいして力をくわえうる範囲は、拡大するどころか縮小することになり、これら諸国にとっての世界の販売市場の諸条件は悪化し、またこれらの諸国における諸企業の操短は増大する、ということになる[18]」。

この状況を踏まえれば、第二次世界大戦後の条件の下においては、かつてレーニンが述べた、資本主義は腐朽化するにもかかわらず、「しかも全体としては、資本主義は、以前とは比較にならないほど急速に発展するのである」という命題は最早効力を失った。裏を返していえば、今日の資本主義は最早発展に向けての余地さえの見込みもなき、直接に死に向かった資本主義であるということになるわけである[19]。

このような発展の見込みなき、瀕死の資本主義と積極的な経済関係を構築することにそれほど力を入れる必要はない（勿論友好的な形の経済協力

---

17) 薛栄久「対建国以来中国外経貿理論的回顧、帰結与発展的思考（綱要）」、中国国際貿易学会重点研究課題「対建国以来中国外経貿理論的回顧、帰結与発展的思考」総括報告、中国国際貿易学会、1999年、13頁、拙訳「新たなる中国対外経済貿易理論発展の道（Ⅱ）―建国50年中国対外経済貿易理論の回顧と総括を踏まえて―」、『広島経済大学経済研究論集』第24巻1号、2001年、134頁。
18) スターリン著、飯田貫一訳『ソ同盟における社会主義の経済的諸問題』、国民文庫社、1955年、39～40頁。
19) 同上書、41頁。

関係を拒絶するのではないが)、こういった基本的立場が基底に置かれることになる。先に挙げた向ソ一辺倒政策が、中国の対外関係の枢要な基軸とされる所以である。太田勝洪教授が指摘されるように、この段階の中国の認識からすれば、国際的平和民主陣営と帝国主義侵略陣営の対立の中では、いかなる中間陣営もありえないということになろうから、選択はアメリカかソ連の二者択一しかなかったのであった。中国はソ連との関係の中における従属的関係に激しい反発を抱きつつも、対ソ同盟関係を結ぶことになる[20]。

さらに、ここで改めて指摘しておかなければならないことは、反帝反封建民族解放闘争の中から民族独立を勝ち取った中国にとっては、先ずもって主権領土の尊重、相互不可侵、内政不干渉、平等互恵等を前提とする外交政策はあらゆる対外関係の基本前提であることはいうまでもないが、これと同時に自らの進める民族解放闘争は、死滅しつつある帝国主義を追い詰める世界的な社会主義革命の一環である政治闘争でもあれば、国際関係において政治優先、外交優先、外交に奉仕する経済関係という全体的国家基本戦略が設定されることになるという論理構造が成立しよう。

3 社会主義計画経済の優越性を前提とした国民経済の構築論理

第三に、経済体制としての資本主義経済に対する社会主義計画経済の優越性にかんする前提的論理構造（絶対的確信）がある。「死滅しつつある資本主義」経済に対して、社会主義計画経済は何故により高い経済発展を保証できるのか。スターリンによれば、「国民経済の計画性をもった発展の法則の作用と国民経済の計画作成とがわれわれにあたえている恒久的で恒常的な収益性のより高度の形態[21]」は、「収益性を個々の企業や生産部門の見地からかんがえないで、また一年をくぎってかんがえないで、全国

---

20) 太田勝洪「中国対外政策の軌跡」、安藤正士・入江啓四郎編『現代中国の国際関係』、（財団法人）日本国際問題研究所、昭和50年、69～70頁。
21) 前掲書、32頁。

民経済の見地から、またたとえば十年ないし十五年をくぎってかんがえる」のであって、それは「国民経済を破壊し巨大な物質的損害を社会にあたえる周期的な経済恐慌からわれわれをすくい、国民経済が高いテンポで不断に成長するのをわれわれに保障する[22]」からである。

「国民経済が高いテンポで不断に成長するのを保障する」ためには、生産諸手段生産の優位を実現していかなければならない。「というのは、……それと同時に生産諸手段の生産の優位をも実現しないことには不可能だからである[23]」。言うなれば、これは重工業優先発展の経済発展モデルといえる。

新中国が歴史認識構造から社会主義建設への展望の中で、特に初期建設段階で手本としたのはやはりソ連の経済発展計画モデルであり、特にスターリンの「ソ同盟における社会主義の経済的諸問題」論文の影響は絶大であったといわれる[24]。半植民地半封建的経済構造を独立した自立的再生産構造に改造していくという中国にとっての一大課題解決の要請とも相俟って、そのモデルは容易に受け容れられ、大きな影響を与えた。

4　国際市場経済関係捨象―封鎖型自己完結的国民経済構築論理

第四に、中国社会主義国民経済構築論理の基礎前提として国際市場経済関係捨象論理構造がある。この論理構造は、結果的に自己完結型・鎖国封鎖型国民経済の建設方式の採用に導く。

既に見たように、新中国の建設の最大課題は、畸型的な半植民地的半封建的経済構造を、独立した自立的な経済に改造し、遅れた経済を飛躍的に発展させることにあった。毛沢東は次のように述べている。「中国の領土から帝国主義、封建主義、官僚資本主義と国民党の支配（これは帝国主義、

---

22) 同上書、32頁。
23) 同上書、31〜32頁。
24) 趙徳馨主編『中華人民共和国経済史・1949-1966』、河南人民出版社、1989年、164頁。董輔礽主編『中華人民共和国経済史（上巻）』、経済科学出版社、1999年、230頁。

封建主義、官僚資本主義の三者の集中的表現である）が一掃されても、独立した、完全な工業体系をうちたてる問題は解決されたことにはならない。経済面で大きな発展をとげ、おくれた農業国からすすんだ工業国になったとき、この問題ははじめて最終的に解決されたことになるのである[25]」。この課題に取り組む場合、帝国主義に取り巻かれている環境の中では、帝国主義の牛耳る世界経済に背を向けた経済建設方式を採用することは当然のこととしもいえる。さらにまた、「死滅しつつある資本主義」と社会主義の対峙のなかにあって、社会主義計画経済の優位性に強い確信があればなおさらのことであろう。

　しかし、上述のような事情は排他的、自己収斂型対外経済関係構築指向への一般的な潜在的与件ではあったとしても、積極的な社会主義国民経済構築の基軸論理は、それとは別に、あるいはそのことをも内に用意するそれ自体の積極的統合論理でなければならなかったはずである。これが用意されなければ、自己収斂型対外経済関係構築それ自体が与件という箍はあるものの、分散的内容のものとなってしまうからである。

　ここでも、中国社会主義国民経済構築の論理の中にソ連の経済学の強い影響を見出すことができる。

　スターリンは上掲論文「ソ同盟における社会主義の経済的諸問題」の中において、社会主義における商品交換の存在の原因を二つの公有制に帰し、全人民所有制内部における商品交換関係は除去させていくべきであるとの認識に立っている。しかし、国内的に全人民所有制の完成があったとしても、対外貿易のウエイトが高ければ、商品生産の命運はこの問題との関連が解決を大きく左右すると考えている[26]。このコンテクストからすれば、スターリンは社会主義国民経済建設にとって対外貿易の比重が大きくなることには否定的であったように思われる。少なくとも商品交換としての対

---

25) 毛沢東「中国共産党第7期中央委員会第2回総会での報告」、邦訳『毛沢東選集』第4巻、外文出版社、1969年、483頁。
26) スターリン著、飯田貫一訳『ソ同盟における社会主義の経済的諸問題』、国民文庫社、1955年、17～21頁。

外貿易は消極的に位置づけされていた。言うなれば、商品交換としての対外貿易は、社会主義における二つの公有制を原因とする商品生産の存在以外の、社会主義国民経済建設にとっての阻害的、あるいは場合によっては破壊的な異端害悪的存在の可能性をもつ位置づけだったのである。

　一般的にいって社会主義経済にとって、自国の計画経済の完結性こそが資本主義経済に対する優越性の起点になるが、対外経済関係を自国の計画に組み込む比率が高ければ高いほど、自国計画経済の自己完結性は低くなろう（対資本主義国と対社会主義国との関係では同様ではないにせよ）。この場合問題となるのは、先ずは計画経済の完結性と対外経済関係の一定以上の導入が相互補完的か、対立するかであろう。資本主義的搾取関係を止揚し、無政府的な競争メカニズムを否定した計画経済によって経済発展をはかっていくという立場からすれば、両者は基本的には対立するといえよう。計画経済体制そのものと矛盾するし、計画経済そのものによって保証される経済発展が無実体化してしまうからである。

　問題はまた別の観点からも立てられる。マルクス主義の立場からする貿易そのものに対する基本認識から出てくる理論的帰結である。薛栄久教授は、建国の第一段階の時期中国はソ連のマルクス主義貿易理論を全面的に導入し、西側の貿易理論を全面的に否定したと指摘されているが[27]、実際にソ連から招聘され、中国の国際貿易理論の形成に影響力のあったパターポフ等の著作『国際貿易』では、先進工業国と後進国との間の貿易関係について、次のように認識されている。「資本による労働生産性の国民的相違の利用は、経済的に立遅れた諸国が、外国貿易という水路を通じて工業国から交換によって輸入された商品に比べて、輸出商品に体化されたより多くの労働を引渡すことを意味する。このようにして、工業的に発達した国の資本は、外国貿易という方法によって後進国の労働者を搾取している。これら二つの国群の間におこなわれる外国貿易は不等価交換の性格を帯びる。世界価格という機構を通し、外国貿易を媒介として世界市場において

---

27) 薛栄久学術報告、片岡幸雄・林家凡要約「中国国際貿易理論の史的展開―変遷と新たな模索―」、『広島経済大学経済研究論集』第13巻第4号、1990年、102頁。

作用するところの価値法則を基礎として、工業国の大資本による経済的に立遅れた国の収奪が実現されるのである。従って、外国貿易が利潤率に及ぼす作用は、ブルジョアジィがその援けを借りて自国の労働者階級のみでなく、他の経済的により遅れた弱小国の諸国民の搾取をも強化するところの、資本主義的搾取の手段の一つとしての資本主義的外国貿易の本性を暴露している[28]」。

このとらえ方は、木下悦二教授のいわれる所謂「マルクス派の人々の定説的世界市場観」である。木下教授によれば、この立場は「貿易による追加的利潤の本質を他国で創出された価値の無償移転＝価値収奪、すなわち国際的不等価交換とみる立場で、先進国による後進国の収奪こそ資本主義貿易の基本特徴であるとする。この見解は歴史的事実の説明としては説得的で、これに帝国主義による植民地収奪を重ね、マルクス派の人々の定説的世界市場観ができ上がっていた。……後進国は貿易により一方的に窮乏化するというのでは、外国貿易を行なわぬのがもっとも望ましいということになろう[29]」。

このような考え方からすれば、少なくとも先進資本主義世界市場との対外貿易は必要最小限に止めるべきであり、純粋の市場原理にもとづく貿易関係は基本的には拒否さるべきものということになろう。貿易は当該国民経済にとって何らかの意味の積極的な蓄積の源泉としての位置づけが、ここでは後退することになる。かくて、商品としての積極的性格を剥ぎ取られた、物財計画経済上の要求からの位置づけしか与えられない輸出入には、

---

[28] 筆者はパターポフ・ロギンスキイ・カペリンスキイ共編『国際貿易』、外国貿易出版社、1954年出版のロシア語版ももっていないし、読むこともできないが、同書は中国において相当重視されたとみられ、1957年北京対外貿易学院翻訳室によって翻訳版が出されている。筆者は中国の対外貿易理論研究者との学術交流の中で本書の占める位置を知り、中国語版で読んだ次第である。なお、同書の日本語版抄訳が故中田操六教授によってなされており、引用訳文は同教授による訳文である。中田操六訳「資本主義下の世界市場および外国貿易の基本的特質」、『福岡大学商学論叢』第1巻第1号、昭和31年、111頁。
[29] 木下悦二「外国貿易の理論問題」、木下悦二編『貿易論入門（新版）』、有斐閣、昭和54年、112頁。

積極的意義が認められなくなっていく。

　貿易を通じた国民経済の間接的蓄積の視点が退けられるようになると、国民経済発展への戦略基軸は、国内の蓄積を基本とし、重工業優先発展によるダイナミックな生産力の発動効果に依拠する開発方式が中心的位置を占めるようになる。この計画経済のやり方は、先ず全体としての国民経済の国内計画を定め、それとの関連における必要物資（商品概念と区別された直接配分物財）の輸入を決め、輸入の必要上からする外貨獲得のための輸出を確定するというやり方である。したがって、この場合輸出は輸入の必要上からする輸出であって、中国の輸出入に関して「輸入のための輸出」と屢々総括されてきた所以はここにある。この原則を基礎とした上で、ソ連を中心とした社会主義圏との相互貿易も、市場原理とは別の友好協力原則に基づく貿易として行われたのである。

　中国対外貿易理論研究の著名な指導的論者王林生教授は、この間の事情に関して次のように総括されている。「輸出は一日も早く自給自足を実現するために、国内で一時的に生産できないとか、あるいは数量が不足するとか、全部の種類がそろわないとか、品質が十全でないような生産物を、外国から取り入れるためにのみ存在するということになるのである。この点では、ソ連の関連著作のいくつかのものが例として引き合いに出せようが、これらの著作はかつて我国理論界に重大な影響を及ぼしてきた[30]」。

　「輸出の基本任務は、輸入をまかなう外貨を獲得することにある」ということ、また「輸入の基本任務は、できるだけ迅速に社会主義建設計画を完成し、技術的にも、経済的にも独立を達成できるよう、生産物を輸出し、さまざまな機械をはじめとする外国商品をそれと交換に手に入れることにある」などといったことは、「社会主義における対外貿易の位置と役割を単純に輸入をまかなうための輸出であるとか、対外貿易は単に物資バラン

30）王林生「試論社会主義対外貿易的作用問題」、中国社会科学院世界経済研究所編『当前世界経済与中国経済問題』所収、中国財政経済出版社、1982年、363～364頁、拙訳「社会主義経済における対外貿易の役割」、拙編訳『世界経済への挑戦—中国対外経済開放政策の理論的基礎—』所収、東京出版、1986年、46頁。

第一章　建国期における世界政治経済に対する歴史認識構造と対外経済関係論

ス表上において余ったものとか、一度にどっと出て来たものとかで、緊急に必要なものとか、不足したものを外国と交換するなどといったことにせばめ、貿易の主要な目的を、対外的交換を通じて生産物の物的な形態における転換をはかるもので、重要なのは使用価値であって価値ではない、このように結論づけることにせしめたのである[31]」。

　この点については、レーニンの認識が一部関連しよう。レーニンは社会主義の将来像に関して、社会主義国家では、「すての市民が、一つの全人民的な国家的〈シンジケート〉の勤務員と労働者になる。……社会全体が、平等に労働し平等に賃金をうけとる、一事務所、一工場となるであろう[32]」と考えていた。さらに、十月革命の勝利後、社会主義社会に商品・貨幣関係が存続しつづけることを拒否していた[33]。その後レーニンは考えを改めたかに見えたが、1921年12月のゲ・エム・クルジジャノフスキーに宛てた文書の中で、「新経済政策は単一の国家経済計画を改めるものではなく、またその枠外に出るものでもなく、その実現のためのやり方を改めるものだ[34]」と述べている。レーニンのこの考え方は、その後にも尾を引いていたとみられる[35]。

---

31) 同上稿、同上書、363〜364頁、同上拙訳、同上書、46〜47頁。
32) ヴェ・イ・レーニン、マルクス＝レーニン主義研究所訳「国家と革命―マルクス主義の国家学説と革命におけるプロレタリアートの諸任務」、ソ同盟共産党中央委員会付属マルクス＝エンゲルス＝レーニン研究所編、マルクス＝レーニン主義研究所訳『レーニン全集』第25巻、大月書店、1965年、511〜512頁。
33) 同上『全集』第29巻、101頁。
34) 同上『全集』第35巻、587頁。
35) この考え方から、貿易も国家独占制の方式で運営されることとなる。
※本章は「中国の世界経済に対する歴史認識構造と対外経済論（Ⅰ）」、『広島経済大学経済研究論集』第24巻第3号、2001年に掲載したものを一部加筆、修正したものである。

第二章　世界政治経済の変革主体認識構造と対外経済関係論

　本章では、従来の世界政治経済に対する歴史認識構造と社会主義陣営に対する中国の考え方、姿勢が変化していき、中国が従来の路線を修正していく過程をたどりながら、新たな認識を確立していく底流をさぐる。世界政治経済における変革主体の認識をめぐる中ソの不和・決裂・対立、これに応じた外交路線・経済関係の軌道修正、それまでの論理構造との矛盾の中での西側外交・経済関係構築への展開をみる。この時期中国は、これまでの世界的な社会主義革命に向けての展望の基本路線を堅持しつつも、この基本認識にブルーをかけ、世界的な社会主義革命指向から民族主義的指向に傾斜していく。

第1節　「戦争と革命」の時代認識

　建国以来毛沢東と中国共産党は基本的時代認識として、レーニン及びスターリンの帝国主義とプロレタリア革命の時代という時代認識に立っていた。1917年のソビエト十月革命は第一次世界大戦の中で起こり、第二次世界大戦後多くの社会主義国家が成立した。世界戦争と社会主義革命は緊密な関連をもつ。

　毛沢東と中国共産党の人々は、時代認識として現在も同様な状況の下にあると考え、第三次世界大戦の発生の可能性を予想していた。帝国主義戦

争を超克できるのは社会主義革命によるしかありえないと考えたのであった[1]。

この認識は1960年代に入ってからも変わらなかった。1960年11〜12月にかけて開かれた「世界八十一ヵ国共産党・労働者党代表者会議」で採択された「モスクワ声明」では、現下の世界経済に関して、次のような基本認識が打ち出されている。

「十月社会主義大革命にはじまる資本主義から社会主義への移行を基本的内容とするわれわれの時代は、あい対立する二つの社会体制の闘争の時代、社会主義革命および民族解放革命の時代、帝国主義の崩壊、植民地体制一掃の時代、諸国民がつぎつぎと社会主義への道にふみだし、社会主義と共産主義が世界的な規模で勝利する時代である。われわれの時代のおもな特徴は、社会主義世界体制が人類社会発展の決定的な要因になりつつある点にある[2]」。

その後所謂中ソ論争、対立の中でも（この点については後述する）、1960年代一貫して中国共産党はこの基本認識を堅持しつづけた。

1970年毛沢東は「五・二〇声明」の中で、「新たな世界戦争の危険は今も依然として存在している。各国人民は必ずやこれに備えなければならない。しかし、当面の世界の主な傾向は革命である[3]」と論断している。

後に述べるが、1970年代後半になって世界政治経済に対する歴史認識にいささかの変化の兆しがでるものの、60年代から70年代を通じて世界政治経済に対する歴史認識としては、基本的には「戦争と革命」の時代という歴史認識が堅持され、これが明確な形で新しい時代認識にとって代えられることはなかった。

1）毛沢東「国家の財政・経済状態の基本的好転のためにたたかおう」、邦訳『毛沢東選集』第5巻、外文出版社、1977年、20頁。
2）「八十一ヵ国共産党・労働者党代表者会議声明」、『経済評論』第10巻第1号、昭和36年1月号特別付録、179頁。
3）『人民日報』1970年5月21日号。

第2節　世界政治経済における米ソの姿勢と中国の対外戦略

　本稿の課題は中国の世界政治経済に対する認識構造と対外経済戦略との関係を考察することにあるから、中ソ論争や対立などに固有に立ち入る必要はないのであるが、ここでいささかこういった問題に立ち入るのは、この問題が中国の対帝国主義戦略と世界共産主義革命への戦略上関連をもち、対外経済関係の構造上に反映される面をもつからである。

　建国以来アメリカ帝国主義との対決が、最も重要な戦略上の地位にあったことはいうまでもない。「戦争と革命」の時代において中間の道はないとの判断に立ち、向ソ一辺倒政策もその観点から選択されたものであった。

　中ソの意見の分岐は1956年のソ連共産党第20回大会から始まるといわれるが、表面的には1960年までは、中ソはイデオロギー論争を公然と行うことはなかった。しかし、1960年以後両国の間ではイデオロギー上の対立、両党の対立、さらに進んでは国家間の対立にまで発展していった。ここでは本稿と関連すると思われる中国にとっての対外戦略上の根本問題に限って、これまでの研究成果に拠りつつ、次節へ向けての架橋を行っておこう。

　対外政治経済関係に関する中ソ対立の根本問題は、当時の世界政治経済の主要矛盾、またこれに対する変革の主要動因をどう見るかにあった。中国は当時の世界政治経済の基本矛盾を、①社会主義陣営と帝国主義陣営の矛盾、②資本主義国内部のプロレタリアートとブルジョアジーの矛盾、③被抑圧民族と帝国主義の矛盾、④帝国主義相互間・独占資本グループ相互間の矛盾の四つに分け、これらの基本矛盾のうち現在世界の主要な基本矛盾が③であるとの認識に立つ。一方ソ連は、現代世界における主要矛盾は社会主義と資本主義との間の矛盾であり、社会主義世界体制が人類社会発展の決定的な要因に転化しつつあるとの認識に立つ[4]。

　いずれも現下の情勢が帝国主義との闘争にあることについては、共通の

4）岡部達味著『現代中国の対外関係』、東京大学出版会、1971年、139～140頁。

認識に立っていることにまちがいない。しかし、問題は闘争の焦点をどこに当てるかで基本戦略が異なってくるということである。

帝国主義段階の資本主義はそれ自体のその内的な経済体制からして世界資本主義としての構築物であるから、この内的論理の貫徹の過程において、それ自体が反帝民族解放闘争を準備、発展させる。この意味において反帝闘争は世界性を賦与される。レーニンの認識では、帝国主義戦争の中で帝国主義（この段階の資本主義）は死滅する運命にある。ここで国際共産主義運動は世界性をもった連帯的存在となる。これは帝国主義それ自体が創出した存在物である。具体的に個別的に存在する各国、植民地、従属国のプロレタリアートは、世界から帝国主義を完全追放するまで何らかの関連において、帝国主義の抑圧と搾取から免れることはできない。反帝国際共産主義運動の積極的意味がここに設定される。

理念的にはそうであっても、国際共産主義運動は、帝国主義がそれ自体の中に国際経済システムとしての内的統合の貫徹論理（抑圧、搾取、強制を用いる）を具備しているのと異なり、それ自体経済システムとしての内的統合の貫徹論理を具備していない。戦争の中で個別各国、植民地、従属国は、そのおかれた客観的条件の歴史的特殊性に応じて一応の社会主義革命を遂行する。

社会主義政権といえども、自己にとっての内外の主要課題に対するスタンスに差が出ることは当然といえる。ソ連側の、現代世界における主要矛盾は社会主義と資本主義との間の矛盾であり、社会主義世界体制が人類社会発展の決定的な要因に転化しつつあるという認識についていえば、既に成立している反帝国主義社会主義諸国の関係（実質的にいえばソ連傘下にある社会主義世界体制）が、世界の政治経済の動向を左右するということである。社会主義世界体制とはいうならばestablishedされた体制ということであろうから、それはそれ自体として帝国主義的な意味での、かつ経済的意味での国際性、世界性をもたない（すでに経済建設戦略上における対外経済関係の地位について述べてきたように）本性から、帝国主義陣営の跋扈する範囲が狭くなり、相対的に帝国主義の力を低下させたという意味

で一定の存在を占めるようになったとはいえるが、反帝国主義闘争という点からいえば積極性に欠けた存在になったということでもある。

岡部達味教授は炯眼をもってこの間の事情を、次のように透視されている。

「戦後の世界では、〈社会主義世界体制〉の成立とともに、アメリカにつぐ世界第二の大国となったソ連からみるならば、自国を先頭とする社会主義陣営と帝国主義陣営の間の、資本主義か社会主義かの闘争こそが、世界の運命を決する要因であるという解釈が生まれてくる。

革命以来すでに50年を経たソ連はもはや現状維持に利益を感じている国だといえよう。ソ連の内外政策は、急激な革命的変化を求めるものではなくなっている。ソ連の目標とするところは、内にあっては、既存の建設の成果の上に一層の経済発展と国民の福祉の向上をもたらすことであり、外にあっては、東欧の社会主義諸国を強化し、社会主義陣営全体の立場を強化することであろう。

現状の固定化をのぞみ、国内経済建設を重視する以上、熱核戦争を防ぐことが最大の眼目となる。西側との平和共存が対外政策の中心となる。そして現代の基本矛盾である、社会主義と資本主義との間の矛盾は、戦争を通じてではなく、平和な経済競争を通じて解決されなければならない。世界熱核戦争を挑発するような局地戦争は極力その発生をおさえ、平和的に解決しなければならないのである[5]」。

これに対して、中国の認識は基本的に異なる。中国は未だ台湾地域、香港、マカオは帝国主義に占拠されているうえ、周辺をめぐる国境の未画定部分も抱えている。「中国は現状の固定化をおそれている。……現状の固定化ものぞまず、世界熱核戦争ものぞまぬ中国は、民族解放闘争が激しくなればなるほど、帝国主義の手足はしばられ、帝国主義が戦争を起こす危険性はそれだけ減少するという定式をたてたのである。平和は乞い求めて得られるものではなく、闘いによってかちとられるものであると主張するのである[6]」。

---

5) 同上書、140〜141頁。
6) 同上書、142頁。

中ソ論争の中で、1964年アメリカ帝国主義とそれに連なる勢力を除くすべての勢力の団結を意識して、打ち出されたのが中間地帯論であるが、プロレタリア文化大革命の中での革命造反外交の行き詰まり、1968年のベトナム和平の始まりをうけ、中間地帯論は後退していった。1968年8月のソ連・東欧軍のチェコ侵攻に対し、中国はソ連を「社会帝国主義」と非難した[7]。宇野重昭教授は、「これは中国の対ソ観の質的転換をもたらした。"社会主義陣営"という概念は、事実上解消した[8]」と論断されている。

　1970年毛沢東は「五・二〇声明」の中で、「新たな世界戦争の危険は今も依然として存在している。各国人民は必ずやこれに備えなければならない。しかし、当面の世界の主な傾向は革命である」と述べた。宇野重昭教授は、「この毛沢東声明は〈アメリカ帝国主義〉にその非難を集中し」ているにもかかわらず、「〈戦争〉でない〈革命〉、つまり歴史の流れに沿った漸進的な平和的変革の道を指向したことである[9]」と指摘されている。

　以後の米中接近、1971年の国連復帰、72年のニクソン訪中と、中国は急速に外交基軸を転回していったが、注目すべきは「米中共同コミュニケ」の次のような内容である。

　「中米両国の社会制度と対外政策には本質的な違いがある。しかし、双方はつぎのことに同意した。各国は社会制度のいかんをとわずいずれも、各国の主権と領土保全の尊重、他国にたいする不侵犯、他国の内政にたいする不干渉、平等互恵、平和共存という原則にもとづいて国と国との間の関係を処理すべきである[10]」。

　さらに、同「コミュニケ」では、中国が「いかなる覇権主義と強権政治にも反対する」ことを提起し、「どちら側もアジア・太平洋地域で覇権を求めるべきではない。いずれの側もいかなるその他の国あるいは国家集団

---

7)「ソ連現代修正主義の全般的破産」(『人民日報』評論員論文、同紙1968年8月23日号)、中国研究所編『新中国年鑑・1969年版』、新中国年鑑刊行会、1969年、232～233頁。
8) 宇野重昭著『中国と国際関係』、晃洋書房、1981年、297～298頁。
9) 同上書、300頁。
10)「訪中したニクソン・アメリカ大統領との共同コミュニケ」(1972年2月28日)、中国研究所編『新中国年鑑・1973年版』、大修館書店、昭和48年、255頁。

第二章　世界政治経済の変革主体認識構造と対外経済関係論

がこうした覇権をうちたてようとすることに反対する[11]」と謳った。

　この内容は一見すると今日の外交政策の始まりかとも判断できようが、見落としてならない基本的なちがいは、中国のアメリカへの接近が「社会帝国主義」ソ連を意識した外交戦略としてとられたことである（所謂聯美反蘇外交）[12]。また、同「コミュニケ」の中で使用されている「覇権」（1968年以来使用されるようになったといわれ、今日も屢々用いられる）なる用語であるが、宇野重昭教授はこれについて次のような判断を示されている。

　「この表現では、およそ他を圧迫し、権力を拡張しようとするものならなんでも、軍事的、政治的、経済的であるとを問わず、すべて包括してしまう。……それは大国一般の強圧外交を指すこともできるし、また、帝国主義一般、あるいは米ソ二超大国、さらには、〈ソ修覇権主義〉の具体的〈侵略政策〉のみに集中することもできるからである。したがって中国は、新段階の外交戦略を明らかにするため、この言葉を多用しはじめた[13]」。

　この宇野教授の見解に特別に反対する理由はないのであるが、筆者の後

11）同上「コミュニケ」、255～256頁。同「コミュニケ」の台湾問題に関する部分はこうである。「中国側はつぎのように自己の立場をかさねてあきらかにした。台湾問題は、中米両国関係の正常化を妨げているカギとなる問題である。中華人民共和国政府は中国の唯一の合法政府である。台湾は中国の一つの省であり、はやくから祖国に返還されている。台湾の解放は中国の内政問題であって、他国には干渉する権利はない。アメリカのすべての武装力と軍事施設は台湾から撤去されなければならない。中国政府は、〈１つの中国、１つの台湾〉〈１つの中国、２つの政府〉〈２つの中国〉〈台湾独立〉をつくること、〈台湾帰属未定〉を鼓吹することを目的とするいかなる活動にもだんこ反対する。
　アメリカ側はつぎのことを声明した。アメリカは、台湾海峡両側のすべての中国人がみな中国はただ１つであり、台湾は中国の一部であると考えていることを認識した。アメリカ政府はこの立場に異議を申し立てない。アメリカ政府は、中国人自身による台湾問題の平和的解決にたいするアメリカ政府の関心を重ねて明らかにする。この展望に立って、アメリカ政府は台湾からすべてのアメリカの武装力と軍事施設を撤去する最終目標を確認する。この期間に、アメリカ政府はこの地域の緊張情勢の緩和にしたがって、台湾におけるその武装力と軍事施設をしだいに減らしてゆくであろう」（同上「コミュニケ」、同上『年鑑』、256頁）。
12）宇野重昭著『中国と国際関係』、晃洋書房、1981年、309頁。
13）同上書、308～309頁。

の論のために一言つけ加えておきたい。元来中国が「帝国主義」なる用語を使用する場合、レーニンのいう「資本主義の最高の段階としての帝国主義」という意味の概念として使用されており、それは「社会主義革命の前夜」としての存在概念である。それは単に「帝国主義」の対外政策を意味するものではない。レーニンのいう「帝国主義」概念と区別して一般にいわれる「帝国主義」なるものは「侵略政策」をいう場合が多く、この概念の次元は外交政策次元上にある。本稿の本来の課題である経済問題との関係で言えば、生産力の格段上にあるレーニン的意味の「帝国主義」概念との関連が重要になってくるから、外交戦略上で使用される「覇権主義反対」という「帝国主義一般」に対する次元で対応するのとは別に、やはり中国はレーニン的意味の「帝国主義」概念を底に秘めた上で打ち出した外交上の戦略用語であると筆者は考えている。

　さて、対外戦略の転換を迫られた中国は「三つの世界」論でもって、外交戦略の組直しをはかった。1974年の第6回国連特別総会における鄧小平演説にみられる「三つの世界」論である。

　「戦後の一時期に存在していた社会主義陣営は、すでに存在しなくな」り、「天下大いに乱れる」という状況の下で、「いまの世界には、事実上、互いに連系をもちながら、互いに矛盾しあっている三つの方面、三つの世界が存在している」。「アメリカとソ連が第一世界で、アジア・アフリカ・ラテンアメリカの発展途上国とその他の地域の発展途上国が第三世界で、この両者の間にある発達国が第二世界である」。「世界の覇権を争奪し……調和できない矛盾が存在して」いる「二つの超大国は、現代における最大の国際的搾取者、抑圧者であり、新しい世界戦争の策源地である」とし、1970年の毛沢東の「五・二〇声明」の基本認識を押える。「植民地主義、帝国主義、とりわけ超大国の収奪と搾取によって、貧しい国はますます貧しくなり、富める国はますます富んでいき、貧しい国と富める国との差はいよいよ大きくなっている」。「発展途上国は、世界の歴史の車輪の前進を推進する革命的原動力であり、植民地主義、帝国主義、とりわけ超大国に反対する主な力である」。「二つの超大国の覇権主義と強権政治」に対する

第二世界の発達国の闘争も国際情勢に重要な影響をもつ。「中国は社会主義国であり、また発展途上国でもある。中国は第三世界に属している」。中国は第三世界諸国と人民の団結と連合の中で闘いを進める[14]。

　注目すべきは、この中で「社会主義陣営は、……すでに存在しなくなった」とした上で、「中国は第三世界に属している」と強調した点である。なお「新たな世界戦争の危険は今も依然として存在している。……当面の世界の主な傾向は革命である」との認識に立ちつつも、中国は「プロレタリア国際主義より民族的立場を重視する方向に傾斜していった[15]」のである。このことはある意味では、「資本主義の全般的危機」の解消と「併存する二つの世界市場」の存在の否定を公言したことになる。一方で「戦争と革命」（社会主義陣営の拡大への展望）の時代を標榜しながら、他方で「資本主義の全般的危機」と「併存する二つの世界市場」への否定的認識を表明することは、中国自体の論理自己矛盾と苦悩を表明するものでもあった。

　米中接近に対するベトナムの非難、ソ越接近の中で、「プロレタリア国際主義」に対して冷めたスタンスをとり始めた中国は、レーニンの提起した「帝国主義」の段階的位置づけにブルーをかけ、なお「ソ米両超大国の覇権主義」に対決しつつ、自己の対外戦略の再修正をはからざるをえなかった。「帝国主義」の歴史認識構造にブルーがかけられた以上、帝国主義諸国との経済関係との内容にも認識構造上の修正が出てくるのは当然のことといえよう。1977年11月1日の『人民日報』編集部論文「三つの世界の区分についての毛主席の理論は、マルクス・レーニン主義にたいする大きな貢献である」に、それを見ることができる。

　この論文の中においても、「三つの世界」区分は現在の世界情勢が「帝国主義とプロレタリア革命の時代である」との基本認識の上に立って、

---

14)「国連特別総会における鄧小平中華人民共和国代表団団長の発言」、中国総覧編集委員会編『中国総覧・1978年版』所収、財団法人霞山会、昭和52年、667〜675頁。なお、この中では「アメリカ帝国主義」の用語が使用されている（669頁）。
15) 前掲書、312頁。

「こんにち、世界戦争の不可避性は、ほかでもなく、主として資本主義のアメリカと、資本主義の復活したソ連とのあいだに存在している」。「ソ連はたんにアメリカと同様、世界を脅かす帝国主義超大国になったばかりでなく、世界戦争のもっとも危険な策源地となった」。しかし、この論文の以下の内容は注目される。「資本主義制度が世界的な範囲で社会主義制度に移行するのは、長期にわたる、まがりくねった、複雑な闘争にみちた過程であり、この過程のさまざまな時期に、世界の政治勢力にさまざまな組合せがあらわれるのは、避けられないことである」。「第三世界の諸国と人民は反帝・反植民地主義・反覇権主義の主力軍であ」り、「第三世界の主力軍としての役割は長期的なものであることが決定づけられるのである」と述べている点である。この表現の仕方は、現下の情勢が革命の時代であるとの認識からすればやや緊迫感に欠け、革命の展望に長期性要素をもちこんでいるといえる。しかも、第二世界は「新しい条件と新しい形態のもとに第三世界の多くの国にたいする支配と搾取を維持しようとつめているが、全局的にみて、これら諸国は、第三諸国を支配し抑圧する主要な勢力となることがもはやできなくなっている」から、「当面の主要な敵ソ米両覇権主義国と第二世界諸国を区別して、これに対処することも、……考慮する必要のある重要な問題で」、「第二世界は反覇権闘争のなかの連合しうる勢力である」ととらえる[16]。

　ここで後の論のために言及しておきたい。それは支配と搾取にかかわる問題である。例えば、外国の直接投資は一般的にいって進出先国を搾取するが、そのあり方によって、一定の条件の下において進出先国経済破壊型と必ずしもそうではない場合がありうるということである。典型的な帝国主義型進出は進出先国経済破壊型搾取の内容となるといえよう。政治的支配が経済関係の前提的基礎となるからである。政治的支配と搾取は必ずしも並列的別概念でなく、両者の組合せによって経済的内容に大きなちがい

---

16)『人民日報』報編集部「三つの世界の区分についての毛主席の理論は、マルクス・レーニン主義にたいする大きな貢献である」、『北京周報』（日本語版）No.45、1977年11月8日号、10〜38頁。

が出てくるという内的関係をもった両概念であることである。

　さて、建国直後第三世界の国々を除く先進資本主義国との中で先ず北欧４ヵ国とスイスが新中国を承認し、1950年イギリスとオランダが新中国を承認した[17]。しかし、既に前章で述べたアメリカを中心とする対中経済包囲網はココム文書例外措置を用いる形で緩和されつつも、その後もずっと継続されてきた。注目さるべきは、その後の研究によれば、一般には1957年消滅したといわれているチンコムは1971年まで存続していたということである[18]。

　アメリカは第二次世界大戦後1980年代末まで一貫して共産主義に対する封じ込め政策をとり続けてきたが、70年代以前とそれ以降とをさらに二つの段階に分けることができる。アイゼンハウア大統領の時期は全面的封じ込めの時期といえよう。ケネディージョンソン大統領の時期は、両陣営内部に矛盾が現れ、イデオロギー上の対立矛盾が希薄化し、米ソの力の差が縮小して、中米関係も変化するにつれ、アメリカは全面的共産主義封じ込め政策を改め、ソ連に対する封じ込めに焦点を置くようになった。米ソは対抗と協調の複雑な関係にあった。ニクソン－フォード大統領の時期アメリカの軍事力、経済力は相対的に下がり、ニクソンは所謂「ニクソン主義」収縮戦略をとることになる。ソ連との勢力均衡をとりつつ、同盟国と協調し、中国との関係正常化を実現し、第三世界における戦線を縮小していった[19]。

　中国はこのようなアメリカの動きに合わせて外交戦略基軸の転換をはかっていったことが、上記の点と照らし合わせれば容易に理解される。アメリカ帝国主義の地位の低下、ソ連社会帝国主義との関係、第三世界との連携、中国自体の世界における地位の向上等を考慮にいれ、また、中国自身の世界政治経済上における力も自己認識しつつ、「戦争と革命」の時代認

---

17) イギリスは台湾に領事館を維持したため代理大使級関係、オランダは中華人民共和国の台湾領有権を認めるまで代理大使関係に止まり、1972年2月28日の「米中共同コミュニケ」発表後同年間もなく正式大使交換に同意した。
18) 加藤洋子著『アメリカの世界戦略とココム・1945－1992―転機にたつ日本の貿易政策』、有信堂、1992年、189～190頁。
19) 李広民著『世界経済与政治和当代中国外交』、中国書籍出版社、2001年、82～83頁。

識の修正をはかってきたといえる。プロレタリア文化大革命は、ある意味では時代認識と戦略をめぐる対立の一頂点であったと見なすこともできる。社会主義陣営の崩壊は「戦争と革命」の時代認識の変容を迫るものであり、それは陣営としてのイデオロギーの相対化でもある。また、それは現代帝国主義をどう評価するか、今日の段階における支配と搾取の内的関係をどう設定するかといった問題と裏腹の関係に立つ。米中関係の正常化への道へ踏み出したとはいえ、封じ込め政策の清算を慎重に見定めつつ、次への積極的な全体的対外政治経済戦略を打ち出すまでに、今しばらくの時間を必要とした。

第3節　対外経済関係の地位─対外経済関係の理論認識

前章で述べたように、向ソ一辺倒政策がとられる中で、1950年代の貿易理論と政策の根幹は国家統制型保護貿易の理論と政策であった。いうまでもなく、「比較生産費説」にもとづく国際分業は全面的に否定された。対外経済関係は外交のために奉仕するものとしての位置づけが与えられた。したがって、「兄弟国」、「民族主義国」、「中立国」、「帝国主義国及びその追随者」に対しては、異なった貿易政策を採用する[20]。社会主義諸国間の経済関係は国際主義に基づく相互援助関係であり、貿易は平等互恵、有無相通ずるという形の貿易であり、計画貿易である[21]。

中ソの対立が経済協力と貿易で決定的になった1960年以降、中国は社会主義国際分業の修正主義的見解に対して批判を行った。

---

20) 薛栄久『対建国以来中国外経貿理論的回顧、帰結与発展的思考（綱要）』、中国国際貿易学会重点研究課題「対建国以来中国外経貿理論的回顧、帰結与発展的思考」総括報告、中国国際貿易学会、1999年、2頁、拙訳「新たなる中国対外経済貿易理論発展の道（Ⅰ）─建国50年中国対外経済貿易理論の回顧と総括を踏まえて─」、『広島経済大学経済研究論集』第23巻第4号、2001年、60頁。
21) 李暁西「対外開放理論」、張卓元主編『論争与発展：中国経済理論50年』所収、雲南人民出版社、1999年、615頁。

薛栄久教授によれば、1964年末開かれた「社会主義国際分業についての学術シンポジウム」で、「大多数の人は、社会主義国際分業は客観的存在であり、……これと一線を画するものの実体とは、現代修正主義が社会主義国際分業を盾に、資本主義諸国間で他に傷を負わせながらも自己の利益を追求するというやり方を模倣し、兄弟国が自力更生で自国経済を発展することに反対し、これらの国を経済的に従属させ、政治的にコントロールするということである。真の社会主義国際分業とは社会的労働の節約をはかることができるという分業である。しかし、現代修正主義の所謂"国際分業"は実体上は資本主義的国際分業なるものであって、資本主義的国際分業や対外貿易は、決して参加国に真の意味の社会的労働の節約をもたらすことはできない」との認識に立ったと証言されている[22]。

　これに対して、社会主義国際分業なるものの含意は、次のように与えられる。

① 社会主義各国は自力更生によって、本国の経済を全面的、総合的に発展させるという条件の下で、プロレタリア国際主義の原則に則り、平等互恵を基礎とし、相互の需要と供給可能性、相互の要求に基づき、一部の生産上の相互協力を進め、社会主義兄弟国間の計画的貿易と経済協力関係の中に具体的にその表現をみる、実体化された労働の分業関係を行う。

② 各々の社会主義国は、自国の経済的独立と自国の需要に影響がないというかぎりにおいて、当該製品を生産できないような他の社会主義国が必要とするような製品を余分に生産し、需要に供する。その目的は使用価値を供することであり、使用価値の交換である[23]。

　自力更生と社会主義国際分業については、多くの人は、社会主義国際分業は必ずや自力更生の基礎の上に打ち立てなければならない、また相互に自力更生を促進していかなければならないと考えた[24]。

---

22) 薛栄久前掲総括報告、9頁、前掲拙訳（Ⅱ）、前掲誌第24巻第1号、2001年、128頁。
23) 同上総括報告、9頁、同上拙訳（Ⅱ）、同上誌同上号、128頁。
24) 同上総括報告、9頁、同上拙訳（Ⅱ）、同上誌同上号、128頁。

また、同教授は中国社会主義国民経済における対外貿易の必要性に関する当時の主流的見解として、劉漢秉氏の考えを掲げておられる。劉氏は中国の社会主義再生産過程における不均衡の問題から出発し、中国には対外貿易が必要だとの見解を打ち出している。「如何なる国家であれ、何らかの物資或いは技術の有無、また過不足の問題が常に発生する。特に社会主義の不断の拡大再生産と人民の生活水準の絶えざる向上の下では、社会生活と人民も生活の需要は多方面にわたり、また絶えず変化しており、再生産の過程の中で、何らかの環節において常に不均衡が生じる。したがって、対外貿易ということの外部条件を利用し、外国と有無相通ずる関係を結んでいくことは客観的に必要なことでもあり、また利用可能なことでもある。物資の輸出入或いは外国の先進技術の導入を通じ、国内の再生産の過程における各種比例関係を調節し、有無の調節、不足の充足などを行い、バランスをとって再生産のスピードアップをはかり、国民経済の発展を促進するとともに、人民の生活の需要を満たしていくことは必要なことでもあり、可能なことなのである。以上のことから、対外貿易は国家の対外活動の重要な一戦線を構成するというだけではなく、経済の側面から世界革命を支援する重要な一つの方法でもある。また、それは社会主義再生産過程の一つの必要な環節であり、全交換過程の一部であり、社会主義国民経済のなくてはならない一部門である[25]」。

　この時期中国ではいくつかの大学で西側の国際貿易理論が紹介されるようになり、1960年から西側の経済理論と西側の貿易理論を研究する研究生が募集されるようになったが、西側の貿易理論を批判しながら紹介するという方法がとられた。また、開発の経済学が正式の地位を得るようになった。

　注目すべきは、この時期中国は国際間の不等価交換の問題の研究に着手したことである。この問題で研究の起点となったのは、ソ連の経済学者センダロフの『帝国主義による植民地原料の略奪』という書であった。この

---

25) 同上総括報告、10頁、同上拙訳（Ⅱ）、同上誌同上号、130頁。

書物は当該問題研究者の必読書となった[26]。この問題は1964年初めて開かれた国連貿易開発会議において大きく取り上げられ、政治的に独立を達成したアジア・アフリカ・ラテンアメリカ諸国は、国際貿易における不等価交換の解消を強く要求した。中国はこの立場を支持し、帝国主義国家との経済関係、社会帝国主義との経済関係にだんだんと否定的になってきた。半面として第三世界との経済交流の中で政治的要素（市場原理によらない政治的価格設定）を増していった（政治に対する経済の従属ということ……括弧内筆者）。プロレタリア文化大革命の中で、社会主義社会の理念とも絡み、この種のイデオロギー的観点が突出した形で前面に出てくる[27]。

　中ソの対立激化にともなって、この時期1959年をピークとした両国間貿易額は60年代一貫して減少の一途をたどり、68年、69年は政府間貿易協定も締結されないといった有様であった。1970年の中ソ貿易額は当年の中国の貿易総額のわずか1％を占めるにすぎない。

　70年代には中ソ貿易は上昇基調に転ずるが、79年に約5億ドルに達したのが最高額で、中国の貿易総額の1.7％程度のウェイトを占めているにすぎない。1971年からは、従来の協定貿易で行われてきたルーブル表示のバーター貿易記帳決済方式は、スイス・フラン建てによるバーター貿易記帳決済方式に改められた。また1975年からは従来の1958年価格を基礎とした取引価格設定方式が、国際市場価格を基礎とした価格設定方式に改められた[28]。

　中ソ貿易のこのような事情の中で、中国は西側諸国との貿易に比重を移していくこととなるが、第二世界との経済関係については先の「三つの世界」論からその意味を理解できるとしても、アメリカとの貿易の拡大をどのように考えていけばよいのであろうか。上に見た帝国主義による搾取論からすれば、しかも第一世界のアメリカとの貿易は、理論上は搾取の最も

---

26) 薛栄久学術報告、片岡幸雄・林家凡要約「中国国際貿易理論の史的展開―変遷と新たな模索―」、『広島経済大学経済研究論集』第13巻第4号、1990年、105～106頁。
27) 李暁西「対外開放理論」、張卓元主編『論争与発展：中国経済理論50年』所収、雲南人民出版社、1999年、621頁、622頁。
28) 詳しくは拙稿「中国の協定貿易―その盛衰と残光―」、『広島経済大学経済研究論集』第15巻第2号、1992年を参照されたい。

はなはだしいものとして拒否さるべきものであろう。しかし、中国はアメリカとの貿易を拡大していったのである。その論理はどうなのか。以下は筆者なりの解釈である。

中国の立場からすれば、あくまで自国の保護貿易主義にもとづく社会主義計画経済の要求からした「輸入のための輸出」と「有無相通ずる貿易」を、理論的な枠組みとしたと考えられる。しかし、独立自主の自国の意思による「有無相通ずる貿易」による「輸入のための輸出」といった貿易には、貿易の個別的な中身それ自体には厳然として搾取が含まれるが、それは自国の意思にもとづくものであって、体制的、制度的に組み込まれた搾取ではない。制度的に組み込まれた搾取は断固排除すべきであるが、「有無相通ずる貿易」はそうではない。貿易にある意味の搾取がともなうのは不可避的なことであるが、また貿易とは元来「有無相通ずる」という性格のものであるが、中国が固有に「有無相通ずる貿易」概念を設定した意味は、体制的、制度的に搾取が組み込まれた貿易を、体制的、制度的に搾取が組み込まれていない貿易と区別して位置づけ、それに積極的な任務を担わせようとしたことにあるのではないかと筆者は見ている。その意味で「有無相通ずる貿易」概念は、現実の政策遂行上に欠くべからざるものとして設けられていたのではあるまいか。この限りにおいて、アメリカとの貿易にも柔軟に対応できる枠組があったといえる。中国は既に見た世界政治経済上の戦略と併せ、貿易理論上も帝国主義搾取論と併行してこういった論理を内にもっていたと筆者はみている。

※本章は「中国の世界経済に対する歴史認識構造と対外経済論（Ｉ）」、『広島経済大学経済研究論集』第24巻第3号、2001年に掲載したものを一部加筆、修正したものである。

第三章　世界政治経済に対する認識の変化

　本章では、上述のような色調の変化を帯びた問題意識から、プロレタリア文化大革命後世界政治経済に対する従来の歴史認識構造を再検討する作業が始まり、それが従来の経済建設方式を根本的に改める全体的基礎認識として形成されていく過程をみていく。現代世界政治経済の下における帝国主義戦争の抑止力の積極的評価、帝国主義戦争を契機とした民族解放闘争と社会主義革命への転化という筋書に対する展望の困難性、戦後資本主義の高度発展と資本主義の生命力に対する積極評価などがここでは議論され、現代世界政治経済は「帝国主義」段階にあるのか、それとも既に「帝国主義」段階を超えた新しい段階にあるのかが問題となる。

第1節　「戦争と革命」の時代認識との訣別

1　認識の変化の底流

　「戦争と革命」の時代認識に対するいささかの認識の変化の底流は、60年代に遡る。1962年当時の党中央対外連絡部部長王稼祥等は、国際問題と対外方針の調整に関して何度か周恩来、鄧小平、陳毅などに意見を提出し、党内の世界戦争、世界革命、民族解放運動、対外援助についての一面的な観点を修正するよう働きかけた模様である。
　過度に戦争の危険を強調しないで、むしろ警戒を高め、闘争を強めて、戦争の危険を克服し、平和の維持を闘い取るべきであって、平和運動に対して適当な評価と支持を与えるべきである。民族解放運動のみを強調して、

平和運動を評価せず、平和組織の中で民族解放運動を平和運動以上のものとして過度に強調すべきではない。中国の急速な社会主義建設を推し進めるために、対外的に緊張緩和の方針を採るべきであって、緊張を煽るような方針を採るべきではない、というのが彼らの意見であった[1]。

貿易問題に焦点を当てて言えば、すでに筆者が別稿で取り上げたように、60年代に入ってから、57年以来実施されてきた"以進養出"（輸入によって輸出をはかる）、主として原料を輸入し製品に加工して輸出するというやり方が拡大されていき、化学工業品、軽工業品、紡績・紡織品の一部では、この"以進養出"業務による加工輸出の形による輸出に一定の成果がみられた。さらに周恩来と陳雲の輸出商品基地建設の指示に基づき、対外貿易部は関連地区、部門の海南島、珠江三角洲、密山、合江、新疆の開拓区等の重点地区、綿糸、綿布、豚肉、乾燥タバコ、リンゴ、茶葉、生糸、水銀等の重点商品の輸出商品生産基地建設活動を援助し、一定の成果を上げた[2]。

しかし、「戦争と革命」の時代という歴史認識、客観的な経済発展段階を踏まえない教条的社会主義理想像の追求、権力闘争の奇怪かつ狂気じみたプロレタリア文化大革命の中で、文革派は、帝国主義支配下の世界体制の下でその秩序にしたがって輸出入を行うことは、資本主義体制の擁護であり、帝国主義に奉仕するものであるとし、第一次産品の輸出は資源の売り渡しであり、積極的な輸出外貨の獲得は外貨第一ということであり、技術導入は外国への諂いであると批判した。国外需要に合わせた輸出商品を作ることや、国際市場価格に合わせて価格取り決めを行うこと、また一般

---

1) 柳建輝「従"戦争与革命"到"和平与発展"」、宮力主編『鄧小平的外交思想与実践』、黒龍江教育出版社、1996年、107頁。
2) 趙徳馨主編『中華人民共和国経済史・1944-1966』、河南人民出版社、1989年、711～712頁。輸出商品生産基地、輸出商品生産専門工場、工場内輸出商品生産部門などは1960年からつくられた（《当代中国》叢書編輯部編輯『当代中国対外貿易（上）』、当代中国出版社、1992年、29頁）。《当代中国的経済管理》編輯部編『中華人民共和国経済管理大事記』、中国経済出版社、1987年、143頁。前後の関連事情については、拙稿「中国対外貿易機構の変遷（Ⅳ-1）」、『広島経済大学経済研究論集』第20巻第4号、1998年、50～51頁を参照されたい。

的な国際的貿易方式にしたがって取引を行うなどは"無原則の右傾"であり、"主権喪失・国威失墜"であると批判され、すでにかなりの規模にまでなっていた輸出商品生産基地は廃止され、輸出専門工場も転業、多くの伝統的工芸技能者は転業し、輸出商品の種類も減り、品質も下がっていった。対外貿易の中で重要な役割を果たしていた"以進養出"のやり方や、委託加工、指定品生産などの機動性変則特殊貿易も停止に追い込まれることとなった。1968年からは技術導入も中断され、60年代前期に導入した84項目の建設にも影響が及んだ[3]。

妨害に遭って中断されたとはいえ、周恩来は国際経済面において中国がえることができるであろう潜在的経済利益の可能性とその実現の機会から目を離さず、1970年代初め機を見て、貿易の国内商業、生産、科学研究に対する積極的意義について方針を提出した。国務院はこの意見を承認し、国家計画委員会は1973年「出口農副産品生産基地和出口工業品専廠的試行弁法」を公布し、広東省仏山地区に輸出商品生産総合基地をテストケースとして設立した。以後全国各地に特定の品種に特化した農副産品輸出基地や輸出工業品専門工場、専門部門が続々と設立されていった[4]。

こういった動きは限定的なものであったとはいえ、後に対外開放政策に踏み切る以前の段階において、具体的な経験から後の政策転換のための機運が醸成されつつあったことを物語るものであり、経済そのものの視点から中国の全般的開発戦略の本格的再検討の課題を提起する材料であったと言えよう。

2　「戦争と革命」の時代認識との訣別

1978年2月26日に開催された第5期全国人民代表大会第1回会議の華国鋒による政府活動報告における「国際情勢とわが国の対外政策」に関す

---

3) 《当代中国》叢書編輯部編輯『当代中国対外貿易（上）』、当代中国出版社、1992年、33〜34頁。
4) 同上書(下)、1992年、178頁。

る内容は、それ自体内的に矛盾したものとなっており、中国自身今一つ踏ん切れない迷いを内に含む内容となっている。

同報告では、先ず「革命の要素はたえず増大している」との基本認識の上で、「ソ米両覇権主義国は、依然として世界の覇権争奪に拍車をかけ、侵略政策と戦争政策を狂気のようにおしすすめている。革命の要素が増大するとともに、戦争の要素もいちじるしく増大しており、世界大戦の危機は日ましに激しく各国人民を脅かしている。社会帝国主義と帝国主義が存在するかぎり、戦争は避けられない」とするのであるが、同時に、「われわれは、各国人民が団結を強め、警戒心をたかめ、準備をととのえ、宥和主義政策に反対し、戦争をひきおこそうとする超大国の陰謀と断固たたかい、その戦略的配置を狂わせるなら、戦争の勃発を遅らせることは可能である[5]」との認識を示す。

同年10月22日日中平和友好条約批准書交換式出席のため来日した鄧小平副総理は、同25日東京での記者会見において談話を発表したが、この中でも同様の認識を示している[6]。

この認識は少なくとも、従来のレーニンの「資本主義の最高の段階としての帝国主義」認識に裏打ちされた、戦争と社会主義革命を直接的に結びつけた基本認識の修正を要求するものである。極めてパラドキシカルないい方をするならば、「反覇権国際統一戦線」の強化によって「戦争の勃発を遅らせることが可能である」(少なくとも戦争の抑止要因として作用するということ……括弧内筆者)ということは、社会主義革命という点からみればそれだけ革命が遅らされるということを意味する。帝国主義戦争がなくならないまでも、遅らされるということの善し悪しはおくとして、ある期間の平和の時期が存在するということがここで設定されたということになる。

---

5) 華国鋒政府活動報告「団結して、現代化した社会主義強国を建設するために奮闘しよう」、中国研究所編『新中国年鑑・1979年版』、大修館書店、昭和54年、186頁、187頁。

6) 「鄧小平副総理の東京での記者会見における談話と質疑応答」(78.10.25)、同上『年鑑』、220頁。

第三章　世界政治経済に対する認識の変化

　この方向での予兆を、宇野重昭教授は既に1970年の毛沢東の「五・二〇声明」に読みとっておられ、教授は中国は「〈戦争〉でない〈革命〉、つまり歴史の流れに沿った漸進的な平和的変革の道を指向した」と指摘されている点については、既にみてきたところである。さらに先に見た77年11月１日の『人民日報』編集部論文「三つの世界の区分についての毛主席の理論は、マルクス・レーニン主義にたいする大きな貢献である」の中の「資本主義制度が世界的な範囲で社会主義制度に移行するのは、長期にわたる、まがりくねった、複雑な闘争にみちた過程であり、この過程のさまざまな時期に、世界の政治勢力にさまざまな組合せがあらわれるのは、避けられないことである[7]」との認識は、華国鋒と鄧小平の上述の言及と呼応する。

　屡々改革・開放政策への転換に踏み切ったといわれる1978年12月22日の党第11期３中全会で採択された「公報」によると、「1979年から全党の活動の中心を社会主義現代化の建設に移すべきであるむね決定した」が、当然ながら、この事業の本格的推進のためには、平和の環境が前提とされなければならない。しかし、この段階では「戦争の危険性は依然として存在しており、われわれは国防を強化し、いかなる方面からの侵略者をも撃退する準備を常にととのえておかなければなら」ず、一面で「国防を強化できるかどうかは、……世界の平和と進歩の事業にとってもひじょうに重要な意義をもって」おり、さらに一面で反覇権国際統一戦線を発展させているとして、社会主義現代化の前提条件としての平和の保障に対する歯切れはあまりよくない。この戦争抑止力の有効な条件の限りにおいてということになろうが、「自力更生をふまえて世界各国との平等・互恵の経済協力を積極的に発展させ、世界の先進技術と先進設備を努めて取り入れるとともに、現代化の実現に必要な科学・教育活動を大いに強化している[8]」

7）『人民日報』報編集部「三つの世界の区分についての毛主席の理論は、マルクス・レーニン主義にたいする大きな貢献である」、『北京周報』（日本語版）、No.45、1977年11月８日、12頁。
8）「中国共産党第11期中央委員会第３回総会の公報」（78.12.22採択）、中国研究所編『新中国年鑑・1979年版』、大修館書店、昭和54年、216〜217頁。

という。この条件の下で推し進められる経済関係は「経済協力」として認識されるという点が、ここでは重要事である。

　1981年6月27日党第11期6中全会で採決された「建国以来の党の若干の歴史的問題についての決議」でも、戦争と国防については同様の認識が示されており、「対外関係の面では、帝国主義、覇権主義、植民地主義および人種差別主義に反対し、世界平和を守る方針をひきつづき堅持しなければならない[9]」とされる。

　プロレタリア国際主義については「プロレタリア革命は国際的な事業であり、各国のプロレタリアートの相互支援が必要である。だが、この事業をやりとげるには、なによりもまず、各国のプロレタリアートが自国に立脚点をおき、自国の革命勢力と人民大衆の努力に依拠して、マルクス・レーニン主義の普遍的原理を自国の革命の具体的実践と結びつけ、自国の革命事業をりっぱにやりとげなければならない[10]」と殊更に謳い、「われわれは各国人民との平和共存、平等互助を主張する。われわれは独立自主を堅持するとともに、他国人民の独立自主の権利をも尊重する。自国の特徴に適した革命と建設の道は、ただその国のみが自らさがしあて、つくりだし、決定しうるのであり、いかなる人も自己の考えを他人に押し付ける権利はない。これこそが真の国際主義であり、さもなければ覇権主義になってしまう。今後の国際関係において、われわれは永遠にこの原則的立場を堅持するであろう[11]」と、プロレタリア国際主義も各国の独自の革命事業の遂行の過程を通じて推進されるものだとの認識が示され、反帝国主義、反覇権主義、反植民地主義および反人種差別主義に対する闘争の位置づけがなされる。

　ここで考えてみなければならない点は、すでにみた「米中共同コミュニケ」や「日中平和友好条約」の中に盛り込まれている反覇権主義文言の意

9）［建国以来の党の若干の歴史的問題についての決議］（1981年6月27日、中国共産党第11期中央委員会第6回総会で一致採択）、中国研究所編『新中国年鑑・1982年版』、大修館書店、1982年、228頁。
10）同上「決議」、同上『年鑑』、225頁。
11）同上「決議」、同上『年鑑』、226頁。

味、位置づけである。反帝国主義という場合の帝国主義概念は、レーニンの意味からすれば、それは資本主義発展の特殊段階の総体的社会経済制度を意味する。これに対して、反覇権主義という場合の覇権主義概念は、帝国主義の対外政策の遂行、拡大、発展を指す[12]。反帝国主義は体制転換にかかわる問題の性格をもったものであるが、反覇権主義はその限りにおいては、それ自体は民族独立、民族自主の性格にかかわる問題であり、直接的には体制問題とは関連をもたない。反植民地主義はそれ自体は民族独立、民族自主問題であるが、帝国主義概念との関係では体制問題と関連する。反覇権主義は既に独立を達成した民族国家の覇権主義反対ということである。現下の世界情勢からみれば、既にみてきた中国の認識からして、反覇権主義が重要な意味をもち、中心的課題となる（もちろん、中国にとって香港、マカオ、台湾問題から、反帝国主義、反植民地主義も決して等閑にはできない問題ではあるが）。中国が反覇権主義を中心において国際戦略を考えるということは、プロレタリア国際主義は前提として民族国家（その階級性を別にして）の独立性の保障を先ず最重要優先事項として、その中から出てくるプロレタリアの連帯（場合によっては、プロレタリアの連帯はある民族国家の国家権力と対立することがありうる）を次に位置づけするということを意味しよう。このことは、階級性を異にした国家権力の下にある民族国家との関係では、中国は先ず反覇権主義に基づく民族国家の独立自主を最重要視し、それと矛盾しない範囲内でプロレタリア国際主義という連帯をはかるということを意味する。反覇権主義を国際戦略の中心に置くとすれば、レーニンの考えた帝国主義を「社会主義革命の前夜」として位置づけ、直線的に社会主義革命に結びつける構想と一定の距離を置いて、社会主義への移行構想を考えざるをえなくなろう。

　1984年 5 月17日鄧小平はエクアドル大統領ウルタド氏と会見した際、現下の世界政治経済における根本的な問題として二つの問題をあげた。「一つは覇権主義に反対し、世界平和を守ることであり、今一つは南北問

12）肖楓著『両個主義一百年―資本主義・社会主義』、当代世界出版社、2000年、281頁。

題である[13]」、というのである。また、同 5 月25日ブラジル大統領フィゲィレド氏との会見においても、同様の主旨のことを述べている[14]。さらに、同10月31日ビルマ大統領サン・ユ氏との会見の中で、平和の問題と南北問題について触れ、（世界の政治経済には…括弧内筆者）「その他に多くの問題があるが、この二大問題ほど全般にわたり、グローバルかつ戦略的意義をもつ問題はない[15]」と、この二大問題の汎世界性を指摘した。即ち、かつてレーニンが世界政治経済全般にかかわる一特殊段階としての帝国主義段階概念を打ち出した時と同じような、世界政治経済全般にかかわる問題としてこの二大問題を位置づけ、提起したと思われる。レーニンの提起は「戦争と革命」ということであったが、ここで鄧小平は世界政治経済上における構造的問題として「戦争（抑止…括弧内筆者）と平和」の問題を提起したのである。

　この時点で、中国を代表する著名国際問題専門家宦郷氏が示した論は、この問題の位置をより鮮明なものにするのに役立つ。

　「われわれがかつて唱えていた〈帝国主義は将に滅亡せんとし、社会主義は将に全面勝利しようとしている〉ということも、現在では、おそらく実際からかけ離れたものとなっている。長期的にみると、社会主義は必ずや資本主義にとってかわる。しかし今の世界情勢全体からみると、資本主義と社会主義は相当長期にわたって―50年かあるいはそれ以上―共存し続けるといわねばならない。なぜなら、資本主義体制はなお自己調整の可能性と、一定の生命力を持っているからである[16]」。

　1985年 3 月鄧小平は日本商工会議所訪中団との会談の中で、覇権主義に反対することが世界平和を維持することであり、戦争の危険がまだ存在しているが、戦争を抑止する力も発展してきている中で（中国の立場からすれば、帝国主義戦争の抑止力の発展があり、このことからする少なくと

---

13)『人民日報』1984年 5 月28日号。
14)『鄧小平文選』第 3 巻、人民出版社、1999年、56頁。
15) 同上『文選』同上巻、96頁。
16) 宦郷「国際戦略・外交構造論」、小林弘二編『中国の世界認識と開発戦略関係資料集』、アジア経済研究所、1989年、85頁。

第三章　世界政治経済に対する認識の変化

もしばらくの直接的社会主義革命への展望の後退、資本主義国の側からすれば、覇権主義の行使による支配の困難…括弧内筆者)、この政治的グローバル戦略問題を踏まえれば、ここから引き出される今一つのグローバル戦略問題は反覇権主義と各国主権を前提とした発展問題であり、南北問題であるとの見解を表明した[17]。

続いて同年6月鄧小平は「軍事委員会拡大会議」における講話の中で、「世界の平和勢力の力が戦争遂行勢力の力を凌駕している。……かなりの長期間にわたって大規模な戦争発生の可能性はなく、世界平和の存続が展望される。……われわれは従来の差し迫った戦争の危険という見方を改めた」。「目下目覚しい勢いで進んでいる世界的な新しい科学技術革命の中で、経済と科学技術は世界競争の中で特別重要な地位を占めるようになってきており、このような状況の下でアメリカ、ソ連、その他の先進国及び発展途上国は、いずれもこれに真剣に取り組まざるをえない[18]」との認識を表明した。

1988年5月鄧小平はアルゼンチン大統領アルフォンシン氏との会談の中で、70年代以来の中国の世界政治経済に対する認識の変化について総括して、次のように述べている。「70年代以後、われわれは平和勢力の力量が戦争遂行勢力の力量を上回ったことを見て取った。このことから見方を改めてきた。現在では対話が抗争にとって代わる流れになっている。国際紛争の平和的解決の趨勢が発展してきている。……かなりの長い期間平和が勝ち取れる展望がある。われわれには少なくとも50年は平和がなければならない。これはわれわれの最大の望みだ[19]」。

「戦争と革命」の時代認識に裏打ちされた従来の中国社会主義経済建設はいわばその特殊性に規定された、しかも発展途上国の社会主義経済建設であるが、今新たな「戦争（抑止…括弧内筆者）と平和」の時代認識の下

---

17)　前掲『文選』前掲巻、104～106頁。
18)　鄧小平「在軍委拡大会議上的講話」、同上『文選』同上巻、127頁、『人民日報』1985年6月11日号。
19)　『人民日報』1988年5月16日号。

で設定される中国社会主義経済建設もその時代の特殊性によって規定される、発展途上国社会主義経済建設である。前者は帝国主義戦争の力学の中で、しかも「死滅しつつある資本主義」という認識の下で登場してきた社会主義である。今帝国主義戦争を封じ込めることができ、資本主義の発展を目の当たりにした時代認識に立てば、従来の中国社会主義経済建設戦略の変更が迫られることになる。中国自体総体的社会経済制度としての帝国主義の存在を否定しているわけではなく、帝国主義の対外政策としての覇権主義、強権主義に反対し、その極端な発動としての戦争を封じ込められるという特殊段階にある当代資本主義を含む世界政治経済の現状認識の上に立って、当面死に瀕していない、生命力ある資本主義経済の成果をいかに自己の経済建設に取り込むかという新たな課題を自己に課したわけである。

第2節　資本主義の再評価と現代資本主義論

1　資本主義再評価論の登場―鄭励志氏の問題提起

プロレタリア文化大革命は1976年に収束をみるが、復旦大学世界経済研究所の鄭励志氏は『復旦学報』1978年第1期号、第2期号に「試論戦後主要資本主義国家的経済発展速度」(戦後主要資本主義諸国の経済発展―戦後資本主義諸国が飛躍的に発展した理由はどこにあるか―) [20] 論文を発表し、戦後主要資本主義諸国の経済発展の事実を押え、戦後資本主義の再検討作業の上に立ち、従来の中国の評価に対する修正意見を提起した。この論文は、共訳者の游仲勲教授が「訳者はしがき」でも指摘されている通り、「〈四人組〉追放後の比較的早い時期から、研究に取りかかっていた

---

20) 鄭励志「試論戦後主要資本主義国家的経済発展速度」、『復旦学報』1978年第1期、第2期、游仲勲・片岡幸雄共訳「戦後主要資本主義諸国の経済発展(上)―戦後資本主義諸国が飛躍的に発展した理由はどこにあるか―」、『世界経済評論』Vol.24 No.7、1980年7月号、「同(下)」、同上誌、Vol.24 No.8、1980年8月号。

成果の蓄積と推測され、……いわば先駆的なものと評価できるだろう[21]」。

鄭励志氏は、1950～77年（原著者は論文の執筆の関係上1977年までの期間をとっている…括弧内筆者）のこの時期の時代的特徴として、世界的な大戦がないこと、第三次科学技術革命がおこったこと、国際経済関係も1914～49年の時期[22]より安定していることをあげた上で、「第二次大戦後の終結いらい相当長い期間にわたって、主要資本主義諸国の経済成長は明らかにはやかった[23]」と事実関係を押さえる。

この事実の上に立てば、スターリンが「ソ同盟における社会主義の経済的諸問題」の中で、「レーニンが述べたところの、資本主義の腐朽化にもかかわらず、〈全体として資本主義は、以前とは比較にならないほど急速に発展する〉という、あの有名な命題は……効力をうしなってしまった[24]」と論断したことは、客観的事実に合致していないという[25]。レーニンがいわゆる「帝国主義論」の中で指摘した、「この（帝国主義の…括弧内筆者）腐朽の傾向は資本主義の急速な発展を排除すると考えたら、誤りであろう。……しかも全体としては、資本主義は、以前とは比較にならないほど急速に発展するのである[26]」との透視こそ重視すべきであると、鄭氏は主張する[27]。

資本主義制度は既に腐朽しているにもかかわらず、このように一見腐朽とはっきり相反するような現象が出てきたのはなぜなのか。この原因は、

---

21) 同上訳「同（上）」、同上誌、35頁。
22) 鄭励志氏は主要資本主義諸国の経済発展速度を史的に概括分析するため、1871年からの100年間の時期を1871～1913年の第一段階、1914～49年の第二段階、1950～77年の第三段階に分けて議論している。
23) 前掲訳「同（上）」、前掲誌、36頁。
24) スターリン著、飯田貫一訳『ソ同盟における社会主義の経済的諸問題』、国民文庫社、1955年、41頁。
25) 前掲訳「同（上）」、前掲誌、37頁。
26) ヴェ・イ・レーニン、マルクス＝レーニン主義研究所訳「資本主義の最高の段階としての帝国主義―平易な概説」、ソ同盟共産党中央委員会付属マルクス＝エンゲルス＝レーニン研究所編、マルクス＝レーニン主義研究所訳『レーニン全集』第22巻、大月書店、1965年、347頁。
27) 前掲訳「同（上）」、前掲誌、37頁。

やはり資本主義の内在的矛盾の運動の中から引き出されなければならないとし、基本的視点をレーニンに求める。「独占資本主義が資本主義のあらゆる矛盾をどれほど激化させたかは周知のところである。……矛盾のこの激化こそ、世界金融資本が最終的に勝利したときからはじまった歴史的過渡期のもっとも強力な推進力である[28]」との基本認識から、資本主義的独占は必ず停滞と腐朽の傾向をもたらす（ひどい場合は後退も生ずる）が、このせいでひきおこされる矛盾の激化が、独占資本の支配に致命的な危険をもたらし、それによる一種の強制力が、独占資本をしてあらゆる可能な手段を使ってできるだけ危機をちぢめ、経済成長を促進するように駆り立てる。このため、一定の条件の下では、一定の時期国民経済に比較的高速度の経済発展を出現させることがある。戦後主要資本主義諸国の経済が、かなり長期にわたって比較的速く発展した共通の原因として、鄭氏は①科学技術の発展、②経済に対する国家介入の強化、③対外拡張に有利なような国際経済秩序の確立への努力の三つの要因をあげる。

（１）科学技術の急速な発展と経済発展

独占資本主義は一方で生産力と科学技術の発展にとって桎梏となるが、他方で激烈な競争とさまざまな矛盾の先鋭化が、独占資本に生産力の発展、科学技術の発展の中から、出口を探し出すようにうながす。戦後の科学技術革命は、主要資本主義諸国が経済発展を推し進めるきわめて重要な要因となった。戦後アメリカからおこった科学技術革命の波は急速に主要資本主義諸国に波及して、経済発展にとってきわめて大きな推進的役割を果たした。主要資本主義諸国の労働生産性は急速に高まり、相対的剰余価値の生産による高資本蓄積が達成された。このことをうけて、農業の資本主義的近代化が促進された。農業部門から移転してきた労働力は、工業、建設業、交通運輸業、サービス業の発展を支える労働力の供給源泉となった。国民経済構造は大きく変化した。科学技術の進歩は生産手段市場を拡大し、

---

28) 前掲稿、前掲『全集』前掲巻、347頁。

延いては一般消費財、耐久消費財市場の拡大をもたらした。科学技術の発展による相対的剰余価値の生産はまた労働者の実質賃金の引き上げを可能にした。また、戦後の科学技術の発展は交通運輸の一大革新をもたらし、流通革命による市場の拡大がさらに推し進められた[29]。

（２）国家独占資本主義の強化と経済発展

各国の独占資本は資本主義制度の矛盾の激化に対応して、いずれも国家独占資本主義への道を歩んだ。国家は再生産の各領域に対して、広汎な「調整」を行うようになった。各国が特定の歴史的条件の下で、経済発展に有利な条件を手にできたのは、国家の介入や援助に負うところが大きい。例えば、各国政府は相当大規模な科学研究の組織化をはかった。また、独占資本が拡大再生産をおこなうのに必要な大口資金は、政府金融機関の貸付と切り離せない。さらに、経済恐慌が発生するというような状況の下では、「不況対策」がすでに各国政府の恒常的な活動となっている。多くの資本主義諸国では、経済に対する国家の調節機能は既に国家の経済活動全体に対する計画策定にまで発展している。

（３）対立と依存の中での国際経済秩序の構築と役割

資本主義諸国間には鋭く矛盾した面と、相互に依存しあって、資本主義体制を維持していかざるをえないという一面もある。1930年代からの西側資本主義諸国間の経済関係の極度の緊張、空前の矛盾の激化、経済交流の破壊の経験に鑑み、第二次世界大戦後アメリカ帝国主義はその政治経済上の絶対的優位を利用して、アメリカを中心とする資本主義世界経済体制を打ち立てた。これを道具として西側諸国を支配し、覇を唱えたが、このGATT、IMFを主とする体制が西側諸国間の経済関係の発展も促すところとなった。

GATT、IMFを中心とする体制は貿易交渉を通じて自由貿易を実現し、

---

29) 前掲訳「同（上）」、前掲誌、38〜41頁。

世界貿易・金融秩序の安定、国際商品価格安定、国際間の経済の安定に役立ち、各国の経済発展、生産の大規模な社会化による先進資本主義諸国間相互補完市場の拡大を強力に促進した。戦後第三世界の政治的独立と経済発展も、資本主義諸国の販売市場を拡大した。

戦後国際経済関係の中で今一つの顕著な特徴は、アメリカの経済拡張が大いに強まったことである。大量のアメリカ資本が全世界に輸出され、とりわけ第二世界に対する直接投資が急速に増加したことである。アメリカ資本のこれら諸国への流入は、これら地域に先進技術をもたらし、工業の規模を拡大し、経済の発展と技術水準の向上に役割を果たした。

戦後の経済発展が大きく科学技術の発展・導入によってもたらされたことを考えると、戦後の技術貿易の意義は大きい。戦後主要資本主義諸国は、主としてアメリカからの先進技術の輸入によって、比較的短期間のうちに先進的技術水準にまで追いつくことができた。技術貿易の発展も主要資本主義諸国の経済発展の一つの要因と見なされよう。

さらに、一方で科学技術の発展は第三世界の鉱産資源の開発を容易なものとし、このことは他方で第三世界の民族経済発展の要求と結びつき、一定の経済交流が行われる中で、西側諸国は旧い国際経済秩序を利用して、安価な輸入原料、燃料を基盤とした有利な再生産体制を作り上げた。このことは主要資本主義諸国の戦後の速やかな経済成長を支える一つの要因となった[30]。

2 「現代資本主義論」—「帝国主義」は変わったか

鄭励志氏は戦後資本主義の発展の客観的事実を押えた上で、資本主義に対するスターリンの基本認識と展望を正面から批判し、戦後資本主義はレーニンが示唆した発展の局面に入っているとの見解を打ち出したのであっ

---

30) 前掲訳「同（下）」、前掲誌Vol.24 No.8、1980年8月号、74〜76頁。なお、鄭氏は上述の要因のほか、戦後における日本及びヨーロッパの破壊からの復興、朝鮮戦争、ベトナム戦争、ソ連社会帝国主義との覇権争奪軍備競争なども挙げている（同上訳「同（下）」、同上誌、76頁）。

た。その背景として、彼は資本主義は国家独占資本主義の段階に入っており、国家の経済活動全般に対する諸々の調整、介入が、戦後資本主義の高度経済発展を支えてきたことを指摘したのである。

それでは、戦後資本主義の高度経済発展が、レーニンの示唆したありうる帝国主義の高度経済発展の可能性の現実版であるとして、レーニンがいった「帝国主義が社会主義革命の前夜であること」、「死滅しつつある資本主義」といったことと、どのように関連づけて解釈していけばよいのであろうか。

レーニンは帝国主義を一般的な帝国主義と区別して、「帝国主義とは資本主義の独占的段階で」あり、「資本主義の特殊の段階としての帝国主義」と規定し、五つの基本的標識をあげているが、就中この段階の「資本一般の支配から金融資本の支配への転換」を強調し、「帝国主義」と「金融資本の支配」を等置すらしている。「他のすべての形態の資本にたいする金融資本の優越は、……金融寡頭制の支配を意味し、金融上の〈力〉をもつ少数の国家がその他のすべての国家から傑出することを意味する」と述べている。この状況の下で、「列強のあいだでの世界の分割」を巡って帝国主義戦争が遂行される。「戦争と革命」という時代認識の出てくる所以である。然らば、鄭励志氏の指摘する第二次世界大戦後「世界的な大戦がないこと」との関係はどう解釈すればよいのであろうか。また、第三世界の帝国主義戦争抑止力を評価するとしても、「世界的な大戦がないこと」と国家独占資本主義とは無関係なのであろうか。

上に述べてきたような点について、以下問題を整理してみたい。

(1) 帝国主義の「腐朽性」問題と資本主義の新たな発展

鄭励志氏の提起した主要資本主義諸国の高度経済発展の原因の深層を探れば、これら諸国経済のミクロ的基礎から引き出される動態性問題に行き着く。中国は従来、帝国主義諸国の経済発展のミクロ的基礎に対して否定的にとらえてきた。もしこの観点（既述のようにスターリンはこのように考えていた）が誤りであったとするならば、帝国主義諸国との経済関係を

新たな観点から再構築しなければならないということになる。現段階の世界経済の環境条件と、ありうる中国とこれら諸国との関係の中で設定される一定の条件の下において、戦略基軸の転換が迫られることになる。

「帝国主義のもっとも奥深い経済的基礎は独占である。これは資本主義的独占である。……この独占は、あらゆる独占と同様に、不可避的に停滞と腐朽との傾向を生みだす[31]」。ここにいう独占とは、絶対的独占を意味しているのかどうかが、ここでは問題になろう。ここでレーニンが述べている独占というのは、競争を排除するものではない。今日のブルジョア国家は独占の国家、社会に対する弊害をよく認識しており、独禁法など法的な手段などによって、独占の蔓延るのを制限している。歴史的にみても、全体的には資本主義の独占は資本主義的競争と併存している。独占は競争を排除する傾向があるが、より競争を激化させる傾向をももつ。独占条件の下での競争はさまざまであるが、科学技術の飛躍的発展、製品の生存周期の短縮化、経済の国際化、各国経済の相互依存の強化、資本主義の不均等発展の加速などは、むしろ競争を激化させた。現代資本主義の独占組織の規模は過去に比べて無比の規模に達し、資本力も大きい。この巨大な力が国内外の激烈な競争の中で、科学技術の進歩と生産力の発展を推し進めた。この動態は、一般的な独占資本主義が国家独占資本主義にかわっても変わらず、競争を阻害しないし、排除もしない。第二次世界大戦後の半世紀をみると、帝国主義の科学技術の進歩は著しく、未だ帝国主義の「腐朽」現象は現れていない。既に鄭励志氏の指摘した通りである。

では、レーニンの述べた帝国主義の「腐朽性」はいかなる意味に理解すればよいのであろうか。レーニンが帝国主義の「腐朽性」を問題にするのは、独占資本主義のあるいは停滞、腐朽、あるいはかなり高速度発展の両局面をにらみつつ、歴史発展の全体的趨勢から「腐朽性」をとらえたので

---

31) ヴェ・イ・レーニン、マルクス＝レーニン主義研究所訳「資本主義の最高の段階としての帝国主義―平易な概説」、ソ同盟共産党中央委員会付属マルクス＝エンゲルス＝レーニン研究所編、マルクス＝レーニン主義研究所訳『レーニン全集』第22巻、大月書店、1965年、319頁。

あって、「腐朽性」と停滞の問題を直接的に結びつけたわけではない。現代資本主義を全体的みると、科学技術の進歩は著しく、生産力の発展も急速で、経済成長もつづいており、活力を持っていると判断される[32]。

(2) 帝国主義の「寄生性」問題

レーニンは周知のように、「自由競争が完全に支配していた古い資本主義にとっては、商品の輸出が典型的であった。だが、独占が支配している最新の資本主義にとっては、資本の輸出が典型的となった[33]」と、帝国主義段階における資本輸出に特別の位置づけを与えた。

資本輸出は19世紀末から発展してくるようになり、20世紀初め大々的に発展するようになってくるが、その形態別構造からみれば、19世紀末から20世紀初めまでの期間における帝国主義国からの資本輸出は、主として直接投資に重点があった[34]。20世紀初めから第二次世界大戦までの期間における資本輸出の主要部分は、貸付資本形態の資本輸出であった[35]。この基本趨勢をレーニンは、「帝国主義とは、少数の国に貨幣資本が大量に蓄積されることであって、……帝国主義のもっとも本質的な経済的基礎の一つである資本輸出は、金利生活者の層の生産からこの完全な遊離をますすつよめ、いくつかの海外の諸国や植民地の労働の搾取によって生活している国全体に、寄生性という刻印をおす[36]」と総括し、「金利生活国家は、寄生的な、腐朽しつつある資本主義の国家であり[37]」、この性格が社会的

---

32) 肖楓著『両個主義一百年―資本主義・社会主義』、当代世界出版社、2000年、248～252頁。
33) 前掲稿、前掲『全集』前掲巻、277頁。
34) 蔡中興、漆光瑛編著『世界経済発展歴史綱要』、復旦大学出版社、1999年、109頁。
35) 国家教委社科司組編、呉樹青・衛興華・洪文達主編『政治経済学(資本主義部分)』、中国経済出版社、1993年、357頁。
36) ヴェ・イ・レーニン、マルクス=レーニン主義研究所訳「資本主義の最高の段階としての帝国主義―平易な概説」、ソ同盟共産党中央委員会付属マルクス=エンゲルス=レーニン研究所編、マルクス=レーニン主義研究所訳『レーニン全集』第22巻、大月書店、1965年、319頁。
37) 同上稿、同上『全集』同上巻、322頁。

生産力の発展を阻害、破壊するということ、このことは帝国主義段階になると資本主義的私有制と高度に発展した社会化した生産とのあいだの矛盾が頂点に達しているということとしてとらえたのである。生産関係と生産力の間の先鋭な矛盾は、帝国主義の必然的滅亡を運命づけるというわけである。「私経済的関係と私的所有者的関係は、もはやその内容にふさわしくなくなっている外被であること、そしてその外被は、その除去を人為的に引きのばされると、不可避的に腐敗せざるをえないこと、また（不幸にも、日和見主義の腫物の治癒が長びくようなばあいは）比較的長いあいだ腐敗状態にとどまることがありうるにしても、しかしやはり不可避的に除去されるであろうということが、明白になるのである[38]」。

　しかし、今日の先進資本主義諸国の資本輸出は事情が異なる。今日の先進資本主義諸国の発展途上国向け資本輸出は数量的には増大しているが、これら諸国の対外投資総額の中に占めるその割合はそれほど多くはなく、主要部分は先進資本主義諸国間の相互投資である。アメリカは資本輸入国ですらある[39]。さらに、第二次世界大戦前の資本主義諸国からの民間資本輸出は、既に見たように貸付資本（間接投資）形態のものが主であったが、戦後のそれは直接投資が間接投資を凌駕している点に特徴がある。この点からみると、レーニンのとらえた帝国主義の「寄生性」は、必ずしも強化しているとはいえない[40]。

　資本主義が自由競争段階にある場合には、商業資本の国際的な運動が資本の国際運動の主要形式となる。資本主義が独占段階に入ると、資本輸出は特別重要な意味をもってくる。この段階では、先ずは金融貸付資本の国際的な運動が資本の国際運動の主要形式となる。金融資本が地球的な支配を行うようになる。

　第二次世界大戦後国際的な資本運動には重要な意義をもつような条件変

---

38) 同上稿、同上『全集』同上巻、350〜351頁。
39) 蔡中興、漆光瑛編著『世界経済発展歴史綱要』、復旦大学出版社、1999年、214〜215頁。王全火編著『新編政治経済学教程』、対外経済貿易大学出版社、2000年、187頁。
40) 肖楓著『両個主義一百年―資本主義・社会主義』、当代世界出版社、2000年、253頁。

化が生じた。
① 戦後進展した科学技術革命の下での生産力の急激な発展
② 独占資本主義の国家独占資本主義段階への段階移行にともなう国家独占と民間独占資本の緊密な結合
③ 戦後アメリカを中心とした世界的通商・金融体制の構築と国際経済協調の推進
④ 多国籍企業の勃興とこれに内実化された産業資本の国際的な運動の急速な発展
⑤ 大規模な国際的資金流動の発展

これらの新しい条件の下で、資本の国際運動は流通領域から生産領域にまで拡大し、産業資本の国際運動を中核とし、この主導による資本の国際化が形成された。

資本の国際的活動の主軸舞台と資本主体は、歴史発展段階と条件によって規定をうけ、その主要活動領域には時代的特徴が与えられる。このため、歴史的にはそれに応じた中心活動主体も総資本循環の分担一環節を担う商業資本、金融資本という具合になってきた。戦後の状況はこれまでの状況と異なり、資本の国際的運動は資本の総過程を含む総資本の全過程の運動として、強いていうとすれば産業資本が国際化の核心と主体であり、これによって貸付資本と商業資本の国際化が導かれたといえる[41]。

金融貸付資本を主要形態とした資本輸出は、レーニンの指摘したように帝国主義の「寄生性」の傾向を強めるが、今日の所有と経営の分離した状況が多くを占める資本主義の下における産業資本を核心と主体とする資本輸出は、産業資本が主体となった積極的な剰余価値の生産と位置づけることができよう[42]。だとすると、この面から帝国主義の死滅を導きだすことは難しい。

---

41) 国家教委社科司組編、呉樹青・衛興華・洪文達主編『政治経済学（資本主義部分）』、中国経済出版社、1993年、357〜358頁。
42) 前掲書、254頁。

（3）帝国主義の歴史的地位

　レーニンは当時の帝国主義の実体と基本矛盾から、帝国主義列強の間での世界の分割、帝国主義の政治経済上の不均等発展を踏まえ、それらの勢力の変化につれて、帝国主義諸国間の領土と勢力範囲の争奪をめぐる新たな戦争が必ず引き起こされると考え、帝国主義時代には戦争は不可避的であると判断した。この状況の下で、プロレタリアートは帝国主義戦争を国内革命戦争に転化しうる。ここからレーニンは、帝国主義を「死滅しつつある資本主義」として、また「社会主義革命の前夜」として位置づけたのである。レーニンは資本主義の独占段階を資本主義の最後の段階とみなしたから、この段階で資本主義は社会主義への過渡期を終えるととらえたので、「過渡的」ということと「死滅しつつある」ということは同義であったといってよい。この判断と戦略思想は、当時の状況の下ではまちがいではなかったし、事実そのように事態は進んだというのが、中国の多くの人たちの認識である。

　しかし、昨今の中国では、今日の資本主義にこの認識をそのままは適用し難いとするものが多いようにみうけられる。ここでは肖楓氏の見解を取り上げてみよう。氏はレーニンの帝国主義の歴史的位置づけについては、次元を異にする二つのことがあるという。一つは、社会主義への過渡的な資本主義としての帝国主義という全体的な歴史趨勢的な視座であり、今一つは当面の帝国主義を社会主義への直接的過渡的な資本主義として認識したという点である。前者の視座は正しく、また後者の判断も当時の状況にもとづけばまちがいではなかったという。ただし、後者の正しさは、当時の帝国主義の基本的状況が変わらなければ、レーニンの描いた展望がありえたという意味の限定つきでの正しさである。

　しかし、第二次世界大戦後半世紀を経て、世界の状況は大きく変わった。現代資本主義とレーニンの時代の資本主義とでは、資本主義の本質は変わらないが、全体的にいえば、当面革命に直結するような状況になく、世界戦争はかなりの期間にわたって起こりそうもない。状況が変化したため、レーニンの「社会主義革命の前夜」という論断が現下の実情と合わなくな

ったという。現代資本主義の分析からすれば、社会主義への過渡性の問題は、前者の視座から改めて探る作業を行っていかなければならないというわけである[43]。

（4）「現代資本主義論」―「帝国主義」は変わったか

上に見てきたように、レーニンがいう帝国主義の「腐朽性」は、今日の資本主義において顕在化していない。また、帝国主義の「寄生性」についても同様の状態にある。レーニンは独占資本主義の下での帝国主義列強による世界の領土分割と勢力範囲の争奪をめぐる戦争の中で、帝国主義戦争を社会主義革命戦争に転化できると考え、帝国主義を「社会主義革命の前夜」、「死滅しつつある資本主義」として位置づけたのであった。しかし、第二次世界大戦後の状況からすれば、差し迫った帝国主義戦争の可能性と社会主義革命の広がりへの展望は乏しい。

では、今日の資本主義の発展を可能ならしめたものは何か、レーニンが、「この腐朽の傾向は資本主義の急速な発展を排除すると考えたら、誤りであろう。……全体としては、資本主義は、以前と比較にならないほど急速に発展するのである」と示唆した今日の資本主義発展の局面の現実的基礎は何なのか、差し迫った帝国主義戦争の可能性と社会主義革命の広がりへの展望が後退してきたのはなぜなのか、さらに踏み込んでいえば、今日の資本主義の発展を可能ならしめ、少なくとも差し迫った帝国主義戦争の可能性を遠のかせた、今日の資本主義が具えた内的統合論理と機構は何なのかである。

今日の資本主義の発展問題に対する中国の専門家達の意見は大方一致している。彼等はこぞって国家独占資本主義をあげる。しかし、国家独占資本主義の本質と歴史段階的位置づけについては意見は異なる。仇啓華主編の『現代壟断資本主義経済』の整理に最近の筆者の観察を加えて鳥瞰すれば、以下のように要約できよう。

---

43) 同上書、255〜260頁。

第一の部類に属する論者は、国家独占資本主義としての発展は認めるものの、その本質と段階性認識においては、これに積極的な評価を与えない。国家独占資本主義は基本的には私的独占の上に成立するもので、所詮それは私的独占のためのものであり、金融資本が支配的地位に立ち、国家の経済的力量はさほど大きくはない。新しい段階として、区別して認識されるに足りないというのである[44]。

　第二の見解は仇啓華氏らの見解で、国家独占資本主義を独占資本主義内の一般的独占資本主義段階と[45]区別して、新たに発展した一段階として認識する立場である。この見解では、国家独占資本主義は国家がその場の状況に応じてその都度とる単なる政策ではなく、それは独占資本主義という条件下における資本主義の基本的矛盾の発展の必然的産物であって、資本主義生産関係の一部質的な変化を内包する。

　レーニンの帝国主義の五つ基本的標識に照らしていえば、「生産と資本の集積」と「金融寡頭制」といったものはすでに純粋の私的独占資本と金融資本として存在しているのではなく、独占ブルジョア国家と独占資本の結合として形成された各種の資本形態であり、国有独占資本、国と私的資本の共有独占資本、国と私的資本の密接に連合した独占資本が含まれる。「資本の輸出」については、国家独占資本主義の発展はこの領域では著しく、国家独占資本の輸出が資本輸出総額の中で飛躍的成長をとげ、私的独占資本の輸出も国家と密接に結合した形で行われ、国家独占資本主義が国内から国外にまで進展していることを意味する。

　「資本家の国際的独占団体」の形成と「世界の分割」については、従来の私的独占資本の結びつきを基礎とする「国際的独占団体」は、すでに国家独占資本主義の国際的連合を基礎とする国際的独占同盟に代わってきて

---

44) 仇啓華主編『現代壟断資本主義経済（修訂本）』、中共中央党校出版社、1987年、320〜325頁。例えば、龔維敬「国家壟断資本主義是資本主義発展的"新階段"嗎？」、《経済研究》編輯部編『論当代帝国主義』所収、上海人民出版社、1984年、162〜177頁。
45) この見解では資本主義は大きく自由競争段階の資本主義と独占段階の資本主義に分けられる。独占資本主義は二つの小段階、すなわち一般独占資本主義段階と国家独占資本主義段階に分けられる（同上書、319頁）。

おり、この同盟のメンバーは総独占資本家としての国家、あるいは国家と緊密な関係にある私的独占資本になっており、その範囲は従来の流通領域からさらに進んである程度まで生産領域にまで及んでいる。

「資本主義的最強国による地球の領土的分割」については、列強が世界を分割し、直接に「植民地・従属国」を占有するという旧植民地主義は、すでに帝国主義が経済的に入り込むとか、政治的にコントロールするなどの形で勢力範囲を広げて、発展途上にある民族主義国を搾取するという新植民地主義に変化している。

以上のことから、この見解をもつ人達は国家独占資本主義を独占資本主義＝帝国主義段階内の一つの新しい段階とみなすのである[46]。

第三の見解は、国家独占資本主義を独占資本主義発展の中の一つの特殊段階としてではなく、資本主義発展の第三段階[47]、あるいは独占資本主義段階を超えた新しい段階[48]とみる立場である。

当初この議論は、レーニンの提起した「過渡期」の解釈問題として出てきた。周知のようにレーニンは、帝国主義を「過渡的な資本主義」として位置づけている。「過渡的な資本主義」である独占資本主義はどこへ向かうのか。国家独占資本主義を資本主義発展の第三段階と位置づける論者は、独占資本主義は次の段階として国家独占資本主義にいたるのだという。レーニンは「資本主義の最高の段階としての帝国主義―平易な概説」を出したしばらく後、独占資本主義は国家独占資本主義に移行すると考えたという。

仇啓華氏等はこの解釈に反対する。レーニンは次のように述べている。「帝国主義は、その経済的本質からすれば、独占資本主義である。帝国主義の歴史的地位は、すでにこのことによって規定されている。なぜなら、自

---

46) 同上書、318～319頁。
47) 同上書、325頁。同書では褚葆一氏と張幼文氏の見解として取り上げられている。褚葆一・張幼文「論資本主義発展的新階段」、《経済研究》編輯部編『論当代帝国主義』所収、上海人民出版社、1984年、148～161頁。同上著『当代帝国主義経済』、安徽人民出版社、1985年。
48) 李琮著『当代資本主義的新発展』、経済科学出版社、1998年、16頁、18頁。肖楓著『両個主義一百年―資本主義・社会主義』、当代世界出版社、2000年、265頁。

由競争を地盤として、しかもほかならぬ自由競争のなかから成長してくる独占は、資本主義制度からより高度の社会経済制度への過渡だからである[49]」。ここで言われている高度の社会経済制度というのは、社会主義経済制度のことであり、国家独占資本主義を指すのではない。また、レーニンの述べている次のような点からも、国家独占資本主義は独占資本主義が過渡していく次の段階の資本主義ではない。

　レーニンは、「帝国主義の経済的本質について以上に述べたすべてのことから、帝国主義は、過渡的な資本主義として、もっと正確に言えば、死滅しつつある資本主義として、特徴づけられなければならない[50]」とのべ、資本主義の過渡性と資本主義の死滅性を同一のものとみなしている。レーニンは引き続く段落で、「私経済的関係と私的所有者的関係は、……不可避的に除去される[51]」と述べている。このことと関連して、「資本主義の最高の段階としての帝国主義——平易な概説」の序文（1917年4月26日）の中で述べた「帝国主義が社会主義革命の前夜である」との認識を、フランス語版とドイツ語版の序文（1920年7月6日）の中で、「帝国主義はプロレタリアートの社会革命の前夜である」と再確認したのである。このことからも、過渡していく方向は社会主義で、国家独占資本主義ではないといえる。

　さらに、レーニンは「帝国主義と社会主義の分裂」の中で、「帝国主義が死滅しつつある資本主義、社会主義へ移行しつつある資本主義であるという理由は、明らかである。資本主義から生じる独占は、すでに資本主義の死滅であり、資本主義から社会主義への移行の始まりである[52]」と明確

---

49) ヴェ・イ・レーニン、マルクス＝レーニン主義研究所訳「資本主義の最高の段階としての帝国主義——平易な概説」、ソ同盟共産党中央委員会付属マルクス＝エンゲルス＝レーニン研究所編、マルクス＝レーニン主義研究所訳『レーニン全集』第22巻、大月書店、1965年、345～346頁。
50) 同上稿、同上『全集』同上巻、349頁。
51) 同上稿、同上『全集』同上巻、350頁。
52) ヴェ・イ・レーニン、マルクス＝レーニン主義研究所訳「帝国主義と社会主義の分裂」、ソ同盟共産党中央委員会付属マルクス＝エンゲルス＝レーニン研究所編、マルクス＝レーニン主義研究所訳『レーニン全集』第23巻、大月書店、1964年、114頁。

に述べている。帝国主義すなわち独占資本主義は、社会主義への始まりであり、それは国家独占資本主義へ過渡していくのではない。

仇啓華氏等はレーニンの提起した論の解釈論から、国家独占資本主義第三段階論をこのように批判する。これに対して、第三段階論主張論者の一人である李琮氏は、レーニン理論の解釈論としては仇啓華氏等の見解に同意しつつも、レーニンの論述の解釈論としての正しさと今日の資本主義がどういう段階にあるかの判断は別のことであるとの認識に立って、次のようにいう。「レーニンはかつて独占段階の資本主義について議論した時、独占資本主義こそが帝国主義であり、帝国主義は資本主義の最高段階であるとはっきりと述べた。一部の学者達が、国家独占資本主義を独占資本主義の一小段階としかみなさないのは、おそらくレーニンのこの論断と関係をもつのであろう。このことは、独占資本主義がすでに最高段階に達した以上、それからは最早それ以上に新しい段階はありえないということである。レーニンは……独占資本主義は戦争を推し進める中で、国家独占資本主義に変わると指摘した。このことには，国家独占資本主義は独占資本主義の後の別の一つの新しい段階であるとの含意がふくまれている。……レーニンは偉大な天才であったが、われわれは彼に今日の事態に対する具体的予見を求めることはできない。レーニンの思想と精神の本質からして、われわれは事実の通りに現代の資本主義は独占資本主義を超えた別の一つの新しい段階とみなすべきである。……資本主義発展の歴史段階を段階区分するとすれば、資本の原始蓄積段階は資本主義の準備段階あるいは萌芽期、自由競争段階は初級段階、独占資本主義は中級段階、国家独占資本主義は高級段階とみなすべきだということはすでに見てきたところである[53]」。

資本主義から社会主義への移行を、レーニンは今日明日の間近に差し迫った問題として論じなければならない境遇にあり、このことは現実に先にも見たように、「帝国主義はプロレタリアートの社会革命の前夜である」と述べたのに引き続き、「このことは、1917年以来、世界的規模で確証され

---

53) 李琮著『当代資本主義的新発展』、経済科学出版社、1998年、17〜18頁。

た」と強調している点からも窺われる。しかし、レーニンは社会主義革命の世界的な広がりを一方で展望しつつ、他方で「全体としては、資本主義は、以前とは比較にならないほど急速に発展する」と、その生命力のしぶとさも見越している。レーニンの独占資本主義、国家独占資本主義に関する解釈として、「死滅しつつある資本主義」、「資本主義から社会主義への移行の始まり」といった文言は、直接的に目的指向に引き付けて解釈すれば、いささか短絡的で、短兵急な解釈となる可能性を免れ得ない恐れがでる。レーニン自体革命の目的指向性から、特に各々の局面に臨んであるいはいささか全面性を欠く、短兵急な判断があった可能性もなしとしない。仇啓華氏等の解釈にはいささかその感がかんじられ、「資本主義から社会主義への移行の始まり」は全面的な直線的段階をたどるのか、必ずしもそうではない余地を残すと考えられていたのか、「死滅しつつある資本主義」も全面的に、段階的に独占資本主義が変質の過程を経ることなく死滅していくととらえられていたのか疑問がのこる。「過渡的な資本主義」の解釈にも、同様な問題点が残り、「国家独占資本主義が、社会主義のためのもっとも完全な物質的準備であり、社会主義の入口[54]」というレーニンの提起との解釈上の整合性も問題になる。さらに問題は、李琮氏が提起するように、今日の資本主義の現実をどのように認識するかである。今日の資本主義の基本的特徴に関する李琮氏や肖楓氏の見解を、後段で見てみることにしよう。

　レーニンの国家独占資本主義を資本主義発展の第三段階としてとらえる論者達が、そのように考える今一つの論拠は、資本主義発展の過程で独占資本とも相関連しない、私的独占資本を基礎ともしない国有経済の登場、このことがそれに帝国主義段階と全く質的に異なった性格を賦与するという点である。このことから、彼等はそれは第三段階とみなすのにふさわしいと判断するのである。

---

54) ヴェ・イ・レーニン、マルクス＝レーニン主義研究所訳「さしせまる破局、それとどうたたかうか」、ソ同盟共産党中央委員会付属マルクス＝エンゲルス＝レーニン研究所編、マルクス＝レーニン主義研究所訳『レーニン全集』第25巻、大月書店、1965年、386頁。

この問題に対する仇啓華氏等の批判は正鵠を得ていると思う。彼等の批判の中身は、国家独占資本主義は飽くまでも資本主義、独占資本主義の基礎の上に成立しているものであって、国家独占資本主義の中に国有経済が含まれるといっても、その本質が区別されなければならない。それは社会主義制度下における国家資本主義経済を、社会主義国営経済とみなすのと同様にとらえてはならないということである[55]。
　さて、国家独占資本主義を積極的に評価する上記第二、第三の見解によって、対外経済関係問題の取り扱いにいかなる差異が出てくるであろうか。これが以下で論ずる問題である。
　第二の見解の重点的視点は、国家独占資本主義段階では「社会経済生活の中で支配的地位を占めているものは、すでに純粋の私的独占資本と金融資本として存在しているのではなく、独占ブルジョア国家と独占資本の結合として形成された、国有独占資本、国と私的資本の共有独占資本、国と私的資本の密接に連合した独占資本を含む各種の資本形態のものである[56]」ということにある。第三の見解の重点的視点は、「国家独占資本主義というのは国家が独占資本と結合し、私的独占資本のために尽くすということである。この結合の中では、国家が主導的な役割を果たす。私的独占がこの結合の基礎である。私的独占資本を含む全体としての社会資本は国家の干与と支配をうける。さもなければ、私的独占資本は正常な運行ができなくなり、最大の利潤が確保できなくなる。要は今日の私的資本の生存と発展の条件とメカニズムはすでに過去のものとは全く異なっており、それはすでに国家の干与と支配の下に入ってしまっているということである[57]」ということに、要約できよう。
　李琮氏は、国家独占資本主義の国際的側面での特徴を王懐寧氏の整理に

55）仇啓華主編『現代壟断資本主義経済（修訂本）』、中共中央党校出版社、1987年、327頁。
56）同上書、318頁。
57）李琮著『当代資本主義的新発展』、経済科学出版社、1998年、11頁。同様の観点は国家教委社科司組編、呉樹青・衛興華・洪文達主編『政治経済学（資本主義部分）』、中国経済出版社、1993年でも打ち出されている（同書、245頁、248頁、258頁）。

依拠しつつ、今日の状況がかつての帝国主義時代の特徴と異なる点を強調する。王懐寧氏のいう特徴とは以下の通りである。
① 国家独占資本主義の基本的特徴は、独占資本と国家政権が相結合し、その巨大な力で以って全社会経済に対して干与と調整をおこなうこと
② 国家の参与と支持、援助の下で、私的独占が新しい発展を遂げ、資本の社会化が新たな水準に達したこと
③ 国家の促進の下に、生産と資本の大規模な多国籍化が進展し、就中対外直接投資の規模が不断に拡大し、多国籍企業の大きな発展が進んだこと
④ 国家の直接の参与の下で、国際経済組織が作られ、世界経済の発展と運行に対して調節と規範化が行われるようになってきたこと
⑤ 国家が直接全面に出てきて、各種経済協力のための協定が結ばれ、地域経済の一体化やグローバル化が促進されてきたこと
⑥ 国家は各種の手段を用いて、主として経済的手段を用いて、大々的に自己の搾取と勢力範囲を拡大したこと[58]

李琮氏はここでも国家の主導的役割を強調する。

肖楓氏もまた、今日の国家独占資本主義が国際面で同様の諸特徴をもつという[59]。肖楓氏はいう。「経済の国際化、グローバル化の発展によって、資本主義国家相互間の相互依存性は深化し、競争と闘争が存在すると同時に、国際的な連合、協調、協力というこの面がはっきりと出てきた。戦争（帝国主義戦争…括弧内筆者）の可能性は少なくなった。レーニンの時代の帝国主義は軍事力と経済力を植民地と勢力範囲の争奪の拠り所としたが、今日では主として科学技術を中心とした総合的国力の競争と闘いの展開が主流となっている。現代資本主義は生産力が空前の高さに達し、生産関係にも重要な調整が行われ、その運行システムもますます完備され、管理経

---

58) 王懐寧「試論当代資本主義的基本特徴」、《世界経済与中国》編輯組編『世界経済与中国』所収、経済科学出版社、1996年、42～47頁。
59) 肖楓著『両個主義一百年―資本主義・社会主義』、当代世界出版社、2000年、261～264頁。

験と方法がかなり成熟した資本主義になっている。このため、国内の階級矛盾も緩和し、現代資本主義は相対的に安定的発展の状況にある。かなりの長期にわたって直接革命が進行する状況を具えていない[60]」。「世界戦争も相当の長きにわたって起こりそうもない[61]」。「状況は変わって、レーニンの〈社会主義革命の前夜〉といったようなことは目下の実際状況に合わなくなっている。したがって、今日〈社会主義革命の前夜〉といった論断を引き続き強調することはできない[62]」。「現代資本主義はすでに〈資本主義の全般的危機〉概念に描かれたような全面的危機の情況にはない[63]」。

　第一の見解と第二の見解はともに国家独占資本主義の発展を認め、当面世界戦争が発生する可能性を否定する。しかし、第一の立場は、国家独占資本主義発展を飽くまで独占資本主義＝帝国主義内の発展としてとらえ、その発展も帝国主義の「腐朽」としてとらえる。

　「今日の国際独占資本の闘争の主要な形式は〈経済戦〉である[64]」。しかし、「経済戦は必然的に政治闘争、それから軍事闘争－戦争を伴う[65]」。「現代国際独占資本関係の運動は先ずは〈闘争－連合－闘争〉の形態で現れる。ここでは闘争が絶対的である[66]」。帝国主義諸国間の不均等発展を背景とした対立と闘争の中で、縦しんば戦争に到らないとしても、この激化の過程で、社会主義革命への転化の可能性を視野にいれる。あるいは、新植民地主義の支配と搾取の中で、発展途上国において社会主義革命が起こるかもしれない。この立場からすれば、国家独占資本主義の発展は、その支配下においても社会主義革命への帝国主義的条件を完全に止揚するものではない。したがって、第三の見解をとる立場が、国際的な国家独占資本主義の連合、協調、協力を通じて、帝国主義戦争が回避され、社会主義

---

60) 同上書、262頁。
61) 同上書、260頁。
62) 同上書、260頁。
63) 同上書、262頁。
64) 呉健・張伯里・李伝章著『現代国際壟断資本関係』、中共中央党校出版社、1987年、187頁。
65) 同上書、186頁。
66) 同上書、199頁。

革命への展望を後退させ、相互連携による生産力発展への視点に重点を移していったのに対して、第二の立場は基底にレーニンの帝国主義的視点を据えた上で、生産力視点を加味するという論理構造となっている。

　第二の立場の論者は、現代国際独占資本との連合を全く拒否するわけではない。彼等の意見はこうである。「現代資本主義世界情勢には大きな変化が起こっている。しかし、プロレタリア階級は連合して全国際ブルジョア階級に反対する闘争を行うということが、依然として今日のプロレタリア階級の闘争のスローガンである。同時に、この闘争の中で異なった条件の下に、現代国際独占資本を利用するに都合のよいような連合と闘争を行っていかなければならない[67]」。

　第三の立場に立つ論者の見解については、すでに上段でかなり見てきたので、ここではごく簡単に追加的に触れて終わりたい。今日の情況はいずれにしても、レーニンが規定した「帝国主義」の時代にもないし、「社会主義革命の前夜」にもない。「資本主義の全般的危機」の時代にもない。21世紀も「社会主義への移行の始まり」の時代の中にあるということになろう。世界的には今は「社会主義の時代」ではない[68]。帝国主義戦争から社会主義革命への転化、発展の過程で登場した社会主義は、経済的、文化的に後れた国で生まれた。当時の情況にもとづくレーニンの判断にまちがいはなかったのであるが[69]、初期条件下、また従来の帝国主義の情況下ならいざ知らず、戦後国家独占資本主義の発展の中で遅れをとっている。国家独占資本主義の発展の状況の下、帝国主義戦争が回避される可能性が展望される中で、いずれの国も国家独占資本主義の国際的な連合、協調、協力の体系を通じて、生産力の発展に力点をおくべき時代ということになろう[70]。プロレタリア国際主義の後退ということになる[71]。具体的に中国自身のことについても、彼等はこの枠組で考える。「平和と発展」の時代に

---

67) 同上書、35頁。
68) 肖楓著『両個主義一百年―資本主義・社会主義』、当代世界出版社、2000年、351～352頁。
69) 同上書、260頁。
70) 同上書、352頁。
71) 同上書、356頁。

おける対外経済関係を、第三の立場にたつ論者達はこのように設定する。

「国家独占資本主義の実体は、独占ブルジョア階級がさらに高い独占利潤を獲得するのを保障するために、ブルジョア国家と独占資本が結合し、剰余価値の生産、実現、分配を遂行することにある[72]」以上、この経済関係における搾取は当然ながら、容認せざるをえないが、南北関係上では公正で、合理的な新経済秩序の確立の闘いが、発展途上国にとって重要な意味をもつものとしての位置に立つ[73]。

この経済関係の前提条件として、各国の独立性が当然侵害されてはならない。「覇権主義」と「強権政治」に対する闘いがここでは重視される。注意すべきは、これは反帝国主義ではないことである。「帝国主義」概念は資本主義発展の一特殊段階における全体的社会政治経済制度を指すのであって、「覇権主義」、「強権政治」は昔日の帝国主義的要素の対外政策の外延と発展を指す[74]。国家間関係はこのような関係として位置づけられる。

---

72) 国家教委社科司組編、呉樹青・衛興華・洪文達主編『政治経済学（資本主義部分）』、中国経済出版社、1993年、258頁。
73) 同上書、410〜413頁。
74) 肖楓著『両個主義一百年―資本主義・社会主義』、当代世界出版社、2000年、281頁。
※本章は「中国の世界経済に対する歴史認識構造と対外経済論（Ⅱ）」、『広島経済大学経済研究論集』第24巻第4号、2002年に掲載したものを一部加筆、修正したものである。

第四章　新しい中国社会主義経済論と対外経済論

　新しい時代認識の下で、それに応じた新しい国民経済構築論理の枠組が整えられ、新たな中国社会主義経済論形成の作業が進められるが、現段階にあっては、それは「社会主義市場経済論」としての形成をみている。所謂「社会主義混合経済論」である。ここでは多種の経済構成体が相互依存的に併存し、この性格規定をうけた各経済単位は自己の特性にもとづく分業を発展させ、全体としての社会的分業と協業を発展させるものとされる。対外経済関係もこの枠組の中に位置づけられる。比較生産費説は肯定され、貿易における搾取論が後退し、国際分業の積極的位置づけがなされ、外資直接投資の導入に積極的地位があたえられる。この基本路線にもとづき中国対外経済貿易発展戦略が打ち出される。WTO加盟もこの路線を全面的に推進するための重要な条件整備として位置づけられる。

第1節　「平和と発展」の時代認識下における新たな対外経済論構築への始動
―旧来の認識下における国民経済構築論理から新たな国民経済構築論理への転換―

1　反帝国主義―独立自主政治主導型国民経済構築論理の基礎前提の転換

　新中国にとって、帝国主義戦争の中で民族解放闘争を経て勝ち取った民族独立であれば、取り巻く外的環境は正しく帝国主義そのものの時代であ

り、「戦争」の時代であるとの認識を前提とし、すべてが「戦争に備えて」という政治主導突出型の国民経済構築論理、すなわち、反帝国主義―独立自主政治主導型国民経済構築論理が出来上がったのは、至極当然のことといえよう。

しかし、1970年代に入り、それまでの国民経済構築論理の基礎前提となっていた世界経済に対する歴史認識構造には微かに揺れが見られるようになってきた。この変化についてはすでに見てきたところである。要約的に言えば、現下の世界経済は、すでに単なる独占資本主義時代、独占と金融資本の支配の時代を超えた国家独占資本主義という新しい段階（この段階を帝国主義段階内の一小段階としてとらえるか、すでに帝国主義段階を超えたものとしてとらえるかについては、先にみたように見解が分かれる）に入っているとの認識が主流的認識となり、この認識が新しい国民経済構築論理の前提的基礎に据えられている。帝国主義世界戦争の可能性をまったく否定するわけではないが、差し迫った戦争の可能性は遠退いたとの認識が、国民経済の新構築論理の前提におかれている。現代における世界戦争の抑止力としては、第三世界の戦争抑止力、核兵器の巨大破壊力それ自体が戦争発動者を自制させること[1]、さらに、資本主義が国家独占資本主義の段階に入ったこの状況下では、生産資本が主導して商業資本、金融資本を動員する形のグローバル化が推し進められており、この中では従来のような独占と金融資本の支配を利潤の源泉とする社会的背景からする、軍事力を背景とした独占的領土の分割の動きが後退し、経済のグローバル化の中で独占企業、独占企業集団が実体としての経済競争上の優位を目指して行動するのが主な形態となること（経済メカニズムそれ自体の中に戦争の必然性が内装備されていないこと）などが、理由としてあげられる。

したがって、今日における世界経済は「戦争」の時代から「平和と発展」の時代に入ったというのである。この状況下では、当然ながら、中国の国民経済構築に向けての戦略も「戦争に備えて」から固有の意味の「経済建

---

[1] 肖楓著『両個主義一百年―資本主義・社会主義』、当代世界出版社、2000年、260頁。

設」へ重点が転換され、政治主導型の経済運営が後退する。

　従来の国民経済構築論理の基礎前提が、帝国主義段階における「戦争に備えて」ということであったということは、帝国主義戦争の下での民族の独立的主体の確保が戦争との関連で最も重要な課題だったということになるが、新しい認識の下では戦争の可能性は遠退いたという認識に立つから、この時期における民族主体性の認識上からすれば、今なお引き続き存続しつづける帝国主義的対外政策の外延と発展に対して、反「覇権主義」、反「強権政治」を主張し、公正かつ対等の国家関係の上に国民経済の構築を行っていくという論理構造となる。

　言うまでもないことであるが、この次元での問題は民族の主体性確立とその前提の下での国民経済の構築といったことであるから、その限りにおいてはこの問題自体はナショナリズムの次元の話である。しかし、帝国主義概念は歴史認識としては社会主義革命と有機的関係をもち、社会主義経済は具体的にはその置かれた歴史段階と個別的条件によって規定されたナショナリズムの転形として、しかも民族経済（国家を頂点に戴く国民経済）として現れるから、具体的に中国で社会主義経済建設と国民経済建設がほぼ同一のものとして登場してきたとはいえ、両者は概念的には一応別のものの構成として取り扱うべきであろう。

2　世界的な社会主義革命への歴史的体制転換過程認識の抽象時間化と国民経済構築の新編成論理

　「死滅しつつある資本主義」であり、「社会主義革命の前夜」であるとレーニンが位置づけた帝国主義は、当分死滅しそうにもなく、国家独占資本主義として何らかの発展段階に入っている。ここでは新たな資本主義の発展がみられる。

　レーニンは帝国主義戦争から国内革命戦争への転化、発展をへて、社会主義革命が現実の目の前に到来したと判断したのであった。事実1917年の十月革命から社会主義陣営の広がりは急速に拡大をみた。国内革命戦争

は帝国主義国、植民地、半植民地、従属国のいずれにおいても、進行するものという展望に立っていた。

この中で半植民地・半封建的性格の遅れた経済構造をもった発展途上国中国は、正に社会主義革命への転換期の真っ只中で、中国にとって経済建設の道は社会主義の道以外ないと考えたのであった。中国は植民地、従属国から政治的独立を勝ち取った第三世界の国々にとっても、事情は同様であるとの考え方をもつようになった。

理念的に資本主義の最高段階としての帝国主義を止揚するものとしての社会主義は、同時に発展の必然性として帝国主義にいたる資本主義そのものも否定する理論構造となっていた。しかし、死滅するはずの、死滅しなければならない弱さを内にもっていた帝国主義としての資本主義は、国家独占資本主義として旺盛な生命力をもって弱まるどころか、発展を遂げたから、中国（従来型社会主義計画経済方式を採用した国々）は独占資本主義（帝国主義）が短期間内に社会主義へ直結転換するというそれまでの展望を改めざるをえなくなった。

一方において、個別主体としての中国は、帝国主義がその中に繋ぎ留めておくことができない、その体制から引き裂かれていかざるをえない帝国主義の弱い環として離脱した社会主義を目指す国家として独立したから、帝国主義の眼前の即事的対立物としての存在であった。中国は帝国主義の眼前の即事的対立物としての存在であるという事であればあるほど、帝国主義は眼前の即事的弱い存在のものでなければならない。それは生産力の面において、そして生産力を支える社会システム、構造として弱いものでなければならなかったはずである。しかし、帝国主義戦争遂行の中で形成されていった国家独占資本主義は、すでに述べたように帝国主義の質的変化を体化して、ここしばらくは死滅しそうにない。

一方において、帝国主義戦争の中から中国は社会主義として生まれ出で、また一方において帝国主義の質的変化を体化した、必ずしも弱体化したともいえない国家独占資本主義がある。両者は体制理念としては対立物ではあるが、眼前の即事的対立物としての顕現的存在たる必然性があるかが、

ここで問題として出てくる。

　この意味からすれば、先にみた国家独占資本主義を帝国主義の一小段階として位置づける論者達も、マルクス、エンゲルスが想定したように、プロレタリア革命が各々の先進国で同時におこり、勝利をえるというのであれば、ひとつの世界体系としての帝国主義の死滅過程は比較的短いといえようが、プロレタリア革命が先ずある一国で勝利をえ、社会主義が世界的勝利をえるのには一国ごとの革命の勝利を積み重ねていく結果として達成される外はないというのであれば、一つの世界体系としての帝国主義の死滅の過程には、必然的に相当に長い歴史的時間を要することになろう[2]、との展望を示さざるをえなくなる。この過程で両者は、一定の条件の下で共存の道を設定し、相互の積極的政策展開をおこなっていかざるをえまい。この場合の共存には協調と対立の二面性が含まれる。一国社会主義、あるいは陣営としての社会主義固有の積極的な基軸展開が形成されない条件下において、自己の社会主義建設の特性を保持しながらの、資本主義との間で開拓、構築される経済関係の道である。世界的な社会主義革命への歴史的体制転換過程認識の変化と、これに対応させた一国社会主義国民経済構築論理は、新たにこのような再編成の方向にむかう。

　蛇足ながら、補足的にこの問題について筆者の整理を若干付け加えておきたい。世界政治経済の現段階を帝国主義段階を超えた独立した発展段階としての国家独占資本主義として位置づける論者の立場からすれば、発展途上国社会主義は歴史発展の必然的趨勢の中における先発社会主義国（体制転換の契機が帝国主義戦争であったか、経済発展水準が高いか低いかは別にして）としての存在となる。帝国主義が存在しないとみる現段階においては、それは帝国主義の直接の対立物としての社会主義存在である必然性はないからである。その社会主義は帝国主義の直接的対立物ではなく、独立国の民族主体が自ら自己選択し、自己擁護する社会主義なのである。それゆえに、この社会主義は反帝国主義としての社会主義ではなく、民族

2）仇啓華主編『現代壟断資本主義経済（修訂本）』、中共中央党校出版社、1987年、358頁。

主権国家としてそれへのいかなる干渉をも許さない「覇権主義」、「強権政治」に対する対立物としての社会主義である。強いていうならば、民族国家の主権行使の範囲内の自由に委ねられた社会主義であり、ナショナリズムをベースにした、その上での社会主義であるといえようか。

これに対して、国家独占資本主義を帝国主義段階内の一小段階として位置づける論者は、社会主義は飽くまでも歴史段階としての位置にある帝国主義の直接的対立物、帝国主義を「死滅しつつある資本主義」、「社会主義革命の前夜」として位置づけるから、帝国主義の死滅までになお相当の時間を要するとして、その道程を抽象時間化するとしても、社会主義は飽くまでも帝国主義の直接的対立物としての体制論をベースに置き、その上で個別的事情を加味した政策展開をはかっていくという論理構造となろう。

3　社会主義計画経済の優越性を前提とした経済建設理念と政策展開の相対化

資本主義は歴史的に死滅していく運命にあり、その過程に入っているからといったところで、今日の資本主義が質的に変化し、眼前で死滅しつつある状況がなく、なお生命力をもっている以上、今日の資本主義を旧来の帝国主義段階にあった資本主義と等置して眼前で斃死していっているとみて、これとの対比で社会主義計画経済の絶対的優越性を前面に押し出す論理は、迫力に欠けたものとなることは必至である。今日の資本主義を一般的独占資本主義の発展としての国家独占資本主義、あるいは帝国主義段階を超えた新しい発展段階としての国家独占資本主義といういずれの立場をとるにせよ、世界的な社会主義への体制転換過程は相当に長期にわたるとの判断に立っているから、この過程で、腐朽の傾向はあるにしても、「全体としては、資本主義は、以前とは比較にならないほど急速に発展する」という動態的要素を、自己に取り込むことを拒否できなくなるであろう。

況してや、中国社会主義は、帝国主義支配下の半植民地・半封建社会から、成熟した資本主義を経ないで直接に体制転換した社会主義である。生

産力水準が低い段階にある中国社会主義であるというこの背景からすれば、生産力の発展はある意味では至上命令ともいえる。1958年に打ち出された「大いに意気込み、つねに高い目標をめざし、より多く、よりはやく、よりよく、よりむだなく社会主義を建設する総路線」、「大躍進」政策は、その一つの発動形態である（この場合、生産力の急速な発展をはかることが直接的に階級闘争と結びつけられ、階級闘争による経済発展の動態的過程が展開される中では、これとの対比でむしろ厳格な中央集権的計画は静態的ととらえられ、経済計画権限は下放された）。

　この強い要求の中で、少なくとも急速な経済発展を可能にした資本主義発展の中に体化された発展の動因を取り込まなければならない。この観点は、ある意味では資本主義の中に体化された経済発展の動因の積極的評価を意味する。資本主義は資本主義としてではあるが、効率的社会的分業を推し進め、資本蓄積を遂行する中で、社会主義への体制転換を準備する。この一段階としての帝国主義段階における帝国主義戦争の中から体制を離脱した、経済的に遅れた社会主義国においては、資本主義発展の中で確立されているべき課題が未だ確立されていないままに、この課題を社会主義体制の中で遂行していくために、旧来の社会主義計画経済の方法によってこの課題に取り組んでいくことには無理があったとしても、あるいは当然のことといわなければならない。ここにある段階における旧来の社会主義計画経済の絶対的優越性（他の経済体制の中で運行していたシステムの全面的否定）を基礎とした経済建設理念と政策運営の相対化の根拠が出てくる。

　しかし、それは生産手段の私的所有制を基礎とした資本主義体制による経済建設方式と同一のものであるということではない。それは資本主義経済システムの中に内包されていた経済発展推進システムを、生産手段の公有制の基礎の上に有機的に組み込むという方向の道を探るという試みである。

4 国際市場経済関係捨象―封鎖型自己完結的国民経済構築論理の基軸転換

　国際市場経済関係捨象―封鎖型自己完結的国民経済構築論理については前述したが、要は全般的な国際分業の否定ということである。社会的分業は大きく国内の分業と国際分業に大別され、国内分業と国際分業はいささか位相を事にした分業であるが、先ず第一に社会的分業そのものが否定されれば、当然ながら国際分業は問題にならない。当然ながら、生産力の発展に向けての社会的組織化が問題になる時、社会的分業を全面的に否定するということは一般的にはありえないことであるから、ここでの問題は国内における分業の構築のあり方や、一定の前提条件の下における国際分業の全面的否定ということになる。

　国内における分業をどのように構築していくかは、また、自国国民経済に国際経済関係をどのように位置づけていくか、場合によっては国際分業といったような関係そのものを否定する場合とも絡んで問題となってくる。すでに見たようにスターリンは、二つの公有制に基づく以外の商品の存在を社会主義計画経済にもち込むことに否定的であったし、資本主義経済に対する社会主義計画経済の優越性は、自国の社会主義計画経済の自己完結性を高めれば高めるほど、より高くなると考えられていた。また、国際貿易関係の中に不等価交換＝国際的搾取関係をみる「マルクス派の人々の定説的世界市場観」から、少なくとも先進資本主義国との対外貿易は必要最小限に留めるべきものであり、純粋の市場原理にもとづく貿易関係は基本的には拒否さるべきものとして取り扱われてきた。かくて、貿易を通じた国民経済の間接的蓄積の視点は退けられる破目となっていった。

　王林生教授は社会主義経済において商品が存在する根拠は、二つの形態の公有制ということだけにあるのではなく、さらに重要な事情があるという。王林生教授は、社会主義経済において商品が存在する理由は、二つの形態の公有制の基礎の上での生産力の発展が低い段階における物質的利益

と関連するという。「生産力水準がいまだそれほど高くないような情況の下では、労働はまだ生活の第一の欲求とはならない。このことから、労働は生活の手段となる。労働は消費手段分配の唯一の尺度となり、労働者の社会的貢献が大きければ大きい程、獲得する物質的利益もますます大きいものとなる。労働者個々人の間の物質的利益のちがいとともに、個別企業も経営状態の善し悪しによって、異なった経済的効果が出てくることになる。このため、企業およびその従業員にも異なった物質的利益が伴うことになる。こういったちがいを認めないということになれば、実際には社会主義企業の相対的独立計算単位としての存在を否定することになり、……生産力の発展を阻害することなる」。社会主義経済においては、基本的には国家、企業、個人の物資的利益は一致しているが、他面でまたこれらの間には矛盾が存在している。これら三者の物質的利益のちがいをよく認識した上で、三者をうまく結合していくことが、社会主義生産の不断の発展の動力である。「したがって、等価交換の基礎の下に、商品貨幣関係を通じて物質的利益原則の実現を保証すること、このことは社会主義経済発展の客観的要求であり、社会主義において商品交換が存在する正しく根源でもある[3]」。王林生教授はこのようにいう。

　商品なるものの存在は必然的に資本主義の復活をもたらすものとして、これまでその消滅への道が追求されてきた。資本主義経済においては労働力も資本としての生産手段も私的に分離、分断され、分離、分断された私的労働力と資本が市場における経済競争を通じて、事後的に、間接的に社会的分業を達成するという仕組となっている。

　これに対して社会主義経済においては、前もって労働力は生産手段と結合されているから、ここにおける分業はそれ自体として当初から直接に社会的分業として構成されている。労働力も生産手段も当初から計画的に配置され、直接的な社会的分業が編成され、その成果に対しても計画的に配

---

3) 王林生「試論社会主義対外貿易的作用問題」、中国社会科学院世界経済研究所編『当前世界経済与中国経済問題』所収、中国財政経済出版社、1982年、363頁、拙訳「社会主義経済における対外貿易の役割」、拙編訳『世界経済への挑戦―中国対外経済開放政策の理論的基礎―』所収、東京出版、1986年、44～45頁。

分されるという仕組となっている。したがって、そこでの分配は、資本主義経済におけるように、市場関係を前提とした私的な企てとして参加、推進される間接的な社会的分業の中で、結果的に効率的、積極的社会的分業の達成の成果が直接的分配に結実するというのとは事情を異にする。資本主義経済においては、分配は結果としての社会的分業への効率的、積極的参加を反映したものとなり、社会主義経済における分配はこの積極性動員のメカニズムを内蔵していない。これまでの社会主義計画経済は、この意味において積極的な社会的分業の推進と生産力の発展を全面的に解放するに不十分なものであった。王林生教授の問題提起はこの点に関連する。

　従来等価交換を前提とした効率的社会的分業という形での分業の組織化がはかられてこなかった全体的な原因については、すでに上段でみてきたところであるが、王林生教授は中国ではそれが比較的受け容れられ易い固有の背景も根強く存在していたと指摘される。

　第一は経済建設における「左」の誤り、第二は長い歴史をもつ封建社会の下で形成されてきた自然経済思想が引き継がれたこと、第三に自力更生の一面的解釈によって形成されてきた自給自足の傾向であるという[4]。

　この考え方は対外貿易面にも大きな影響を与え、国際分業を否定的に評価する理論的展開を形成してきたと王林生教授は指摘する。教授の指摘はこうである。

　「国際分業は客観的な一つの経済的範疇である。この発生と発展は生産力によって決定されるのであり、国際的な範囲において生産の社会化が発展した結果である。われわれはこのように考えている。社会主義経済の発展には、国内的に商品貨幣関係を利用しなければならないのはいうまでもないが、対外経済貿易関係を通じて、必ずや国際分業のもたらす利益を十分に利用するということでなければならない。従って、社会主義対外貿易の位置と役割を、国民経済の物資のバランス表上における欠落を補填するとか、種類の調整とかいったことに、消極的に限定すべきではないのである。

4）同上稿、同上書、365頁、同上拙訳、同上書、49頁。

われわれは先ず以て第一に国際分業を利用し、社会的労働を節約する有効な方途として、対外貿易を取り扱っていかなければならないのである[5]」。「社会主義経済を発展させるためには、必ずや国内において専門化した協業が組織されなければならない、そして地区の封鎖的、また部門分断的自給自足状態に反対していかなければならない[6]」。

　国内分業を発展させ（商品経済を発展させるということ）、これを国際分業と結合していくという考え方、このことは取りも直さず対外経済関係を拡大していくということになるが、このことは国際分業を指導原理としていくということと同義なのかという点について、王林生教授は次のようにいう。

　「このような原則（国際分業を指導原理としていくということ…括弧内筆者）は独立した、比較的整った国民経済体系を建設するということに背馳するようなものではないかというのである。実際に分業と対立するのは、鎖国閉鎖的な自給自足体系であって、独立した完全な経済体系というわけではない。〈独立〉とは決して世界市場から遊離して存在するということを意味するものではなく、政治的独立を勝ち取って、経済的命脈をおさえ、経済的に国家の基本利益にマッチした道に沿った発展をはかっていく、主としてこういったことを指すのである。〈完全な〉というのは、〈全て他に求めるところがない〉ということを決して意味するものではなく、生産の社会化が進んだ基礎の上で、経済部門がほぼそなわっており、現代科学技術の成果の吸収能力がかなりあって、国内外の環境の変化（天災とか戦争とかいったような）に対して適応能力もかなりある、主としてこういったことを指すのである。概ねこういった経済体系にとって、国際分業の利用度は極めて大きい……今日われわれには、国際分業を利用していくべき国内外の有利な条件が備わってきている。われわれは国民経済の調整過程で、完全に内向型でもなく、完全に外向型というわけでもない、国情とか国力

5）同上稿、同上書、366頁、同上拙訳、同上書、49〜50頁。
6）同上稿、同上書、369頁、同上拙訳、同上書、53頁。

とかに適った経済構造を、漸次作り上げていかなければならない[7]」。

「プロレタリア階級が政権を握り、経済的命脈もプロレタリア階級が掌握しているという条件の下では、国際分業を正しく利用していけば、国民経済の対外的な依存と奇形的な発展という側面はつくり出さないでもすむ。これに反して、自給自足の原則を追求するという影響の下で、一方的に重工業、特に鉄鋼業と機械工業とを発展させてきたことが、国民経済のバランス関係を失わせるにいたったことは、すでに事実の表明するところでもある[8]」。

第2節　中国社会主義経済論の新展開

1　三大挑戦課題

王林生教授の上に挙げた三つの問題について、まず整理しておきたい。

（1）経済建設における「左」の誤りの問題

「左」の誤りといわれるものは三つの内容からなる。「戦争に備えて」、「階級闘争を要とする」、「理想主義的な社会主義経済モデル」である。「戦争に備えて」については既に述べたのでここで再述する必要はあるまい。「階級闘争を要とする」ということの内容は、帝国主義との闘いが世界的な社会主義革命の部分的構成をなすという意味から「戦争に備えて」ということと一部関連するが、生産力の発展の議論との関連でみれば、プロレタ

---

7) 同上稿、同上書、369頁、同上拙訳、同上書、53～54頁。
8) 同上稿、同上書、369頁、同上拙訳、同上書、54頁。王林生教授は、過去の中国の対外経済政策が当時の国際関係に大きく規定されたことを指摘している。「当然に過去の国際環境、例えばアメリカをトップにした西側諸国の封鎖・禁輸、ソ連の不当な背信的行為によってもたらされた経済的困難なども、客観的には我国が経済建設を行っていく過程で、自給自足を追い求めていくという傾向を強めるように作用した」（同上稿、同上書、369頁、同上拙訳、同上書、54頁）。

リア階級意識に裏打ちされた労働主体の積極的な主観的能動性が生産力の全面的な解放を保証するという極端な労働主体の主観的能動性社会エネルギー結集論である。社会主義建設の総路線からプロレタリア文化大革命の中に典型的に見られる。「理想主義的な社会主義経済モデル」は、マルクスのいう「共同の生産手段で労働し自分たちのたくさんの個人的労働力を自分で意識して一つの社会的労働力として支出する自由な人々の結合体[9]」概念を起点においている。そこでは従来分離していた労働が直接的な社会的労働となり、私的労働と社会的労働の対立、具体的労働と抽象的労働の対立、使用価値と価値の対立が消滅し、商品生産は排除され、商品経済社会形態は物財経済社会形態に席を譲る。「諸個人の普遍的な発展のうえにきずかれた、また諸個人の共同体的（gemeinschaftlich）、社会的（gesellschaftlich）生産性を諸個人の社会的力能として服属させることのうえにきずかれた自由な個体性は、第三の段階である[10]」とされる共産主義社会である。

　ここでは生産手段の単一の公有制、商品経済の制限・排除と物財経済、分配上における平均主義（労働に応じた分配の排除）が強調され、経済の発展段階と無関係に急進的な共産主義社会の建設が追求された。

（２）強固な自然経済思想
　中国における歴史的に長期にわたる封建社会の伝統では、人々に農業を重視し商業を抑えるべきだという思想（重農抑商思想）と、このことを基礎とした政策が根強い伝統となっていた。商業は蔑むべき存在として意識されていた。自給自足の自然経済が社会の基礎となっていたからである。半植民地・半封建社会にあって、自然経済は崩壊し始めていたが、全国的

9）カール・マルクス、大内兵衛・細川嘉六監訳「資本論」、ドイツ社会主義統一党中央委員会付属マルクス＝レーニン主義研究所編集、大内兵衛・細川嘉六監訳『マルクス＝エンゲルス全集』第23巻第１分冊、大月書店、1990年、105頁。
10）カール・マルクス、資本論草稿集翻訳委員会訳「〈要綱〉貨幣にかんする章・ノートⅠ―貨幣の成立と本質」、ソ連邦共産党中央委員会付属マルクス＝レーニン主義研究所・ドイツ社会主義統一党中央委員会付属マルクス＝レーニン主義研究所編、資本論草稿集翻訳委員会訳『マルクス資本論草稿集・1857―58年の経済学草稿Ⅰ』、大月書店、1981年、138頁。

にみれば商品経済は未発達の状態の下にあった。

　新中国の建国とともにすべての分野で社会主義的改造が展開され、主要農産品に対する国家の計画買付・計画販売、またいくつかの農産品に対する割当買付などを実施し、農民の自主販売の積極性を発揮させるような市場関係を発展させてこなかった。工業分野においても、主要工業品は「統配物資」、「部管物資」、「地方管理物資」に区分する形で、大部分は直接分配するというようにされたから、企業は基本的には市場と関連することはなかった。そこでは個別経済主体の効率性に基づく分配（商品経済関係）とは別の、経済主体が直接的に組織された社会有機的共同体原理に基づく直接的分配関係が支配する。したがって、そこでは商品経済社会におけるように人的経済関係が直接的ではなく、商品という物的関係を媒介として事後的に確認される社会的関係＝人的関係の価値関係としての構成形態から隔絶された、物財経済関係が支配する。ここにおいては商品経済による市場的経済統合過程（効率的分業の形成過程…破壊的な場合も含まれる）の動力が作用しないから、自然的条件あるいは初期設定の条件の枠内における閉鎖的な自給自足的経済が形成される。人民公社、工場における自給的なすべてのものがそろった物財経済的運営である。このような閉鎖型自給自足体制は、既に述べた世界政治経済に対する帝国主義認識を背景とした「戦争に備えて」という戦略目的からする地域的自給自足体制の構築という政策によって、より強固なものに形づくられていった。

　このような体制の構築が受け容れられやすかったのは、歴史的に自然経済思想が根強く、商品経済による効率的な市場統合の積極性に対する認識が弱かったことが背景となっている。「左傾」思想が、社会化した大規模生産の基礎の上に打ち立てられたマルクス主義認識を、一面的に「小生産化」して解釈するところとなったのは、強固な封建的小生産思想の影響であるといわれる[11]。

---

11) 董輔礽主編『中華人民共和国経済史（下巻）』、経済科学出版社、1999年、10頁。「右傾」思想も同様に自然経済思想の反映であるといわれる（同書、同上頁）。

（3）自力更生論の一面的解釈

　毛沢東は次のようにいう。「中国の領土から帝国主義、封建主義、官僚資本主義と国民党の支配（これは帝国主義、封建主義、官僚資本主義の三者の集中的な表現である）が一掃されても、独立した、完全な工業体系をうちたてる問題は解決されたことにはならない。経済面で大きな発展をとげ、おくれた農業国からすすんだ工業国になったとき、この問題ははじめて最終的に解決されたことになるのである[12]」。この課題を実現するために、毛沢東は自力更生論を打ち出した。「われわれは自力更生を主張する。われわれは外からの援助をのぞむが、それに依存してはならず、自分の努力により、軍民全体の創造力にたよる[13]」。

　一個の独立国は経済建設のために自己の主導の下に、内外の積極的要素を総動員するということになるが、この場合自国を中心にすることになるのは至極当然のことである。自己の主導の下に、経済的に整合性のある効率的経済体系を構築すること、工業体系を構築することは、合理的な国際分業をおこなうことと直接対立するものではない。しかし、過去長期にわたって中国の生産力の解放を抑圧し、不平等な独占的収奪を強いてきた帝国主義支配下における国際分業の経験から、国際分業と独立した整合性のある国民経済の構築とは対立するものとの観念が強固に組み込まれるところとなった。さらに、この観点は先に見た「マルクス派の人々の定説的世界市場観」によって強められた。この観念の下においては、独立した完全な工業体系は、完全な自国の直接的主導権の下に打ち立てられなければならない。国際分業は自国の完全な直接主導権の下にはない。完全な直接的主導権の下にない国際分業には搾取や収奪が必ず含まれる。国際分業に参加することからえられる利益と不利益を加減すれば、全体として国際分業

---

12) 毛沢東「中国共産党第7期中央委員会第2回総会での報告」、邦訳『毛沢東選集』第4巻、外文出版社、1969年、483頁。
13) 毛沢東「経済活動に習熟しなければならない」、邦訳『毛沢東選集』第3巻、外文出版社、1968年、272頁。自力更生論は他の指導者達も主張し、今日まで引き継がれている。例えば、周恩来も主張している（周恩来「当前財経形勢和新中国経済的幾種関係」、『周恩来選集（下巻）』、人民出版社、1984年、10頁）。

に参加するよりも自国で作り出す方が大きな成果がえられる。況してや、死滅しつつある帝国主義段階の資本主義諸国との間の国際分業を積極的におこなう必要はない、こういった閉鎖型経済建設路線が主張されることになる。

この思想的傾向は、①社会主義建設における「左」の誤り、②分業の経済発展に対するダイナミックな力を過小評価する自然経済思想の影響と相俟って、閉鎖的自給自足型経済建設路線を背後で強力に支えた。

2 中国社会主義市場経済論への道程

基層レベルの経済単位の改革までも含む形で、本格的に経済体制改革の作業を開始したのは、国務院に経済体制改革弁公室が設置された1980年5月からとみられる[14]。同年9月同弁公室は「関于経済体制改革的初歩意見」を取り纏めたといわれる。筆者は経済体制改革に関する最初の政府のこの文献を入手していないが、桑百川教授によると、この中では次のように述べられているとのことである。

「我国の現段階の社会主義経済は生産手段の公有制が優位を占める、各種経済構成体の併存する商品経済である」。経済改革の原則と方向は、商品経済を発展させ、社会化した大規模生産を推進していくという要求に合わせて、「単一の計画調節を計画的指導の下に、市場調節作用を十二分に発展させるように改めていくことである[15]」。

その後農業における請負責任制による改革の成果を踏まえて、都市経済体制の改革と計画的商品経済理論が提出された。1984年6月鄧小平は

---

14) それ以前第一次5ヵ年計画期の後期にも、地方政府と企業の積極性を発揮させるため、中央管理企業を地方政府の管理に下放したことがあるが、このような企業の隷属関係の改革は、経済政策の決定権が政府に集中した、資源配置の指令性計画を改めたものではなかった（拙稿「中国対外貿易機構の変遷（Ⅲ-1-①)」、『広島経済大学経済研究論集』第17巻第1号、1994年参照)。
15) 桑百川・王全火主編『中国市場経済理論研究』、対外経済貿易大学出版社、2001年、4頁。中国社会科学院経済研究所編『中国改革開放以来経済大事輯要（1978～1998)』、経済科学出版社、2000年、21頁。

「中国の特色をもつ社会主義の建設」を打ち出した。同9月国務院は経済体制改革の中の計画体制問題、価格問題、国家の職能の問題について、党中央政治局常務委員会に建議を提出した。この意見は同10月に開かれた第12期3中全会を通過した「経済体制改革に関する中国共産党中央委員会の決定」に盛り込まれた。この中では、「計画体制を改革するには、なによりもまず、計画経済と商品経済とを対立させる古くからの通念を打破し、社会主義計画経済は意識的に価値法則に依拠し、それを運用すべきもので、共有制をふまえた計画的な商品経済であるということ、このことをはっきり認識しなければならない。商品経済の十分な発展は、社会経済発展のとびこえることのできぬ段階であり、わが国経済の現代化を実現する必要条件である[16]」、と述べられている。

1982年の党第12回全国代表大会後、何が社会主義なのか、どのようにして社会主義を建設していくのかといった問題が議論され、社会主義は各々の国の国情に基づかなければならないこと、経済的・文化的に遅れた条件下における社会主義建設は長期にわたる初級段階を経なければならないこと、社会主義の根本的任務は生産力を発展させ、力を集結して現代化をはかっていくということであること、社会主義経済は計画的商品経済であるということ、改革をするということが社会主義社会の発展の動力たること、対外開放は社会主義現代化の必要条件であること等々について、明確な認識が深められた[17]。

1987年の党第13回全国代表大会では、初級段階の社会主義の理論が明確な形で打ち出され、92年の党第14回全国代表大会では中国経済体制改革の長期目標である社会主義市場経済体制の建設が打ち出された。翌1993年の党第14期3中全会では現代企業制度を打ち立てていくことが明確に示された。

---

16)「経済体制改革に関する中国共産党中央委員会の決定」（1984年10月20日、中国共産党第12期中央委員会第3回総会で採択）、中国研究所編『中国年鑑・1985年版』、大修館書店、1985年、147頁。
17) 杜受祜・劉世慶等著『社会主義市場経済体制的建設』、四川人民出版社、2001年、12頁。

1997年の党第15回全国代表大会では、「国民経済の市場化過程を加速化しなければならない。引き続き各種市場を発展させ、就中資本、労働力、技術等の生産要素市場を発展させ、生産要素価格形成のメカニズムを完全なものにしていく[18]」ことへ取り組んでいくことが強調され、1999年9月党第15期4中全会は「関于国有企業改革和発展若干重大問題的決定」の中で、「引き続き商品市場を完全なものとし、要素市場を育て発展させていき、商品、資金、技術、労働力が合理的に流動するようになるような全国的統一市場体系を打ち立てていく[19]」ことを謳い上げた。

第3節　社会主義市場経済理論の形成

1　商品経済と市場経済の区別

　共産主義社会にいたる経済社会の発展の歴史的過程について、マルクスは次のような考えをもっていた。最初の社会形態は、人格的な依存諸関係（最初はまったく自然発生的）を基礎としたもので、この形態においては人間的生産性は狭小な範囲においてしか、また孤立した地点においてしか展開されない。第二の発展形態は、物象的依存性の上にきずかれた人格的独立性を特徴とする社会形態である。この形態においては一般的社会的物質代謝、普遍的諸関連、全面的諸欲求、普遍的諸力能といったものの一つの体系が形成される。第三段階は、諸個人の普遍的発展のうえにきずかれた、また諸個人の共同体的、社会的生産性を諸個人の社会的な力能として服属させることのうえにきずかれた自由な個体性発揮の社会形態である。

---

[18] 江澤民「高挙鄧小平理論偉大旗幟、把建設有中国特色社会主義事業全面推向二十一世紀――在中国共産党第十五次全国代表大会上的報告（1997年9月12日）」、『人民日報』（海外版）1997年9月22日号。

[19] 「中共中央関于国有企業改革和発展若干重大問題的決定」（1999年9月22日中国共産党第15届中央委員会第4次全体会議通過）、『人民日報』（海外版）、1999年9月27日号。

第二段階は第三段階の諸条件をつくりだす[20]。

中国経済の発展段階は、上述のマルクスの第一段階の後期から第二段階の前半期の発展段階にあると位置づける以上、中国は商品経済、市場経済を発展させていかなければならないことになるが、その課題を自然発展的な動態に任せるのではなく、固有の含意をこめた初級段階の社会主義としての商品経済、市場経済として発展させていくというのが、中国の目指す経済建設の内容である。

経済の発展が自然経済段階を越えて、社会的生産の専門的分業が高度に発展してくると、生産者は交換のために生産し、製品は市場を通じて売買されて、各種需要が満たされるようになる。こういった経済が商品経済である。これに対して、製品の交換が商品交換の方式ではなく、異なった生産者の間の製品の交換の場合は物財経済である。商品経済といわれることの中身には、まだ資源配置のあり方に関する内容は含まれていない。

市場経済は、その中に生産者が交換のために生産するということの内容を当然含むが、各種経済形態の内在的特性に応じて、主として市場メカニズムを通じて社会的資源が配置されるという方式の経済をいう[21]。

商品生産、市場経済存在の根底的基礎について、王偉光氏は次のようにいう。

社会的分業は商品生産、市場経済存在の一般的前提であり、典型的には私有制が商品生産、市場経済発生の直接的原因である。しかし、両者は相互に無関係なわけではなく、所有制は本質的には社会的分業の発展段階と発展水準に一致し、私有制という単独の条件のみで商品生産、市場経済を認識することはできない。もっと突き詰めていえば、商品生産、市場経済

---

20) カール・マルクス、資本論草稿集翻訳委員会訳「〈要綱〉貨幣にかんする章・ノートⅠ—貨幣の成立と本質」、ソ連邦共産党中央委員会付属マルクス＝レーニン主義研究所・ドイツ社会主義統一党中央委員会付属マルクス＝レーニン主義研究所編、資本論草稿集翻訳委員会訳『マルクス資本論草稿集・1857-58年の経済学草稿Ⅰ』、大月書店、1981年、138頁。
21) 桑百川・王全火主編『中国市場経済理論研究』、対外経済貿易大学出版社、2001年、46〜47頁。朱光華教授等も同様の見解である（朱光華・段文斌等著『過渡経済中的混合所有制—公有制与其它経済成分関係研究』、天津人民出版社、1999年、13頁）。

という存在は単純に所有制関係の性質や具体的な歴史的形式によって決まるのではなく、最終的には社会的分業によって作り出された労働の社会的形式、相対的に独立した経済的利益主体としての存在、分業と労働の社会的形式によって決定される独立した経済的利益主体によって決定されるのであって、このことが商品生産、市場経済が存在する最も重要な内在的要因である[22]。

社会主義市場経済の下における労働の社会的形式、分業と労働の社会的形式によって決定される独立した経済的利益主体の存在を基礎とした市場経済論の内的論理構造については次に述べよう。

2 社会主義市場経済論

（1）社会的分業論

1992年の党第14回全国代表大会において、中国の経済体制改革の目標が社会主義市場経済体制の構築にあることが明確に打ち出され、93年11月の党第14期3中全会で通過した「社会主義市場経済体制の確立にかかわる諸問題についての中共中央の決定」では、「公有制を主体とした多様な経済構成体」の共存共栄を基礎にすえた社会主義市場経済体制の基本的枠組がはっきりとした形で示された。1997年9月の党第15回全国代表大会ではさらに一歩踏み込んで、「公有制を主体とした多様な所有制経済の共同の発展」を中国社会主義初級段階の基本的経済制度とし、2010年までに比較的整った社会主義市場体制の基本的枠組を整えていくことが謳われ、99年にはこのことが憲法に盛り込まれた。

この過程では多くの論争がおこなわれたが、ここでは今日ほぼ初歩的に形成されたかに思われる社会主義市場経済なるものの経済理論的内容の概要をみておきたい。

「死滅しつつある資本主義」、「社会主義革命の前夜」としての帝国主義

---

22) 王偉光著『利益論』、人民出版社、2001年、303頁。

に対する直接対立物として遂行された中国革命は、革命遂行の中心主体が社会主義的性格のものであったことはいうまでもない。それゆえに、経済建設も社会主義計画経済理念を直接適用していく形で推し進められてきた。その発想は、マルクス、エンゲルスがヨーロッパ資本主義社会に取って代わるであろうと予測した、生産力の高度に発展した未来社会の素描に基礎を置くものであった。現実に先進資本主義国に先行して登場した中国社会主義は、マルクス、エンゲルスが前提としたような高度に生産力が発展した状況の下にはなく、生産力水準の低い経済状態にあった。したがって、マルクス、エンゲルスが描いていたような社会主義をもし標準形とすれば、中国社会主義はそれとは一定の距離をもった社会主義といえる[23]。

マルクス、エンゲルスは、「生産力の総体は社会的状態を条件[24]」づけ、すでに述べた共産主義社会にいたる経済社会発展の歴史的過程を、必然的な「自然史的過程[25]」としてとらえ、社会主義は資本主義市場経済の高度な発展の上に打ち立てられるもの[26]で、共産主義の第一段階としての社会主義においては商品、市場、貨幣は存在しない[27]ものと考えていた。

しかし、現実の社会主義は市場経済が未発達で、生産力の発展水準が低い後れた国において成立した。それがすでに述べてきたように、資本主義の不均等発展と帝国主義戦争がつくりだした革命情勢によるものであったという事情はあるにせよ、社会発展は一つの「自然史的過程」である以上、人類の社会発展の第二形態である第二段階は人類社会発展の越えることの

---

[23] 俞思念・于文俊等著『中国社会主義認識史』、湖北人民出版社、2001年、289頁。
[24] マルクス・エンゲルス、大内兵衛・細川嘉六監訳「ドイツ・イデオロギー」、ドイツ社会主義統一党中央委員会付属マルクス＝レーニン主義研究所編集、大内兵衛・細川嘉六監訳『マルクス＝エンゲルス全集』第3巻、大月書店、1991年、25頁。
[25] カール・マルクス、大内兵衛・細川嘉六監訳「資本論」、同上研究所編集、同上監訳、同上『全集』第23巻第1分冊、同上書店、1990年、10頁。カール・マルクス、大内兵衛・細川嘉六監訳「経済学批判序言」、同上研究所編集、同上監訳、同上『全集』第13巻、同上書店、1991年、6頁。
[26] フリードリヒ・エンゲルス、大内兵衛・細川嘉六監訳「亡命者文献」、同上研究所編集、同上監訳　同上『全集』第18巻、同上書店、1991年、551頁。「ゴータ綱領批判」の前提的発想自体先進国革命論である。
[27] 次頁へ

できない歴史段階ということになる。このような性格をもつ社会主義は必然的に市場経済の充分なる発展を経ることなくしては、より高度の社会にいきつくことはできまい。社会主義市場経済論が打ち出された理由はここにある。社会主義初級段階の市場経済関係の論理的起点は、やはりこの段階における労働の特殊性にあろう。

　自然経済内部における生産力の発展につれて、自然発生的に社会的分業が発生し、労働の交換と分配が生ずる。生産物の交換は私的所有関係を確立し、その発展は生産手段の私有制にいたる。社会的労働は分割され特殊私的利益をもった相対的に独立した分散的商品生産者が担うこととなり、従来直接的であった社会的労働は私的労働と社会的労働、具体的労働と抽象的労働の相互に対立、分離した労働に分裂する。元の直接社会的存在であった生産物は価値と使用価値という矛盾を含む商品となる。それまでの人々の間の直接的相互依存関係は物的な関係として、交換価値上の社会関係となって現れる[28]。

---

27)「共産主義の社会を考えてみれば、まず第一に貨幣資本は全然なくなり、したがって貨幣資本によってはいってくる取引の仮装もなくなる」(カール・マルクス、大内兵衛・細川嘉六監訳「資本論」、同上研究所編集、同上監訳、同上『全集』第24巻、同上書店、1991年、385頁)。「社会的の生産では貨幣資本はなくなる。社会は労働力や生産手段をいろいろな事業部門に配分する。生産者たちは、たとえば指定券を受け取って、それと引き換えに、社会の消費用在庫のなかから自分たちの労働時間に相当する量を引き出すことになるかもしれない。この指定券は貨幣ではない。それは流通しはしないのである」(同上邦訳書、438頁)。「ゴータ綱領批判」の中で、マルクスは共産主義を二つの段階に分けて、その第一段階の特徴として、①全生産手段の社会的共有、②労働者は労働量証明書によって労働に応じた分配を受ける、③ここでは階級差別がなく、商品生産も貨幣交換も存在しない、といったような社会状況を想定している(カール・マルクス、大内兵衛・細川嘉六監訳「ゴータ綱領批判」、同上研究所編集、同上監訳、同上『全集』第19巻、同上書店、1991年、19～22頁)。

28) カール・マルクス、大内兵衛・細川嘉六監訳「資本論」、同上研究所編集、同上監訳、同上『全集』第23巻第1分冊、同上書店、1990年、97～98頁。カール・マルクス、資本論草稿集翻訳委員会訳「〈要綱〉貨幣にかんする章・ノートⅠ―貨幣の成立と本質」、ソ連邦共産党中央委員会付属マルクス＝レーニン主義研究所・ドイツ社会主義統一党中央委員会付属マルクス＝レーニン主義研究所編、資本論草稿集翻訳委員会訳『マルクス資本論草稿集・1857-58年の経済学草稿Ⅰ』、大月書店、1981年、138頁。

人類の労働活動は二つの基本的関係を通じて実現される。一つは人と人との間の有機的分業関係（社会的分業関係）であり、今一つは労働と労働条件との関係（所有制関係）である。前者は社会的分業関係における労働の質と量の差異に応じた分配にかかわり、後者は一定の生産手段と結合した労働活動の実現形式に応じた分配にかかわる。過去においては生産手段の公有制と指令性計画経済が社会主義経済の主要な特徴とみなされ、生産手段の所有関係では共同所有、共同労働、労働に応じた分配原理ということで、社会主義労働は直接的なものとしての社会的労働で、労働は本来的に分離、独立したものとしての存在ではない仕組となっていた。生産手段の私的所有制に基づく資本主義的大工業生産は、自然発生的な分業を最高の形態にまで発展させた。ここでの分業は、その存在の前提としての分業の固定性、自然発生性、労働者に対する強制性を必然化する。しかし、この発展は同時に自然発生的な分業を消滅させるための物質的、技術的前提と基礎をも準備する。資本主義下の古い分業に取って代わる新しい分業は、マルクス、エンゲルスの述べた共産主義的な諸個人の普遍的発展のうえにきずかれた、また諸個人の共同体的、社会的生産性を諸個人の社会的な力能として服属させることのうえにきずかれた自由な個体性発揮の分業である。

　旧式の自然発生的分業から新式の分業へ移っていく過程は一つの長期にわたる過程であり、社会主義は旧式分業が新式の分業に移行していく過渡期の段階であり、社会主義初級段階はその始まりである。社会主義初級段階の分業には新旧の両要素が存在する。社会主義初級段階にあっては、この段階における社会的分業の特質と労働の分離の特質が、社会主義初級段階の所有制関係の内在的矛盾を決定し、この二つの基本的社会前提が社会主義初級段階における商品生産と市場経済段階を経なければならないという必然性を決定するのである。中国の社会主義初級段階の分業には、以下のような旧分業の特質が引き継がれる。

① この段階では、労働は諸個人の普遍的発展のうえにきずかれた、自由な個体性発揮というところまでいっておらず、人々の職業選択の自由度は大きな制約をうけ、分業は固定的専業化たらざるをえない。

② ①の事情から、この段階の労働は、個々の労働者が個別的能力を発揮して分配を高めようとする自発的な自然発生的個別的行動として現れるから、分業もまた、生産力の高い段階である共産主義社会における、諸個人の共同体的、社会的生産性を諸個人の社会的な力能として服属させることのうえにきずかれた自由な個体性発揮の分業を計画調整するという意味の計画的な分業ではない。

③ この段階ではまだ生産力の発展段階が高度に達していないことから、労働は本質的には人々の生活手段であり、①、②の事情から分業にも強制性がともなう。

④ この段階の分業には自発性を背後にもつ自然発生的な要素が残る。
上記のことからして、この段階の労働には都市と農村、工業と農業、頭脳労働と肉体労働の差別が依然として残る。

これに対して、社会主義初級段階の新しい分業には以下のような特徴がある。

① 社会主義初級段階の分業は生産手段の公有制を主体とした多様な経済構成体の併存する下での分業である。社会主義初級段階の公有制を主体とした条件の下では、公有要素を含むいかなる経済単位における労働者も、程度のちがいはあれ、生産手段を共有し、一定の範囲内ではあるが、労働に応じた分配の原則に則り労働の成果物に対して合理的な分配が行われ、異なった生産部門や異なった職業の労働者の間には一定の直接社会的な労働関係が存在している。これはある種労働共同体としての分業への参加という形での社会的な労働成果の自己実現という要素である。また、非公有制の経済構成体においても、社会主義という基本的制度、公有制の主体的役割のために、その労働者も旧分業の中に組み込まれているのと同一ではない。

② この段階の分業は生産手段の公有制が主体的地位にあることから、全体的にある程度意識的に旧分業の強制性、個別的労働の発動としてのみの自然発生性を抑え、一定の範囲内で計画的に合理的な社会的分業を推し進め、個人の個性を発揮させるようにして、個人の積極性と創

造性を動員する可能性を内に含む。
③ 社会主義初級段階は公有制を主体とした所有関係であることから、各種の分業関係は一つの有機的な社会的労働となっている。このことから、各分業主体の間に差別と矛盾は存在するものの、基本的には階級的利益は一致している。非公有制経済の中における労働者の分業も、旧式分業そのものではない。
④ この段階の分業では新旧両種の分業の要素が併存している。新式分業の直接的社会的分業の自己自覚性、計画性が一方にあり、一方で旧式分業の自然発生性、強制性、盲目性という色濃い母斑が残されている[29]。

(2) 所有制論

先に述べたように、人類の労働は二つの基本的関係—社会的分業と労働と労働条件との関係（所有制関係）—を通じて実現されるが、後者即ち労働と労働条件との関係は、社会主義市場経済論の中でどのように位置づけられるのであろうか。

マルクスは共産主義社会の第一段階での権利について、次のようにのべている。「長い生みの苦しみののち資本主義社会から生まれたばかりの共産主義社会の第一段階では……権利は、社会の経済構造およびそれによって制約される文化の発展よりも高度であることはけっしてできない[30]」。マルクスは共産主義の第一段階としての社会主義段階における確定された権利の重要性について肯定している。従来の所有制の再検討と所有制の改革をめぐっては1980年代から議論が展開されているが[31]、ここでは所有制

---

29) 王偉光著『利益論』、人民出版社、2001年、278〜280頁。
30) カール・マルクス、大内兵衛・細川嘉六監訳「ゴータ綱領批判」ドイツ社会主義統一党中央委員会付属マルクス＝レーニン主義研究所編集、大内兵衛・細川嘉六監訳『マルクス＝エンゲルス全集』第19巻、大月書店、1991年、21頁。
31) 趙曉雷著『新中国経済理論史』、上海財経大学出版社、1999年、380〜424頁、暁亮「所有制理論」、張卓元主編『論争与発展：中国経済理論50年』所収、雲南人民出版社、1999年、131〜172頁参照。

構造と混合所有制の議論をみてみよう。

　従来の中国社会主義建設の中における理想主義的な社会主義経済を目指す急進主義的単一所有制のもたらした弊害の教訓から、中国社会主義初級段階の市場経済は公有制を主体とした多様な経済構成体の相互依存的混合経済体制として設定されるということであるが、これは公有制の基礎の上に打ち立てられる個人所有制と集団所有制を組合わせた協調的発展を目指すものであり、所有制構造からは公有制を主体とした社会経済は公有制体系であり、この中における多様な経済形式は、公有制経済の全体的性格をもち、全体的性格が各々の性格と運行の方向を規定する。いわゆる西側資本主義経済の混合経済というのは、私有制を主体とした私有制経済体系であって、社会主義混合経済とは異なる[32]。

　混合所有制構造の中においては個人所有制部分がある。個人所有制部分は必ずしも小私有制経営経済構成体を指すわけではない。個人所有制にかかわるのは個人労働力、生産手段、両者によって決定される消費財である。個人労働力は本来的に個人所有たらざるをえない。問題は生産手段の個人所有制にかかわる部分である。この部分は基本的には二つに分けられる。一つは、公有制と個人所有制（財産権）が分けられ、なおかつ両者の重層的所有構造が設定、構築されるという場合において、労働者個人が公有生産手段の中で取得する所有権の持分としての部分である。今一つは、労働者個人の自前の生産手段の所有権である。

　個人の生産手段に対する所有権の実現方式は基本的には二つに分かれる。一つは「独立型」である。これは個人所有権が小私有制経営経済の中で実現される。例えば、農村における農家経営請負制の中では、農民は自己の労働力を占有し、請負を通じて入手した土地等の基本生産手段を擁するが、生産物の中の差額地代の第Ⅱ形態の部分は個人に帰属し、自然的豊度とか、位置上の差異といった差額地代の第Ⅰ形態の部分と絶対地代の部分は国に帰属する。今一つの実現方式は「コンコルド型」である。これは個人所有

---

[32] 朱光華・段文斌等著『過渡経済中的混合所有制―公有制与其它経済成分関係研究』、天津人民出版社、1999年、92頁。

権が企業経営のなかで実現されるものである。公有制と個人所有権が分けられ、これらが重層的に組織される条件の下での国有企業の中における労働者は、労働者としての主体的存在であることから、労働力としての個人所有権をもち、当該企業の労働者は共同の集団として当該企業の生産手段の平等の持分としての所有権をもち、賃金を主とする労働報酬は労働に応じた分配ということになる。この限りにおいては、個人所有権は実現される余地はない。

混合経済の中における集団所有制との関連では、一定の成果を生み出す集団労働力、集団所有の生産手段、集団共用財が問題となる。集団労働の中では共同労働によって新たに集団労働力が形成されたら、これは集団の共同所有である。生産手段の集団所有制には、基本的には二つの場合がある。一つは国有企業における集団所有の部分の生産手段である。これは全人民所有制の中から分割される当該企業の持分所有である。今一つは集団企業の自前の生産手段の所有である。

集団所有権の実現形式は大きくは二つに分かれる。一つは前述した個人所有権の場合と同様の「独立型」である。すなわち、集団所有権は集団企業の経営の中で実現される。例えば、郷鎮企業の場合のように、集団で共同で自前の生産手段を占有するような場合である。この場合の所得は三分される。一部分は個人労働力所有権の報酬として、一部分は税として、一部分は集団所有権の所得として分配される。今一つは「コンコルド型」である。この場合には、集団所有権は国有企業の経営の中で実現される。国有企業では、所有権が分離され、経営管理は企業によって行われるから、企業は当該企業の生産手段を擁することになる。この生産手段は法的には全人民所有制であるが、実際の経営活動の中ではこの生産手段は企業自身に帰属する。これは事実上新しいタイプの所有権の分有である。所得は個人労働力の創造した部分は個人の報酬として分配され、集団労働力によって創造された部分は二つに分けられる。一部分は税として、一部分は企業に残される。この公有制の二重構造は基本的にも、客観的にも、原動力上からも、公有制の本質はそのままということになる。

所有制は公有制としての全人民所有制と集団所有制、非公有制に分けられるが、後者は小私有経営経済、私有経営経済、外資経済から構成される。これらが併存、交叉、連携する混合所有制には五つの形態がある[33]。
① 社会的混合所有制
　a 集団所有制下の労働者のように集団所有制の財産権をもち、かつ全人民所有制の財産権ももつという形態
　b 私有経営経済従事者のように小私有財産権をもち、かつ全人民所有制の財産権ももつという形態
② 企業内生産手段の混合所有制
　企業において生産手段に対する二つ以上の基本所有制部分が連合、結合した形態
③ 企業内剰余に対する混合所有制
　企業剰余（利潤…括弧内筆者）に対する多元的混合所有制形態…企業の生産の結果としての剰余に対する多元的剰余分配請求権（典型としては株式会社企業形態における株式に対する配当など[34]）
④ 企業内所有者と経営者の混合所有制
　これは正確には混合所有・経営制とも呼ぶべきものであるが、経営権も広義の所有権に含まれることから、混合所有制と呼ばれる。これは企業内、あるいは同一の所有制内において一つの所有制主体が別の経済主体に対して経営権を譲渡することによって形成される混合所有制形式である。具体的には国有民営、民有民営等（請負経営、リース経営等）である。経営者は所有者とは異なるが、経営方式や内容は全体

---

33) 劉烈龍「我国混合所有制的五種形式」、『中南財経大学学報』1995年第2期、1～7頁。同上書、95～103頁。
34) 株式所有は企業の生産手段に対する所有権であるとする立場からすると②に分類されるが、生産手段と各種財産権は法人としての企業に所属するとか、剰余は企業活動の結果の一部分であり、企業活動の条件や前提ではないという立場からすると、独立したものとして設定される。ここでは両者を区別している。なお、剰余所有権と社会主義経済における必然性とその意義については、史正富「労働、価値和企業所有権―馬克思労働価値論的現代拓展」、『経済研究』2002年第2期参照。

的には生産関係の中に含まれ、全体としての生産手段所有制（固有の意味の特殊生産要素…括弧内筆者）の範囲に含めて取り扱うことができるからである。これは同一所有制内の職務分担という意味での、所有権と経営権の分離による二つの所有制の混合所有制というものではない。これでは本来的意味での独立した経済主体間の混合所有制ということにならず、混合所有制の所期目的である固有の生産要素の動員による経営の効率化、生産力の動態的発展が望めない。

⑤ 公有制と個人所有制の高度に統一された混合所有制

個人所有制の第三形態である連合した社会的個人の共同所有制としての混合所有制…ここにおける個人所有制は、他人の所有を排除しない、歴史上の発展段階としては最高の段階の個人所有制で、公有制と個人所有制の再建されたマルクスのいう高次の混合所有制形態[35]

(3) 混合所有制経済の優越性

所有制の改革の深化にともなって、財産権の流動化と重層的組織化が進み、さまざまな所有権が相互浸透し、資産を混合所有する単位が増加してきた。株式会社企業形態の経済主体の中においては、政府の所有株あり、外資所有株あり、企業内部労働者・職員の所有株あり、また一般人民の株式所有ありである。混合所有制経済は各方面の経済要素を総動員して社会的資源の有効な配置を実現する。その優越性は以下のような点にある。

① 多様なパイプを通じて大量の資金が経済活動に動員され、生産の発

---

35) マルクスの関連文言はこうである。「協業と土地の共同所有と労働そのものによって生産される生産手段の共同占有を基礎とする個人的所有をつくりだすのである」（カール・マルクス、大内兵衛・細川嘉六監訳『資本論』、ドイツ社会主義統一党中央委員会付属マルクス＝レーニン主義研究所編集、大内兵衛・細川嘉六監訳『マルクス＝エンゲルス全集』第23巻第2分冊、大月書店、1991年、995頁）。

マルクスのこの件の解釈を巡っては、やはり見解は分かれるようである。一つはここでいう個人所有制の再建とは具体的に株式持分などの形で個人所有に実体化するということだと解釈する立場で、今一つは具体的に個人所有に分量化するということではないという解釈をとる立場である（暁亮「所有制理論」、張卓元主編『論争与発展：中国経済理論50年』所収、雲南人民出版社、1999年、167頁）。

展や技術進歩が促進され、経済発展に強力な活力を注入する。
② 各方面の積極性が十分に発揮される。多くの所有者の積極性が発揮され、協調が進む。共同の利益が存在するため、各方面はいずれも経済効率とその成果に関心をもつようになる。経営者の利益と企業利益が密接につながり、企業の労働者・職員は労働者としてと同時に株主の立場で企業の主人となるから、彼等の利益と企業の関係は直結し企業の経済効果に関心を払うようになり、自覚的積極性に目覚め、企業の民主的管理に熱心に参加するようになる。
③ 企業自身の積極的自己管理メカニズムが強化される。企業活動の推進メカニズムが変化し、公有資産の有効使用と価値増殖が保証される。一方で政府は企業の監督とマクロコントロールを強化し、一方で企業は自身の株主によって監督、統制をうける。この両面の力が作用し、企業内部管理がきちんと行われるようになる。この結果企業の経済効率が高まり、社会的資源配置の合理性と有効配置が達成される。
④ 混合所有制は実力ある企業の力量をさらに強め、困難に陥っている企業も救う。実力ある企業はさらに資本金を拡大したり、合併するなどして発展のための資金をえ、先進技術を導入するなどして、その経済的実力をさらに強めることができる。一方で困難に陥っている企業は、さまざまな経済構成を吸収して活力を注入でき、また合併などによって混合型企業を組織し、資源の有効配置を実現して、困難から脱けだすこともできる。
⑤ 混合所有制は公有経済の構造調整、再編に有利に作用する。このことによって製品構造、産業構造の改善が推し進められ、資源配置の改善がもたらされる。困難に陥っている企業を売却して資金を回収し、新たなプロジェクトに投資したり、発展部門の規模の拡大をはかるなどして経営業績の向上をはかることができる。
⑥ 企業集団を形成し規模の経済の利益を獲得するのに大きな力を発揮できるため、市場競争の環境への対応が容易となり、市場経済の発展に役立つ。各種の経済構成体が異なったレベルにおいて連合組織され

る混合型企業は、労働力、財、資金など各方面の強みを発揮して、ハイテク、高収益の新プロジェクトを組織し、競争力のある経済単位となり、新たな経済成長点として育つ。競争力をもつ企業を中心として連合、合弁、合併などによる企業集団化がすすみ、市場経済の要求に沿った歩みが迅速に進む。

⑦ 混合所有制経済単位は、経営上のありうるリスクを多数の様々な出資者に分散し、そのことから生ずる制約を抑えることができる。特に、国有銀行の間接融資を通じて建設融資を受けてきたような場合に集中的に出てくる可能性のある大きなリスク回避から生ずる制約を、出資源の多様化によって低めることができる[36]。

中国社会主義市場経済論の内容についていささか冗長な解説を行ってきたのは、中国社会主義市場経済論の中における対外経済関係の位置づけを明確化するためである。資本主義経済の成熟した発展を経ないで、仮初めにも指令性計画経済方式によって社会主義経済建設に取り組んできた中国は、世界経済の内容変化を踏まえ、共産主義社会にいたる過程で、資本主義の発展の中で準備・達成されてきた高度な経済発展の課題を成し遂げるために、上述してきたような社会主義市場経済の理論構築の作業を行ってきたわけである。

社会主義市場経済論は、生産力の発展を支える主軸としての分業が本来的に社会的分業であることを基礎に据えた上で、本源的生産要素としての労働力、その成果としてのその他の生産要素の固有の所有権、財産権を設定し、各々の固有の生産力発展に対する貢献に応じた分配をこれらと結びつけ、国民的生産力発動への総動員体制を構築していくためのフレームワークである。分業が本来的に社会的分業であることからして、社会的分業による生産力動員の成果はまた社会的な性格をもつがゆえに、経済的成果はすべて私的個人に分配帰属するものではない。各種生産要素の動員体制は、それら要素の質の向上と効率的資源配置の目的から市場的競争を通じ

---

36) 朱光華・段文斌等著『過渡経済中的混合所有制―公有制与其它経済成分関係研究』、天津人民出版社、1999年、103〜105頁。

て行われざるをえない。社会主義市場経済論の概念が固有に設定される所以である。

　対外経済関係も上に述べてきた中国社会主義市場経済論の枠組の中に位置づけられる。社会主義市場経済論が効率的分業論を基礎に据えるからには、国民経済の効率的社会的分業は、自己に取り込める限り積極的に国際分業による効率的経済成果を取り入れるという枠組の中に組み込まれることになる。ここで自己に取り込める限りと述べるのは、一国国民経済として国内的には少なくとも有機的に構築可能な社会的分業は、国際的には、同質の生産要素を前提としつつも、それを基礎とする絶対的な同次元競争を起点として競争的に組織された社会的分業としては構築されないという意味においてである。貿易において然り、直接投資において然りである。貿易も直接投資もその方向に向かっての動態ではあるが、国際的分業といわれるものは社会的分業としては完成度が低い。この分業が固有に"国際"分業と呼ばれる所以である。"国際"分業は同質の生産要素を前提としつつも、それらは国際的に（国内と区別されるという意味で）は一旦分断され、然る後に別の構築原理に基づく関係として構築される。この意味において、国際貿易や国際直接投資は断絶とそれを受けての連続（接続）の過程として実現される。中国社会主義市場経済論の枠組では、こうした性格をもつものとしての対外経済関係を、世界経済の客観的構造条件から自己の経済発展の中に戦略的に組み込み、自己の経済発展に向けて組織化していこうとする。

第4節　対外経済論

1　中国の対外貿易の地位と役割

　対外貿易の地位と役割については、①有無相通ずるということ、過不足の調整に重点があるとする従来の立場を継承する見解、②国際分業を通じ

た労働の節約と資本蓄積の積極的推進にあるとする見解、③主要な機能としての財貨過不足の調整、付加価値の増殖、技術進歩のうち、現下の主要機能は付加価値の増殖と技術進歩にあるとする見解、④社会主義制度の必然的産物としての全方位的対外貿易（ⓐ過不足の調整、有無相通ずる貿易の必然性、ⓑ社会主義の基本的経済法則の支配下における生産の発展に伴う交換の拡大という長期的趨勢、ⓒ世界の科学技術の発展の不均等性からくる物的交流の客観的必然性、ⓓ社会主義市場経済体制にもとづく国民経済的利益に関する客観的法則の必然的広がりと世界市場との関係の拡大〈社会経済の発展と進歩への対応〉）の役割を積極的に位置づける見解、⑤対外貿易を通じた社会的資源の効率的配置による経済発展の推進を主張する見解等々があるが、これらの議論を通じて、中国の貿易の地位と役割については中国の学界では以下のような共通認識が形成されたようである[37]。

「中国の経済発展における対外貿易の地位は、改革・開放前の〈社会的生産に必要とされる物資の調節器の役割としての対外貿易〉という認識から、改革・開放後の〈重要な戦略的地位に立つ対外貿易〉という認識に変化してきたこと。国民経済における輸出の役割としては、大量の外貨を獲得できること、農工業生産の発展を促進し、企業及び国民経済全体の技術改造の推進、産業構造と経済構造を優れたものにしていくのに役立つこと、郷鎮企業の発展の推進、国家財政収入の増強、就業機会の拡大、中国にとってすぐれた外部環境を作るのに有利に作用することなどである。国民経済における輸入貿易の役割としては、科学技術水準の向上による生産力の発展、原材料や不足製品の輸入による国民経済の総合バランス調整、国家の大量の資金の蓄積のための輸出商品競争力向上による輸出外貨獲得の増強、またこれによる国内市場の調整と繁栄、人民生活の改善などである[38]」。

---

37) 薛栄久『対建国以来中国外経貿理論的回顧、帰結与発展的思考（綱要）』、中国国際貿易学会重点研究課題「対建国以来中国外経貿理論的回顧、帰結与発展的思考」総括報告、中国国際貿易学会、1999年、13頁、拙訳「新たなる中国対外経済貿易理論発展の道（Ⅱ）—建国50年中国対外経済貿易理論の回顧と総括を踏まえて—」、『広島経済大学経済研究論集』第24巻第1号、2001年、134〜135頁。
38) 同上総括報告、12頁、同上拙訳（Ⅱ）、同上誌同上巻同上号、135頁。

2　併存する二つの世界市場論

　50年代末から60年代初めにかけて、二つの対立する陣営という局面は解体していった。80年代初め、併存する二つの世界市場の存在に関する問題を巡って、中国対外経済貿易学界では幅広い論争が行われた。薛栄久教授によれば、見解は大きく四つに分けられるという。
① 併存する二つの世界市場の出現は、当時の歴史的事実に合致した、二つの陣営の存在のもたらした必然的結果であり、冷戦期にも二つの世界市場は存在したが、60年代以降併存する二つの世界市場といった状況はなくなったとする見解
② 戦後から80年代までは、根本的に対立する資本主義と社会主義という二つの世界市場体系が存在し、統一的世界市場は崩壊し、併存する二つの世界市場は存在したとする見解
③ 世界市場は国際分業の現れであり、国際分業が世界市場存在の条件であり、世界市場を統一するのであるから、統一世界市場なるものは崩壊していないし、併存する二つの世界市場など存在しないとする立場で、戦後世界市場には様々な異なった性格の経済貿易関係が存在しているが、市場の経済関係の性質とか、タイプのちがいということを根拠として、世界市場の崩壊を結論づけることはできないという見解
④ 併存する二つの世界市場というのは名実がともなっておらず、併存する二つの世界市場は真に実現したことがないとする見解で、社会主義国間の貿易は国内計画経済を基礎的前提としており、各国相互間で真の意味の商品交換関係を形成できないような仕組になっており、実際に出現したのは一応資本主義世界市場から離脱した段階にすぎないとする立場

　併存する二つの世界市場論は、理論的には統一世界市場崩壊論、資本主義の全般的危機論との関連で打ち出されたものである。対立する二つの陣営の存在によって、資本主義統一世界市場は崩壊し、資本主義は全般的危

機に瀕している（社会主義が速やかに世界を席捲する）との動態的判断にもとづくスターリンの総括である。しかし、筆者の考えるところ、資本主義が統一的に世界市場を支配下に治めていたという状況がなくなったということは、そのこと自体が即経済的に今一つの世界市場を構築する（あるいは構築した）ということを意味するものではない。④の見解にみられるように、社会主義国間の貿易は、経済的な意味の市場としては真の意味の市場になっておらず、確固とした独自の構築原理を内にもつ社会主義（民主）世界市場として真に出現したというには程遠く、そこに見られたのは、単に社会主義国が一応資本主義世界市場から離脱した段階というにすぎなかった。

したがって、①、②の見解は、政治的な意味において、またそれによってある程度そのように仕向けられたとはいえ、社会主義という外面的一体性を過度に強く意識しすぎた論と考えられる。

③の見解は[39]、資本主義統一世界市場の崩壊が併存する二つの世界市場論の主張の根拠とならないとする見解としては、今日的意味からすれば説得力をもつ。しかし、上述のように、世界市場は国際分業の現れであり、国際分業が世界市場存在の条件であり、世界市場を統一するのであるから、統一世界市場は崩壊していないとするのには、理念的にも、事実関係としてもいささか無理がある。

先ず、一応社会主義陣営経済と一括して呼ぶこととするが、この部分は経済関係はあったにせよ、国際分業に組み込まれていない。したがって、国際分業を基礎とするという意味の統一的国際市場なるものは実体的存在としてはなかった。

第二に理念的に考えれば、それまでの資本主義統一世界市場から離脱した社会主義陣営経済部分は、統一資本主義世界市場と対立する部分として

---

39) 代表的論者としては陳德照氏があげられる。陳德照「対統一世界市場瓦解論的幾点看法」、中国社会科学院世界経済与政治研究所編『世界経済』1982年第6期、拙訳「統一世界市場崩壊論の検討」、拙編訳『世界経済への挑戦―中国対外経済開放政策の理論的基礎―』所収、東京出版、1986年、第二章参照。

離脱していったわけであるから、その部分は少なくとも資本主義統一世界市場部分ではない。さりとて、両者間に従来とは別の意味でありうるかもしれない国際分業というほどのものもなかった以上、③の見解の主張するような統一世界市場なる概念をここで設定することは難しい。③の立場の主張として「国際分業が世界市場存在の条件」という以上、国際分業が基本的に行われていない両者の関係を世界市場として設定するのは論理自己矛盾である。

　③の立場からすると、「統一的な資本主義世界経済体系の崩壊と、全体としての世界経済の崩壊を混同し、統一世界市場内部の変化と、統一世界市場自体の崩壊を混同してしまった[40]」ということになるが、この主張は中国が社会主義市場経済論を打ち出してから（その方向での指向が明確な場合）の立論としては、理念的にも現実的にも極めて重要な意味をもつが、遡ってこの意味の統一世界市場概念を現実適用することはできまい。すでに述べた社会主義経済における分業の考え方からすれば、③の見解に立つ論者の、強いていうならば体制と必ずしも直接裏腹の対立関係に立つという設定になるわけでもない統一世界市場論は、今日的意味の概念設定としては新たな時代的含意をもっており、80年代初期にこの見解を打ち出した先駆者達の慧眼は評価すべきものであろう。

3　中国対外経済貿易発展理論の基礎構造

　中国の対外経済貿易の発展問題を考えていく場合、中国の学者、研究者、政策立案に携わる人達は、主として以下の三つの理論をどのように解釈し、基礎的枠組の中に位置づけていき、どのようにそれらを組み込んでいくかを念頭において考えているようである。以下三つに分け、論争を踏まえながら纏めてみたい。

40）同上稿、8頁、同上拙訳、同上拙編訳書、35～36頁。

（1）比較生産費理論の理論的位置
（A）比較生産費説の科学性を何ととらえるかの問題
「80年代初期論争が始まった当初の時期には、意見ははっきり真っ二つに分かれる形となった。一つの見解は、比較生産費説は科学的理論であり、合理的真髄を具えたものといえるから、それは吸収、応用すべきであるとの見解である。この流れの中には、リカード比較生産費説を基礎として、商品競争力と国際貿易の経済効果を全面的にうまく反映できるような〈国際比較経済効果〉といった概念を打ち立てることを提唱する人もある。今一つの見解は、〈比較生産費説は現実から遊離した抽象的思惟であり〉、現実に全く合致していないとの立場である。

議論が深まるにつれ、大多数の学者はいずれも比較生産費の合理性を認め、比較生産費説に対して基本的には肯定的な態度をとるようになり、一定の前提の下では、この学説は利用可能だと考えるようになった[41]」。

しかし、比較生産費説の「合理的真髄」を何とみるかについては、見解が分かれるようである。①「真髄」は労働価値説にあるとする見解、②比較生産費説は労働価値説と合致していないが、「合理的真髄」は「相対的優劣思想」にあるとする見解、③「真髄」は労働価値説と比較生産費説原則の結合にあるとする見解の、大別三つに分かれるようである[42]。

---

41) 薛栄久『対建国以来中国外経貿理論的回顧、帰結与発展的思考（綱要)』、中国国際貿易学会重点研究課題「対建国以来中国外経貿理論的回顧、帰結与発展的思考」総括報告、中国国際貿易学会、1999年、14頁、拙訳「新たなる中国対外経済貿易理論発展の道（Ⅱ）—建国50年中国対外経済貿易理論の回顧と総括を踏まえて—」、『広島経済大学経済研究論集』第24巻第1号、2001年、138頁。同様の状況は、楊叔進教授によっても指摘されている。「80年代初期中国の経済学者達はこの問題（比較生産費説或いは比較利益説、比較優位説を受け容れることができるか否かの問題…括弧内筆者）について激しく論争を戦わせた。しかし、近年一つの流れが出てきたようである。それは、比較利益と経済発展を結合して、これを動態化すれば、多くの人に受け容れられるようになるという方向である」（楊叔進「国際貿易趨向、体系与中国」、楊叔進・William J. Davey・Richard H. Snape合著『国際貿易体系与発展中国家』所収、南開大学出版社、1992年、12～13頁)。
42) 次頁へ

（B）比較生産費説は中国対外貿易発展の指導理論となりうるか否かの問題

薛栄久教授の整理によれば、この問題を巡っては以下のような見解がある。
① 比較生産費説は世界の各国が対外貿易を行う際の指導理論であり、中国の対外貿易の発展の理論ともなりうるとする見解
② 比較生産費説は生まれながらにして、帝国主義国の対外侵略に有利な国際分業を形成するための理論である以上、中国はこの理論を受け容れることはできないとする立場
③ マルクスの国際貿易理論の中にはすでに比較生産費説の合理的真髄が吸収されており、リカードが解決しなかった問題はすでに解決されているから、マルクスの国際貿易理論こそを中国の対外貿易理論の基礎とすべきであるという立場
④ 必ずしも比較生産費説を中国の対外貿易理論の基礎とするということではなく、この理論の相対的優劣思想という合理的真髄を利用して、中国の対外貿易を指導していけばよいとする見解[43]

（2）国際分業論

既に述べたように、改革・開放前の中国ではソ連の考え方の全面的影響をうけ、また修正主義と一線を画するということの立場から、国際分業の問題を正面から検討することができない状況にあった[44]。しかし、80年代

---

42) 薛栄久同上総括報告、14頁、同上拙訳（Ⅱ）、同上誌同上巻同上号、138〜139頁。これらの点の詳細については袁文祺・戴倫彰・王林生「国際分業与我国対外経済関係」、『中国社会科学』1980年第1期、小川雄平訳「国際分業とわが国の対外経済関係」、中国研究センター編集委員会編集『中国―苦難創業の三十年―』所収、1980年、中国研究センター、陳琦偉「比較利益論的科学内核」、『世界経済』1981年第3期、拙訳「比較優位説の科学的真髄」、拙編訳『世界経済への挑戦―中国対外経済開放政策の理論的基礎―』所収、東京出版、1986年、拙小著『中国における対外貿易論の新展開』（広島経済大学モノグラフⅠ）、広島経済大学地域経済研究所、1984年、第四章「対外貿易論と比較生産費説」などを参照されたい。

43) 薛栄久同上総括報告、14頁、同上拙訳（Ⅱ）、同上誌同上巻同上号、139頁。

44) 同上総括報告、14頁、同上拙訳（Ⅲ）、『広島経済大学経済研究論集』第24巻第2号、2001年、98頁、薛栄久学術報告、片岡幸雄・林家凡要約「中国国際貿易理論の史的展開―変遷と新たな模索―」、『広島経済大学経済研究論集』第13巻第4号、1990年、102〜106頁参照。

に入り、国際分業の問題を正面から議論し、研究するようになってきた。

(A) 国際分業と国際貿易との関係

国際分業と国際貿易との関係については、①社会的分業は交換発生の前提であり、国際分業は国際貿易形成及び発展の基礎であるとみる立場と、②国際分業は資本主義大規模工業生産という条件のもとではじめて形成されたのであり、国際貿易自体は国際分業に先行するから、国際貿易の展開にとって国際分業は必ずしも基本的条件ではないとする立場があるようである。

中国の学界ではこの間の議論を通じて、次のような共通認識にいたったと薛栄久教授はまとめておられる。「国際分業は国際貿易の基礎でもあり、その産物でもある。資本主義の下での国際貿易は資本主義的国際分業を前提とし、国際貿易の発展は、国際分業の方式と分業の進展を深めた[45]」。

(B) 国際分業の性格についての認識

国際分業の性格については、中国の学界には大別二つの見方がある。

① 国際分業に対する二面性認識

国際分業は、形成過程からみれば自然発生性と社会構造性という二面性があり、経済発展ということからみれば相互補完性と従属性という二面性があり、経済的利益という面からみると互恵と搾取という二面性が含まれるという認識である。

② 国際分業に対する歴史進歩性認識論

国際分業を生産力発展のレベルとその結果の現れ、それゆえにまた進歩的な歴史の発展過程としてとらえる認識である。しかし、国際分業の形成と発展の中には、国際的な生産関係が存在するとみる[46]。

①の見解は、これまでに歴史的に登場してきた本格的国際分業としての資本主義的国際分業に対する分析に基づく認識で、自由貿易主義的国際分業あるいは帝国主義的国際分業に対して否定的、あるいは慎重な評価ということになろう。これに対して②の見解は、あるべき国際分業それ自体の

---

45) 同上総括報告、15頁、同上拙訳（Ⅲ）、同上誌同上巻同上号、100頁。
46) 同上総括報告、15頁、同上拙訳（Ⅲ）、同上誌同上巻同上号、99～100頁。

概念設定からすれば、またそのような条件が満たされるならば、それは進歩的性格をもつものとして設定できるとの立場であろう。それゆえに、この立場も国際分業の形成と発展の中における国際的な生産関係を注視するのであろう。

(C) 中国と国際分業

① 中国の国際分業への参加の利益と必然性

中国が国際分業に参加するのは、それが社会的労働の節約の一つの源泉であり[47]、すでにみた社会的分業の発展を基礎にすえた社会主義市場経済論の理論的枠組に組み込まれた、国際分業を通じてより多くの経済的効果を獲得するためで、これが中国が国際分業に参加する利益である。

上段でみたように新たな歴史発展段階にあるとみる現世界経済に対する認識構造に立てば、今日生産の国際化が進み、ビジネス情報も国際化している基本状況の下では、これによって体制を異にする国家間の関係も規定されるようになり、両者は必然的にともに国際分業プロセスに組み込まれるようにならざるをえなくなる[48]。

② 中国の国際分業参加の道筋と方式

中国の国際分業への参加は、従来の伝統的商品の輸出入パターンも重視しつつ、新しい貿易パターンに力を注いでいくということになる。加工・組立貿易、バーター貿易、あるいはその他のカウンタートレード、さらには新産品の貿易なども含まれる。技術貿易、サービス貿易及び国際協力経営と生産も発展させていく。改革・開放前の時期には、中国自体目的意識的に国際分業に参加することはなかったが、改革・開放以来目的意識的に

---

47) 王林生教授、陳琦偉教授等の見解が代表的なものといえるが、これらの見解については王林生「関于李嘉図"比較成本説"的評価問題」、複印報刊資料『貿易経済』1982年第3期、陳琦偉「比較利益論的科学内核」、『世界経済』1981年第3期、拙訳「比較優位説の科学的真髄」、拙編訳『世界経済への挑戦―中国対外経済開放政策の理論的基礎―』所収、東京出版、1986年、第七章を参照されたい。なお、両者については拙小著『中国における対外貿易論の新展開』（広島経済大学モノグラフⅠ）、1984年、第四章「対外貿易論と比較生産費説」の中でも取り上げている。
48) 薛栄久教授の総括（前掲総括報告、15～16頁、前掲拙訳（Ⅲ）、前掲誌前掲巻前掲号、100頁）を筆者なりの判断で解釈した纏めである。

国際分業に参加し、改革・開放以前の時期の垂直型国際分業を積極的に水平型国際分業に改めていく[49]。

(3) 国際価値論
80年代以来、国際貿易の内面の問題としての国際価値の問題について、激しい議論が展開された。主要な議論は以下のようなものである。
(A) 国際価値の客観的存在性
国際価値なるものが客観的に存在するか否かについては、意見は二つに分かれる。
① 国際価値を一つの客観的な経済カテゴリーとして肯定する立場
  a コスモポリタンな人間労働をそれ自体として即国際価値ととらえる立場[50]
  b 国際価値を各国国内価値の統合されたものとしてとらえる立場
  〈1〉国際価値を貿易に関連する各国の社会的価値の加重平均としてとらえる見解[51]
  〈2〉同一商品でも複数の国際価値が存在し、世界市場価格は需要などの要因によって影響をうけ、いくつかの国際価値の中のあるひとつの国際価値を中心軸として変動するとの考え方をとる立場[52]

---

49) 同上総括報告、16頁、同上拙訳（Ⅲ）、同上誌同上巻同上号、100〜101頁。
50) 陳隆深「関于国際価値的若干問題」、『国際貿易』1983年第6期、拙訳「国際価値をめぐる論争点」、拙編訳『世界経済への挑戦―中国対外経済開放政策の理論的基礎―』所収、東京出版、1986年、第十一章参照。
51) 袁文祺「再評現代国際貿易中不等価交換和価値移転論」、『国際貿易』1983年第9期、拙訳「現代の国際貿易に対する評価と不等価交換論および価値移転論批判」、同上拙編訳書所収、第十二章、陳琦偉「論国際価値―比較利益論科学内核的再探討」、『世界経済』1982年第6期、拙訳「国際価値論―比較優位論における科学的真髄の再検討―」、同上拙編訳書所収、第八章、戴倫彰「壟断是造成国際不等価交換的主要原因」、『世界経済』1983年第6期等を参照されたい。なお、拙小著『中国における対外貿易論の新展開』（広島経済大学モノグラフⅠ）、1984年、第五章「国際価値論」の中で諸説を検討している。
52) 王賽恵「在世界市場没有統一的国際価値」、『世界経済』1983年第6期、拙訳「統一国際価値否定論」、同上拙編訳書所収、第十章参照。

〈3〉ある商品の国際価値は、当該商品の圧倒的多数を生産する国の国内価値によって決定されると考える見解で、これらの国の社会的必要労働が国際価値の決定に重要な作用を及ぼすと見る立場[53]

② 国際価値否定論

「国際価値なるものの存在を否定する立場の人々は、国際価値は経済的カテゴリーとしては客観的に存在しない、フィクショナルな概念であるととらえる。各国の労働生産性は大きく隔絶し、しかも資本と労働力は国際間で自由に移動していないから、国際価値は形成されないと認識する[54]」。

今日の中国の対外経済貿易学界の国際価値の客観的存在性に対する全体的認識として、薛栄久教授は次のように総括されている。「論争を通じて、多くの人は、国際価値は一つの客観的存在であり、一商品一国際価値との認識をもつようになった[55]」。

（B）不等価交換論

国際価値にもとづく交換が不等価交換であるか否かに関しては、見解は概ね三つに分かれる。

① 国際価値にもとづく交換は等価交換であるとする立場[56]

② 国際価値にもとづく交換といえども、なお価値移転と国際的搾取が構成され不等価交換になると主張する立場[57]

---

53) 胡淑珍「馬克思国際貿易理論学術討論会側記」、『経済学動態』1983年第7期、6頁。
54) 薛栄久『対建国以来中国外経貿理論的回顧、帰結与発展的思考（綱要）』、中国国際貿易学会重点研究課題「対建国以来中国外経貿理論的回顧、帰結与発展的思考」総括報告、中国国際貿易学会、1999年、16頁、拙訳「新たなる中国対外経済貿易理論発展の道（Ⅲ）―建国50年中国対外経済貿易理論の回顧と総括を踏まえて―」、『広島経済大学経済研究論集』第24巻2号、2001年、101頁。
55) 同上総括報告、16頁、同上拙訳（Ⅲ）、同上誌同上巻同上号、101頁。
56) 代表的な見解としては国際市場価値論である。袁文祺「再評現代国際貿易中不等価交換和価値移転論」、『国際貿易』1983年第9期、拙訳「現代の国際貿易に対する評価と不等価交換論および価値移転論批判」、同上拙編訳書所収、第十二章、陳琦偉「論国際価値―比較利益論科学内核的再探討」、『世界経済』1982年第6期、拙訳「国際価値論―比較優位理論における科学的真髄の再検討」、同上拙編訳書所収、第八章、戴倫彰「壟断是造成国際不等価交換的主要原因」、『世界経済』1983年第6期等を参照されたい。なお、拙小著『中国における対外貿易論の新展開』（広島経済大学モノグラフⅠ）、1984年、第五章「国際価値論」の中で諸説を検討している。
57) 代表的な見解としては陳隆深教授の見解が挙げられる。陳隆深「関于国際価値的若

③ 国際価値にもとづく交換は等価交換ではあるが、不等労働量交換であり、この交換は不等価交換を構成するとする立場[58]

　不等価交換が形成される原因については、①の立場にたつ論者は、国際市場の競争条件が完全である、または特に政治的な支配というような状況の下にないような場合には、一般的には不等価交換は形成されない（すなわち、貿易を通ずる搾取なり、価値移転は存在しない）と考えるから、国際間において不等価交換を構成する主要な要因は経済上の独占的要因と政治的支配にあるととらえる。これに対して、②の立場にたつ論者は、不等価交換を構成する主要な要因は、各国の労働生産性の格差と各国の資本の有機的構成の差異にある（このことにもとづいて、貿易を通ずる搾取なり、価値移転が存在する）と考える。③の立場にたつ凌星光教授の見解は、国際市場において国際生産価格が成立するとの立場からの見解であるが、筆者は国際市場においては国際市場価値も国際生産価格も成立しないと考えるから、このとらえ方には賛成し難い。したがって、また①の立場に立つ見解にも賛成し難い。

　②の立場にたつ論者の見解は、一国国民経済の国内市場において妥当性をもつ価値規定を、そのまま国際間に適用しようとするという意味で賛成できない。国際市場では国内におけると同じように資本、労働力の競争による競争的市場統合のメカニズムが機能する前提条件がそなわっていないため、国際市場価値も国際生産価格も成立しない。価値は一国市場内では

　　干問題」、『国際貿易』1983年第6期、拙訳「国際価値をめぐる論争点」、拙編訳『世界経済への挑戦―中国対外経済開放政策の理論的基礎―』所収、東京出版、1986年、第十一章参照。
58) 凌星光「目前按国際価値交換就是平等的交換」、『世界経済』1983年第6期参照。凌星光教授は次のように述べておられる。「世界市場における価値には、国際価値と国民的価値の二重性がある。国民的価値の角度からみると、国際価値に応じた交換は不等労働量交換であり、"不等価交換"である。しかし、国際価値の角度からみると等価交換である」（同論文15頁）。参考までにつけ加えれば、凌星光教授は「国際生産価格」論者である。なお、諸説の国際価値概念それ自体に対する認識と不等価交換との内的理論関係については、拙小著『中国における対外貿易論の新展開』（広島経済大学モノグラフⅠ）、1984年、第五章「国際価値論」を参照されたい。

成立するが、しかし、生産に費消された投下労働量がいつでも、どこでも無条件的に価値となって実現するわけではない。一国内においてのみ、標準的生産力概念を背景とした社会的平均的必要労働時間概念が設定される所以である。生産力格差が大きく開いている先進国と発展途上国の間では、先進国の価値と発展途上国の価値の間を架橋する絶対的な競争的市場統合の社会的機構が存在しないから、価値は各々の国民経済の価値として存在し、計算されるにすぎない。それぞれにおいて貿易の利益が享受される所以である。したがって、そこでは発展途上国から先進国への価値の移転はない。確かに、投下労働量が即価値を形成するとの観点からみれば、不等労働量交換であり、不等価交換である。国際市場価値論の立場にたてば、国際市場価値からみて発展途上国の労働は価値を作りだしていないということになり、価値移転も搾取も存在しないということになるが、国際市場価値の成立に否定的な筆者の観点からすれば、貿易による特別利潤は、それぞれの国における価値創出という積極的価値実体としての労働に直接由来するものではない。それは国際間における労働および価値の換算から生ずるものであって、国際間における価値の一方的移転ではない。それは不等労働量交換ではあるが、不等価交換ではない。②の立場の論者のいう「国際的搾取」は、木原行雄教授のいわれるように、それは「価値形成の社会関係を通じての間接的な搾取的関係であると見るべきであろう[59]」。

さて、以下中国対外経済貿易発展理論の基礎構造について、筆者なりに小括してみよう。

比較生産費説（主としてリカード理論が問題とされている）については、80年代に賛否両論のあった論争の過程を経て、比較生産費説は肯定的に受け容れられるようになってきており、一定の前提の下で利用可能だと考え

---

59) 木原行雄「国際貿易における不等価交換について（下1）」、『東京経済大学会誌』第126号、1982年、121頁。全体的に、木原教授の見解に多くを負っている。中国におけるこの問題に関する論争については、前掲拙編訳書、上掲拙小著を参照されたい。筆者の見解については、片岡幸雄、李文光・張岩貴訳「国際価値論与発展中国家貿易政策」、《世界経済与中国》編輯組編『世界経済与中国』所収、経済科学出版社、1996年参照。

られるようになってきている。主流的には、比較生産費説は労働価値説との整合性において科学的であり、そこから引き出される合理性の限りにおいて容認されるということから、労働価値説によるいわゆる比較生産費説のほぼ全面的解釈が進められ、労働価値説的比較生産費説の合理化解釈がほぼ形を整えている。

　比較生産費説が中国の対外貿易発展の基礎理論となりうるか否かについては、いわゆる比較生産費説の真髄を何と見るかということと関連するが、中国の学者達の主流的とらえ方は、いわゆる比較生産費説の労働価値論的展開の中で、比較生産費説の積極的意義を評価するということになっているから、いわゆる比較生産費説そのものに対してそれほど固有の積極的な位置づけを与えていない。比較生産費説の労働価値論的展開をマルクスの国際貿易理論の中の一構成部分として組み込むというのが主流的立場と考えられる。したがって、中国対外貿易の発展の多くの部分を、いわゆる比較生産費説の基本的枠組の中で考えるという構造にはなっていないように思われる。中国にとって対外貿易は経済発展の一部分であり、特に資本蓄積論的側面を重視しなければならない発展途上国の観点からすれば、中国がこの観点に拘泥するのは理解されるところである（リカードの貿易論は元々資本蓄積論的観点から展開されているという面からも、中国はリカード貿易論の労働価値論的観点を重視するのではあるまいか）。しかし、今日純理論認識上の問題とは相対的に独立して、いわゆる比較生産費説そのものと直接正面的に対決するという構造は少なくなってきている。直接政策立案に携わる人々の間では、いわゆる比較生産費説をそのままの形で受け容れる傾向が強いように見うけられる。

　今日国際分業それ自体については、全体的に中国は肯定的に受け止めている。問題はそれが展開される条件ということになろう。中国が今日の世界政治経済を「平和と発展」時代として歴史的に位置づけるとはいえ、この背景には協調と対立を基礎にしてという二面的構造が置かれている。この認識を背景とした国際分業の積極的評価である。この構造認識に立った上で、中国は国際分業に積極的に参加することから利益を得ることができ、

国際分業に参加する必要性もあると考える。

　国際価値論は比較生産費説の労働価値説による貿易理論の積極的展開ともいえるが、改革・開放前の主流的展開は、先進国と発展途上国の間の貿易関係の中に労働生産性の格差にもとづく搾取関係が存在するということを主張するものであった。今日における国際価値論の主流の展開は国際市場価値論にもとづく搾取否定論にあるように見うけられる。国際生産価格論にもとづく国際価値論の展開もあるが、少数派と見られる。国際市場価値論にもとづく搾取否定論は、対外開放政策が推進される中で、貿易を積極的に推し進めていくのに恰好の理論的根拠を提供することになった嫌いもあるが、一部の急進的論者を除けば、搾取論の立場にたつ論者も必ずしも対外開放政策に反対するわけではない。

　搾取論の立場にたつ陳隆深教授は、労働生産性の差異にもとづく搾取を維持、強化するような旧い国際経済秩序を打ち倒す闘争の中で、国際分業の利益を積極的に活用し、労働生産性の格差を縮小していくべきであると主張する[60]。新しい国際経済秩序構築の闘いの中で、この事業は推進されようから、対立と協調の構図の中に位置づけられよう。国際生産価格論にもとづき先進国と発展途上国の間の貿易関係を、等価交換ではあるが不等労働量交換であるとみなす見解では、新しい国際経済秩序を構築していく闘いの中で、国際分業の利益を取り込み、労働生産性の差異にもとづく不等労働量交換の縮小と消滅の努力に向けた取り組みに努めることが必要との主張がなされる[61]。

---

60) 陳隆深「関于国際価値的若干問題」、『国際貿易』1983年第6期、17〜19頁、拙訳「国際価値をめぐる論争点」、拙編訳『世界経済への挑戦―中国対外経済開放政策の理論的基礎―』所収、東京出版、1986年、219〜224頁。
61) 凌星光「目前按国際価値交換就是平等的交換」、『世界経済』1983年第6期、15〜17頁。

4　対外経済貿易発展戦略

(1) 輸入代替戦略

　80年代中頃から、対外経済開放政策の戦略的中心基軸をいかなるものとするかが重要な問題となってきた。対外経済開放政策が長期的な基本路線として確立されてきたからである。これに合わせて、先ず発展途上国としての中国がとるべき長期戦略として輸入代替戦略が提唱された。劉昌黎氏は、発展途上国としての中国が世界の工業大国に追いつき追い越す長期戦略として輸入代替開発戦略を提唱した。主張の根拠は概要以下の通りである。

① これまで世界の大国の経済発展は内向型経済発展であったこと（大国の市場規模が長期的に輸入代替政策を実行していく基本条件となるということ）

② 後発大国が先進国に追いつき追い越していく過程では、単に外貨獲得か、単に輸出の量的拡大をはかるといった産業しかなく、開発途上国の工業化をリードしていく国際競争力をもつ産業が乏しいこと

③ 輸入代替政策を採用すべき中国固有の要因

　a　中国の商品経済の発展を安定的かつ予測可能な国内市場の基礎の上に構築できること（国際市場の変動の影響を小さくできる）

　b　外国の工業品に対する需要が大きく、この状況を逆転しなければ、外貨蓄積上の問題が解消できないこと

　c　輸出指向型貿易発展戦略を実行していくということになれば、比較生産費説に沿った軽工業、紡績・紡織業を主として発展させていくということになるが、これでは中国の工業化の方向に反することになること

　d　先進工業国が伝統的工業を漸次新興産業に移しつつある状況の中で、中国は輸入代替発展戦略を実行し、重化学工業化に向けて外資の導入をはかっていく戦略をとっていくべきこと[62]

---

62) 劉昌黎「進口替代是我国赶超世界工業大国的長期戦略」、『経済研究』1987年第8期。

筆者の考えでは、発展途上国が先進国に追いつき追い越していくということを目指す限り、その過程で重点の置きどころに相対的なちがいは出るであろうが、長期的戦略としてみれば輸入代替発展戦略を基本に据えざるをえまい。特に、中国のような大国においてはこの戦略のもつ意味がより大きくなってこよう。問題は、輸入代替戦略を段階的に相対化していかざるをえない側面が出てくるということである。輸入代替発展戦略と輸出指向発展戦略は、超段階的に対峙させて二者択一的にとらえるべきではないということである。この意味からして、次に取り上げる黄方毅氏の輸出指向型発展戦略論は意味をもってくる。

（２）輸出指向型戦略論
　黄方毅氏は中国は輸入代替戦略から輸出指向型戦略に転換すべきだと主張する。黄方毅氏は輸入代替戦略の問題点を次のようにいう。輸入代替戦略は、先ずは機械・機器といくらかの原材料の輸入によって消費財をつくり、外国からの消費財の輸入代替をはかる。この過程は段階を逐って推し進められる。問題はこの輸入代替の裏面で、輸出の代替（即ちこの場合第一次産品の輸出がそのままで維持されている）が考慮されていないことである。いうならば、輸出の「不代替」である。輸入代替戦略は輸入代替と輸出「不代替」の両面からなるといえる。輸入代替は国内資源と外国資源を使うということであり、上述の輸出の「不代替」は国内市場と国際市場の片面（半分）を使うということである。輸入代替戦略とは二つの資源と一個半の市場を使うという構造である。したがって、輸入代替戦略をとり続けると、必然的に外貨蓄積上の制約に遭遇することとなる。
　輸出代替戦略とは先ずは輸入消費財の代替をはかり、同時に輸出によって伝統的第一次産品輸出の代替をはかるというものである。すなわち、消費財の輸入代替と上述の輸出の「不代替」を輸出代替に発展させていくことと結合することである。二つの資源と一個半の市場に立つということから二つの資源と二つの市場に立つということへ発展させていくという戦略であり、輸入代替戦略の改造と補充ということである。このことによって、

比較優位を利用したより付加価値が高く、需要弾力性の高い製品の輸出による外貨供給のチャネルを拓き、輸入代替戦略からくる外貨蓄積上の制約を解決し、一国経済を良性循環の軌道に乗せるという戦略である。輸入代替戦略が局部的な国際交換を利用するのに対して、輸出代替は一段高い、全面的な国際交換を推進するという戦略である。輸出代替戦略は対外経済戦略としては、具体的には各国の基礎条件によって様々ありうる。小国では外国市場依存度が高くなるが、中国のような大国では外国市場に大きく依存する道はありえず、中国式の輸出代替の道を選ばざるをえない。輸出代替戦略は過度な産業保護を防ぎ、全体としての経済の効率化を推進しよう[63]。

〔補論〕

黄方毅氏の論も必ずしも輸入代替論と真っ向から対立し、これを否定するものではないが、この系に属する論として80年代後半から輸入代替と輸出代替を併用していくべきだとする論がでてきた。

1　許新礼氏の主張

許新礼氏によれば、輸入代替戦略と輸出代替戦略には優れた面とマイナスの両面がある。両者を交叉させながら、織り交ぜて用いるべきだという。輸入代替戦略は生産力の発展とその水準を高めるための基礎をつくり出すと同時に、輸出代替戦略へ移行していくための条件も作り出す。輸出代替型産業の水準を高めることによって、輸入代替戦略の改善にも有利に作用する。中国の輸入代替戦略の水準は引き続き向上させていかなければならない。中国の経済発展は国内に立脚し、国内市場を基礎としたものでなければならない。輸出指向戦略だけでは中国国民経済を発展させることはできない。しかし、全面的な輸出指向戦略ではない形での輸出の振興は必要である。比較優位をもつ労働集約的製品の輸出を発展させ、資源集約的産品の輸出も考え、資本集約的製品や技術集約的製品の輸出を積極的に開拓すべきである。

2　任紀軍氏の論

氏は、中国は輸入代替戦略と輸出指向戦略をバランスをとって織り交ぜて併用的に運用すべきだと提案する。①国の規模と対外貿易係数は反比例関係にある―大国中国には輸出指向型発展戦略は適さない。②一国の一人当たり平均所得と対外貿易係数は反比例関係にある―低所得大国中国はまだ一人当たりの所

---

63)　黄方毅「再論中国対外経済戦略的選択」、『経済研究』1986年第12期。

得が低いことから、輸出に力を注ぐべきである。③中国は輸入代替の基礎の上に輸出代替産業を打ち立てていく必要性がある。輸入代替と全要素生産性の成長の間には負の相関関係があり、輸入代替戦略は中国の非効率的な生産体制と粗放型経営方式の改善に役立たない。

3 何煉成氏の論

戦略の基本出発点を輸入と輸出を含む国民経済全体の良性循環を保持することにおき、対外経済活動を世界経済の需要のために運営するのではなく、国内経済の均衡を発展の中心にすえ、多種の開放形式をとる。対外経済との関係で異なる地域、異なる産業部門は各々の優位性を発揮し、国際分業に参加する。

4 薛家驥氏の論

氏の見解は、発展段階の位相に応じて政策運営の重点をあるいは輸出代替におき、あるいは輸入代替に移しかえるという形で運用していくべきであると主張する。輸入代替は国内市場を主要目標として、全面的に国外の先進技術の吸収に力を尽くし、産業構造のステップアップを推し進めるというものである。この戦略は輸出による発展を排斥しないが、この戦略の下では支柱産業と輸出産業はしばしば背離する。したがって、発展の重点は技術の導入を通じて、本国の支柱産業を改造し、国民経済全体の発展を推し進めるということにあるという。

輸出代替は国際市場を主要目標とし、自国の比較優位商品をもって、国際市場で競争を行うのを促進するということである。この戦略の中では、輸出産業は同時に支柱産業であり、同様にその他の産業の発展を引っ張っていく役割を果たしている。

二つの戦略ともに必要であって、二つの戦略の併進戦略を実行すべきである[64]。

(3) 国際競争力指向戦略

1986年陳琦偉氏は『国際競争論―中国対外経済関係的理論思考』なる著作の中で、国際市場価値論をベースにした国際競争力指向戦略を打ち出

---

64)〔補論〕部分は主として薛栄久教授の要約総括によっている。薛栄久『対建国以来中国外経貿理論的回顧、帰結与発展的思考（綱要）』、中国国際貿易学会重点研究課題「対建国以来中国外経貿理論的回顧、帰結与発展的思考」総括報告、中国国際貿易学会、1999年、22～23頁、拙訳「新たなる中国対外経済貿易理論発展の道（Ⅳ）―建国50年中国対外経済貿易理論の回顧と総括を踏まえて―」、『広島経済大学経済研究論集』第24巻3号、2001年、158～160頁。

した。国際市場の競争的収斂として形成される客観的存在たる国際価値からみて、発展途上国中国は貿易においては、自国の国民的労働の創り出す国民的価値が低いものたらざるをえない。すなわち、国民的価値は生産力水準の低さのゆえに、またそのことによる国際競争力の弱さのために、少ない国際的価値しか創り出していない。国際市場においては、各国の国際剰余価値の分配は競争を通じて行われるからである[65]。

今日の世界経済は国際競争力を主要手段として運営されるという特徴をもつ。

今日国際競争力は三つの基本的要因によってその本領が発揮される条件がある。先ず第一に、国際経済関係が極めて不平等であった自由競争時代の資本主義、帝国主義時代と異なって、各種国際組織による調整機能が以前に較べて強くなったこと、発展途上国の経済組織集団が形成されるようになったこと、原料生産及び輸出国の組織化がはかられたこと、貿易上の特恵関税制度などが創設されたこと等々によって、国際経済関係の相対的平等化が進んだ。第二に、国際化の進展は国際的にみた生産力と生産関係の矛盾の反映であり、この裏面は今日における主権をもつ国家の国際競争力創出、発揮の機会をつくる。第三は、新技術革命が国際競争力の物質的基礎となるという点である[66]。

国際競争は基底的には比較生産費原理にもとづくという意味で、絶対生産費にもとづく自由競争の破壊的作用がそのまま作用しない。また、それは国家が介在するということから、国家の運用のあり方によって企業間独占競争とも異なる独占的競争を内に含む競争力強化の側面をもつ。それは一種の保護条件下の競争力の強化を背景にもちうる競争である。上述のように、今日の国際条件はこの作用を発揮できる環境にある[67]。

国際価値の認識を基礎にすえて比較優位の原理と結合すると、中国が国

---

65) 陳琦偉著『国際競争論─中国対外経済関係的理論思考』、学林出版社、1986年、第二篇参照。
66) 同上書、193～213頁。
67) 同上書、190～192頁。

際経済関係の中での利益をえるためには、国際競争を基本とした関係の中で国際競争力を強めることが最も重要となる。ここにいう国際競争力とは労働生産性を引き上げ、国民的価値と国際価値の間の差を縮小し、国際剰余価値のより多くの配分に与るよう努めることである。

輸入代替戦略とか輸出指向戦略とかは比較生産費原理上の認識に止まっており、国際価値の観点からみた国民的価値を高めていくことこそが、国民経済的課題であるとの視点が抜け落ちる[68]。上述のように、国家はある種の保護を含む主体的な国際競争力の創出のための競争的環境の整備、調整に努めなければならない。

(4) 対外貿易「強化価値創出」発展戦略

1994年庄凌氏は「対外貿易自乗発展戦略初探」論文の中で、貿易における強化された価値の創出による中国経済の発展戦略を打ち出した。この論は、マルクスの「例外的に生産力の高い労働は、何乗かされた労働として作用する」という理論的根拠にもとづいた発展戦略である。「何乗かされる」ということの意味は、ある種の社会的生産が、労働生産性の引き上げによって、単位時間内に創造される価値が何乗かになり、労働の質が向上するといった作用と現象を指す。「何乗かされる」のは科学技術労働商品に独自の使用価値である。対外貿易の倍化価値利益とは、対外貿易に吸収された各種形態の科学技術(知的所有権、情報など)を通じ、当該国の労働生産性が倍化され、国民的生産能力と総合国力が向上させられるということである。

この戦略からすると技術商品の貿易が最も有利ということになり、外国からの先進科学技術の導入と吸収が戦略の中心軸となる。これと合わせ、中国自体の科学技術の自主開発を結合して、中国の対外貿易の比較優位の基礎条件を構築していくべきであるという。輸入では単に技術を輸入するということから、技術導入によって輸出の拡大をはかるということにもっ

---

68) 同上書、168〜169頁。

ていかなければならない。「技術の導入―消化・吸収―開発・創造―輸出拡大―技術導入の増加」という良性循環を実現すべきである[69]。

この戦略の深化、発展として、王一夫氏の技術指向発展戦略論がある。ここでは、技術導入と技術開発が戦略の中心軸にすえられ、企業の技術転換（伝統的技術→ハイテク化への転換、労働集約型→資本集約型→知識技術集約型への転換）を踏まえ、貿易における動態的比較優位の獲得を通じて、中国の総合的国力の強化が主張される[70]。

（5）国際大循環経済貿易発展戦略―労働集約型製品輸出を基礎とした現代的高度発展段階到達戦略のグランドデザイン

中国経済には比較的発達した重工業ときわめて未発達な農業という二元的産業構造がある。この二元的産業構造による発展への相互制約的関係を断ち切るには、農村の人口が多いという有利な条件を生かして、大いに労働集約型製品の輸出を発展させ、国際市場から外貨を獲得し、重工業発展のために必要な技術と物財を輸入し、重工業を改造しなければならない。重工業が改造されて、資本集約型と技術集約型の製品が輸出できるようになってはじめて、これらが元の労働集約型製品の輸出に代替する。かくして、労働集約型製品と国際市場と重工業との三者の間に大きなサイクルが形成されるはずである。この大きなサイクルを通じて、大量の農村労働力の移転ばかりでなく、重工業の高度化への発展の問題がともに解決できる。これは中国経済発展が、"国際大循環"の道を歩む内因である。……差し当たり、国際条件も中国のこの方向での発展に有利である。

---

69) 庄凌「対外貿易自乗発展戦略初探」、『国際貿易』1994年第8期。薛栄久教授によれば、同氏の著書として『外貿自乗効益論』がある由であるが、筆者はこの著作を入手していないので、氏の上掲論文と薛栄久教授の要約（薛栄久『対建国以来中国外経貿理論的回顧、帰結与発展的思考（綱要）』、中国国際貿易学会重点研究課題「対建国以来中国外経貿理論的回顧、帰結与発展的思考」総括報告、中国国際貿易学会、1999年、24頁、拙訳「新たなる中国対外経済貿易理論発展の道（Ⅳ）―建国50年中国対外経済貿易理論の回顧と総括を踏まえて―」、『広島経済大学経済研究論集』第24巻3号、2001年、162～163頁）によっている。

70) 王一夫「試論技術導向発展戦略」、『国際貿易問題』1995年第10期。

この戦略の実施プロセスは、先ず第一段階としては沿海地域の労働集約型製品の集中的輸出拡大である。第二段階として、労働集約型製品の重層的構造の構築の過程の展開の中で内陸産品が沿海地域に進出し、さらにこれも国際市場に向かわせる。第三段階として、重工業の現代化による資本・技術集約型製品の輸出を進める。

　国際大循環戦略構想は、①農村労働力の工業への移転と重工業の高度化が結合され、②産業発展と地域発展が結合される、③輸入指向型発展と輸出指向型発展が結合される、④改革と発展が結合されるという、優れた特徴をもつという[71]。

　筆者の理解するところでは、この国際大循環経済貿易発展戦略は中国の基本的状況から、中国の経済発展を全面的に国際循環の中に位置づけたという認識上の意義は大きい。従来の議論の関心の中心が、発展途上国中国は全体として輸入代替戦略を採用すべきか、輸出指向戦略を採用すべきかということに置かれていたのに対し、この国際大循環経済貿易発展戦略は途上国中国の具体的内部構造の問題意識にもとづき、輸入代替と輸出指向あるいは輸出代替を結合するというよりも、当初から両者をワンセットとして問題提起しているという意味で、発想そのものとして優れた点をもっているといえる。しかし、すでに上述したように、輸入代替の基本戦略の上に輸出指向戦略を結合して戦略を打ち出すとすれば、結果的には国際大循環経済貿易発展戦略とほぼ同一の方向となるということもできる。国際大循環という概念は必ずしも科学的でない。要するに、それは積極的に国

---

71) 薛栄久「中国における"国際大循環"戦略の構想と評論」、『東京経済大学会誌』第165号、1990年、75〜76頁。
　　すでにお気付きの方もあろうが、いくつかの論を薛栄久教授等の要約に依存するのは、中国の学界の論文は一部は直接入手できるが、一部学会誌などに発表されたものは入手できない。例えば、中国国際貿易学会は外国人研究者を現在のところ会員として受け入れていない（筆者は多年にわたり中国国際貿易学会に入会の申し入れをし、数代にわたる当該学会会長とも直接お目にかかるある程度親密な関係にあるが）。多くの重要な文献は会員のみが入手できる学会誌に発表されることが多いからである。このため、筆者による限られた入手文献にもとづく部分的な偏りに陥る可能性のある解釈を避けるために、学会の理論問題に通じ、全体的取り纏めなどの活動に実績のある方々の全体的要約に依存する事情をご了解願いたい。

際分業に参加する外向型経済発展戦略ということだという批判もでる[72]。

そもそも国際大循環は、一方では長期的な観点からみた、一応自己運営掌中にある国内の資本蓄積循環を問題にしつつ、他方で自己の掌中にない、他国の掌中にある国際市場に全面的に依存するという構造になっている。「平和と発展」の時代とはいえ、一億人余の農民によって作り出される労働集約的製品が、国際市場ですんなりと受け入れられるか否か、構想の基礎前提に対する疑問が提起される[73]。

この外にこの発展戦略では農業の発展問題が無視されるなど、国際大循環経済貿易発展戦略に対して出された批判はかなりあるが、筆者からみて重要な批判的意見として徐華氏の意見と氏の中国の発展戦略へ向けての積極論がある。氏の見解はこうである。

国際大循環の流れは閉じられていて、重工業にまでは到達しない。もしも、循環の起点と終点である農業を全体の国民経済に含めて考えるならば、サイクルが長すぎ、農業生産を安定化させるメカニズムを欠くことになり、また二元経済発展の歩調が取れないなどの問題が引き起こされることになる。そこで、同氏は"複式インターナショナル・サイクル"戦略を提案する。これは二つの国際小循環と一つの国際大循環によって構成される。国際小循環Ⅰとは農業→農村工業→国際市場→農業、国際小循環Ⅱとは、重工業→国際市場→重工業、国際大循環とは農業→農村工業→国際市場→重工業→農業ということになる[74]。

(6)「大経貿」体系構築戦略

1994年5月当時の対外経済貿易部部長呉儀女史は、「90年代中国外経貿

---

72) 同上論文、同上誌同上号、82頁。
73) 薛栄久『対建国以来中国外経貿理論的回顧、帰結与発展的思考(綱要)』、中国国際貿易学会重点研究課題「対建国以来中国外経貿理論的回顧、帰結与発展的思考」総括報告、中国国際貿易学会、1999年、23頁、拙訳「新たなる中国対外経済貿易理論発展の道(Ⅳ)—建国50年中国対外経済貿易理論の回顧と総括を踏まえて—」、『広島経済大学経済研究論集』第24巻3号、2001年、161頁。
74) 前掲論文、前掲誌前掲号、85頁。

戦略国際研討会」において対外貿易に関する「大経貿」戦略を打ち上げた。これは上に述べてきた諸議論とは異なった観点からの問題提起であった。当然ながら、女史の立場からの問題提起であれば、対外経済貿易部が現時点、また今後政策遂行者として対外経済全般を運営していく場合の重点的視点を打ち出したものといえよう。したがって、上述の戦略的諸議論が対外経済貿易発展のための戦略主軸の選択に関する問題提起であったのに対して、それらの議論も十分に生かすために、またあるいは上述の議論の内容をより十全に生かすためにも、対外経済貿易発展の基礎前提の評価と総括の上に立って、対外経済貿易発展のための総合力の結集戦略を打ち出したものであった。

「我国は技術、労務といった領域の対外交流も長足の発展を遂げ、対外経済貿易は従来の、内容的にみて単独型で、パイプが狭く、低次段階の状況から、商品、資金、技術、労務等が緊密に結びついた、相互促進的〈大経貿〉という新局面に入っている。……90年代には、我国の対外経済貿易は輸出入を基礎とし、商品、資金、技術、労務合作と交流の相互浸透、協調発展、外経貿、生産、科学技術、金融等の部門の共同参加による〈大経貿戦略〉を実行し、対外経貿事業を一つ上の段階に押し上げ、さらにその経済成長の促進、構造調整、技術進歩、経済利益の向上等に対する戦略的役割を発揮しなければならない[75]」というのである。

この戦略が打ち出された背景は、中国の対外経済貿易体制改革と対外経済貿易の発展という一連の実践を受け継ぎ、さらに発展させるということである。その現実的基礎は、①社会主義市場経済体制への転換、②財貨貿易、サービス貿易、技術貿易の相互融合した発展、③対外経済貿易体制改革と対外貿易の成長方式の転換、といった全体的要求に対応したものであった[76]。

対外経済貿易学界では、「大経貿」戦略を実施していく中で、大中小対外貿易企業のそれぞれの重要性、スピードと利益の有機的結合、質と構成

---

75) 呉儀「機遇与前景：90年代中国対外経貿発展的基本構想」、『国際商報』1994年5月14日号。
76) 次頁へ

の関係への考慮、経営の多角化と相互補完を十分に押さえ、経営主体の多元化、営業業務の多元化、経営方式の機動化・活性化、業種管理の統一性、個別活動の協調性などを実現していくべきであるとの内容の具体化の議論が進んだ。自由化と健全な競争関係の確立を底流とした、政府の調整機能の十全の発揮と法的対処による調整的な健全な全体的発展の指向である[77]。

（7）自主型輸出戦略

薛栄久氏によれば、90年代半ばから中国対外経済貿易学界の一部の人々は、中国は強国主導秩序の下にあるWTOに加盟すべきではなく、国内産業保護の強化によって、先進資本主義強国秩序に順応する経済貿易発展戦略に反対し、自らが自己推進する自主型輸出戦略を選択すべきだとの見解を主張するようになった[78]。薛氏は、「対建国以来中国外経貿理論的回顧、帰結与発展的思考（綱要）」、中国国際貿易学会重点研究課題総括報告の中で、狄蔭清と鄭綱氏の見解の触りの部分を直接語らせている。

「この戦略は、"三道防線、一面出撃"（三重防衛、一路出撃）に具体化される。

第一の防衛線というのは、十全の貿易保護措置をとり、関税障壁、非関税障壁を強化するということである。多国籍企業の時代においては、我国における直接投資の数量と領域を制限しなければならない。

第二の防衛線というのは、国内工業の協調的発展のために、周到な政策を立て、重要産業に対する政策的支援と重点傾斜政策を強化し、後発の利益を利用して、いくつかの産業の高度化の時間を短縮、場合によっては、段階を飛び越えていくようにすることである。このことによって、重要産

---

76) 薛栄久『対建国以来中国外経貿理論的回顧、帰結与発展的思考（綱要）』、中国国際貿易学会重点研究課題「対建国以来中国外経貿理論的回顧、帰結与発展的思考」総括報告、中国国際貿易学会、1999年、25頁、拙訳「新たなる中国対外経済貿易理論発展の道（Ⅳ）―建国50年中国対外経済貿易理論の回顧と総括を踏まえて―」、『広島経済大学経済研究論集』第24巻3号、2001年、164～165頁。
77) 同上総括報告、25頁、同上拙訳（Ⅳ）、同上誌同上巻同上号、165頁。
78) 同上総括報告、26頁、同上拙訳（Ⅳ）、同上誌同上巻同上号、166頁。

業が外資によって直接に押さえられるか、或いは市場競争を通じておしつぶされるのを防ぐ。

　第三の防衛線というのは、自主技術開発と創造能力を強化し、国としての科学技術開発体系を建設することである。

　一面出撃とは、国内市場をしっかり打ち立てるという前提の下で、国内市場によって海外市場への足がかりをつかみ、国際市場へ進出するということである」。

　「このような戦略をとれば、多くの矛盾はいずれも一連のものとして解決できる。例えば、国有企業の苦境脱出、内需の拡大、労働者の就業、産業高度化と転換、強大な国防力の建設などは一連のものとして解決される、そして、最終的には強い中国が実現される[79]」。

　この見解は、外資系企業の大幅増大によって、内外市場における外資系企業と国内資本企業の相剋が深まり、劣勢にたつ国有企業が苦境に立たされていること、失業問題、外資直接投資の導入による産業の高度化が必ずしも中国が期待した通りに進まないことなどを背景としており、WTO加盟後の中国の政策運営上看過すべからざる一面を蔵している。

5　外資直接投資の導入と貿易及び経済発展

（1）外資直接投資と貿易の発展

　中国の外資利用は、既に述べた中国が社会主義初級段階にあることとマルクス主義国際分業論にもとづく。

　外資利用と貿易の発展の相互関係は生産と流通の統合といえる。今日の国際経済協力の中では、貿易と投資は緊密に繋がっている。中国の外資利用と対外貿易の相互作用は以下の点に現れる。

　① 外資利用は、外貨不足を補うという補充手段である。

　② 対外貿易によって、外資利用量が増えるとともに、利用外資の質も

79）同上総括報告、26頁、同上拙訳（Ⅳ）、同上誌同上巻同上号、166頁。

向上する。
③ 外資利用によって、対外貿易の迅速な発展を促進できる。
④ 外資利用は、輸出商品構造改善の有効な方法である[80]。

(2) 外資直接投資と中国の経済発展
(第五章、第六章、第十章で別に論ずるのでここでは省略する)

6　APECと中国

多くの人が考えるように、APECは厳格な意味の地域経済貿易集団ではなく、拘束性のない協調的な組織であるとの観点に立てば、APECの発展の前提、原則、挑戦の課題は以下のようなものとなるという。
① APECは政治、経済、イデオロギー等が複雑であることから、柔軟性が前提となる。
② 上記の点を踏まえ、「求同存異」(異を認めつつ同一の方向を探す)を重視しなければならないから、協議一致の原則を堅持すべきである。
③ APEC内部に含まれる他の地域組織に対してどのように対応するかが重要な課題となる。

この基礎認識の上に立って、中国国際貿易学界では次のような認識が出されている。
① 世界的な多角的自由貿易体制を擁護、維持し、アジア太平洋地域の経済協力に順応する態度で臨む。
② アジア太平洋地域に含まれる他の地域貿易集団に対し慎重な態度を保つ。
③ 独立自主の開放型輸入を主とする戦略を堅持する。
④ 原則を堅持し、柔軟に先進国との関係を処理していく[81]。

---
80) 同上総括報告、26頁、同上拙訳 (Ⅳ)、同上誌同上巻同上号、167～168頁。
81) 同上総括報告、36～37頁、同上拙訳 (完)、同上誌第25巻第2号、2002年、119～121頁。

7　WTOと中国

　中国は1986年GATTの地位回復を申請したが、この交渉の過程で95年WTOが世界的な多角的貿易体制の組織および法的基礎となり、暫定的で法的基礎づけの弱かったGATTにとってかわった。中国はWTO設立メンバー国としての地位が得られず、GATT締約国の地位回復交渉は、WTO加盟交渉に変わった。中国の対外経済貿易学界では、中国のWTO加盟の可否、WTO加盟の意義について激しい議論が行われてきた。議論の詳細な論点については、当該問題につき専門的に研究され、かつご当人も論争に参加されている当事者である鄭海東教授の前共著の論稿部分をご覧いただくとして、薛栄久教授によれば、この問題をめぐっては基本的に賛成派と反対派の二つの論が真っ向から相対立した。

（1）中国のWTO加盟賛成派あるいは支持派の見解

　GATTにとってかわったWTOは多角的貿易体制を統括する法的に完全な国際的法人格をもち、調整・管理の領域も広がり、拘束力も強化された。その機能と調整範囲からみると、WTOは「経済の国連」ともいえる。WTOの発足及び発効は世界の経済貿易の主潮流、すなわち①要素の自由な流動の推進によってグローバルな資源の最適配置を実現すること、②各国の経済貿易政策の調整をはかること、③増加する諸国間の経済貿易紛争を解決すること、この三大潮流を反映している。この背景の下で、多くの発展途上国は真の民族独立及び経済的繁栄を求めて、戸惑うことなく積極的に、実務ベースで、機動的に経済のグローバル化に参加すべきであり、WTOをベースとした世界の経済発展の主流に全面的に入り込むべきである。

　中国のWTO加盟は便宜上の措置ではなく、長期的な観点から打ち出されたものであり、改革・開放政策の一つの重要な構成部分である。中国のWTO加盟問題は、対内的には、社会主義市場経済体制の確立を加速させ、完全なものにすることができ、対外的には、中国の対外開放の水準を高め

ることができる。具体的にいえば、WTO加盟によって、中国の発展を促進し、近代的企業制度を打ち立てていくのを速め、中国の市場体系の確立を加速化し、完全なものにする。政府の効率の向上も促し、中国の開放型貿易体制の確立とその完成を加速化し、近代的金融体系の確立と完成を加速化する。また、社会主義市場経済の法整備も促進される。現代的社会保障制度の整備が促進され、中国の経済成長方式の転換が加速化され、産業構造の高度化と競争力の向上に有利に作用し、科学・教育強国戦略の実施の加速化にも有利となる。中国の統一大業の達成にも有利に作用しよう。

(2) 中国のWTO加盟反対派の見解

　反対派は総括的にいえば、WTOは資本主義のグローバル化の下で、多国籍企業の発展の要求に応じて形成された機構であるとの基本認識に立つ。WTOは新経済秩序の中でIMFが金融、IBRDが経済発展の面における役割を分担するのに対応して、貿易面での役割を分担する。多国籍企業は共同の経済的要求に基づき、WTOを通じて、グローバルな経済ルールを制定し、欲しいままに国をまたがって侵入する。中国が依然やはり社会主義の道を行くというのであれば、最もよい戦略はWTOの外に身を置くことである。中国はWTOに加盟すれば、実際に国際資本の制定したゲームのルールに従わざるをえなくなり、民族経済を他人の手に委ねることになる。

　WTOに加盟した百余の発展途上国で強国になった国は見当たらない。加盟したことによって、国内の民族工業は大きな打撃を受け、甚だしい場合には民族企業は潰れ、多国籍企業の生産工場の地位に甘んじざるをえないような状態になった国も多い。ここでは失業率も高まり、社会的矛盾が激化する。中国がWTOに加盟して、さらに国内市場を開放し、西側の主宰する国際経済体系に過度に巻き込まれると、世界経済危機のもたらす衝撃の度合いは大幅に増す。GATT或いはWTO加盟によって、その潜在的なリスクは、従来のいかなるリスクをもはるかに超える。これはあらゆる経済領域、各種企業にかかわり、また多くの人民の就業と社会的安定にかかわる。もし、ミスが出たら、自己修正のきかない可能性もある。中国が

ひとたびWTOに加盟すると、アメリカはいつでも口実を設けて、我国の内政に干渉し、制裁を加えることができる。我国の国情に合わない所謂「国際ルール」の受け入れを恫喝し、場合によっては我国の基本的政治経済制度の転覆を企てるだろう[82]。

　この状況の中で、2001年中国は自己の立場をいささか十分に盛り込めないままに、WTO加盟をすることになったが、今後内在する問題が顕現化する可能性を抱え込んだ。この点に関しては、後の章でみるが、差し当たり、薛栄久教授がWTO加盟後の貿易政策の内容を「協調管理型貿易政策」と提示されている点に注意を喚起しておこう。

8　中国対外経済貿易の総体政策

（1）改革・開放後の対外経済貿易総体政策の不明確性と問題点

　改革・開放前の時期における中国の対外貿易の総体政策は「対外貿易の国家統制」（いわゆる貿易の国家独占制）であった。この意味では、この時期の中国の対外経済貿易の総体政策は明確であった。しかし、改革・開放後の対外経済貿易の総体政策は不明確なままでずっときている。唯一あるのは全体経済の「改革・開放」という総体政策のみであった。90年代に入り、中国の対外経済貿易学界では、総体政策を明確にし、任務と任務に対する適確な政策を打ち出さなければ、十分に任務を完成し難い。政策とは、重大な事柄の中で、ある任務の執行或いは存在している問題の処理のために、主体的、客観的条件の必要性と可能性にもとづき打ち出された、指導的で方向性のある目的性をもった政治的態度と主張、あるいはそれにもとづいて策定したプランや措置であるから、前提としてしっかりとした総体政策が据えられなければならないという問題提起がでてきた。

　改革・開放後明確な総体政策が存在しなかったことによってもたらされた弊害は、以下のような点にあると指摘がなされている。

---

[82] 同上総括報告、37〜38頁、同上抽訳、同上誌同上巻同上号、121〜123頁。

① 対外開放と改革後国内企業は直接、間接に国際競争と向き合うことが要求されるようになったが、明確なマクロ貿易政策にもとづく指導と保障がなかったため、科学的で、国際的規範に対応したマクロ管理措置がとられなく、規制政策はあるとはいえ、それも統一的に守られなかったし、奨励政策を健全にし、敷衍していくこともできなかった。
②「権利の下放と政策の傾斜」という形で、対外経済貿易の積極性は引き出されたが、不平等条件の下での競争が助長された。このことによって、対外経済貿易の経営秩序に混乱が生じた。国内価格を引き上げて買い付け、対外的に価格を引き下げて販売競争をするといった事態が生じ、貿易の利益と国民資産の流出が生じた。当時の指導思想は貿易をしさえすれば価値が増えるといった認識であったので、利益配分の前提とか損失の可能性について無頓着な貿易の推進が行われた。
③ 総体政策の欠如によって、具体的な貿易政策上の直接的な指導を行ったり、規範を設けることができなかった。
④ このような情況下で、改革の進展にともない、いくつかの具体的な対外経済貿易政策は目まぐるしく変えられつつ推し進められたから、対外経済貿易政策とは対外経済貿易体制の改革であるとの誤解と、政策はよく変わるもんだという印象を与え、企業を短期的な経営行動に走らせるようになった。

中国の対外経済貿易学界の一般的認識としては、改革・開放後の中国の対外貿易の総体政策は、従来の内向型貿易政策から開放型で適度の保護貿易政策に転換した、あるいは「開放型貿易政策」と「調節型貿易政策」の結合ととらえられているようである[83]。

（２）中国のWTO加盟後の対外経済貿易の総体政策－薛栄久氏の見解

薛栄久教授は、上に述べた中国対外経済貿易学界のこの問題提起を重く受け止められ、中国国際貿易学会が氏に託した、建国50周年を迎えての学

---

83) 同上総括報告、33〜34頁、同上拙訳（V）、同上誌第25巻第1号、2002年、124〜125頁。

薛栄久氏による建国後中国対外経済貿易総体政策の総括とWTO加盟後の総体政策

W T O 加 盟 以 前	1　内向型保護政策の確立と特徴——建国〜1978年 ①内向型保護政策の確立の基礎 　計画経済と国家の集中的独占 ②内向型保護政策の特徴 　対外経済貿易管理体制の高度集中、輸出入をコントロールする主要な手段としての計画、貿易に対する国家の独占経営、厳格な外国為替管理、内外価格の遮断、国（地域）毎に区別された双務貿易、内債・外債ともになし、国際経済貿易組織との無接触 2　開放型保護政策の確立と特徴——1979〜2001年 ①開放型保護政策の確立の基礎 　計画的商品経済と初歩的市場経済および統一対外 ②開放型保護政策の特徴 　貿易管理体制上における権限の漸次的下放（但し統一対外の堅持）、指令性計画から指導性計画と市場調節への転換、経営権の下放、外国為替管理の緩和、人民元レートの実体を反映したレートへの切り下げ、経済特区に対する特殊優遇政策、輸出入貿易における関税の役割の強化、平等な立場に立つ双務貿易、主体的国際経済貿易組織への参加と交流、統制的外資利用、サービス業の適度の開放
W T O 加 盟 後	3　協調管理型政策の確立と特徴 ①協調管理型政策の確立の基礎 　社会主義市場経済と世界的多角貿易体制への融合 ②協調管理型貿易政策の理論的基礎 　協調管理型貿易理論（自由貿易理論、知的所有権保護理論、貿易相互利益論、比較優位理論の弾力化、財貨貿易と投資の融合理論） ③協調管理型政策の内容 　国内市場保護の重要手段としての関税の位置づけ（但しWTO発展途上国メンバー水準までの切り下げ）、非関税障壁の漸次的削減、外国為替管理の漸次的自由化と多角貿易の主軸化、貿易の審査許可制から登録制への切り換え、法に基づく貿易管理、外資の利用の漸次的自由化、サービス業のさらなる開放、WTOの政策決定に対する積極的参与

出所：薛栄久『対建国以来中国外経貿理論的回顧、帰結与発展的思考（綱要）』、中国国際貿易学会重点研究課題「対建国以来中国外経貿理論的回顧、帰結与思考」総括報告、中国国際貿易学会、1999年、41頁、拙訳「新たなる中国対外経済貿易理論発展の道（完）―建国50年中国対外経済貿易理論の回顧と総括を踏まえて―」、『広島経済大学経済研究論集』第25巻第2号、2002年、130頁より作成。

界としての特別重点研究課題「対建国以来中国外経貿理論的回顧、帰結与思考」(「建国50年中国対外経済貿易理論の回顧と総括」)と題する総括報告の中で、これまでの中国対外経済貿易の総体政策を史的に総括され、さらに進んで中国のWTO加盟後の対外経済貿易の総体政策を次のように提示しておられる。

「建国以来今日まで、中国が実施してきた対外経済貿易の総体政策は保護貿易政策に属する。改革・開放前の保護貿易は内向型保護貿易政策であり、改革・開放から今日にいたる保護政策は開放型保護政策である。中国のWTO加盟後の全体的対外経済貿易政策は、保護貿易政策から協調管理型(組織された自由貿易)政策へ転換する[84]」。

氏がここで、中国のWTO加盟後の対外貿易の総体政策を協調管理型貿易政策として提示されていることは、誠に興味深いことである。1999年11月アモイで開かれた中国国際貿易学会建国50周年記念大会で報告された上述の総括報告は、その内容が学会会員および国家指導者達の賛同と支持をえて、同報告書が関係部門と指導者達の参考に供されたこと、さらに、同氏の学界及び旧対外貿易経済合作部(現商務部)、対外経済貿易実業界における指導的地位を考慮すると[85]、氏のこの言及は、中国の今後の対外経済貿易政策全体の底流におかれるベイシックトーンの響きをもつがゆえである。

---

84) 同上総括報告、41頁、同上拙訳(完)、同上誌第25巻第2号、2002年、129頁。
85) 中国のWTO加盟に当たって政策立案・研究を担当した対外経済貿易大学WTO研究所所長で、中国WTO研究協会会長の任にあり、WTO加盟交渉の第一秘書も教授の門下生である。
※本章は「中国の世界経済に対する歴史認識構造と対外経済論(Ⅲ)」、『広島経済大学経済研究論集』第25巻第2号、2002年、「同上(完)」、『同上論集』第25巻第3号、2002年に掲載したものを一部加筆、修正したものである。

第五章　中国における外資系企業と民族経済論

　1978年12月の党第11期3中全会において、それまでの経済建設の戦略方針が大きく転換―所謂一般的に改革・開放への転換といわれる大転換―されて以来、中国は積極的かつ大胆に外資直接投資の導入をはかってきた。外資直接投資導入規模の拡大と全面化、中国国民経済における外資系企業の地位が高まっていく状況の中で、外資系企業と民族企業との関係、民族経済概念、民族企業の保護と保護のあり方、外資系企業導入の前提条件と民族的利益、WTOへの加盟と国内市場開放の枠組などの問題を巡って、中国では多方面から多くの議論が展開されてきた。本章ではこれらの議論の中心軸となっているいくつかの問題について初歩的な整理を試みる。

第1節　旧中国―半植民地半封建経済下における外資系企業に対する評価

　解放前旧中国における外資系企業についての最近の信頼すべき研究によれば、外資直接投資額は1902年には約5億ドル、1914年には約11億ドル、1920年には約14億ドル、1930年には約28億ドル、1936年には約31億ドルといわれている。対外借款については、1914年には約6億ドル、1930年には約9億ドル、1936年には約8億ドルといわれている[1]。内藤昭教授の指摘されるように、直接投資と借款の構成からみて、直接投資の比重が特に大きい[2]。

1）許滌新・呉承明主編『新民主主義革命時期的中国資本主義』、人民出版社、1993年、39頁。
2）内藤昭著『現代中国貿易論』、所書店、昭和54年、22頁。

中国の研究者が屡々侵略的外資投資と呼ぶ（"侵略的"と彼等が呼ぶ意味については後述する）ものの主要部分は直接投資としての外資独資企業投資で、外資直接投資のほとんどを占める。中国側が主体的に導入した外資独資企業投資はほとんど存在しない[3]。この間の事情について、内藤昭教授は、次のように説明しておられる。「半植民地の中国で帝国主義諸国が相互に激烈な競争を展開していたため、各帝国主義国が強固な、信頼しうる中国の代理人を探すことはけっして容易でなかったこと、直接企業を設立することによって、帝国主義諸国が獲得している一連の特権にもとづく、中国の労働力と原料の廉価な利用が容易であること、および中国の経済が極度に立おくれていたことなどが考えられる[4]」。

　外資投資の侵略性は、前提として不平等条約にもとづき、通常外資独資企業を中心として事業独占がしやすいように通商港に企業を設立し、しかる後に合弁の形で通商港外の内陸に入っていって事業を起こし、資金あるいは技術等の優位によって支配的地位を固め、最後に貸し付けによって食い込み、搾取を強めていくという形で進む[5]。

　合弁形態や合作形態の外資直接投資も、当然副次的ながら存在している。合弁企業は、大部分は中国が主権をもつ地域において発生した。経営権は外国人に握られていた場合が多いが、一部の合弁企業では中国側が主導的地位を保持していた場合もある。したがって、合弁企業は一応当事者の明示的意思表示による共同出資、共同経営の企業ということはできよう。しかし、注意すべきは、これには通常の一般的合弁企業の性格（国際経済協力とか、直接投資とか、外資利用とかいった意味の特性）と性格を異にした内容のものが前提的に入り込んでいることである。半植民地旧中国にあっては、外資との合弁企業は不平等な国際経済関係をそれ自体の体内にもった存在だということである。外国投資者は強権的な政治と経済上の優位を利用して、中国人でなければ営業できないようなところ、そういった企

3）曹均偉・方小芬著『中国近代利用外資活動』、上海財経大学出版社、1997年、19頁。
4）前掲書、22頁。
5）前掲書、16頁。

業を合弁形態で設立した。中国側は外資導入によって国内の資本不足を補い企業の発展をはかろうとしたのであったが、結果的には外国資本の侵略の手段になってしまった[6]。

限られた量の中国側が主体的に外資導入をしたものの中では、外資借り入れが主要な形態で、合弁形態と合作形態のものがこれに次ぎ、外資独資形態のものは極く稀にしか存在しなかった[7]。

さて、旧中国における外資系企業については、中国の研究者は一般的に否定的に評価するのが通例である[8]。日本の中国経済研究者の多くも、旧中国における外資系企業に対して否定的な評価を下している[9]。理由は明確である。半植民地不平等条約の下で自国の意思に反して進められる外資導入、外資系企業の進出が自国の自立的国民経済の建設に役立たないばかりか、自国経済の従属、破壊を推し進め、延いては中国人民を蹂躙することとなったからである。中国人民全体の意識からしても、1949年の中華人民共和国建国は先ず半植民地の軛から逃れ、自立的な中国国民経済を建設するということにあったから、帝国主義列強に貶められた半植民地の下での帝国主義列強（資本主義発展の必然的産物としての）の外資系企業に対し否定的な評価となるのは、至極当然のことといえよう。この意味からすれば、特に外資系企業に対して否定的というよりも、帝国主義国からの外資進出全般に対して否定的であるといった方が当たっているのかも知れない。

しかし、この限りでいえば、蓄積資本の不足する発展途上国としての中国が、半植民地的条件を強制されない、自己の意思による外資、外資系企業の導入を行っていくことは、少なくとも理論的には否定されてはいないともいえる。実際に、新中国建国後ソ連からの外資は導入されたし、社会

---

6) 同上書、257頁。
7) 同上書、19頁。
8) 毛沢東「中国革命と中国共産党」、『毛沢東選集』第2巻、外文出版社、1968年、416〜419頁。蒋家俊・憂憲迅・周振漢『中華人民共和国経済史』、陝西人民出版社、1989年、1〜4頁、9〜12頁。柳随年・呉群敢主編『中国社会主義経済簡史』、黒龍江人民出版社、1985年、4〜5頁。
9) 上妻隆栄著『中国市場の構造的変革』、法律文化社、1963年、31〜35頁。内藤昭著『現代中国貿易論』、所書店、昭和54年、17〜24頁。

主義的改造が行われるまでは、一部外資の利用も行われていた。したがって、建国後自立的国民経済の建設、体制間の対立、帝国主義の凶暴性、死滅しつつある帝国主義の歴史的地位、社会主義体制の優位性などなどをめぐる自己の立場から、中国は改革・開放政策への転換にいたるまでの期間、外資、外資系企業の導入をしてこなかったが、強固な自国主権が確立した段階で、自己の意思にもとづく外資、外資系企業の導入ということは、理念的には潜在的に体内に用意されていたともいえる。

第2節　史的認識構造からみた民族経済概念のコントラスト

上に見てきたように、解放前旧中国における外資系企業のほとんどが侵略的外資系企業であったということからして、当然ながらこれに対して民族資本企業概念が成立する。外資に対して私的民族資本とよばれる存在のものは、社会主義的改造の過程を経て姿を消していくことになるが、自立的中国社会主義国民経済建設の中で、各部門産業、部門企業は具体的な中国国民経済という民族経済を支える存在のものとして、経済的一体性をもった"民族"の概念を体化する。建国以来GATTの地位回復申請を行う1986年まで、中華人民共和国は対外的には強い保護貿易政策を採用して民族産業の保護と発展をはかってきた[10]。

改革・開放以来強力に対外貿易の発展が推し進められて、外資が積極的に導入され、それに合わせた政策がとられる動きは、従来の方向とは反対の方向であり、その方向での量が一定の範囲にいたると、国民経済統合との関連で、民族経済といったものの認識に関して本格的に議論が行われるようになってくるのは首肯できるところである。ここ数年の関連議論は、これまで行われてきたいくつかの議論、例えば、強固な自国主権が確立した段階で即座に開放政策に転換し、外資導入に踏み切るべきであったとか、

---

10) 具体的には、拙稿「中国対外貿易機構の変遷（Ⅰ）」、『広島経済大学経済研究論集』第15巻4号、1993年以来の同シリーズ、前章第4節参照。

またそれは何時の時点だったのかとか、自力更生の正しい解釈とは何かとか、世界経済の現発展段階と旧来の帝国主義との関係如何とかいったような議論を、総体としてひっくるめた形で展開されてきている。そこでここでは、こういった形で展開される総体としての基本認識論理構造を先ず明確化し、問題点を整理してみることにしよう。

1 民族経済概念捨象論

　国際経済合作研究所の馬宇氏は次のようにいう。伝統的な民族経済の概念というのは、民族経済が全て完全に民族資本、民族企業によって構成される経済と考える。外資経済はこれとは異なった性格の企業、異なったソースからの資金によって構成される経済形態で、自ずと民族経済のカテゴリーには入らないととらえている。もともと民族経済概念自体一定の植民地的観点からの色合をもっており、資本主義国の植民地、半植民地国に対する政治的奴隷化、軍事的侵略、経済的略奪に焦点を当てていった言葉である。発展途上国が政治的独立闘争を行う時には、経済的独立も重要な側面で、民族経済を発展させることが植民地統治から抜け出す重要な手段だったのである。

　第二次世界大戦後大部分の植民地、半植民地は独立したが、過去に侵略され、略奪された痛ましい歴史的経験から、彼等は民族経済の発展を特段高い地位に置いて認識せざるをえなかった。このため、民族経済概念が格別重視されるようになった。

　しかし、今日事情は大きく変わった。国際分業に積極的に参加し、国際経済の融合の中で民族経済を発展させていくことが、多くの発展途上国の共通認識となっている。今日世界各国で民族経済の発展に対して大きな推進的役割を果たしている大企業の多くは、合弁あるいは合作企業で、100%民族資本企業という純粋の民族企業は少なくなってきている。大型多国籍企業で純粋民族資本というのは全く存在していない。

　具体的に中国の外資系企業についてみると、外資系企業は中国で登録し

て作られたもので、中国の法律の統制下にあり、またその保護を受ける。それらは中国政府の監督、管理を受け、中国政府に納税し、主として中国の労働力を雇用する。したがって、これら企業は中国の企業であることに何らの疑問もない。屡々問題視される外資投資と民族経済との間の衝突は、中国の改革・開放前の旧体制の要素の部分との問題であって、本質的には民族経済と外資投資との間の矛盾、対立ではない。特に中国の外資系企業の70％前後は香港・台湾・マカオの資本であり、外資系企業の中にも中国の資本がかなり入っている。このことを考えると、外資系企業が外来経済という構成体だというのは適切でなく、それらは中国民族経済の対立物とみなすことはできない。中国は社会主義市場経済体制としての発展方向を構築しつつあり、外資系企業と国内資本企業に同一の活動条件を与え、民族経済と外資経済を同一のものとして認識させるようにしている。現に相当の外資構成となっている上海大衆、青島海爾、恵州TCLなどは、すでに民族企業だと認めている。

このコンテクストから馬宇氏は、その製品が外国企業の専有技術、処方・調合法、ノウハウ等によって生産され、商標も外国側に握られているような外国ブランド製品、特許権の譲渡によって生産されているような製品は外国製品とみなされるが、合弁企業あるいは合作企業の製品（ブランド）は外国製品（ブランド）とみなされるべきではなく、中国の民族製品（ブランド）とみなされるべきであるという。

外資系企業と民族企業との競争によって一方で従来の民族製品（ブランド）は消えていくが、他方で活力ある民族製品（ブランド）が外資系企業の中で生まれてきている。外資の導入は先進的市場概念、競争意識、ブランド意識などをもたらし、民族経済の発展をもたらした。したがって、特別な場合を除き、外資系企業と民族企業を固有に区別する必要はなくなるという[11]。

外資系企業導入にともなう得失からみて、外資系企業の導入が基本的に民族経済の発展に役立つ部分が大きいという判断に立てば、外資系企業と

---

11) 馬宇「外資経済是否是民族経済的一部分？」、『中国経済信息』1996年第14期、4〜5頁。

民族企業を固有に区別する必要性はなくなり、両者の間の関係は通常の単なる企業間関係に過ぎなくなる。この観点からすると、最早民族企業とか民族産業概念を設けることの必要性はなくなるのであり、伝統的な民族企業あるいは民族産業概念を国内企業あるいは国内産業概念に置き換えた方が現実の状況によくあっているし、理論的認識上からしても合理的であるということになる。この場合には、外資導入と民族産業の間の衝突の問題は、自ずから強いて取り上げる程の問題とはなりえない[12]。

2　伝統的民族経済擁護論

　ここで伝統的民族経済擁護論と総称する立場の個々の論者による個別的中身はかなり多岐にわたるが、それらの論に共通する基本的な立場はアンチ民族経済概念捨象論の立場である。この立場にたつ論者は、国家による各種手段を用いた民族経済保護と外資投資に対する諸制限政策（導入外資数量制限、外資投資分野の限定、外資投資比率制限、中国側の指導的立場堅持の規定等）を主張する。劉力氏によれば、この立場にたつ学者が中国では最も多いという。

　一部の論者は中国の外資利用の意義を否定するという。中国は既に世界第二位の外貨準備をもつ国であり、国内の蓄積も相当にあるので、最早これ以上の外資を導入する必要はなくなっており、外資導入を制限すべきであるという意見といわれる。

　また、一部の論者は極端な場合は、外資系企業は既に中国の経済的基礎—公有制—を忽せにする著しい脅威となっているとの認識から、国家権力によって公有制を守らなければならないと主張するという[13]。

　ここでは不十分ながら、以下劉力氏の整理と筆者の入手した若干の資料

---

12) 劉力著『経済全球化・中国的出路何在』、中国社会出版社、1999年、116頁。「保護民族工業的口号是国内企業家打的一張政治牌」（『中華工商時報』1996年10月15日）、張問敏・宋光茂・鄭紅亮・王利民・詹小洪編『中国経済大論戦（第三輯）』所収、経済管理出版社、1998年、273～274頁。

13) 劉力著『経済全球化・中国的出路何在』、中国社会出版社、1999年、118頁。

によって、これらの意見の主要な主張を見てみよう。

　一つの主張として、幼稚産業保護の立場からする民族産業保護論が出される。中国は発展途上国であり、強大な外資系企業が中国に自由な形で進出してきて、中国市場で所謂公平な競争に参加するならば、弱小な中国民族企業は一たまりもなく押し潰されてしまう。この観点から、強力に民族経済保護論が打ち出される[14]。

　この中には、とりわけ貿易財となり難い財[15] 部門への外資系企業の参入に制限を課すべきである事が、特に強調されるものもある。その理由は、こういった財部門が外資によって押さえられるならば、市場コストが高くなり、市場をもって技術と交換するという原則が生かされないことになるからだというのである[16]。

　一部の意見としては、外資投資の狙いについての危惧から、外資投資に対して厳しい制限的政策を主張するものもあるという[17]。

　さらに、社会主義体制擁護論の立場から、外資の流入が国家の経済的基礎を突き崩していくことを危惧した社会主義民族経済擁護論が提起されるという[18]。

　有力な民族経済擁護論の一つとして、国家経済安全上の観点からする外資系企業導入制限論がある。この観点からすれば、外資系企業の一定以上の導入は、①国家のマクロ調整能力を弱化させ、必要な政策的監督からの漏れ、逃避が出てくる、②独占価格による物価吊り上げが生ずる、③企業利潤の国外移送によって国の財産が流出する、④完全な国民経済体系が崩

---

14) 楊永華「利用外資和維護国家経済安全」、陳清泰主編『利用外資与維護国家経済安全』所収、中国発展出版社、1999年、235頁。
15) ここでは①資源立地型産業製品……冶金産業製品など、②市場立地型産業製品……飲料産業製品とか一部建築材料産業など、③低価格要素立地型産業製品という三つの分類で議論されている。ここで貿易財になり難い財とされているのは②市場立地型産業製品である（隆国強「対不貿易品的外資進入応加以限制」、『経済工作者学習資料』1996年第84期、15頁）。
16) 同上論文、同上誌、16～19頁。
17) 劉力著『経済全球化・中国的出路何在』、中国社会出版社、1999年、120～122頁。
18) 同上書、122頁。

壊することによって、経済的主権と独立性が損なわれる、⑤民族の自負心が低下し、拝外主義を蔓延らせる等々の事態が発生し、国家の経済的安全を脅かす。問題は単に経済上の範囲に止まらず、さらに政治、軍事の範囲にまで及ぶ。例えば、通信部門が過度に外資依存の状態に陥るならば、政治、軍事、経済の全般的安全が危機に曝される。「外商投資産業指導目録」の内容を改め、奨励項目を取り消し、投資禁止及び制限項目業種領域を拡大すべきであるという[19]。

関連議論として、より具体的に以下のように主張するものもある。

先ずは国有大中型主軸企業と国家計画、人民の生活に密接に関係する重要製品の生産と販売については、外資との合弁を禁止すべきであり、合弁する場合も慎重な国民的検討の後なら認めてもよいが、必ず中国側が株式支配権を握らなければならない。既に合弁している場合には、途中いくつかの制限を設けるなどして、最終的には国有の独資企業にもっていくべきであるとの主張がある[20]。

外資系企業の経営支配権に焦点を当て、外資側の持ち株比率を制限すべきだと主張するものもある。この立場の論者は株式支配権を重視し、この点こそが外資を利用するのか、利用されるのかの分かれ道であるとみる。規模が小さく、通常の技術水準の企業の支配権についてはさほど重要ではないが、規模の大きい、業界で主導的地位にある企業については、特に国家計画、人民の生活に密接に関係する業種にあっては、外資の株式支配を軽々に許してはならない。大規模企業の支配ということになれば、それは単に合弁した双方の利益という範囲を超えて、国家の経済上の安全といった問題にも影響すると見る[21]。

ここで民族経済擁護論と総称する立場の根底には、なんらかの意味で外資系企業が国家の経済的安全を脅かす存在であるとの認識が共有されてい

---

19) 同上書、119頁。
20) 同上書、118〜119頁。
21) 張世賢「利用外資発展民族工業的対策」、『中国工業経済』1996年第9期、17頁。鄭通漢氏も同様の趣旨の主張をしている（鄭通漢著『経済全球化中的国家経済安全問題』、国防大学出版社、1999年、270〜271頁）。

る点を見て取ることができる。その内容が直接国家の経済的安全の脅威として提起される場合もあるし、幼稚産業保護論として提起される場合もある。また、資本主義国の外資系企業による社会主義経済体制の侵蝕、崩壊への危機を透視、あるいは目の当たりに見るといった立場からの国家の経済的安全を保障するために、一定以上の外資系企業の導入に異を唱え、制限を設けることを主張する場合もある。いずれにしても、外資に対する政策が打ち出される背後には、国家の経済的安全に対する危惧がある。国民経済の自立性、経済的主権の問題も、突き詰めれば国家の経済的安全の問題である。

　中国が発展途上国の段階にあるという状況からすれば、当然ながら幼稚産業保護論の立場から民族経済擁護論が打ち出され、外資系企業導入に対する制限が強く主張されるのは十分に理解されるところである。幼稚産業保護論は言うまでもなく直接には体制問題とは別の問題である。それは先進国経済と発展途上国経済との間の問題である。しかし、具体的に中国にとっては、自国は正しく開発途上国であり、また社会主義国でもある。社会主義経済体制はそれ自体としての理想的理念を内にもってはいるが（その極端な発動形態の一つがプロレタリア文化大革命ともいえよう）、現在の中国の社会主義経済体制を必然化させた大きな柱の一つは、世界経済の客観的与件の中で経済開発を強力に推進していくために必要な体制として、それが選択されたという背景があるということである。しかも、資本主義経済体制に内包される弊害を止揚するという理念を内に含めてのことである。したがって、外資の導入が体制を突き崩す恐れがあるという観点からの問題提起も、体制的な観点からのみする資本主義対社会主義という意味の対峙の構想からだけではない。

　国民経済の中で外資系企業が一定以上の比重を占めるようになると、完全な国民経済体系が崩れ、経済的主権と独立性が損なわれるという議論は、今日中国はれっきとした主権国家ではあるが、経済力（資本、技術、経営）が全般的に集中した先進強国からの外資系企業が中国国民経済の中で一定以上の地位を占めるようになると、中国国民経済が先進強国の全体的政策

の枠の中にはめ込まれてしまうようになるという観点からの問題提起である。貿易財となり難い財部門に対する外資系企業参入制限論は、端的にいえば、現時点における中国の国際競争力からすれば、当該部門の外資系企業に対する全般的市場開放は、市場開放の成果を専ら外資系企業側に与え、国内市場と交換にえる技術獲得も少なく割に合わないというものである（現段階では中国企業が相手国市場に進出して大きな市場的成果をえることもないとの内容も暗に含まれるかも知れない）。

第3節　新民族経済論

上に見てきた民族経済論の対照的構造の議論を踏まえて、世界経済の新しい段階的現状認識から、目下新たな形の民族経済論が打ち出されてきている。ここでは上に見てきた対照的な二つの論を検討する形で、新しい民族経済論を見てみることにしよう。

1　新しい民族経済概念

対外経済貿易大学中国経済発展研究所副所長の桑百川氏は、起点的基本認識としては、民族経済概念捨象論と同一の認識に立つ。

第二次世界大戦後民族独立を勝ち取った植民地、半植民地国は、元の宗主国の経済的な従属的地位から抜け出し、独立自主の経済体系を打ち立てていくことに重点を置いたため、当時は100％民族資本によって構成された企業のみを民族経済構成、民族企業と見なしてきた。しかし、国際分業と世界経済の一体化の進展につれて、最早今日外資を排除した、世界経済の枠外に孤立した民族経済は存在できない状況になってきており、民族経済は純粋の民族資本による企業とともに、外資との合弁企業や合作企業をも包摂するところのものとなっているとの起点的認識に立つ。

しかし氏は、外資との合弁企業や合作企業を国内資本企業と同一視し、

民族資本、民族企業、民族産業概念を投資受入国領土内国内企業、国内産業概念に置き換え、両者を同一のものと見なす考え方に反対する。

確かに先進国が主導的地位を占めるWTOの関連議論においても、概念として使われ、また用語として使用されているのは当該国（投資先現地国あるいは本国）という言葉である。先進国の立場からするならば、自身の民族経済が追い詰められることを気にかける必要もないし、外資導入でも主要な利益は先進国自身にある。したがって、大胆に自国の市場を開放してもよいし、当該国という概念で包括するだけで自国資本企業が他国市場に進出していくためには十分であり、むしろその方が無難なのである。

発展途上国の立場からすれば、これには同意できない。発展途上国は経済技術が劣っており、多くの新興産業は幼稚産業であるから、国際競争力をもたない。一旦適当な保護政策を放棄したら、その受ける衝撃は大きく、大きな経済的損害を被る。また、外資系企業は多くが労働集約型産業で賃金が安く、利潤率が高いので利益が大きい。もしも、外資系企業が独資企業であったり、合弁企業であっても経営が支配されてしまえば、投資受入国の主要利益は保証されない。だから、生産される現地という区分のみによってそれら企業をすべてその民族経済とし、進出した投資先国で生産活動を行っている企業をすべて民族経済と見なすとか、それを当該国経済と見なすといったとらえ方は、発展途上国には適用できない。当該国経済と民族経済は異なるものであって、途上国の立場からするならば"民族経済"というこの概念は捨て去ることはできないとする。

ある企業が民族企業に属するか否かの判断は、その企業の中で民族資本が株式支配しているか、あるいは主導的地位にあるかということである。このことによって主要な経済的利益の配分に与れるからである。だから、合弁企業形態のもので、中国側が株式支配しているか、主導的地位をもっているような合弁企業や合作企業は民族経済に属するが、外国側が株式支配しているとか、経営の主導権を握っているような合弁企業や合作企業は民族経済ということはできない。

現実の中ではこの純経済学的結論は必ずしも絶対的なものではなく、現

実の中で実際の経営の決定がどうなっているかによるし、外資系企業のうちで約60%の比重を占める香港資本系やマカオ資本系、台湾資本系の外資系企業は独資企業であれ、株式支配されているものにせよ、それらは民族資本の構成部分といえる。現在の状況からみれば、外資系企業の大部分はやはり民族経済に属するといえるという[22]。

中国国際貿易学会副会長・対外経済貿易大学副学長の王林生教授は、桑百川氏のいう経営支配にかかわる上記の指標を含めた四つの指標から、総合的に民族企業と非民族企業の判断を下すべきだと主張される。

① 当該企業と国民経済との関係および依存度がどの程度であるかの指標……当該企業の国内における付加価値がかなり大きく、関係が大きい場合は、この企業は民族企業といえる。単に材料、部品を持ち込み、軽度の加工、組み立てをするだけでは、これを民族企業ということはできない。

② 経営支配に関する指標……桑百川氏が上に提起した経営支配の指標である。

③ 当該企業製品のブランドが現地国の社会的文化内容を消化醸成した積極的ブランドであるか否かの指標……縦しんば株式支配の面からして中国側が支配権をもっていたとしても、そっくりそのまま外国の親会社の製品そのもので、ブランドもそのままというのでは、その企業を民族企業ということはできない(例えば、コカコーラ、ケンタッキー・ファーストフード、マクドナルド・ファーストフード等)。

④ 法的にそれが投資本国で登録されたものでないこと[23]。

基本的視角では王林生教授とほぼ同一の立場にたつ中国社会科学院財貿経済研究所の裴長洪氏は、②の事項に関してさらに突っ込んだ指標を打ち出される。氏によれば、外資系企業の民族性は単に中国側の株式所有比率

---

22) 桑百川「評"保護民族経済論"」、張上塘・夏友富主編『中国吸収外商直接投資熱点問題探討』所収、中国対外経済貿易出版社、1997年、139～146頁。
23) 王林生等「在拡大開放中如何有効地保護民族工業」、『光明日報』1996年6月27日号。

からのみ見るのでは十分でなく、実際の経営管理上の決定権がどちらに握られているかを見なければならない。特に、投資受入国で経営管理の人材が不足しているような状況の下では、合弁企業の株式所有比率とは別に外国人が経営管理上の決定権を押さえてしまう可能性があるので、この点から目をそらせてはならないといわれる。また、①の事項に関しては、やはり貿易商品の国際的な原産地規定である付加価値率10～15%を上回るものを国産品とするのが妥当であり、付加価値率でみてそれ以下のものしか生産していない企業は民族企業と見なすのは妥当でないと指摘される[24]。

2　民族経済保護論

桑百川氏は、先に述べてきたような観点から、民族経済に対する適度の保護が必要であると主張する。

今日の民族経済保護の起点的前提条件を踏まえ、以下のように問題を提起する。

今日全体として世界経済が一つの統一的な国際大市場となっている状況の下で、これから孤立していくことはできないし、それは不利でもある。積極的にこれに参加し国際分業と交換の国際競争の中で、それ相応の経済的利益をえていかなければならない。要は世界経済のグローバル化と地域経済協力によって貿易・投資の自由化が推し進められる中で、賢明な選択を行い、これに対応していくことである。これは国全体の経済発展政策の総目標から離れてはありえない。開放と保護を結びつけて、開放の中で必要な保護を実行し、幾つかの産業保護を行っていくということである。

保護の目的からすれば、先ず民族経済発展の基礎的前提条件として、国家主権と安全を守り、国が経済上の命脈を押さえなければならないということからする関連領域産業の保護がある。さらに、幼稚産業を守り育成発展させていくための保護がある。この観点からする民族経済の保護は、民

---

24) 裴長洪「応従理論上闡明当代民族工業的標準和涵義」、『中国工業経済』1996年第9期、7頁。

族経済がより順調に発展していくのを促し、自力更生の能力を高めて発展をはかるためのものであって、遅れたものを保護するためのものではない[25]。外資系企業の導入によって受ける個別企業の衝撃といった観点から保護するといったことは問題にならない。この点では、外資系企業の導入はむしろ不良企業の長期存在による資源配置の不合理を改めるのを加速するのに役立つ。

　対外開放には国内市場の開放と国際市場への進出という両面がある。逆にいうと、民族経済の保護は国内市場の範囲の利益からのみ見るのでは十分でなく、国際市場との関係を視野に入れなくてはならない。したがって、保護は国際的慣行に沿ったものでなければならない[26]。対外開放と保護は権利と義務のバランスがなければならない。すべての産業の保護を実行すれば中国自体自縄自縛となるだけでなく、それはまた効率政策の観点が全くないということでもある。ある産業は中国国内に存在しないような空白産業や業種であって、その部門での外資投資を禁止、あるいは制限すれば、自己の発展もありえない。このような部門への外資投資は、むしろ空白をうめるものであって、中国の産業構造を優れたものにしていくのに役立つし、消費者の選択も増す。輸入するよりもはるかに利があろう[27]。

　国際的慣行にしたがって民族経済を保護していくということからすれば、中国の投資自由化が国際的慣行に沿った形で推し進められるよう条件を整え、自由化の最終目標と自由化の段階的段取りを結合した、国際的に受け入れられる外資系企業導入の条件を明確にしていかなければならない。

　民族経済の保護は具体的業種で行うべきであろう。①外資投資許可・奨

---

25) 陳重氏（中国企業管理協会副理事長）も同様のことを指摘している。「保護するばかりで発展しないなんて問題にならない。最後まで保護するなんてできっこない。保護して発展させなければならないのは競争力を具えた先進的な民族工業であって、盲目的な保護ではない。況してや保護のための保護など問題にならない」（前掲『光明日報』1996年6月27日号）。
26) 王林生教授も同様のことを指摘されている。「民族工業の保護は国際経済で一般的に通用するルールに合致したものでなければならない」（同上『光明日報』1996年6月27日号）。
27) 次頁へ

161

励業種では保護は基本的には問題とならない。②外資投資制限業種は政府との交渉によって投資資格を与え、投資方式（独資方式とするか、持株比率をどうするか）をはっきりとする。③外資投資禁止業種については交渉の余地はない。保護はこれのみによってなされ、その外のことはすべて中国国内企業間の競争関係とする。民族経済に対する保護も一定かつ適度の保護に限られ、期限付きとすべきである。保護の内容は調整的なもので、「外商投資産業指導目録」も経済発展の必要に応じて修正される[28]。

　保護の原則は"三つの有利"を基準とすべきである。即ち、保護すべきか否か、どのようなやり方で保護するか、どの程度の保護にするか、期間はどのくらいにするかは、①社会主義生産力の発展に有利か否か、②社会主義の総合的国力の増強に有利か否か、③人民の生活向上に有利か否かの三項を判断の基準とするということである。

　"三つの有利"の具体化として以下の諸側面を挙げられる。

　① 国家主権と安全、国家の経済的命脈の掌握を損傷しないこと
　② 基軸産業に持続的に先端技術を導入するのに有利であること
　③ 建設のための必要資金問題の解決に有利であること
　④ 中国（国有企業、集団企業）資産の価値保全・増殖に有利であること

27）続けて桑百川氏は概要以下のように述べている。ビール、洗剤、化粧品といったものの市場における外資系企業製品のマーケットシェアが極めて高いことを根拠とした過度の脅威論と保護論は実態に対する認識を欠いたもので、これらの生産領域の合弁企業では中国側が株式支配しているか、企業支配権をもっており、元来民族企業の構成部分である。だから、この問題は民族企業間の競争の問題である。また、これらの業種は、国家主権や安全上からみても、国家計画や人民の生活上からみても、国家の経済的命脈にかかわる業種という観点からしても、問題となる業種ではなく、むしろ消費者にとっては利益があり、経済全体としての資源配置と効率もあがる（桑百川「評"保護民族経済論"」、張上塘・夏友富主編『中国吸収外商直接投資熱点問題探討』所収、中国対外経済貿易出版社、1997年、149頁）。外資系企業製品の市場占有率の具体的状況と問題、その対策については、同氏の論文「正確対待外資企業産品市場占有率提高問題」、『国際貿易問題』1998年第3期、拙訳「外資系企業製品のマーケットシェア上昇への対応」、『広島経済大学経済研究論集』第21巻第3号、1998年を参照されたい。

28）桑百川「評"保護民族経済論"」、張上塘・夏友富主編『中国吸収外商直接投資熱点問題探討』所収、中国対外経済貿易出版社、1997年、146～153頁。

⑤ 中国が手にできる経済的成果と利点が大きいこと（国家の税・利益収入の増加に有利であること、中国の消費者利益の増大に有利であること、市場規模の拡大に有利であること等）
⑥ 就業機会の増加に貢献すること
⑦ 近代的企業制度を打ち立てていくのに有利であること[29]

裴長洪氏は、民族工業の保護が、①社会主義市場経済の完成と発展の要求に沿ったものであること、②国際経済の一般的ルールに合致したものであることの二つの原則的基礎にもとづいてなされるべきであるとした上で、保護は以下の主要四部面の内容になると総括される。

① 国家の経済的独立の保護
② 生産者の公平・平等な権利の保護
　民族企業と外国投資者の公平・平等な競争的市場環境と法的条件の整備、従来特定の条件の下で与えてきた外資系企業に対する過度の優遇条件の漸次的縮小と撤廃、外資系企業に対する国民的待遇条件の賦与
③ 消費者の権利の保護[30]

---

[29] 桑百川「対民族工業概念的再認識」、同上書所収、154〜159頁。
[30] 桑百川氏は②と③の件に関して、概要つぎのように主張している。
　外資系企業の導入との関連で民族経済を保護するといっても、その場合生産者が保護されるべきなのか、それとも消費者が保護されるべきなのか。消費者は先ず生産者として生産経営単位から所得をえて、消費者として立ち現れるから、両者の関係は真っ向から対立するというものではなく内的関係をもつ。外資系企業の進出によってある産業の効率の低い企業が倒産に追い込まれたとしても、他産業の発展によってその失業が吸収されるのであれば、消費者の利益は増加するから、こういった場合は消費者の利益を守るべきであろう。外資系企業の進出によって国内産業が衝撃をうけ、生産者の利益が損なわれ、そのために消費者の所得が下がり、消費者全体の利益が損なわれるような場合、こういったことの回避のための政策をとる必要があろう。外資系企業の進出によってある産業に大量の失業が生じ、他部門の発展によってその失業が吸収されないような場合、生産者の受ける損害が消費者にも及ぶが、他の消費者は競争の結果良質安価な商品を得ることができるという利益もある。この場合、失業問題と競争の効率問題の両面をにらんだ政策を立てなければならない（前掲論文、同上書所収、149〜152頁）。また、外資系企業に対する国民的待遇についても、同様の趣旨の意見を提出している（同上論文、同上書所収、152〜153頁）。

④ 合法的かつ公平な国民的権利の保護

中心的課題……中国の国民的権利が中国側担当者によって侵されるような事態の防止、例えば、中外取引において何らかの意味の中国側の不適任者が国民的権利を侵犯し、平等互恵の原則に違反して契約するなどして国民的利益を損なうことを防止するための保護措置[31]。

いささか冗長ながら、新民族経済論の立場の基本認識とその民族経済保護論について述べてきたのは、伝統的民族経済擁護論との対比で両者の差異をはっきりさせたかったためである。筆者の粗略な理解からすると、伝統的民族経済擁護論の立場の論者の見解は多岐に分かれるとはいえ、中国社会主義経済建設というのは、社会主義の理念を内にもつと同時に、具体的中国という発展途上国の経済開発の優れた一つの開発方式でなければならないとの基礎認識を奥に秘めているように思われる。しかも、それは限定的に市場経済を一部容認するも、それをかなり制限していかなければならないとの基本認識に立つように思われる。したがって、外資に対してかなりの制限を課し、国家の直接的干与によって民族産業の保護を主張する傾きをもつ。

これに対して、新民族経済論の立場は当然ながら中国の経済建設は社会主義の理念を内に秘めたものでなければならないが、今日の中国社会主義建設は世界経済の新しいグローバル化の段階における、新しい経済システムを内に取り込んだ社会主義理念に基づく経済建設でなければならないとの認識に立つ。即ち、現代的な社会主義市場経済理念を基礎とした社会主義経済建設でなければならないとする。この場合の国際経済関係は、基本的には国際的な一般的ルールに準拠して展開される経済関係を基礎とし、その上で自国経済の積極性と世界経済のダイナミックスを結合する形で打ち立てられなければならないとする。

---

31) 王林生等「在拡大開放中如何有効地保護民族工業」、『光明日報』1996年6月27日号。

第 4 節　協調と対立――協調的管理政策を求めて

　本稿で先ず明らかになったことは、解放前旧半植民地半封建中国における外資直接投資と改革・開放後の外資直接投資の本質的な体質のちがいである。すでに見たように、中国が主権国家となり、その基礎を強固にかためた時点で、外的条件をおけば、少なくとも外資直接投資導入の一つの条件は得ていたのである。しかし、外的条件の評価に関して中国国内では教条的な理解が強かったし、資本主義に対する社会主義の絶対的優位性の過信などがあった[32]。また、過去の経験から外資導入に対して過度のアレルギーが存在したことも理解される。極端な民族主義的社会主義経済建設路線への傾斜である。

　改革・開放政策への転換後、この論調と対極的に出てくるのが民族経済概念捨象論である。本稿では馬宇氏の論を取り上げたが、筆者が直にご高説を承った北京大学中国経済研究中心の売れっ子若手学者海聞教授や対外経済貿易大学国際経済貿易学院院長林桂軍教授などのご意見もこの立場に属する。しかし、この意見は発展途上国としての中国が、そのままの形で受け容れることはできまい。だとすると、発展途上国の中国としては伝統的民族経済擁護論に最も傾きやすくなろう。また、この論の中にはそれなりにかなり正鵠を得た指摘がある。

　問題は今日の世界経済の新しい基本動向をどう取り込むか、あるいは取り込めるか、またそのためにどのように中国が自己対応するか、あるいはできるかである。ここで伝統的民族経済擁護論と新民族経済論の分かれ目が出る。現下の世界政治経済の基本構造に対する両論の基礎認識のちがいについてはすでに前章でみてきた。

　本章をまとめるに当たり、改めて再認識したのは民族経済という概念にこめられた強烈な政治性と政策性である。民族経済概念はこの意味におい

32）この点については、第一章、第四章を確認されたい。

て民族の主体的経済発展に向けての動態性概念であって、単なる国民経済という名の存在の平面的併存という意味の前提としての一つのまとまりといった体のものではない。それゆえにこそ、新民族経済論は主体的にどう体制を整え、どう臨むかを強烈に認識しようとする。伝統的民族経済擁護論の方は原基的母体としての民族経済に主として熱い眼差を注ぎ続けるが、新民族経済論の方は原基的母体としての民族経済に対すると同様に、外から（後から）きても原基的母体と協力、合体して一定の条件で役立つ限り民族経済として取り扱う。しかし、それはその限りにおいてということでもある。民族経済概念とは元来そういった政治性、政策性を内に含む概念なのである。

　中国のWTO加盟との関連でいえば、WTO自体が政治性、政策性に充ち満ちたものではあるが、それとは相対的に独立して、この意味ではWTOルールと民族経済概念は本質的に相容れない要素をもつ。一定の条件においては両者は両立しうる。新民族経済論の立場にたつ論者は、現下の状況は中国がWTOルールを受け入れ、その線に沿って外資直接投資を導入し、ビッグプッシュ型市場拡大が原基的母体としての民族経済にとっても利益をもたらすとよむわけである。新民族経済論の論理には、一応与件としての世界経済にどう対処するかという受動的な次元と、さらに自己が場合によっては与件も変革、あるいは無実体化し（自己の利益に引き寄せて実体化し）、自己の発展に引き込むという能動的次元の二重構造論理が用意されているように思われる。伝統的民族経済擁護論はこの意味において積極論としては迫力に欠ける。新民族経済論の立場からすれば、原基的母体としての民族経済の生産性の向上、技術革新などを急速に推し進め、できる限り合弁、合作形態での外資との協力をはかり、高度経済成長路線を邁進しながら、原基的母体としての民族経済と新たに加わった民族経済を含めた新民族経済の蓄積を行っていかなければなるまい。この路線が大きく崩れれば、新民族経済論はその概念の再構築を迫られよう。この論理には自明のことながら、それ自体の中に外資に依存した経済発展の内容が含まれており、運用を誤れば中国経済の買弁化の要素が内蔵されている。

それゆえにこそ、この立場にたつ論者達はその面に対する防止策を強調するとも見られる。中国が社会主義市場経済論を唱えるのは、必ずしも単に表現上の問題だけともいえない余地もあり、いくつかの重層的意味がこめられている可能性もある。

中国が民族経済の概念をどう打ち出すかは、中国が大国であり、発展途上国を代表する大国であるという意味からすると、あるいは一定の重要性をもつかもしれない。場合によっては、WTO自体の変革や地域経済協力の進展に影響が出ることがあるかもしれない。それに、民族経済概念自体が政治性、政策性をもった概念であれば、その内容如何によっては大国間同士の交渉の成り行きが、他の国にも関係なしというわけにもいかない場合が生じよう。この点に関連して、中国の対外経済貿易学界の重鎮で中国WTO研究協会会長もつとめられ、中国の対外経済貿易政策形成にも強い影響力をもたれる薛栄久対外経済貿易大学教授が最近の論文の中で、中国のこれからの対外経済貿易政策の指向は協調管理型（あるいは組織的自由貿易型）に転換していくことになろう[33]と指摘されていることは、あるいは注目すべきことかも知れない。

最後に、一般に日本人が概括的に中国の外資系企業の範疇に入れて理解している可能性が強い、香港資本やマカオ資本、台湾資本を資本ソースとして中国本土内に設立された企業に関して、中国ではどのように考えられているかについて一瞥しておこう。

中国自体は、香港資本やマカオ資本、台湾資本を資本ソースとして中国本土内に設立された企業を、統計上外資系企業として取り扱っているが、外資系企業の範疇に入れて考えていない[34]。馬宇氏や桑百川氏も同様の立場を取っており、桑百川氏はすでに見たように、統計上からみた外資系企業の「約60％を占める外資投資は香港資本系や台湾資本系のものであって、

---

33) 薛栄久「50年的探索—対建国以来中国外経貿理論的回顧与思考（続）」、『国際貿易』1999年11月号、15頁。
34) 王岳平「我国外商直接投資的両種市場導向類型分析」、『国際貿易問題』1999年第2期、7頁、拙訳「中国における外資系企業の市場指向」、JETRO『中国経済』1999年11月号、111頁。

香港資本系や台湾資本系の場合独資企業形態であれ、合弁企業形態や合作企業形態で株式支配をしているのであれ、それらはいずれも民族経済構成部分をなすというべきであろう[35]」と述べている。これは中国政府の支配領土認識を根底に置いてのことと思われるが、この点からすれば香港資本やマカオ資本、台湾資本をソースとして中国本土内に設立された企業を含めた外資系企業のうちで、非民族企業の占める比率は低くなる[36]ことを付け加えておこう。

---

35) 桑百川「評"保護民族経済論"」、張上塘・夏友富主編『中国吸収外商直接投資熱点問題探討』所収、中国対外経済貿易出版社、1997年、145〜146頁。
36) 詳しくは王岳平「我国三資企業工業結構特徴」、『国際貿易問題』1998年第5期、拙訳「中国三資企業工業構造の特徴」、JETRO『中国経済』1999年2月号を参照されたい。
※本章は「中国における外資企業と民族経済論」、『経済学論纂』(中央大学)第41巻第6号、2001年に掲載したものを一部加筆、修正したものである。

第六章　改革・開放と外資直接投資導入の動態
―成果と問題―

　前章までに述べてきた基本認識を踏まえて、本章では外資直接投資の動態について具体的に見てみることにしよう。
　中国の対外経済貿易の動向をみる場合、改革・開放前の動向との関係での発展を先ずみるという意味では、貿易の発展をみるというのが通常のやり方であろうが、改革・開放後、しかもごく最近の情況に焦点を当ててみる場合には、中国の貿易の発展における外資系企業の役割が極めて大きいことから、外資直接投資の発展情況を先に押さえておいた方がよいように思われる。この点を考慮にいれ、対外貿易の発展をみる後続の第七章に先んじて、本章で外資直接投資についての整理をおこなうことにしたわけである。
　「まえがき」でも述べたように、対中直接投資は空前の規模に達しており、経済関連各種情報筋では華々しく報じられている。特にWTO加盟一年目の動きがにぎわしく伝えられているが、一方で中国国務院直属シンクタンクである発展研究中心の《利用外資与産業結構調整》課題組は、今後の外資直接投資の基本的な見通しについて、①世界経済情勢が芳しくない状況にあること、②経済の地域集団化の傾向が対中投資拡大を制約する要因を構成する可能性があること、③世界各国の外資導入争奪戦の激化、④中国の国内市場競争の激化と外資優遇政策の整理、取り消しが進むにつれ、外資直接投資収益が低下していくこと、⑤中国経済に占める外資直接投資が既に相当な規模に達し、これに応じて成長速度が漸次下がっていくと予測されること等の五つの基本要因からみて、中国の外資直接投資の導入がこれまでのように急速に拡大していく時期は既に終わり、今後安定的な成

長段階に入るとみている(国務院発展研究中心《利用外資与産業結構調整》課題組「偏向労働密集型産業—外商在華投資産業趨勢分析与展望」、『国際貿易』2002年7月号、43〜44頁)。

ある意味で中国の外資直接投資導入の一歴史的転換期ともとれるこの時期に当たり、本章ではこれまでの中国の外資直接投資導入の成果と問題にささやかな総括を試みてみたい。

第1節 対外開放の歩み

「戦争と革命」の時代認識の下「戦争に備えて」と超越的な理想主義的社会主義経済の建設から、「平和と発展」の時代認識を基礎におく改革・開放に転じたと一口に総括されるのが今日では一般的ではあるが、新しい転換点とされる1978年12月の党第11期3中全会の中で"改革"と"開放"はペアーで唱えられたわけではない。"改革"の一環として"開放"は位置づけられているのであり、主体的"改革"の中身がまた"開放"の中身を規定するという点を見落としてはならない[1]。対外開放が公式な形で姿を現すのは1981年12月の第5期全国人民代表大会第4回会議の政府活動報告においてである。

翌1982年12月の第5期全国人民代表大会第5回会議で成立した「中華人民共和国憲法」にもこのことが謳われた。対外開放の進展は、概要以下の四段階で推し進められた。

第一段階(1979〜83年)―試験的段階

外債の発行の開始、国家外匯管理総局の創設、「開展対外加工装配和中小型補償貿易弁法」、「出口許可証制度的暫行弁法」、「中華人民共和国中外合資経営企業法」(契約型の合作企業、独資企業の場合も含む包括法……後に

---

[1] 文献を丹念にたどればすぐにわかることだが、一般に必ずしも明確に認識されていない嫌いがあるので、一応確認しておきたい。中国の研究者もこのことを指摘している(董輔礽主編『中華人民共和国経済史(下巻)』、経済科学出版社、1999年、77頁)。

各々分離独立法となる)、関連税法等の制定、四つの経済特区の創設
　第二段階（1984～87年）―重点拡張段階
　「進出口商品検験条例」、「進口貨物許可制度暫行条例」、「辺境小額貿易暫行弁法」等の制定、沿海開放都市（天津、上海、大連、秦皇島、煙台、青島、連雲港、南通、寧波、温州、福州、広州、湛江、北海の14沿海通商都市、後に威海市も開放）、経済技術開発区の創設、沿海経済開放地帯の創設（長江三角洲、珠江三角洲、閩南厦漳泉三角洲の61市県）
　第三段階（1988～91年）―沿海地域全面開放段階
　沿海経済開放区の拡大（山東半島、遼東半島、河北、広西等沿海地域の293の市、県、鎮に拡大）、「沿海地区発展外向型経済的若干補充規定」の下達、沿海開放地区における「両頭在外、大進大出」(輸入と輸出という二つの太いパイプを外国市場と繋ぎ、輸出入の大突進をすすめる)、外向型経済発展戦略（加工貿易の発展、外貨市場の活性化、外資引き込みによる企業改造等）の推進（国際大循環参入戦略）、海南島経済特区の創設、90年代入りとともに上海浦東新区の開発と開放の決定、上海浦東新区に外高橋保税区を設けたのにつづき深圳福田・沙頭角、天津港、大連、広州等12保税区の設置（保税、輸出入許可証手続きの免除、外貨保留などによる倉庫、加工、中継貿易、金融・不動産業務に対する優遇措置）、土地使用権の有償転売、外資による土地開発、外資の国有企業・集団企業への株式参加・債券購入・リース経営・請負経営の許可、外貨建て株式発行、外資の国有企業・集団企業への経営参加による技術改造の推進、従来の対外貿易専業総公司傘下の地方支店の独立（これら公司の財務の地方財政への組み込み）と対外貿易公司の請負経営責任制の実施による地方の主体的対外貿易活動の活性化と発展へ向けての貿易体制転換
　第四段階（1992～2001年）―全面的対外開放の展開
　地理的にみた全国的開放、開放領域の拡大による全方位、重層的対外開放の展開、従来の経済特区、沿海開放都市、沿海開放区の外に長江中下流の蕪湖、九江、黄石、武漢、岳陽、重慶の6沿江通商都市の開放、13内陸国境都市―吉林省琿春、黒龍江省綏芬河、黒河、内蒙古満州里、二連浩特、

新疆伊寧、塔城、博楽、雲南瑞麗、畹町、河口、広西憑祥、東興の開放とこれら都市に対する国境貿易と対外経済合作権限の賦与、上記13都市に丹東を加えた14都市へ外資投資を引き込むために国境経済合作区を創設（建設用基礎設備等の輸入機器などに対する輸入関税、産品税の免除、「八・五」計画期における特別貸付措置等）、省都、南昌、合肥、南寧、長沙、鄭州、石家庄、太原、呼和浩特、長春、哈爾濱、西安、蘭州、銀川、西寧、烏魯木齊、成都、昆明、貴陽等を開放都市に決定、経済特区、上海、天津、大連、広州、寧波、青島、南京などにおける外資系銀行あるいは金融機関の外貨業務経営の認可、外資の投資領域を小売商業、交通運輸、不動産、旅行業などに拡大

　第五段階（2002年後～）
　　—WTO型対外経済貿易体制の整備・深化と対外開放への前進
　WTO加盟条件に合わせた対外開放の実行、WTO基準に沿った形での対外経済貿易体制の整備と更なる対外開放

　さて、上述の全方位的な対外開放は、二つの意味で展開されてきたことを確認しておく必要があろう。一つは既に述べてきた国内の地理的な意味からする全方位的な開放という意味である。今一つは、対外開放の対象が全方位的という意味である。中国は建国以来「独立自主と平和外交」を標榜してきたことは周知のところである。しかし、真の意味でこの政策が実行されてこなかったことについては、既に上段でみてきたところである。真の意味でのこの対外政策が実行されるようになったのは80年代に入ってからである。80年代に入ってからの世界経済の情況が、全方位的な開放の政策展開を可能にしたともいえる。中国は既に述べたように、世界経済に対する前提基礎認識を改めた上で、その基礎認識の評価の上に立って平和共存の五原則を実行性のある基準とし、国家利益にもとづいて、あらゆる国家との経済関係を発展させてきたと言えるであろう[2]。

　従来中国は外交に奉仕（従属）する対外経済関係という立場をとってき

2）李広民著『世界経済与政治和当代中国外交』、中国書籍出版社、2001年、304頁。

ていたが、新しい情況の下では、この方針は批判され、対外経済関係と外交政策は対等という位置づけになった。従来外交関係が悪くなると経済関係もストップするという情況であったが、80年代に入り、外交関係が相対的に悪化しても、経済関係が直接にこれを反映して悪化するという情況はなくなり、基本的には全方位的対外開放は安定的に維持されるという構造となっている[3]。

第2節　外資導入の概況

　対中直接投資の発展は、全体としては全般的外資導入の一構成部分であり、直接投資の本格化に先立って、対外借款や加工・組立貿易形態などの外資利用が進んだ経緯から、先ず最初に中国の外資導入の全体的な発展情況を概観してみることが必要かと思われる。

　表6－1に見られるように、中国の外資導入は大きく分けて三つのタイプの外資導入から構成される。対外借款、直接投資、その他の形態による外資導入である、前二者については特段に説明を要しまい。その他の形態による外資導入について、ここで若干の説明をしておこう。表6－3は2001年における形態別外資利用状況を示すものであるが、この表の下段に掲げられている「その他の形態による外資投資」という項目の中身がそれに当たる。

　改革・開放の時点から2001年までの23年間における上述の三つの形態の外資導入の契約累計金額でみると、直接投資形態における外資導入が最も多く7,450億6千万ドル、対外借款の形態の外資導入1,385億4千万ドル、その他の形態による外資導入287億4千万ドルとなっており、契約累計額9,123億ドルのうち直接投資が圧倒的シェアを占め81.7％、対外借款15.2％、その他の形態による外資導入3.2％となっている。同期間中に実際に投資された外資累計額は5,684億1千万ドルで、直接投資3,935億1千万ドル、

---

3)　薛栄久学術報告、片岡幸雄・林家凡要約「中国国際貿易理論の史的展開―変遷と新たな模索―」、『広島経済大学経済研究論集』第13巻第4号、1990年、109頁。

表6-1 外資導入契約件数及び契約金額

年	合計 件数	合計 金額(億ドル)	対外借款 件数	対外借款 金額(億ドル)	直接投資 件数	直接投資 金額(億ドル)	その他の形態による外資投資(億ドル)
1979-2001	391,232	9,123.0	1,683	1,385.4	389,549	7,450.6	287.4
1979-1982	949	205.5	27	135.5	922	60.1	9.9
1983	522	34.3	52	15.1	470	17.3	1.9
1984	1,894	47.9	38	19.2	1,856	26.5	2.2
1985	3,145	97.8	72	35.3	3,073	59.4	4.0
1986	1,551	117.4	53	84.1	1,498	28.3	5.0
1987	2,289	121.4	56	78.2	2,233	37.1	6.1
1988	6,063	160	118	98.1	5,945	53.0	8.9
1989	5,909	114.8	130	51.9	5,779	56.0	6.9
1990	7,371	120.9	98	51.0	7,273	66.0	3.9
1991	13,086	195.8	108	71.6	12,978	119.8	4.5
1992	48,858	694.4	94	107.0	48,764	581.2	6.1
1993	83,595	1,232.7	158	113.1	83,437	1,114.4	5.3
1994	47,646	937.6	97	106.7	47,549	826.8	4.1
1995	37,184	1,032.1	173	112.9	37,011	912.8	6.4
1996	24,673	816.1	117	79.6	24,556	732.8	3.7
1997	21,138	610.6	137	58.7	21,001	510.1	41.8
1998	19,850	632.0	51	83.9	19,799	521.0	27.1
1999	17,022	520.1	104	83.6	16,918	412.2	24.3
2000	22,347	711.3	-	-	22,347	623.8	87.5
2001	26,140	719.8	-	-	26,140	692.0	27.8
年平均成長率(%) 1990-2001	13.2	16.5	-	-	13.4	23.3	12.3

注①1997年からは対外証券発行額は対外借款から外され、その他の形態による外資投資に入れられている。
②2000年と2001年の合計数値には対外借款は含まれていない。
③第五章で述べたように、中国当局は直接投資を香港・マカオ・台湾資本による直接投資と香港・マカオ・台湾以外の外国資本による直接投資とに区別しているが、ここでは両者を一括して外資直接投資として取り扱っている。以下においても、特別に断る場合を除いては同様に取り扱うこととする（中華人民共和国統計局編『中国統計年鑑・2002』、中国統計出版社、2002年、643頁、国家統計局工業交通統計司編『中国工業経済統計年鑑・2002』、中国統計出版社、2002年、58〜67頁）。

出所：中華人民共和国国家統計局編『新時代新跨越—从十三届四中全会到十六大』、中国統計出版社、2002年、229頁。

第六章　改革・開放と外資直接投資導入の動態—成果と問題—

表6-2　実行外資投資額

年	金額 (億ドル)	対外借款 (億ドル)	直接投資 (億ドル)	その他の形態による 外資投資(億ドル)	実行投資額のGDP に占める比率(%)	外資固定資産投資 の総固定資産投資 額に占める比率(%)
1979-2001	5,684.1	1,471.5	3,935.1	277.4	—	—
1979-1982	124.6	106.9	11.7	6.0	—	—
1983	19.8	10.7	6.4	2.8	0.7	4.7
1984	27.1	12.9	12.6	1.6	0.9	3.9
1985	44.6	25.1	16.6	3.0	1.5	3.6
1986	72.6	50.1	18.7	3.7	2.5	4.4
1987	84.5	58.1	23.1	3.3	2.6	4.8
1988	102.2	64.8	31.9	5.5	2.6	5.9
1989	100.6	62.9	33.9	3.8	2.2	6.6
1990	102.9	65.3	34.9	2.7	2.7	6.3
1991	115.6	68.9	43.7	3.0	2.8	5.7
1992	192.0	79.1	110.1	2.8	4.0	5.8
1993	389.6	111.9	275.1	2.6	6.5	7.3
1994	432.1	92.6	337.7	1.8	8.0	9.9
1995	481.3	103.3	375.2	2.9	7.0	11.2
1996	548.0	126.7	417.3	4.1	6.8	11.8
1997	644.1	120.2	452.6	71.3	7.3	10.6
1998	585.6	110.0	454.6	20.9	6.3	9.1
1999	526.6	102.1	403.2	21.3	5.4	6.7
2000	593.6	100.0	407.2	86.4	5.5	5.1
2001	496.7	—	468.8	27.9	4.3	4.6
年平均成長率(%) 1990-2001	14.2	—	24.5	18.0	—	—

注①1997年からは対外証券発行額は対外借款から外され、その他の形態による外資投資に入れられている。
　②2001年の合計数値には対外借款は含まれていない。
出所：表6-1同書、230頁、中華人民共和国国家統計局編『中国統計年鑑・2002』、中国統計出版社、2002年、177頁より作成。

69.2％、対外借款1,471億5千万ドル、25.9％、その他の形態による外資投資277億4千万ドル、4.9％となっており、やはり直接投資形態の外資導入が約7割を占める。

しかし、実際に利用された形態別の外資導入の発展の状況からみると、

175

1991年までは対外借款の形での外資導入が直接投資形態の外資導入よりも多く過半分を占める。対外借款の構成では、1983年は外国政府借款が67.2%を占め、これに国際金融機関からの借り入れを加えるとその割合は72.16%になる。1991年の状況では外国政府借款が26.3%、国際金融機関からの借り入れ19.8%で合わせて46.1%、輸出信用と外国銀行の貸し付けの合計が過半分を占めている。1995年には外国政府借款は26.9%、国際金融機関からの借り入れ26.2%で合わせて53.1%を占める。1999年には外国政府借款は32.5%、国際金融機関からの借り入れ25.5%で合わせて58%である。対外借款金額は1993年に100億ドルの大台に乗せてからは、それまでに較べ

表6－3　形態別外資利用状況―2001年

外資利用形態		契約件数	契約金額 (万ドル)	実行投資金額 (万ドル)
合計	Total	26,140	7,197,597	4,967,212
対外借款	Foreign Loans			
直接投資	Foreign Direct Investments	26,140	6,919,455	4,687,759
合弁企業	Joint Ventures Enterprises	8,893	1,753,648	1,573,890
合作企業	Cooperative Operation Enterprises	1,589	830,012	612,218
外資独資企業(100%外資)	Foreign Investment Enterprises	15,643	4,299,908	2,387,338
株式投資企業	Foreign Investment Share Enterprises	11	32,681	52,764
合作開発	Cooperative Development	3	1,900	51,059
その他	Others	1	1,306	1,490
その他の形態による外資投資	Other Foreign Investment		278,142	279,453
証券	Sale Share		84,800	84,800
リース	International Lease		10,200	10,428
補償貿易	Compensation Trade			283
加工・組立貿易	Processing and Assembly		183,142	183,942

注①証券投資とは国内外証券市場における外貨建ての証券発行総額である（主に香港証券市場におけるH株と国内証券市場におけるB株）。
　②リースにかかわる投資とは設備輸入のための経費である。
　③補償貿易にかかわる投資とは中国側経営主体が外国側経営主体によって提供される輸入設備、技術、材料の代金である。
　④加工・組立貿易にかかわる投資とは外国側の経営主体が提供する設備、材料の代金である。
出所：中華人民共和国国家統計局編『中国統計年鑑・2002』、中国統計出版社、2002年、629頁。

それほど増加という趨勢になく、内訳も年を経るにしたがって漸次外国銀行の貸し付けと輸出信用の占める比率が逓増の傾向にあるが、外国政府借款と国際金融機関からの借り入れの比重はやはり基底構造としては大きいものがある。現段階の資本主義をどうとらえるかという、すでにみた国家独占資本主義論あるいはそれを超えた段階としての資本主義論という議論との関連で、国家資本輸出をどう評価するかについて意見は分かれるとはいえ、先進資本主義諸国の対中経済関係の積極的展開に果たした先導的な戦略的役割は大きい。

1992年以降実際に利用された外資直接投資額は対外借款額を上回り、対外借款形態による外資導入額と直接投資形態の外資導入額の関係は構造的に転換する。以後直接投資形態の外資導入が急速に進み、2000年には直接投資は407億2千万ドルで、同年の対外借款100億ドルの約4倍の規模にまで達する。先進資本主義諸国による対外借款供与という形での経済協力も一つの大きな基礎となり、中国経済の国際化に向けての国内体制の改革と整備が進み、直接投資形態による外資系企業による経済活動が急速に進展した事情が明確に読み取れる。中国が1979～2001年までの期間において実際に利用した外資直接投資は年平均増加率24.5%の急拡大を遂げており、1992～2001年の10年間に限ってみれば年平均増加率26.8%にも及ぶ。その他の形態による外資の利用は1979～2001年までの期間において年平均増加率18%の拡大を示しており、1997～2001年の5年間に限ってみれば、その年平均増加率は46.7%にも達する。加工・組立貿易形態や補償貿易形態の外資利用については、後に第七章の貿易の発展に関する分析のところで詳しくみる。

第3節　外資直接投資の発展と外資直接投資導入政策内容の変化

対外経済の開放が行われ、外資直接投資の導入がおこなわれるようにな

ったということは、中国国内において外資系企業が存在するようになったということであり、その時点から中国にとっては新しい経済主体が登場してきたということを意味することになる。上述のような全般的状況を踏まえて、ここでは外資直接投資の発展の情況を段階的に簡単に跡づけつつ、中国当局の外資直接投資導入政策内容の変化をみよう。

1 第一段階（1979～83年）―対外開放の試験的準備期

　この段階は理論的かつ実践上の試験的準備期である。1980年からは中国は未だ社会主義の初級段階にあるとの認識の下で、公有制が主導権を握りながら、多くの経済構成体を併存させるべきであるとの考え方に立ち、外国資本の投資に対してその存在の位置づけが確定した。この段階に批准された直接投資項目件数は1,462件、契約外資金額は77億4千万ドル、実行投資外資金額18億1千万ドルであった。

2 第二段階（1984～91年）―発展段階期

　上述試験段階の経験の総括の上に立って、既に述べた対外開放重点拡張段階と沿海地域全面開放段階の動きに呼応して、外資直接投資の利用がかなりのスピードで発展した時期である。1986年10月「関于鼓励外商投資的規定」及び若干の弁法を制定し、製品輸出外資系企業と先進技術外資系企業に対してさらに優遇措置を講じた。これと同時に一方で1987年12月「指導外商投資方向暫行規定」と、奨励項目、制限項目、禁止項目に分けた外資投資産業目録を定め、産業政策に合わせた外資導入の方向づけを指向することを開始した模様である。このことによって、その後数年間工業部門への外資直接投資が80％以上を保持したといわれる[4]。この時期に批

4）徐景和・劉淑強・張桂龍・趙雷主編『中国利用外資―法律理論与実務　上・総論編』、人民法院出版社、1999年、59頁。李嵐清主編『中国利用外資基礎知識』、中共中央党校出版社・中国対外経済出版社、1995年、75頁。これら両文献は公布された模様であるが、筆者は未だ捜し当てられない。したがって具体的内容は定かでない。

准された直接投資項目は４万635件、契約外資金額は446億１千万ドル、実行外資投資金額215億４千万ドルに上る。

　この時期直接営業活動に関連する外資投資は中小企業の労働集約的項目に集中し、この内上述分類のその他の形態による外資投資である「三来一補」（来料加工、来様加工、来件装配と補償貿易、いわゆる委託加工・組立と補償貿易）項目がかなりの比重を占めていたことを付記しておこう。この段階においては外資直接投資が集中した産業分野は労働集約型工業で、製品輸出企業も増加した。初期段階の投資がサービス分野に多かったのに対して質的変化がみられる。1990年末の情況では工業への投資が80％以上を占めるようになってきている[5]。

3　第三段階（1992～93年）—高度発展段階期

　1992年年頭の鄧小平の「南巡講話」による対中直接投資に対する外資側の不安感・躊躇感の払拭、同年党第14回全国代表大会における「社会主義市場経済」建設方針の確立を承けて、一気に外資直接投資が急拡大した。因みに、1992年の契約直接投資件数は４万8,764件、前年の約3.8倍、契約金額581億２千万ドル、前年の約4.9倍、実行投資額も110億１千万ドル、それまでの最高投資額43億７千万ドルの約2.5倍に達した。翌1993年には契約直接投資件数は８万3,437件、前年の約1.7倍、契約金額1,114億４千万ドル、前年の約1.9倍、実行投資額も275億１千万ドル、前年の約2.5倍となり、この両年いずれの合計額も79年以来の累計を超過し、格段にぐっと高い新しい段階の高地を創り出した。

　注目すべきは、1992年外資直接投資導入を「市場をもって技術と交換する」と位置づける戦略認識と方針が打ち出されたことである。この方針

---

[5]　1989～91年の期間を調整段階としてとらえる見解もあるが、もし調整段階としてとらえるとしても小調整段階としての位置づけになろう（段階区分の詳細は長谷川貴弘「中国の外国直接投資政策に関する一考察」、『経済研究年誌』第25号、平成14年を参照されたい）。

は、その後の重要方針となった[6]。外資系企業に対する市場開放によって、先進技術の移転を推し進めることが外資導入戦略方針の一つにすえられ、外資直接投資導入に新たな積極的意義づけが加わった。

4 第四段階（1994～99年）―調整・安定的発展期

（1）新段階の外資直接投資の動向と新たな面貌

上述のように、これまで中国への直接投資に関心をもちながらも、いささかの躊躇のあった外国投資家も1992～3年にかけて一気に対中直接投資を急拡大させた。1994年にはこのことから落ち着きを見せてきた投資動向も、以前と較べて内容的に質的変化が窺われるようになってきた。

1994年には契約件数、契約金額ともに前年を大きく下回ったものの、実行投資金額は前年を22.8%も上回っている。以後1999年を除き、量的にはともかく基本的にはこの構造が定着する。また、契約項目一件平均当たりの契約投資金額の規模の上昇がみられる。1988～91の各年の年平均一件当たり契約外資投資額は100万ドルに達しなかったが、92年からは100万ドルを超え、96年には298万ドルに上昇している。

また、1992年以来外資直接投資は相対的には沿海部地域に集中しているとはいえ、内陸部への投資項目の急成長がみられ、外資直接投資の地理的広がりが進む。さらに、投資分野もインフラ、交通、エネルギー、原材料工業等の大規模のものに及ぶようになった上、第三次産業（商業、航空、銀行、保険等）への投資もおこなわれるようになり、投資産業分野も全方位的になってきた。いわゆる世界的な多国籍企業（例えば、フィリップス、

---

6) 李嵐清「関于対外経済貿易工作落実十四大精神的幾個問題」（1992年12月14日在全国対外経済貿易工作会議上的講話〈摘要〉）、中国対外経済貿易年鑑編輯委員会編輯『中国対外経済貿易年鑑・1993／94』、中国広告有限公司、1993年、29頁。石広生「努力提高我国吸収外資的質量和水平」（2001年7月3日在全国外資工作会議上講話的主要部分）、石広生著『世紀之交的中国対外経済貿易』、人民出版社、2003年、191頁。王允貴主編『中国加入WTO后的外経貿発展戦略』、中国計画出版社、2002年、114頁。

シーメンス、フォード、バイエル、IBM、モトローラ、松下等）の対中投資も増大するようになり、従来に較べ漸次事業内容も資本集約的、知識集約的度合が高まってきた。1999年の外資直接投資契約金額の産業別構成では、第一次産業3.6％、第二次産業66.2％、第三次産業30.2％、実際に利用された外資金額の産業別構成では、第一次産業1.8％、第二次産業66.6％、第三次産業31.6％となっている。

　1992年における契約投資件数の投資経営形態別構成からみると、合弁形態の企業の件数が70.4％、合作形態の企業11.7％、外資独資企業（100％外資経営形態）17.8％となっているが、その後外資独資企業の比率が高まり、97年には投資契約件数では45.7％を占めるにいたり、トップの座に立つようになった。翌年の1998年からは契約投資金額でも首座を占めるようになり、99年には実行投資金額でも外資独資企業が合弁企業に僅差で迫るようになり、2000年にはいずれにおいても外資独資企業がトップの座を占めるようになっている。

　これは様々な経営問題を内蔵する国有企業、あるいは類似した体質を内に孕む中国の企業との合弁を敬遠するという外資側の潜在的姿勢を陰に陽に反映したものかと思われる。

（2）外資直接投資導入政策の整備と変化

　一方中国側も、外資直接投資の量的増大、中国の経済発展を睨んだ主要多国籍企業の対中投資に向けた積極的意欲を踏まえて、これまでの外資導入一点張りに流れる風潮から、量的増大趨勢にある外資直接投資の導入を自国の産業構造の転換、高度化により積極的に組み込んでいくという重点的外資導入誘導の方向を目指すようになってきた。また、従来外資系企業に対して与えてきた優遇措置は国内資本企業にとっては競争の不平等といった問題、あるいはそのこととも関連するが、場合によっては偽装外資系企業の発生なども出てくるといった情況の中で、外資導入に対する管理を強化する必要もあった。

　1995年6月国家計画委員会、国家経済貿易委員会、対外貿易経済合作

部は共同で「指導外商投資方向暫行規定」及び「外商投資産業指導目録」を定めた。これによると、外資直接投資項目は①奨励項目、②許可項目、③制限項目、④禁止項目に分類され、①③④に属さないものは許可項目とされる。奨励項目は、以下のように規定されている。

i 「農業の新技術、農業の総合開発とエネルギー、交通、重要原材料工業の建設項目」

ii 「ハイテク技術、先進技術で製品性能を改善、エネルギーと原材料を節約、企業の技術経済効率の向上ができる、または市場の需要に適合し、国内の生産能力が不足している新設備、新材料項目」

iii 「国際市場の需要に適合、製品ランクの向上、新市場の開拓、製品の国外販売の拡大、輸出増のできる項目」

vi 「資源の総合利用と資源の再利用及び環境汚染を防止する新技術、新設備項目」

v 「中西部地区の労働力と資源の優位を発揮でき、国の産業政策に適合する項目」

vi 「国の法律、行政法規で奨励を規定するその他の項目」

制限項目は（甲）種と（乙）種に分けられ、前者は「国内ですでに開発、またはすでに技術導入し、生産能力がすでに国内市場の需要を満たしている項目」、後者は「国が外国企業の投資導入を試行、または専売を実施する産業項目、希少、貴重な鉱産資源の探査、採掘に従事する項目、国の統一計画が必要な産業項目[7]」などである。

②に属するものについては「外商投資産業指導目録」には入れられない。「外商投資産業指導目録」項目は外資投資項目の審査、批准を指導していく拠り所とされる。国は産業政策にもとづき、インフラ整備、基礎産業、国有企業の技術改造、資本・技術集約型産業への外資の導入を奨励し、金融、商業、観光などの領域も適度に開放するということである。

---

7) 括弧内引用はいずれも日本国際貿易促進協会『国際貿易』1995年7月4日号掲載の翻訳によっているが、論文稿としての体裁上項目番号のつけ方、句読点などの部分で改めている部分がある。

1998年1月1日からは、国家計画委員会が97年下半期、44関係部門から出された276の改正意見をまとめて、新たに修正した「指導目録」にもとづいて外資直接投資の導入が行われるようになった。この「指導目録」も基本的な枠組は従来のものとほぼ同様であるが、修正「目録」では改正は小範囲に留められており、奨励項目の186項目（14項目増）、制限乙類項目86項目（10項目増）、制限甲類項目26項目（12項目減）、禁止項目31項目（増減なし）といった形になっている[8]。奨励項目と制限乙類項目272項目（全項目の83%にあたる）については、関税及び増値税が免除される[9]。

「外商投資産業指導目録」の中でも、同じ分類項目が制限項目と禁止項目の両面にまたがっているものもあるが、この場合は中国の生産レベル、市場ニーズ、労働力の生産能力等を考慮してのことである。奨励項目では、特に製品の質を高めるといったことに重点を置いて選別されている。例えば、中国の皮革製品は大量に輸出されていることもあって、場合によってはアンチダンピング問題を引き起こすこともあり、量よりも質の向上が重要となることから、皮革後処理加工及び新技術設備の製造が奨励項目に入れられた。ほぼ同様の理由から、繊維関連でも捺染め及び後処理加工が奨励項目に入れられた。禁止項目は主要な工程や重要な技術の習得がほぼ峠を越えており、もう新しい技術の導入は必要がないというものである。

対外開放の初期には60〜70%の外資直接投資が第三次産業（不動産、ホテル、観光、娯楽施設等）に集中したが、90年代に入って以後第二次産業への投資が増えて、1997年末の情況では63%ぐらいが第二次産業へ向かった。第三次産業への投資は36%ぐらい（この内20%ぐらいは不動産部門）である。サービス部門への外資直接投資導入をある程度重視して実行して

8）筆者が原資料に当たって調べたところでは、一般に解説されているものではリスト上の総項目数は一致しているが、各々の項目数に若干のまちがいが認められるようである（例えば、『国際商報』1998年元旦号、『北京週報』1998年No.10、1998年3月10日号、25頁など）。なお、制限項目甲類については、中国側パートナーは国有資産、国家予算でなく、必ず自己所有資産、資金を投入しなければならない。また、制限項目乙類については、地方政府権限で審査・認可できる小規模プロジェクトであっても項目建議書は国務院、事業計画書は計画委員会での別途審査を必要とする。
9）これに合わせて、外国投資案件非免税輸入商品リストが発表された。

いく姿勢が、「指導目録」制定後機会あるごとに確認され進行した。

　中西部地区への外資直接投資の積極的導入に限定した奨励項目（4,000トン／日以上のセメント・クリンカー新型乾式法セメント生産ライン）、制限乙類項目（単機容量30万キロワット以下の通常石炭燃焼火力発電所の建設、経営―但し小規模電力網、辺地及び低品位炭、小石混合炭使用の発電所を除く）が組み込まれている[10]。

5　第五段階（2000年～）―WTO加盟と新段階

（1）WTO加盟を目指した外資直接投資の新たな胎動

　2000年の外資直接投資契約件数は2万2,347件、契約外資金額は623億8千万ドル、実行投資額は407億2千万ドルであった。契約件数では対前年比32.1％増、契約外資金額、同51.3％増、実行投資額、同1.0％増である。契約ベース前二者の大幅増加の要因として、「中国の投資環境の改善、WTO加盟への期待及びアジア地域の経済回復等」が挙げられる[11]。

　先に触れたが、2000年には契約外資投資件数、契約外資投資金額、実行外資投資額いずれにおいても、外資独資企業がトップの座を占めるにいたった事態に対して、いささか具体的に内容をみてみよう。契約投資総件数2万2,347件のうち外資独資企業1万2,196件、54.6％、合弁企業8,378件、37.5％、合作企業1,757件、7.9％、契約投資総額623億8千万ドルのうち外資独資企業が343億1千万ドル、55％、合弁企業196億5千万ドル、31.5％、合作企業81億2千万ドル、13％、実行外資投資総額407億2千万ドルのうち外資独資企業192億6千万ドル、47.3％、合弁企業143億4千万ドル、35.2％、合作企業67億ドル、16.5％、合作開発3億8千万ドル、1％となっている。外資独資企業のこれら指標における比重の上昇は、全体として経済活動における外国資本の支配する企業主体の相対的地位の上昇を意味することになるから、このことが即直接的にある特定の業種、産業分野、あるいは全

---

10)『北京週報』1998年No.10、1998年3月10日号、26頁。
11) 日本国際貿易促進協会『国際貿易』2001年1月23日号。

体経済の支配ということに直結するということでもないが、この観点は視野に入れておく必要はあろう。況してや、合弁形態の企業などにあって、通常先進国型企業において支配権を握るに十分と考えられる持株比率を中国側が掌握している場合でも、技術の占有とか、経営戦略上の主導権が握られるとか、あるいは経営計画や管理面などで劣位にある人的能力等の事情から、当該合弁企業が外資側に支配される可能性があるような状況の下にあっては尚更のことである。

　2001年の契約投資件数は２万6,140件、契約外資金額692億ドル、実行投資額468億８千万ドルであった。投資件数では対前年比17.0％増、契約金額では同10.9％増、実行投資額では同15.1％増である。2001年末時点での外資系企業の累計認可件数は38万9,549件、契約累計金額は7,450億６千万ドル、実行投資累計額は3,935億１千万ドルに達する。外資独資企業の地位は一層高まり、投資件数で総数の59.8％、契約金総額の62.1％、実行投資総額の50.9％を占め、いずれにおいても過半分を押えた状態となっている。このように外資直接投資が2001年も大幅な増加をみせているが、やはり中国の経済発展が好調なこと、中国の工業化が新たな段階に入り製品や部品の世界の供給基地としての役割が益々上昇してきていること、WTO加盟を目前にひかえてさらなる市場開放と投資環境が整備され、中国国内の潜在市場に対する期待が大きいこと等が背景となっているものと思われる。

　WTO加盟後一年目の2002年には、認可件数、契約外資金額、実行投資額のいずれにおいても前年を上回り、許可件数は３万4,171件、対前年比30.7％増、契約外資金額827億68百万ドル、同19.6％増、実行外資投資額527億43百万ドル、同12.5％増で、2002年末現在の累計認可件数は42万4,196件、契約外資累計額は8,280億６千万ドル、実行外資投資累計額は4,479億66百万ドルに達した。中国は2002年世界最大の外資直接導入国となった[12]。

（２）新たな直接投資導入政策

　2000年６月22日国家経済貿易委員会、国家発展計画委員会、対外貿易

---
12) 対外貿易経済合作部『中国外資』2003年第２期、５頁。

経済合作部は共同で「中西部地区外商投資優勢産業目録」を発表した。このリストでは、255項目の産業が中西部地区の20の省、自治区、直轄市における重点開発産業項目として列挙されており、これらの産業項目については、「指導外商投資方向暫行規定」中の奨励項目に対して与えられる各種優遇政策、総投資額内の輸入設備、すでに規定によって免税とされない商品を除いては、関税及び増値税が免除される。

　2002年2月11日国務院は従来の「指導外商投資方向暫行規定」を廃止し、新たに「指導外商投資方向規定」を公布、4月1日から実施すると発表した。さらに、同3月11日国家発展計画委員会、国家経済貿易委員会、対外貿易経済合作部は共同で新たな「外商投資産業指導目録」及び「附件」を公布、4月1日から実施すると発表した。新たな「指導外商投資方向規定」の主要内容は、以下のようなものである。

ⅰ　「指導外商投資方向規定」によれば、追って出される「〈外商投資産業指導目録〉及び〈中西部地区外商投資優勢産業目録〉（後者の〈目録〉は最初2000年6月に出されたが、その後2004年7月まで改定、公布されなかった…括弧内筆者）は、外国企業投資案件及び外国投資企業の審査、認可を指導し、かつ関係政策を適用する根拠である」。

ⅱ　外国企業投資案件は①奨励、②許可、③制限、④禁止の四項目に区分する。①③④の項目に該当する外国企業投資案件は「外商投資産業指導目録」に列記する。その他の外国企業投資案件は許可項目案件とする。許可項目案件は「外商投資産業指導目録」には列記されない。

ⅲ　奨励項目案件に属するものは以下の通りである。

「①　農業新技術、農業総合開発及びエネルギー、交通、重要原材料工業に属する案件

　②　ハイテク、先進技術に属し、製品の性能を改善し、企業の技術的経済的収益を向上させることができ、または国内の生産能力が不足している新設備、新材料の生産に属する案件

　③　市場の需要に適合するもので、製品の品質を向上させ、市場を開拓し、または製品の国際競争力を増加させることのできる案件

④ 新技術、新設備、エネルギー及び原材料を節約できる案件、資源の総合利用及び資源の再生並びに環境汚染防止に属する案件
　⑤ 中西部地区の労働力及び資源の優位を発揮でき、かつ国の産業政策に合致する案件
　⑥ 法律、行政法規で規定するその他の案件」
　なお、「奨励項目の外国企業投資案件は、関連法律、行政法規の定めに従い優遇を受けるほか、投資額が大きく、回収期間の長いエネルギー、交通、都市インフラ施設（石炭、石油、天然ガス、電力、鉄道、道路、港湾、空港、都市道路、汚水処理、ごみ処理など）の建設、経営に従事する案件は、認可を得て、それと関連する経営範囲を拡大することができる」。
　また、製品のすべてを直接輸出する許可項目の外国企業投資案件は、奨励項目の外国企業投資案件として取り扱われる。
iv　制限項目に属するものは以下の通りである。
「① 技術水準が遅れている案件
　② 資源の節約及び生態環境の改善に不利な案件
　③ 国が保護採掘の実行を規定する特定鉱産物の探査、採掘に従事する案件
　④ 国が段階的に開放する産業に属する案件
　⑤ 法律、行政法規で規定するその他の案件」
　なお、製品の輸出販売額がその製品販売総額の70％以上を占める制限項目の外国企業投資案件は、省、自治区、直轄市及び計画単列都市の人民政府または国務院主管部門の認可を得た場合は、許可項目の外国企業投資案件として取り扱われる。
v　禁止項目に属するものは以下の通りである。
「① 国の安全を脅かす、または社会公共の利益を損なう案件
　② 環境汚染をもたらし、天然資源を破壊し、または人体の健康を損なう案件
　③ 大量の耕地を占用し、土地資源の保護、開発に不利な案件

  ④ 軍事施設の安全及び使用効果を脅かす案件
  ⑤ わが国固有の製法または技術で生産する案件
  ⑥ 法律、行政法規で規定するその他の案件」
 vi 「外商投資産業指導目録」には、「外国企業投資案件に対し、〈合弁、合作に限る〉、〈中国側がマジョリティーを持つ〉、または〈中国側が相対的にマジョリティーを持つ〉ことを規定することができる[13]」。
 vii 中西部地区の優位を確実に発揮できる許可項目及び制限項目の外国企業投資案件については、適度に条件を緩めることができる。このうち「中西部地区外商投資優勢産業目録」に挙げられる案件は、奨励項目の外国投資案件の優遇政策を受けることができる[14]。

---

13)「合弁、合作に限る」、「中国側がマジョリティーを持つ」、「中国側が相対的にマジョリティーを持つ」とは以下のような意味である。
 「〈合弁、合作に限る〉とは、中外合弁経営、中外合作経営のみ許可することを指す。〈中国側がマジョリティーを持つ〉とは、外国企業投資案件における中国側投資者の投資比率の和が、51％及びそれ以上であることを指す。〈中国側が相対的にマジョリティーを持つ〉とは、外国企業投資案件における中国側投資者の投資比率の和が、いかなる一方の外国側投資者の投資比率よりも大きいことを指す」(「指導外商投資方向規定第8条」、『国際商報』2002年3月5日号)。

14) なお、外国企業投資案件の届出、審査、認可の手続きについては、以下のように規定している。
 「現行の審査及び認可権限に基づき、外国企業投資案件は、案件の性質により、それぞれ発展計画部門、経済貿易部門が審査、認可及び届け出の受理を行う。外国投資企業の契約、定款は、対外経済貿易部門が審査、認可及び届け出の受理を行う。そのうち制限項目の限度以下の外国企業投資案件は、省、自治区、直轄市及び計画独立都市人民政府の相応する部門が審査、認可を行い、同時に上級の主管部門及び業種主管部門に届け出をする。この項目の案件の審査及び認可権は、下部に委譲してはならない。サービス貿易分野の段階的に開放するものに属する外国企業投資案件は、国の関係規定に基づき審査、認可を行う。
 割当または許可証にかかわる外国企業投資案件は、必ず事前に対外経済貿易部門に割当または許可証を申請しなければならない。
 法律、行政法規で外国企業投資案件の審査、認可の手続き及び方法について別段の定めがあるときは、その定めによる」(日本国際貿易促進協会『国際貿易』2002年3月12日号掲載翻訳)。
 「指導外商投資方向規定」の説明部分の多くを日本国際貿易促進協会『国際貿易』2002年3月12日号掲載翻訳に負うており、本文中括弧で囲んだ部分は同翻訳文をそのまま使用しており、その他の部分も同翻訳文を多く利用しているが、論文稿としての体裁上項目番号のつけ方、句読点などを改めている部分がある。

2002年3月11日国家発展計画委員会、国家経済貿易委員会、対外貿易経済合作部は三者共同で「外商投資産業指導目録」を示し、4月1日から実施すると発表した。この「目録」では上述したように、奨励項目、許可項目、制限項目、禁止項目に分けて各々の産業が挙げられている。今回の「目録」の主要な特徴点は以下のような点である

 i　より一層の対外開放と積極的な外資直接投資の導入を推し進めるという姿勢の下で、外資導入奨励産業項目が従来の186項目から262項目に増加され、制限項目は従来の112項目から75項目に減らされた。禁止項目は33項目（2項目増）で、総項目数は371項目（付属文書項目を含む）となっている。

 ii　外資系企業における資本構成上外資側の所有比率に対する制限が緩和された。例えば、港湾業務活動において中国側が経営支配権をもつといった規制が撤廃された。また、従来外資投資が禁止されていた電気通信部門、都市における上下水道、ガス、供熱網の建設及び経営等の部門における外資投資が対外開放された。

 iii　WTO加盟時の約束事項である地域、数量、経営範囲、出資比率と銀行、保険、商業、対外貿易、観光、通信、運輸、会計・監査、法律等サービス貿易の対外開放の予定計画が付属文書に明記されている。

 iv　西部地区向けの外資直接投資の奨励、西部地域向け外資直接投資における外資出資比率および業種制限の緩和が盛り込まれている。

 v　市場競争メカニズム機能を十全に生かして、産業構造の高度化と生産の複合化の推進をはかるために、一般工業品は許可項目に入れられている。

奨励項目案件の設備輸入の輸入関税と増値税は免除される。

　今回の「外商投資産業指導目録」からみると、今後中国は、①従来の農業改造、近代的農業の開発、農業の産業化、②通信、エネルギー、素材産業およびその他の基礎産業、③電子情報、バイオエンジニアリング、新素材、航空・宇宙、その他のハイテク産業、R&Dセンターの創設、④機械、軽工業、紡織業など伝統的産業の先進応用技術装備産業への転換、⑤資源

および資源再生プロジェクト、環境保護、都市建設、⑥西部地区における優位産業、⑦全額輸出推進型プロジェクト等への外資直接投資導入に力点をおいた運営を行うことになった。

第4節　外資系企業の地位と基本的特徴

1　中国国民経済における地位概況

すでに表6-1、表6-2でみてきたように、対中外資直接投資は急速に伸びてきたが、この急速なスピードでの外資直接投資の増大が、現時点で中国経済全体の中でどのような地位にあるかみてみよう。表6-4は1991～2001年までの期間の各年における外資直接投資の国内総生産（GDP）及び固定資産総額に占める地位を見たものであるが、これによると、1991年には外資直接投資は国内総生産の1.1%の比重であったが、2001年には4.0%にまで地位が上昇してきている。年平均上昇率では13.8%という急上昇率である。固定資産投資総額に占める外資直接投資の比重は1991年には4.2%であったが、2001年には10.4%にまで急上昇している。年平均上昇率では9.5%の上昇率である。

2001年における中国工業に占める外資直接投資の地位をみると、外資系企業の資産総額の中国全体の工業資産総額に占める割合は20.94%、外資系企業の工業総生産額が中国全体の工業総生産額に占める割合は28.52%である。また、その付加価値額の全体に占める割合は25.16%、販売額の全工業販売額に占める割合は27.76%、その利潤額の全工業利潤総額に占める割合は30.48%、その付加価値税（増値税）の全工業付加価値税総額に占める割合は21.58%、外資系企業の所得税の全工業企業所得税総額に占める割合は17.86%を占める。このことから、外資系企業はすでに中国工業において大きな地歩を占め、発展途上国としての中国国民経済における工業の位置という意味を考えれば、相当に重要な地歩を占めていることがわかる。

第六章　改革・開放と外資直接投資導入の動態―成果と問題―

表6－4　外資直接投資の国内総生産および固定資産投資総額に占める地位

年	人民元表示によるGDP（億元）	ドル表示によるGDP（A）（億ドル）	人民元表示による固定資産投資総額（億元）	ドル表示による固定資産投資総額（B）（億ドル）	外資直接投資実行額（C）（億ドル）	C/A×100	C/B×100
1991	21,617.8	4,060.9	5,594.5	1,050.9	43.7	1.1	4.2
1992	26,638.1	4,830.6	8,080.1	1,465.2	110.1	2.3	7.5
1993	34,634.4	6,010.8	13,072.3	2,268.7	275.2	4.6	12.1
1994	46,759.4	5,425.5	17,042.1	1,977.4	337.7	6.2	17.1
1995	58,478.1	7,002.8	20,019.3	2,397.2	375.2	5.3	15.7
1996	67,884.6	8,165.2	22,974.0	2,763.3	417.3	5.1	15.1
1997	74,462.6	8,982.4	24,941.1	3,008.6	452.8	5.0	15.1
1998	78,345.2	9,463.3	28,406.2	3,431.2	454.6	4.8	13.2
1999	82,067.5	9,913.8	29,854.7	3,606.4	403.2	4.1	11.2
2000	89,442.2	10,804.6	32,917.7	3,976.5	407.2	3.8	10.2
2001	95,933.3	11,590.7	37,213.5	4,496.1	468.8	4.0	10.4

注：1997年から、不動産投資、農村集団投資、個人投資を除き、基本建設投資、更新改造投資及びその他固定資産投資統計は、それまでの5万元以上のものから50万元以上のものに変更された。本表の96年までは旧来統計方式による数値である。
出所：中華人民共和国国家統計局編『中国統計年鑑・2002』、中国統計出版社、2002年、51頁、176頁、612頁、表6－1同書、230頁より作成。

表6－5　外資系工業企業主要経済指標―2001年

主要経済項目	全業種（億元）	外資系企業（億元）	外資系企業の占める比率（%）
資産総額	135,402.49	28,354.46	20.94
総生産額	95,448.98	27,220.91	28.52
所得税	1,382.17	246.82	17.86
付加価値額	28,329.37	7,128.11	25.16
販売額	93,733.34	26,022.08	27.76
利潤総額	4,733.43	1,442.95	30.48
支払義務増値税	4,018.09	867.13	21.58

出所：中華人民共和国国家統計局編『中国統計年鑑・2002』、中国統計出版社、2002年、432～435頁、452～455頁、《中国税務年鑑》編輯委員会編『2002年中国税務年鑑』、中国税務出版社、2002年、593頁、614頁より計算。

2 製造業部門における外資系企業の地位と特質

(1) 製造業における外資系企業の部門特化度

製造業部門における外資系企業の地位と特質に関する分析としては、1985年と1995年の工業センサスに基づいた国家発展計画委員会産業発展研究所の王岳平氏の研究[15]がある。ここでは王岳平氏の研究と関連させる形で、1999年と2001年の状況をみてみることにしよう。王岳平氏による研究の統計データと1999年、2001年の統計データは統計上直接的に接合できないが、両者を突き合わせてみると傾向的特質は浮かび上がらせることができる。

表6-6は『中国統計年鑑』の統計を用いて、王岳平氏と同様の算式によって算定した[16]製造業部門における外資系企業の部門分布の構造的特質を示すものである。この表での統計対象工業企業は、すべての国有企業と売上高500万元以上の非国有企業である。また、構造的特徴をより明確にするため、さらに王岳平氏の分析との比較対照上の都合から、2001年の工業生産総額の合わせて1％ぐらいしか占めない採掘業部門とガス・水道部門を外してある。

---

15) 王岳平「我国三資企業工業結構特徴」、『国際貿易問題』1998年第5期、拙訳「中国三資企業工業構造の特徴」、JETRO『中国経済』1999年2月号。ここでいわれている三資企業とは香港・マカオ・台湾資本系の企業と香港・マカオ・台湾系企業を除く外資系企業を総称した略称である（中華人民共和国国家統計局編『中国統計年鑑・2002』、中国統計出版社、2002年、481頁）。この点については第五章参照。

16) 生産特化指数SDI＝$\frac{GIP_{ij}/GIP_j}{GIP_i/GIP}$、jは外資系企業、iは業種、$GIP_{ij}$は外資系企業i業種の産出額、$GIP_j$は外資系企業製造業総産出額、$GIP_i$はi業種工業部門の産出額、GIPは製造業全体の総産出額を表す。SDI＞1の場合は、当該業種の外資系企業が製造業に占める比重が全国平均水準よりも大きいことを表し、当該業種の外資系企業が同一業種の中で少なくとも生産上の特化の特徴をもつことを示す。SDI≧2の場合は分業担当している部分が極めて著しいことを示し、1≦SDI＜2の場合は普通程度の分業を担っていることを示す。付加価値特化指数、売上高特化指数についても同様の方式で算定する。

第六章　改革・開放と外資直接投資導入の動態―成果と問題―

表6－6　外資系工業企業主要部門の特化指数

業　種	2001年外資系企業特化指数			業　種	1999年外資系企業特化指数		
	総生産額	付加価値額	売上高		総生産額	付加価値額	売上高
食　品　加　工	0.79	0.82	0.84	食　品　加　工	0.83	0.93	0.88
食　品　製　造	1.34	1.49	1.43	食　品　製　造	1.32	1.46	1.38
飲　　　　　料	1.00	1.01	1.04	飲　　　　　料	1.00	1.04	1.01
タ　バ　コ	0.02	0.02	0.02	タ　バ　コ	0.03	0.02	0.03
紡　　　　　織	0.73	0.80	0.74	紡　　　　　織	0.77	0.83	0.78
ア　パ　レ　ル	1.53	1.67	1.60	ア　パ　レ　ル	1.74	1.92	1.80
皮革・毛皮・羽毛製品	1.82	1.92	1.86	皮革・毛皮・羽毛製品	2.06	2.14	2.13
木　材　加　工	0.96	0.97	1.01	木　材　加　工	1.15	1.16	1.20
家　　　　　具	1.52	1.65	1.59	家　　　　　具	1.51	1.63	1.57
製紙及び紙製品	1.05	1.12	1.13	製紙及び紙製品	1.00	1.05	1.04
印　　　　　刷	1.12	1.18	1.18	印　　　　　刷	1.10	1.16	1.14
文化・教育・体育用品	2.00	2.22	2.06	文化・教育・体育用品	2.18	2.37	2.22
石油加工・コークス	0.30	0.38	0.31	石油加工・コークス	0.20	0.19	0.20
化　　　　　学	0.73	0.84	0.74	化　　　　　学	0.66	0.74	0.69
医　　薬　　品	0.74	0.86	0.75	医　　薬　　品	0.82	0.94	0.80
化　学　繊　維	0.74	0.95	0.72	化　学　繊　維	1.21	1.56	1.22
ゴ　　　　　ム	1.16	1.33	1.24	ゴ　　　　　ム	1.19	1.27	1.22
プラスチック	1.46	1.63	1.50	プラスチック	1.50	1.70	1.54
非　金　属　鉱　物	0.64	0.70	0.66	非　金　属　鉱　物	0.57	0.60	0.59
鉄及び関連金属	0.27	0.23	0.27	鉄及び関連金属	0.25	0.17	0.24
非　鉄　金　属	0.40	0.33	0.40	非　鉄　金　属	0.48	0.41	0.48
金　属　製　品	1.19	1.26	1.26	金　属　製　品	1.23	1.24	1.30
一　般　機　械	0.73	0.86	0.77	一　般　機　械	0.70	0.83	0.76
専　門　設　備	0.59	0.63	0.64	専　門　設　備	0.49	0.53	0.53
交通・運輸設備	1.03	1.18	1.08	交通・運輸設備	1.06	1.20	1.08
電気機械及び機材	1.11	1.19	1.15	電気機械及び機材	1.14	1.16	1.18
電子及び通信設備	2.46	2.48	2.52	電子及び通信設備	2.49	2.69	2.55
科学機器・計器,事務用機械	1.94	1.81	2.04	科学機器・計器,事務用機械	2.03	1.99	2.10
電　　　　　力	0.59	0.61	0.35	電　　　　　力	0.57	0.59	0.41

出所：中華人民共和国国家統計局編『中国統計年鑑・2000』、中国統計出版社、2000年、
　　　414頁、417頁、434頁、437頁、同上編『同上年鑑・2002』、同上出版社、2002年、
　　　432頁、435頁、452頁、454頁より作成。

これによると、2001年の総生産額、付加価値額、売上高の三指標のいずれにおいても特化率が2を上回り、外資系企業の最も特化率の高い部門は「電子及び通信設備」部門である。「文化・教育・体育用品」部門もいずれの指標でも特化率が2を超えている。「科学機器・計器、事務用機械」部門は一つの指標で2を凌駕しており、かなり高い特化の状況を示す。1≦SDI＜2の特化率の中で比較的高いのが「皮革・毛皮・羽毛製品」、「アパレル」、「家具」、「プラスチック」部門で、「金属製品」、「ゴム」、「印刷」、「電気機械及び機材」、「製紙及び紙製品」、「交通・運輸設備」等の部門は普通程度の分業を担っていることがわかる。

　2001年の状況を1999年の状況と較べると、「電子及び通信設備」部門は特化率が依然として極めて高いが、特化度は下がってきている。「文化・教育・体育用品」、「皮革・毛皮・羽毛製品」、「科学機器・計器、事務用機械」部門は、1999年には特化率はいずれの指標でもほとんど2以上であったが、2001年にはいずれも特化度が下がってきている状況が確認され、「文化・教育・体育用品」部門を除けば、他の二部門は全体的には特化率が2を割り込んでいる。2001年において1≦SDI＜2の特化率の部門で、上述の「科学機器・計器、事務用機械」と「皮革・毛皮・羽毛製品」以外で特化率の比較的高い「アパレル」、「プラスチック」等の部門でも特化度が下がってきており、「家具」部門のみに特化度の上昇がみられるにすぎない。1≦SDI＜2の特化率の範囲で特化率の比較的低位にある部門のうち、「食品製造」、「製紙及び紙製品」、「印刷」、「ゴム」部門は特化度が高まり、「電気機械及び機材」、「交通・運輸設備」、「金属製品」等の部門は特化度が下がっているものの、普通程度の特化の地位を維持しているが、「木材加工」、「化学繊維」の二部門は2001年にはその地位を失っている。

　2001年に外資系企業の特化率が1未満、即ちSDI＜1の部門で1999年に較べて特化度の上昇がみられる部門は「石油加工・コークス」、「化学」、「鉄及び関連金属」、「一般機械」、「専門設備」、「非金属鉱物」等の部門で、「タバコ」、「紡織」、「医薬品」、「非鉄金属」等の部門では特化度が下が

第六章　改革・開放と外資直接投資導入の動態—成果と問題—

り、1999年に較べて普通程度の特化をもっていた地位から落ちた部門は、「木材加工」及び「化学繊維」部門である。

　王岳平氏の分析は、1985年と1995年の工業センサスにもとづいて算定された特化指数を、比較対照しながら動態を抽出するという作業をしたもので、包括される部門総生産額が、販売額100万元以上の工業企業をベースにした場合と、独立経済計算単位工業企業をベースにした場合の二つの特化指数を算定しているが、対象工業企業の範囲が異なること、またこのこととも関連して対象外資系企業もことなるので、いずれも上述の統計と直接には接合できない。しかし、次のような傾向的特徴は引き出せるように思える[17]。

① 従来特化度の極めて高かったか、相対的に特化度の高かった部門である「電子及び通信設備」、「皮革・毛皮・羽毛製品」、「アパレル」、「文化・教育・体育用品」、「科学機器・計器、事務用機械」等の部門が依然として高い特化度をもつ地位にはあること

② これまで特化度の極めて高かった部門、あるいは相対的に特化度の高かった部門の特化度が下降してきていること、1985年当時「電子及び通信設備」部門は他の業種とは隔絶した極めて突出した特化の状況にあったが、95年頃にはほぼ現在に近い特化の状況に近づいたが、その後特化度が下がってきていること、95年頃まで特化度の高かった「皮革・毛皮・羽毛製品」、「アパレル」、「文化・教育・体育用品」等の特化度が急速に下がってきていることに代表される事態の進行

③ 外資系企業の特化率が1未満のもので「化学」、「一般機械」、「専門設備」、「非金属鉱物」等の部門は普通程度の特化度に向かっての上昇が見られること、これらはいずれも重化学工業部門であること

④ 同様の特化率の状況にある重化学工業部門の中でも、「石油加工・コークス」、「鉄及び関連金属」では特化度は上昇しているものの、特化率1に向かっての上昇とはみられないこと

⑤ 1≦SDI＜2の特化率の範囲で特化度の比較的低かった一部軽工業部

17) 前掲論文、前掲誌、25〜26頁、前掲拙訳、前掲誌、71〜74頁と照合。

門の特化度が高まる動きがみられること
⑥「電気機械及び機材」や「交通・運輸設備」などの業種では特化度が下がる傾向にあること（包括される内容が広範であるため、さらに細分化した業種に応じた統計分析が必要であるが、適切な関連統計が入手できない）
⑦ 全体的動向からみると、一部の動きを除けば特化率が平準化していっている傾向がみられること
⑧ 外資直接投資の全体的指向からみると、まだ普通程度の特化率までに達していないものも含めて、特化度の上昇が確認される業種は、従来特化度の高かった、あるいは比較的高かった軽工業、紡織などの部門から、一部を除く重化学工業や機械等の資本集約型や知識集約型部門に移ってきていること

（2）特化度とマーケットシェア

特化指数は全体の業種別構造と外資系企業の業種別構造の乖離度を示すもので、外資系企業を内に含む包括する工業業種部門総体の数値に占める各業種部門の数値の比率と、包括する外資系企業工業業種総体の数値に占める各業種部門外資系企業の数値として計算されたものであるから、それら特化率に包括する部門総体に占める外資系企業の占める比重（2001年のこの場合の総生産では30％、付加価値額では27.85％、売上高では29.26％）を乗ずると、それによって各業種に占める外資系企業の地位がほぼわかる。総生産額、付加価値額、売上高の三指標でみて、「タバコ」、「鉄及び関連金属」、「石油加工・コークス」の三部門を除く他のどの部門でも、外資系企業の比重は少なくとも二指標以上で10％を超え、部門によっては70％を超えるものもあり、外資系企業は国民経済にとって重要な、場合によっては単に重要な以上に中国国内資本企業にとって競争上の脅威となるまでの地位にあるものもある。

すでに上に見てきたように、一部の部門では外資系企業の特化度は下がってきているが、「化学繊維」部門のように外資系企業の絶対額が下がっ

表6－7　外資系工業企業の市場占有率

業　種	2001年 全国売上高(億元)	外資系企業売上高(億元)	外資系企業のマーケットシェア(%)	業　種	1999年 全国売上高(億元)	外資系企業売上高(億元)	外資系企業のマーケットシェア(%)
全　国　総　額	86,780.04	25,390.69	29.26	全　国　総　額	64,406.92	17,566.18	27.27
食　品　加　工	3,823.51	940.49	24.60	食　品　加　工	3,211.99	770.08	23.98
食　品　製　造	1,519.02	635.48	41.83	食　品　製　造	1,183.68	446.65	37.73
飲　　　料	1,727.21	527.79	30.56	飲　　　料	1,563.20	432.30	27.65
タ　バ　コ	1,756.97	12.19	0.69	タ　バ　コ	1,369.81	11.29	0.82
紡　　　織	5,209.10	1,135.40	21.80	紡　　　織	4,148.17	882.96	21.29
ア　パ　レ　ル	2,415.97	1,129.98	46.77	ア　パ　レ　ル	1,847.43	909.12	49.21
皮革・毛皮・羽毛製品	1,427.91	777.08	54.42	皮革・毛皮・羽毛製品	1,096.12	638.11	58.22
木　材　加　工	676.72	200.28	29.60	木　材　加　工	511.17	166.90	32.65
家　　　具	409.62	190.82	46.58	家　　　具	292.63	125.39	42.85
製紙及び紙製品	1,685.40	555.87	32.98	製紙及び紙製品	1,225.69	346.45	28.27
印　　　刷	679.25	234.77	34.56	印　　　刷	542.32	168.58	31.09
文化・教育・体育用品	644.25	388.63	60.32	文化・教育・体育用品	519.11	314.75	60.63
石油加工・コークス	4,629.34	417.95	9.03	石油加工・コークス	2,741.21	147.07	5.37
化　　　学	6,033.80	1,308.95	21.69	化　　　学	4,546.34	856.73	18.84
医　薬　品	1,924.39	422.55	21.96	医　薬　品	1,378.96	300.21	21.77
化　学　繊　維	957.29	201.20	21.02	化　学　繊　維	942.80	313.91	33.30
ゴ　　　ム	806.02	291.83	36.21	ゴ　　　ム	690.67	229.19	33.18
プラスチック	2,040.59	897.57	43.99	プラスチック	1,519.84	639.04	42.05
非　金　属　鉱　物	3,671.10	709.39	19.32	非　金　属　鉱　物	3,045.14	489.43	16.07
鉄及び関連金属	5,600.65	444.67	7.94	鉄及び関連金属	4,019.79	260.36	6.48
非　鉄　金　属	2,260.62	267.05	11.81	非　鉄　金　属	1,737.44	228.75	13.17
金　属　製　品	2,635.49	971.16	36.85	金　属　製　品	2,025.63	719.75	35.53
一　般　機　械	3,222.11	727.56	22.58	一　般　機　械	2,468.03	512.04	20.75
専　門　設　備	2,158.28	407.25	18.87	専　門　設　備	1,795.59	257.78	14.36
交通・運輸設備	6,220.46	1,961.61	31.53	交通・運輸設備	4,499.42	1,330.50	29.57
電気機械及び機材	5,099.90	1,723.44	33.79	電気機械及び機材	3,687.08	1,188.45	32.23
電子及び通信設備	8,899.51	6,565.10	73.77	電子及び通信設備	5,572.72	3,872.22	69.49
科学機器・計器・事務用機械	933.23	556.54	59.64	科学機器・計器・事務用機械	689.07	395.06	57.33
電　　　力	7,712.33	788.09	10.22	電　　　力	5,535.88	613.10	11.07

出所：表6－6と同じ。

たことによって特化度が下がってきているという例は他になく、他のいずれの部門も外資系企業の絶対額の増大の中での特化度の低下である[18]。この場合には、外資系企業総体における当該部門外資系企業の拡大が特化度を押し上げるまでの集中的拡大をみなかったものの、当該部門の外資系企業の絶対額の拡大によって当該部門における外資系企業の地位が上昇し、外資系企業の地位があがるケース（ケースA）と、外資系企業の絶対額の上昇はあったものの、当該部門国内資本企業の相対的地位が上昇し、外資系企業の地位が下がるケース（ケースB）、ほぼ地位が変わらないケース（ケースC）がある。以下この状況をみてみよう。

表6－7は各業種における外資系企業のマーケットシェアをみたものであるが、これによると、ケースA、すなわち1999年に較べて2001年に特化度が下がったにもかかわらず、マーケットシェアの上昇したのは「食品加工」、「紡織」、「医薬品」、「プラスチック」、「金属製品」、「交通・運輸設備」、「電気機械及び機材」、「電子及び通信設備」、「科学機器・計器、事務用機械」等の部門である。ケースB、特化度が下がりさらにマーケットシェアの下がったのは「タバコ」、「アパレル」、「皮革・毛皮・羽毛製品」、「木材加工」、「文化・教育・体育用品」、「非鉄金属」等の部門である。これに対して「電力」は売上高特化度との関係でみるかぎりではケースBになるが、生産面での特化度との関係では両者に乖離がみられる。前者のうち「交通・運輸設備」「電気機械及び機材」、「電子及び通信設備」、「金属製品」などの業種では、外資直接投資部門構造上の固有の特化は現状維持、あるいは弱まりながらも（全体構造に平準化の傾向）、なお外資直接投資の全体的厚みが増す中で外資系企業の地位は上昇しているといえる。後者については、国内資本企業の地位が向上しているとみなすことができよう。

特化度とマーケットシェアの同時上昇がみられる業種、すなわち「食品製造」、「家具」、「印刷」、「製紙及び紙製品」、「石油加工・コークス」、

18）国家統計局工業交通統計司編『中国工業経済統計年鑑・2001』、中国統計出版社、2001年、72〜77頁、同上編『同上年鑑・2002』、同上出版社、2002年、98頁、103頁。

表6－8　全国工業企業と外資系工業企業の労働生産性の比較―2001年

単位：元／人・年

業　種	全国(A)	国有系*(B)	集団(C)	外資系(D)	D/A	D/B	D/C
食　品　加　工	56,598	41,123	71,485	72,769	1.29	1.77	1.02
食　品　製　造	50,180	40,407	42,735	85,179	1.70	2.11	1.99
飲　　　　　料	67,651	64,834	53,873	111,328	1.65	1.72	2.07
タ　バ　コ	441,913	463,677	67,561	229,286	0.52	0.49	3.39
紡　　　　　織	29,058	20,908	32,904	44,785	1.54	2.14	1.36
ア　パ　レ　ル	29,026	21,524	28,397	28,704	0.99	1.33	1.01
皮革・毛皮・羽毛製品	30,838	29,207	34,043	26,943	0.87	0.92	0.79
木　材　加　工	37,612	31,740	32,875	44,527	1.18	1.40	1.35
家　　　　　具	39,420	24,814	38,009	44,173	1.12	1.78	1.16
製紙及び紙製品	41,724	35,235	35,371	83,717	2.01	2.38	2.37
印　　　　　刷	44,631	36,435	42,181	77,652	1.74	2.13	1.84
文化・教育・体育用品	26,882	29,540	20,038	26,930	1.00	0.91	1.34
石油加工・コークス	149,217	176,520	47,116	564,012	3.78	3.20	11.97
化　　　　　学	50,264	38,663	48,766	145,751	2.90	3.77	2.99
医　　薬　　品	70,144	58,457	65,351	138,790	1.98	2.37	2.12
化　学　繊　維	55,159	43,626	51,328	99,813	1.81	2.29	1.94
ゴ　　　　　ム	40,304	36,431	34,126	59,271	1.47	1.63	1.74
プ　ラ　ス　チ　ッ　ク	46,526	42,542	40,781	55,895	1.20	1.31	1.37
非　金　属　鉱　物	30,867	23,818	30,155	61,319	1.99	2.57	2.03
鉄及び関連金属	61,367	62,910	42,779	115,690	1.89	1.84	2.70
非　鉄　金　属	54,092	47,837	56,912	88,746	1.64	1.86	1.56
金　属　製　品	43,189	31,272	37,743	61,365	1.42	1.96	1.63
一　般　機　械	35,723	27,281	37,077	82,163	2.30	3.01	2.22
専　門　設　備	34,313	23,498	38,477	79,257	2.31	3.37	2.06
交通・運輸設備	55,152	56,661	38,833	160,777	2.92	2.84	4.14
電気機械及び機材	61,114	38,854	70,193	72,446	1.19	1.86	1.03
電子及び通信設備	99,271	99,743	29,566	125,141	1.26	1.25	4.23
科学機器・計器,事務用機械	29,528	25,162	33,640	71,866	2.43	2.86	2.14
電　　　　　力	117,481	113,079	56,760	431,222	3.67	3.81	7.60

注：※は国有企業及び国家資本支配株式会社（外資投資を含む）、以下の表も同様。
出所：国家統計局工業交通統計司編『中国工業経済統計年鑑・2002』、中国統計出版社、
　　　2002年、77頁、87頁、97頁、107頁。

表6－9　工業企業要素集約度の比較－2001年

業　種	全国 就業者数(人)	全国 固定資産原価(百万元)	全国 要素集約度	国有系 就業者数(人)	国有系 固定資産原価(百万元)	国有系 要素集約度	集団 就業者数(人)	集団 固定資産原価(百万元)	集団 要素集約度	外資系 就業者数(人)	外資系 固定資産原価(百万元)	外資系 要素集約度
食品加工	1,669,100	170,367	9.80	659,100	81,693	8.07	226,300	16,164	14.00	298,300	40,863	7.30
食品製造	900,500	99,838	9.02	304,600	34,410	8.85	119,200	7,828	15.23	220,900	43,708	5.05
飲料製造	949,800	152,657	6.22	525,600	79,684	6.60	64,800	5,746	11.28	162,600	54,732	2.97
タバコ	247,400	97,276	2.54	234,400	96,001	2.44	12,300	2,006	6.13	2,800	1,310	2.14
紡織	4,775,100	363,204	13.15	1,931,800	150,391	12.85	698,000	45,497	15.34	688,200	83,926	8.20
アパレル	2,370,700	78,805	30.08	197,500	8,652	22.83	324,300	8,942	36.27	1,112,900	37,540	29.65
皮革・毛皮・羽毛製品	1,270,400	41,815	30.38	80,700	5,145	15.69	111,300	3,311	33.62	779,100	23,321	33.41
木材加工	512,900	45,014	11.39	106,300	18,882	5.63	77,900	3,359	23.19	117,300	16,317	7.19
家具	298,300	18,103	16.48	29,500	2,359	12.51	42,200	1,892	22.30	122,200	8,549	14.29
製紙及び紙製品	1,138,100	161,779	7.03	371,900	66,055	5.63	254,900	15,776	16.16	176,200	63,628	2.77
印刷	546,700	71,631	7.63	281,600	34,981	8.05	58,700	4,335	13.54	103,500	25,874	4.00
文化・教育・体育用品	669,100	24,059	27.81	43,500	2,919	14.90	78,000	1,736	44.93	413,000	15,686	26.33
石油加工・コークス	592,000	360,528	1.64	437,100	338,929	1.29	64,500	4,827	13.36	16,700	33,224	0.50
化学	3,185,700	602,742	5.29	1,900,400	448,655	4.24	342,700	22,105	15.50	257,700	90,189	2.86
医薬品	1,029,900	121,884	8.45	558,700	67,823	8.24	78,900	7,070	11.16	124,000	24,917	4.98
化学繊維	402,700	115,207	3.50	220,600	73,263	3.01	36,900	6,398	5.77	58,800	26,449	2.22
ゴム	616,000	62,378	9.88	232,000	28,667	8.09	87,000	4,337	20.06	155,100	26,264	5.91
プラスチック	1,171,400	124,718	9.39	154,200	28,107	5.49	194,500	13,141	14.80	443,900	62,246	7.13
非金属鉱物	3,926,100	402,093	9.76	1,403,200	178,156	7.88	858,800	53,950	15.92	382,800	87,726	4.36
鉄及び関連金属	2,493,400	699,308	3.57	1,875,600	639,046	2.93	267,000	18,535	14.41	83,300	34,275	2.43
非鉄金属製品	1,092,900	194,240	5.63	694,900	148,252	4.69	149,600	14,038	10.66	60,600	17,515	3.46
金属製品	1,651,600	133,107	12.41	288,500	30,470	9.47	367,300	17,015	21.59	409,400	609,130	0.67
一般機械	2,719,900	230,571	11.80	1,325,100	133,097	9.96	367,100	17,313	21.20	282,900	50,498	5.60
専門設備	1,856,100	152,363	12.18	1,028,600	97,016	10.60	200,300	9,186	21.80	139,900	18,739	7.47
交通・運輸設備	2,962,200	390,815	7.58	1,958,700	306,271	6.40	283,600	16,775	16.91	333,500	110,457	3.02
電気機械及び機材	2,255,500	227,927	9.90	646,500	77,315	8.36	311,100	23,425	13.28	631,200	86,329	7.31
電子及び通信設備	2,050,000	308,424	6.65	673,900	125,539	5.37	149,600	4,629	24.37	1,121,200	199,333	5.62
科学機器・計器、事務用機械	554,500	43,513	12.74	246,200	22,256	11.06	45,600	1,708	26.70	166,700	15,392	10.83
電力	2,295,100	1,818,936	1.26	2,115,900	1,630,625	1.30	35,800	8,265	4.33	106,400	281,489	0.38

出所：国家統計局工業交通統計司編『中国工業経済統計年鑑・2002』、中国統計出版社、2002年、71頁、75頁、81頁、85頁、91頁、95頁、101頁、105頁。

「化学」、「ゴム」、「非金属鉱物」、「鉄及び関連金属」、「一般機械」、「専門設備」等の業種部門では外資系企業の参入が急速に進んでいることが知られる。「飲料」については、売上高特化率との関連上からみるかぎりでは、特化度とマーケットシェアは同時上昇の動きにあるが、生産面での特化度との関係では両者の関係に乖離がみられる。

　2001年に外資系企業のマーケットシェアが30%を超えるのは、「電子及び通信設備」（73.77%）、「文化・教育・体育用品」（60.32%）、「科学機器・計器、事務用機械」（59.64%）、「皮革・毛皮・羽毛製品」（54.42%）、「アパレル」（46.77%）、「家具」（46.58%）、「プラスチック」（43.99%）、「食品製造」（41.83%）、「金属製品」（36.85%）、「ゴム」（36.21%）、「印刷」（34.56%）、「電気機械及び機材」（33.79%）、「製紙及び紙製品」（32.98%）、「交通・運輸設備」（31.53%）、「飲料」（30.56%）　等であるが、このうち1999年に較べて2001年にマーケットシェアの下がっているのは「アパレル」、「皮革・毛皮・羽毛製品」、「文化・教育・体育用品」で、これらの分野では外資導入政策の影響もあって国内資本企業の地位の向上がみられる[19]。

表6-10　国内資本企業と外資系企業の要素集約度及び労働生産性の比較—2001年

項目　　　　　　企業	国内資本企業	香港・マカオ・台湾資本系企業	香港・マカオ・台湾資本系企業を除く外資系企業
就業者数（千人）	45,024.40	5,379.30	4,010.50
固定資産原価（億元）	69,592.80	7,661.99	9,038.31
要素集約度	0.65	0.70	0.44
労働生産性（元／人・年）	47,088	59,139	98,413
労働生産性比率	1	1.26	2.09

出所：国家統計局工業交通統計司編『中国工業経済統計年鑑・2002』、中国統計出版社、2002年、61頁、65頁、67頁。

---

19) マーケット参入度をみる場合の基準として、マーケットシェアが30%を超えるか否かが高いか否かをみる場合のほぼ目処とされているようであるので、ここでもその基準に拠っている（王岳平「我国外商直接投資的両種市場導向類型分析」、『国際貿易問題』1999年第2期、4～6頁、拙訳「中国における外資系企業の市場指向」、JETRO『中国経済』1999年11月号、107～109頁）。

外資導入政策の影響が最も顕著と思われる業種は「化学繊維」部門である。「化学繊維」の生産自体は一貫して増加しており、1999年には600万トン、総生産額9億75百万元、総売上高9億42百万元であったが、2001年には828万トンに生産増加がみられ（99年に較べ38.11%の増産）、総生産額10億22百万元、総売上高9億57百万元となっている[20]。上にみたように、外資直接投資導入の指導の重点は産業高度化に置かれており、1998年の「指導目録」では「ノーマルチップスピニング化繊紡糸」と「単ライン能力年産2万トン未満のレーヨンステープルの生産」は制限項目（甲）に入れられている。さらに化繊市況の低迷が重く作用しているものとみられる[21]。

外資直接投資導入と「国の重点奨励発展産業、製品、技術リスト」での積極的政策の影響が強く反映したと思われる業種は、「製紙及び紙製品」、「石油加工・コークス」、「化学」、「機械」、「専門設備」などの業種である。

（3）外資系企業の市場指向・マーケットシェアと外資直接投資導入戦略

製造業各業種における外資系企業の地位は、中国の外資直接投資導入戦略、業種ごとの外資系企業の特質とこれにもとづく進出戦略、それを踏まえた市場指向と密接に関係している。

〔1〕外国市場指向型（輸出指向型）進出業種

外国市場指向型業種は基本的には国際的にみた比較優位構造にもとづく進出で、比較優位構造と輸出指向が直結した業種である。この形での外資系企業の進出が推し進められた業種は「アパレル」、「皮革・毛皮・羽毛製品」、「文化・教育・体育用品」、「科学機器・計器、事務用機械」、「電子及び通信設備」、「紡織」といった業種である。

---

20) 国家統計局編『中国統計摘要・2002』、中国統計出版社、2002年、115頁、中華人民共和国国家統計局編『中国統計年鑑・2000』、中国統計出版社、2000年、414頁、417頁、同上編『同上年鑑・2002』、同上出版社、2002年、432頁、435頁。
21) 当年価格表示及び1990年不変価格表示のいずれでも、2001年の外資系企業の総生産額は99年の数値より小さいが、1990年不変価格表示では当年価格表示額より大きくでる（国家統計局工業交通統計司編『中国工業経済統計年鑑・2001』、中国統計出版社、2001年、73頁、同上編『同上年鑑・2002』、同上出版社、2002年、98頁）。

第六章 改革・開放と外資直接投資導入の動態―成果と問題―

表6－11 全国工業企業及び外資系工業企業の輸出関連指標―2001年

業　種	全国				外資系				特化指数
	工業出荷額(億元)	輸出出荷額(億元)	輸出構成比率(%)(C)	輸出比率(%)	工業出荷額(億元)	輸出出荷額(億元)	輸出構成比率(%)(C')	輸出比率(%)	C'／C
食品加工	3,975.52	449.99	3	11	940.09	228.53	2	24	0.79
食品製造	1,579.35	143.26	1	9	636.51	76.47	1	12	0.83
飲料	1,778.11	54.13	―	3	533.59	22.36	―	4	0.64
タバコ	1,684.65	14.55	―	1	11.84	0.53	―	4	0.61
紡織	5,400.99	1,588.88	10	29	1,174.65	622.43	6	53	0.61
アパレル	2,515.50	1,355.36	9	54	1,160.48	792.06	8	68	0.90
皮革・毛皮・羽毛製品	1,526.29	889.60	6	58	835.58	640.98	6	77	1.11
木材加工	717.24	110.24	1	15	208.86	63.43	1	30	0.89
家具	421.95	159.36	1	38	193.91	126.02	1	65	1.22
製紙及び紙製品	1,760.13	126.50	1	7	565.57	91.13	1	16	1.11
印刷	696.50	59.14	―	8	235.74	55.41	1	24	1.45
文化・教育・体育用品	661.24	433.01	3	65	398.23	313.84	3	79	1.12
石油加工・コークス	4,549.59	174.06	1	4	416.05	42.87	―	10	0.38
化学	6,130.17	594.54	4	10	1,311.28	258.41	3	20	0.67
医薬品	1,922.87	183.38	1	10	424.94	38.24	―	9	0.32
化学繊維	985.40	70.29	―	7	209.90	29.62	―	14	0.65
プラスチック	866.68	189.45	1	22	303.02	120.62	1	40	0.99
非金属鉱物	2,055.46	501.49	3	24	897.69	389.92	4	43	1.20
鉄及び関連金属	3,872.48	375.80	2	10	738.27	221.71	2	30	0.91
非鉄金属	5,650.71	226.75	1	4	460.75	32.92	―	7	0.22
金属製品	2,305.54	235.43	2	10	277.01	52.32	1	19	0.34
一般機械	2,761.58	691.47	4	25	997.71	450.25	5	45	1.01
専門設備	3,386.30	520.57	3	15	757.84	234.58	2	31	0.70
交通運輸設備	2,253.07	225.17	1	10	402.81	119.33	1	30	0.82
電気機械及び器材	6,371.06	583.43	4	9	1,982.13	260.02	3	13	0.69
電子及び通信設備	5,314.18	1,102.80	7	21	1,777.74	746.78	8	42	1.05
科学機器・計器・事務用機械	8,903.77	3,792.93	25	43	6,540.27	3,445.98	35	53	1.41
電力	924.66	459.07	3	50	546.06	401.23	4	73	1.35
	5,061.02	56.17	―	1	894.77	54.15	1	6	1.49

出所：国家統計局工業交通統計司編『中国工業経済統計年鑑・2002』，中国統計出版社，2002年，69頁，99頁。

203

ⓐ「皮革・毛皮・羽毛製品」、「アパレル」、「文化・教育・体育用品」

「皮革・毛皮・羽毛製品」分野では国有系企業及び集団企業国内資本企業の労働生産性がいずれも外資系企業の労働生産性を上回っており、外資系企業の労働生産性が国有系企業及び集団企業を超える範囲が50％以内にあるのが「アパレル」、「文化・教育・体育用品」で、「文化・教育・体育用品」では国有系企業の労働生産性は外資系企業のそれよりも高いのが特徴的に表れる。「アパレル」では外資系企業の生産性と集団企業のそれは極めて接近している状況になっているが、国有系企業の生産性は外資系企業よりもほぼ30％あまり劣っている。これらの分野における外資系企業の市場指向をみると、「文化・教育・体育用品」は輸出比率が79％、「皮革・毛皮・羽毛製品」、同77％、「アパレル」、同68％と輸出比率が高く、輸出指向型進出であることが分かる。外資系企業の労働生産性は国内資本企業とほぼ同じ、あるいはそれ以下であるにもかかわらず、外資系企業のマーケットシェアが極めて高いのは、これらの業種における外資系企業の輸出比率が極めて高いことと関連している。

表6－11にみられるように、これら三業種では外資系企業出荷額の輸出比率はほぼ70～80％近くに達する。これら三業種では外資系企業の出荷額を含めた中国全体の出荷額の54～65％が輸出され、業種全体として国際的比較優位構造に沿った輸出指向である。業種全体の国内向け出荷額は46～35％ということになるが、このうちの30～40％を外資系企業が押さえている。これら三業種は中国にとっては典型的な労働集約的比較優位産業で、表6－9にみられるように極めて労働集約度が高い。これらの業種の労働集約度はここに包括する業種別全国工業企業労働集約度平均のほぼ2.5～3.2倍、同外資系企業平均のほぼ3.4～4.3倍である。外資系企業はこの条件を利用すべく進出したとみられ、中国当局もこの点を生かすべく積極的外資導入優遇政策（一般的な外資系企業に対する税制上の優遇等のほかに、例えば輸出奨励のための進料加工等に対する関税免除とか増値税の払い戻しなど）を取ったのである。労働生産性との関連での外資系企業の競争的優位性考えると、外資系企業が当該業種でデザインとかマーケティング、

金融力などで優位に立ったと判断される。これら三業種は典型的な輸出指向型外資導入であるといえる。

これら外資系企業の労働生産性が国内資本企業よりも低い事情の一端は、王岳平氏が1995年の工業センサスによる分析で指摘している点が示唆的である。「香港・マカオ・台湾資本は要素集約度からみて労働集約型部門に投資がより多く行われている。投資部門選択上からみた特化部門は〈文化・教育・体育用品〉、〈皮革・毛皮製品〉、〈アパレル〉、〈製紙及び紙製品〉、〈プラスチック〉…といったところである。……香港・マカオ・台湾投資の構造がこれら以外の外国資本の構造に比べ、より国内資本企業に近いことを物語っている。これは香港・マカオ・台湾企業の技術水準が国内資本企業と接近していることを反映している（場合によっては国内資本企業より低いこともある）[22]」。

先にみたように、これら三業種の外資系企業の特化指数は高いが、漸次特化指数は下がってきており、外資系企業のマーケットシェアも下がってきている点が注目される。これらの業種では輸出指向型外資導入政策は維持されるが、国内資本企業の学習過程が進み競争力もかなりついてきているとみられる。

ⓑ「科学機器・計器、事務用機械」

外資系企業の労働生産性と国内資本企業の労働生産性の格差が大きく、マーケットシェアも高い「科学機器・計器、事務用機械」については、上述の三業種と同様の状況が観察され、輸出指向型の外資系企業の進出であることが知られる。代表的な製品はカメラ、複写機、光学機器、電子工学機器、各種分析機器などである。この業種における外資系企業の労働生産性は国内資本企業の労働生産性に比べて相当高いが、国有系企業の労働集約度とはそれほどの差があるというわけではない（集団企業—生産額は6％程度—の労働集約度とは大きな差がある）。要素集約度そのものの水準からみると、外資系企業の要素集約度はむしろ労働集約的である。この

---

22) 王岳平「我国三資企業工業結構特徴」、『国際貿易問題』1998年第5期、29頁、拙訳「中国三資企業工業構造の特徴」、JETRO『中国経済』1999年2月号、78頁。

業種では生産工程の移転、深化が進んでいる。

ⓒ「電子及び通信設備」

「電子及び通信設備」では外資系企業の輸出比率は高いが、国内市場との関係でいささか異なった事情となっている。ここでは外資系企業の労働生産性は国有系企業のそれを25％程度上回るに過ぎない（集団企業の労働生産性は外資系企業のそれと極めて大きな落差があるが、量的には極めて少ない）し、いずれも比較的資本集約的で両者の格差は少ない。外資系企業は輸出市場の91％、国内市場の61％を押さえているから、全面的な市場制覇型の進出といえる。

丸川知雄氏の研究によると、「中国の……IT機器産業には少なくともサムソン電子のような意味で技術力を持った企業はほとんど存在しないことがわかった」、「中国のパソコン市場で将来ノートパソコンが消費の主流になるとき、多くのパソコンメーカーは自社では生産できず、台湾企業からOEM調達することになるだろう[23]」。

ⓓ「紡織」

「紡織品」（ここでいう「紡織品」とは繊維関連全体をいう広義の範囲から「化学繊維」、「アパレル」などを除いた狭義の範囲のものを指す）については、外資系企業のマーケットシェアは30％未満であるが、輸出比率は53％で輸出指向型進出といえる。業種全体としてはやや労働集約的部門である。外資系企業の労働生産性は国有系企業に比べると極めて高いが、集団企業との間では36％程度勝っているにすぎない。しかし、要素集約度では大きな差がある。売上高総額の内訳では国有系企業27％、集団企業17％、外資系企業22％、株式会社を主とするその他34％となっており、国内資本企業の売上高の過半分を非国有系が占めていることから、外資系企業の労働生産性と国内資本企業の労働生産性にそれほど大きな差がない。業種全体としての輸出比率は29％で、この39％を外資系企業が分担している。全体として比較優位構造の中での販売戦略、製品差別化などを背景とした住

---

[23] 丸川知雄「家電・IT産業にみる中国企業と日本企業の競争力」、『現代中国』第77号、日本現代中国学会、2003年、13頁。

み分けと競合の状況にあるものと判断される。

ⓔ「家具」

「家具」部門は全体的に労働集約型産業で、外資系企業においても労働集約的である。外資系企業の輸出比率は65％で輸出指向型進出といえるが、国内資本企業で比較的多くの生産を行っている集団企業の労働生産性との比較では、外資系企業は16％程度優れているというに過ぎない。

〔2〕国内市場指向型進出業種

国内市場指向型進出業種は大きく二つに分かれる。国際的な比較優位構造の中で国内市場指向型進出している場合と、比較劣位構造にありながらも進出している場合との二通りである。前者は「ゴム」、「プラスチック」、「食品製造」、「電気機械及び機材—家電機械」、「木材加工」、「印刷」、「食品加工」、「非金属鉱物」、「金属製品」、後者は「交通・運輸設備」、「製紙及び紙製品」、「石油加工・コークス」、「化学」、「医薬品」、「電力」、「専門設備」、「一般機械」、「電気機械及び機材—資本設備用電気機械」、「化学繊維」、「鉄及び関連金属」、「非鉄金属」等である。

① 比較優位構造の中における国内市場指向型進出

ⓐ「プラスチック」

「プラスチック」分野では、外資系企業の輸出比率は43％で、国内市場指向型進出といえる。国内市場でのシェアは30％程度である。業界全体の輸出比率は24％で、全体構造からみた比較優位構造の中にあるが、国内・国外両市場にらみということになり、かなりの輸出比率を占めているから、輸出特化指数からはやや特化的となる。要素集約度でみると国有系企業の労働集約度は外資系企業よりも低くなっている。この業種では集団企業の生産額がほぼ半分を占めており[24]、表6－9の対象となっている集団企業の労働集約度は外資系企業の2倍以上となっているが、多くの集団企業の労働集約度はさらに高くなっていると推測される。外資系企業の労働生産性は集団企業の労働生産性より37％程度高いにすぎない。外資系企業の労

---

24) 国家軽工業局主編『中国軽工業年鑑・2000』、中国軽工業年鑑出版社、2000年、257頁。

働集約度と集団企業の労働集約度の格差ほどに労働生産性格差が開いていないのは、主として賃金水準の格差が影響しているものとみられる。当該業種の外資系企業の労働集約度が外資系企業の平均値に近いことが、内外市場構造に反映されている一面がある。

ⓑ「食品製造」

「食品製造」業種では、外資系企業のマーケットシェアは41.83％と比較的高いが、外資系企業輸出比率は12％と低いという特徴が見出せる。調味料、インスタント食品、高級菓子、乳製品、高級食用油などの分野でこの動向がみられる。外資系企業の労働生産性は国内資本企業の労働生産性のほぼ2倍で格差がかなり大きい。特に外資系企業の要素集約度と集団企業の労働集約度には大きな差がみられるが、労働生産性の格差がそれよりもずっと小さいのはおそらく賃金格差によるものであろう。この分野の進出は原料調達を含めた比較優位構造に基礎を置き、中国に対する新市場開拓、製品差別化による国内市場指向型進出である。この分野は比較優位構造にありながら、外資系企業と国内資本企業の労働生産性の開きにかなり大きな差があることから、比較優位構造と製品輸出が直結するという形をとらず、比較優位構造活用の重点を、先ず潜在需要が大きく急成長過程にある国内市場におく。例えば、ある日系企業が調味料グルタミン酸ソーダの生産、販売で合弁企業を設立しようとした場合の状況は、当時の『日本経済新聞』によれば、以下のような事情を踏まえてのことであった。当時中国のグルタミン酸ソーダ市場は20〜30万トンで、日本市場の8万トンを大幅に上回っていた。当該地企業約百社が生産・販売している状況にあった。このうちこの日系企業の合弁相手である中国側企業は複数の工場で年間5〜6万トン生産していた。同社にとってはグルタミン酸ソーダの老舗である世界最大のメーカーであるこの日系企業と組むことで、中国国内で確固たる地位を築くねらいがあるものとみられ、新たに合弁で年産2〜5万トン規模の工場が設立されると報じられてる[25]。同じような調味料でも、必ずしも

---

25)『日本経済新聞』1993年12月9日号、1995年8月29日号。

市場制覇型でない場合は輸出指向型進出となる[26]。即席めんなどの進出も同様の事情と判断される[27]。この業種における外資系企業の進出は新市場開拓をめざす国内市場指向型が多いといえる。

ⓒ「ゴム」

業種全体として輸出比率は22％で、主要製品はタイヤ、ゴムバンド・ベルト、生理用品、手袋、カーボンブラック等である。外資系企業の輸出比率は40％で、国内市場指向型進出である。国内市場のシェアは27％程度、この部門では、外資系企業の労働生産性が国内資本企業のいずれにおいても50％以上勝っているが、国有系企業と集団企業のいずれにおいても2倍未満となっている。上述「プラスチック」と似た性格の進出といえる。

ⓓ「電気機械及び機材─家電機械」

「電気機械及び機材」については、ここで全体的な基礎的統計として使用している『中国工業経済統計年鑑』の統計分類には家電機械についての資料がないので、統計分類の範囲が『中国工業経済統計年鑑』の統計分類と必ずしも一致していない『中国経済年鑑』によって内容をみる方法をとらざるをえない。これでは「電気機械」は生産手段としての電気機械関連と家電機械を中心とする日用電気機械関連に大別されているが、2001年の「日用電気機械」の輸出比率は23.43％である[28]。『中国軽工業年鑑・2000』によると、1999年における電気冷蔵庫、エアコン、電気洗濯機などでは国内資本企業が50～70％の生産を押さえていることから、全体的に外資系企業の家電市場のマーケットシェアは30～40％位とみられ、同年の外資系企業の輸出は輸出額全体の56％を占めるとされていることから計算すると、外資系企業の輸出全体に占める割合はほぼ13％程度ということになる[29]。

『同年鑑・2001』、『同年鑑・2002』からは、国内資本企業と外資系企業のマーケットシェアの状況変化は明確には把握できないが、後に述べる業

---

26) 同上紙1994年11月7日号、1995年2月8日号。
27) 同上紙1993年5月23日号、1999年6月16日号、2003年5月15日号。
28) 中国経済年鑑編輯委員会編輯『中国経済年鑑・2002』、中国経済年鑑社、2002年、219頁。
29) 国家軽工業局主編『中国軽工業年鑑・2000』、中国軽工業年鑑出版社、2000年、274頁。

界の事情から察すると、新たな発展段階を迎えた家電業界の新しい合弁、合作が進行していることを踏まえると、また輸出の大幅拡大がみられることから、外資系企業のマーケットシェアは上昇している可能性が高いとみられる。

　90年代中期から国有資本の比率は漸次下がり、2001年には国有資本は一部の家電企業から退出して民間資本の実力が強化された[30]。完成組立品そのものの労働生産性からは、外資系企業と国内資本企業の間にさほどの差があるとは思えないが、主要部品の生産では大きな差があり、外資系企業はこの点で圧倒的優位に立ってきた。元来この分野は生産そのものからみれば、比較優位構造に基づく外資系企業の進出が全面的に進むべきところであったかと判断されるが、外資系企業のブランド戦略や販売戦略から、生産工程の固有の部分段階的比較優位的進出が行われた。こういったプロセスをたどって、ここのところ家電製品分野では、中国国内の市場状況の変化（全体的に従来の水準をこえる比較的高級な家電製品需要へ照準を合わせた戦略が必要になってきたこと）、これと関連して中国を世界的規模での家電製品生産基地として位置づけた体制を構築する（例えば、従来日本国内で生産していた生産の一部、あるいはかなりの先端的技術を移転して中国で生産する）という指向となってきたこと等の事情を踏まえて、外資系企業の戦略的合弁の新たな編成への動きが強まっている。中国側企業も新たなステップアップをめざしての新たな形での合弁を求めている[31]。外資系企業は主として国内市場に重点を置いているが、上述のような指向から、今後従来輸入あるいは現地外資系企業から専ら調達していたエアコンや冷蔵庫のコンプレッサー、主要部品に関して新たな提携、合弁が進行するという新たな段階に入っている。

　この間の事情について少しばかり触れておく必要があろう。丸川知雄氏

---

30)　同上『年鑑』、215頁。
31)　『日本経済新聞』2001年3月19日、同8月6日、同10月25日、同11月7日、2002年1月9日、同2月20日、同4月5日、同4月18日、同4月22日、同5月8日、同6月5日、同7月4日、同8月26日、同8月28日、同9月11日、同12月26日、2003年2月22日、同2月28日各号参照。

第六章　改革・開放と外資直接投資導入の動態―成果と問題―

によると、「中国の家電産業……には少なくとも……技術力を持った企業はほとんど存在しないことがわかった。むしろ、海爾のように、各産業の核心技術を持たないし、持とうともしない企業が、上位を占めている。核心技術のない中国企業はどこで差をつけるのかと言えば、安価な生産要素へのアクセス、販売ネットワークとサービス、商品の外観である。こうした経営戦略は成熟商品には有効だろうが、製品技術の大きな転換が起きたときには対応できない[32]」。「家電産業の各分野で1990年代半ばから中国の地場企業が急成長し、中国市場では上位を占めるようになった。だが、一方で中国企業は各製品のキー・コンポーネントを自社では開発・生産していない。……中国のテレビ産業では、ブラウン管を自社で開発・生産しているテレビメーカーは皆無であり、すべての地場メーカーがブラウン管を外から買ってきている。中国のブラウン管業界をみると、国策的に設立された彩虹を除けばすべて外資系企業である。……エアコンについても全く同様の構図であり、地場メーカーはみなコンプレッサを外から買っている。そして、中国のエアコンメーカーが買い入れるコンプレッサの9割は日系企業6社が供給している。……洗濯機、冷蔵庫、エアコンで第1位の海爾集団といえども、それぞれの製品のキー・コンポーネントの生産にはいっさい手を出していない[33]」。「テレビ市場で、ブラウン管からLCDやPDPへの転換が進めば、これらのディスプレイ・デバイスを全く生産も開発もしていない中国のテレビメーカーは日本や韓国のライバル企業からディスプレイ装置を買って対応せざるを得ない[34]」。

ⓔ「木材加工」

「木材加工」部門における外資系企業のマーケットシェアは30％をやや切るが、外資系企業の労働生産性は国有系企業と集団企業の労働生産性に比べて勝ること40％以内にある。業種全体としては労働集約的であるが、

32）丸川知雄「家電・IT産業にみる中国企業と日本企業の競争力」、『現代中国』第77号、日本現代中国学会、2003年、13頁。
33）同上論文、同上誌、7～9頁。
34）同上論文、同上誌、13頁。

211

国有系企業は外資系企業よりも資本集約的であるが、集団企業の労働集約度は外資系企業の3倍以上で大きな格差がある。外資系企業の輸出比率は30％で国内市場指向型進出といえる。

ⓕ「印刷」

「印刷」では外資系企業と国内資本企業の労働生産性にはかなりの格差がある。目下日系企業などが商業用印刷で進出しているが、労働生産性においても相当の差がある。外資系企業の輸出比率は24％とある程度の輸出も行われている。「印刷」では版組工程は労働集約的工程であるが、情報技術の発展による当該業務の国際的統合化の進展、中国市場における商業印刷需要（各種容器・包装材料類の直接印刷等も含まれる）の増大にともない、外資系企業の本格的進出が進行しつつあり、労働集約的業種の比較優位構造に向けてのシフトと市場指向型という両面の要素を結合した形での外資系企業進出の展開が進んでいる。

ⓖ「食品加工」

「食品加工」売上高に占める外資系企業のマーケットシェアは24％であるが、外資系企業の労働生産性と集団企業の労働生産性にほとんど差はない。売上高の内訳では国有系企業29％、集団企業15％、外資系企業24％、その他32％となっているが、国有系企業の比率が比較的高いのは製糖部門と缶詰部門に比較的国有系企業が多いためではないかと思われる。外資系企業自体の輸出比率は24％で、この面からみると国内市場指向型である。しかし、加工食品輸出総額に占める外資系企業の輸出比率は51％を占め、国内資本企業も輸出のほぼ半分を担っており、この業種全体としては比較優位構造の中にあることが分かる。魚類・肉類などの加工冷凍食品、野菜などの加工パック食品などがある。外資系企業はこの構造の中で市場戦略として国内市場指向をしていることになる。業種全体でみると労働集約型ではあるが、外資系企業についていえばかなり資本集約的で、加工食品用原材料価格が廉価であるという資源指向要素と結合した形での進出である。

ⓗ「金属製品」

「金属製品」における外資系企業の国内市場のシェアは26％程度、この

部門では、外資系企業の労働生産性が国内資本企業のいずれにおいても50％以上勝っているが、国有系企業と集団企業のいずれにおいても２倍未満となっている。上述「プラスチック」と似た性格の進出といえる。

② 比較劣位構造の中における国内市場指向型進出

ⓐ「交通・運輸設備」

「交通・運輸設備」部門では外資系企業の労働生産性は全国平均のそれに対して2.9倍と極めて高く、労働集約度でみても全国平均は外資系企業の2.5倍である。この部門は国家重点戦略開発部門である。外資系企業の輸出比率は13％で、一部の比較優位構造にある部品、あるいはモーターバイク（主としてベトナム、インドネシアを中心にして輸出が急拡大しており、2001年の輸出は生産台数の約14％、６億36百万ドルである[35]）、完成自動車の輸出が行われているが、基本的には国内市場指向型進出といえる。

「交通・運輸設備」部門には自動車、造船、鉄道車両等の完成車製造・組立、部品製造等が含まれるが、今ここでは自動車にかかわるものだけ一瞥すると、2001年の乗用車生産企業はすべて合弁企業形態で世界の主要メーカーがほとんど進出し、関連部品製造外資系企業も多く進出している。2001年における自動車生産台数は233万44百台で、内訳では貨物自動車約80万台、旅客用自動車83万台、乗用車70万台である。同年の自動車製品輸出額は約26億ドル、完成車輸出２万６千台、輸出額約２億ドル、自動車製品輸入額約47億ドル、完成車輸入約７万台、輸入額約17億ドルで[36]、中国が最も力点をおく戦略的の国策工業部門である。したがって、国内市場指向型外資導入が推進されている。

ⓑ「製紙及び紙製品」

「製紙及び紙製品」では労働集約度において、国有系企業は外資系企業の２倍、集団企業では６倍となっている。労働生産性では外資系企業はいずれの国内資本企業よりも２倍以上となっている。2001年におけるマー

---

35) 中国経済年鑑編輯委員会編輯『中国経済年鑑・2002』、中国経済年鑑社、2002年、207頁。
36) 同上『年鑑』、228〜229頁、234〜235頁。

ケットシェアでは国有企業34.3%、集団企業及びその他35.4%である。中国の紙関連商品の輸入による外貨使用は石油や鋼材に次ぎ第三位にあり[37]、戦略的に外資系企業の導入も含めてこの部門の発展をはかっていかなければならないという大きな課題があるいわば国策的開発部門である。この業種における外資系企業の進出は国内市場指向型といえよう。

ⓒ「石油加工・コークス」、「化学」、「医薬品」、「電力」

これらの部門では外資系企業のマーケットシェアが30%未満、外資系企業の輸出比率は22%以下で国内市場指向型進出といえる。いずれの業種も資本集約型産業で、外資系企業と国内資本企業との労働生産性の差が極めて大きい。

ⓓ「専門設備」、「一般機械」

「専門設備」、「一般機械」についても外資系企業のマーケットシェアは30%未満、基本的には国内市場指向型進出といえるが、外資系企業生産額のほぼ3割程度が輸出されており、一部の労働集約的設備などの製造・組立品が輸出されている。「専門設備」でみれば、「専門設備」の主要なものは「電子工業設備」、「軽工業及び紡績・紡織設備」、「農業設備」などであるが、これらは重機械設備と軽機械設備に分けられ、2001年でみると、前者の輸出比率6.39%、後者の輸出比率は35.97%となっている。例えば、後者では木工用加工機械設備、各種用途用グラインダー、歯科用設備付椅子、眼科用各種機械器具、血圧測定用機械器具等といった類の軽機械設備である。

ⓔ「電気機械及び機材―資本設備用電気機械」

「電気機械」で日用電気機械以外の資本設備用電気機械（ボイラー、発電機、変圧器、電気開閉制御器、電気設備部品、蓄電池、マイクロエレクトロニクス機械などが主要製品）の2001年における輸出の比率は14.84%であるが、多くは国際競争力をもつといわれる電動工具のほかは完成品ではなく部品輸出と思われる。中心メーカーは国有企業である。外資系企業の

---

37) 同上『年鑑』、180頁。

進出の実態が資料によってはよくつかめない。2001年における機械工業全体の労働生産性から推測する限りでは、国有企業及び国有系企業の労働生産性を 1 とした場合、民営企業1.75、三資企業3.5といわれている[38]。

⑥「化学繊維」、「鉄及び関連金属」、「非鉄金属」

外資系企業のマーケットシェアが30%未満で、外資系企業の労働生産性が国内資本企業のいずれにおいても50%以上勝っており、いずれかで 2 倍以上であるのは「化学繊維」、「鉄及び関連金属」部門である。2001年における化学繊維の輸入量は約147万トン、輸出は約12万トンである[39]。「鉄及び関連金属」では、2001年における鋼材輸入1,722万トン、ビレットの輸入は818万トン、合計2,540万トン、鋼材輸出474万トン、ビレット輸出271万トンといった状況である[40]。

外資系企業のマーケットシェアが30%未満で、外資系企業の労働生産性が国内資本企業のいずれにおいても50%以上勝っているが、いずれにおいても 2 倍未満であるのは「非鉄金属」である。2001年における輸入額は約98億ドル、輸出額は約40億ドル[41]、業種全体としての輸出比率は 1 割程度、外資系企業の輸出比率は20%足らずで、国内市場指向型である。

〔3〕現地立地型業種

「飲料」

「飲料」部門における外資系企業と国内資本企業の労働生産性には相当の差がある。ここでいう「飲料」にはノンアルコール系飲料とアルコール系飲料の両方が含まれるとみられるが、主要な部分でみると、ノンアルコール系飲料の2001年の販売高総額は約488億元、ビールの販売高総額は約427億元、蒸留酒の販売高総額は約499億元である。外資系企業との関係でみると、2001年におけるノンアルコール系飲料（飲料水、炭酸飲料、果汁等）の内炭酸飲料の生産量537万トン（ノンアルコール系飲料生産量

---

38) 同上『年鑑』、224頁。
39) 同上『年鑑』、178～179頁。
40) 同上『年鑑』、201頁。
41) 同上『年鑑』、204頁。

の32.17％を占める）の内コーラ系炭酸飲料が410万トン、76.37％を占める。このうちコカコーラとペプシコーラの合弁、合作企業生産の外国ブランドのものが350万トンを占める[42]。

アルコール系飲料のうち外資系企業との関係が深いのはビールである。2001年における国有企業のビール生産量は生産総量の20％、株式会社形態の企業の生産量は27.7％（青島ビール、燕京ビールの二国有系集団公司が18％）、私営及び民営企業生産量は14.9％、外資系企業のビール生産量が生産総量の3分の1を占める。2001年に5万トン以上を生産した企業102社の内訳では、外資系企業が37％、株式会社形態の企業34.1％、国有企業18％である[43]。外資系企業生産のビールは一部が台湾などに輸出されているが[44]、ほとんどが国内市場販売とみられる。

この外、2001年における葡萄酒の販売高は50億76百万元である[45]。

第5節　外資系企業の進出戦略と中国のディレンマ

さて、本稿の分析を通じて気付きたいくつかの点を簡単にまとめておこう。

筆者は第五章において、中国が全面的な外資直接投資導入戦略を展開するようになったことに対し、この戦略は中国が現段階の世界経済を客観的な新たな段階と見做し、新たな歴史認識にもとづき主体的にとった戦略であるとの基本認識を踏まえて、この戦略は二つの基本的内容——一つは開発論的な意味からはビッグプッシュ論と、今一つはこのビッグプッシュ論の中に全面的かつ急速な労働生産性の向上を組み込むこと——から構成されることを述べた。外資直接投資導入戦略はこの新民族経済論の枠組の半分を支える重要な柱である。当然この内容には経済の近代化が含まれる。中国

---

42) 同上『年鑑』、167頁。
43) 同上『年鑑』、163頁。
44) 『日本経済新聞』2003年1月7日。
45) 前掲『年鑑』、163～165頁、167頁。

第六章　改革・開放と外資直接投資導入の動態—成果と問題—

という潜在的に巨大な市場を担保としたビッグプッシュの戦略の中に、全面的な外資直接投資導入戦略がある。現段階の世界経済が従来の帝国主義段階と質的に異なった段階にあるとの認識を踏まえて[46]、敢えて危うさもともなうことも計算の上で、懐深く外資直接投資を引き込む戦略を立てたということになる。したがって、世界経済との全面的かかわり合いを視野に入れたGATT／WTOの地位回復、加盟が重要問題となったのである。

　しかし、この戦略が改革・開放の当初から完成した形で打ち出されたわけではない。中国は自己の主体的事情と状況の学習の必要、当然ながら慎重さもあって、当初外資直接投資導入は自己の経済と直接衝突の生じない、国際的にみた比較優位構造と直結した形で展開される部門、方式から出発した。上にみたようにこういった方式、部門は外国市場指向型（輸出指向型）であるがゆえに、国内資本企業に直接の打撃を与える部分が少ないからである。この段階では中国側も国民経済全体の発展戦略に外資直接投資をどう組み込んでいくかの全体的枠組を確立していたわけではない。外資系企業側も本格的に中国経済の発展戦略に懐深く入り込もうという姿勢があったわけではない。この意味では両者ともに深く傷つく可能性を秘めた部分を避け、「淡交」に終始していたのである。外資直接投資部門も上述の関連分野に集中、これら分野に特化傾向が顕著にあらわれることになる。中国の低賃金労働力利用に焦点合わせた労働集約的生産部門への投資が進む一方で、観光・旅遊等の部門に多くの投資が向かった。本稿では紙幅の都合上、投資国（地域）別直接投資の特質についての分析に触れることができなかったが、このことは主要直接投資が香港、マカオなどの資本を中心として進展したこととも深い関係をもつ。上に見てきたように、今日もなおこの要因にもとづく外資系企業の地位の占める位置は大きい。

　本章では、外資直接投資の概況や中国当局の外資導入政策の確立過程についても整理しているが、主要部分は現段階における工業部面の外資直接投資に分析の焦点を当てている。工業部面における外資直接投資の構造的

46）第三章参照。

特徴を把握する手始めとして、どういった業種に直接投資が集中した構造になっているかをみるために業種別特化率をみた。この部分にかんする特徴を上述八項目にまとめたが、このことからは綺麗な形で構造と動向はつかみきれない部分がでる。これは特化率自体が相対数値であるからである。しかし、これによって相対的動向の全体像はつかめる。全体的動向からみれば、全面外資導入政策が確立されてくるにともない、特定業種の特化度が弱まってきていることが分かる。全面的外資導入政策がとられるようになると、特定業種投資集中性が後退するというのは当然であるからである。今一つの理由は、外資直接投資の展開が全面的になると、外資直接投資の量的拡大が進み、中国全体の産業構造自体が外資直接投資構造によって規定される部分が大きくなるからである。いわば、中国の産業構造自体の外資直接投資産業構造化である。特定業種の特化度の突出性が後退するのである。注意を要する点は、全体的に外資系企業の地位が高まっている中での特定業種の特化度の低下であって、外資の全般的支配力は強まっているという点であり、今後この点は注視していかなければならない。

　特化度の動態と個別業種内における外資系企業の地位の変化の関係は、国内資本企業と外資系企業のマーケットシェアの変化の状況でみることができる。外資系企業の業種特化度が下がったにもかかわらず、外資系企業のマーケットシェアが上昇している場合は、当該業種への外資直接投資が全体としての外資直接投資の拡大よりも緩慢、それ以前他の業種よりも突出して急速に拡大したほどに集中的に投資が行われなくなっていることを意味する。当該業種への投資絶対額は増加している可能性が強い。これに対し、特化度が下がりかつマーケットシェアが下がっているような場合は、特殊な事情の場合を除いては外資直接投資は増加してはいるのだが、その増加スピードが落ち、なお競争力のついた国内資本企業の投資、生産が拡大し、国内資本企業のマーケットシェアが拡大しているとみることができる。

　1999年と2001年の動態では、前者の業種は「食品加工」、「紡織」、「医薬品」、「プラスチック」、「金属製品」、「交通・運輸設備」、「電気機械及び機材」、「電子及び通信機械」等の部門、後者の業種は「タバコ」、「ア

パレル」、「皮革・毛皮・羽毛製品」、「木材加工」、「文化・教育・体育用品」、「非鉄金属」等の業種である。特化度とマーケットシェアの同時上昇がみられる業種は、外資系企業の参入あるいは現地外資系企業の規模拡大が進んでいるとみられる業種である。

　中国当局の外資直接投資導入政策からみれば、一つとして輸出主導による外国市場指向型外資直接投資の導入がある。今一つとして国民経済戦略構築策としての外資直接投資導入がある。大きくみれば、両者は国民経済構築戦略の両輪であり、いずれもビッグプッシュ論を支えるものである。前者は静態的条件の利用による外貨蓄積を目指すものであり、後者は前者の条件利用の上にさらに上乗せする積極策である。後者は基本的には比較劣位部面に外資直接投資を導入して輸入代替して、国民経済の積極的構築をはかるための策である。筆者が国内市場指向型外資直接導入のうちの、比較劣位構造の中における国内市場指向型外資直接投資導入として分類した部分の業種である。

　問題部分は国内市場指向型外資系企業進出のうちの、比較優位構造の中における国内市場指向型外資系企業の進出をどう位置づけるかである。

　一般的にいえば、外資系企業にとって他国に進出する場合、当該市場が進出相手国に皆無である場合を除けば、進出相手国企業に対して何らかの面で競争上の優位がなければならない。国際的にみた比較優位構造にある、あるいは潜在的に比較優位にあると考えられる業種においても然りである。外資系企業が中国に進出する場合も、中国以外の国で生産し中国へ輸出するよりも、中国で生産しその製品を中国で販売するとか、中国以外の国へ輸出する方が経済的であるといった条件が前提となる。しかも、この場合のいずれにおいても、外資系企業は中国国内資本企業に比して何らかの競争上の優位をもたなければならない。

　中国に進出した外資系企業のうち外国市場指向型（輸出指向型）として分類した業種は、国際的にみた比較優位構造の中にあるが、「科学機器・計器、事務用機械」部門を除く外資系企業と国内資本企業の労働生産性が近接しており、全般的には国内市場競争上の優位が比較的少なく、輸出奨励

優遇政策とも相俟って競争優位が少ないものほど直接外国市場指向＝輸出指向する傾向がでる。「電子及び通信設備」で競争上優位にあるものについては独占的な部分もあり、この部分を含めると内外全面市場制覇型の色彩が強い。「科学機器・計器、事務用機械」については、国内資本企業と外資系企業の生産性が国内資本企業の倍以上もの大きな差が存在するから、事情が異なる。この分野で中国進出している外資系企業の多くは世界市場戦略をにらんだグローバルな性格をもつ企業で、中国市場はその一部にしかすぎない。中国は世界市場へ向けての生産拠点の一つではあるが、照準を当てた主要販売市場ではない。この部門における外国市場指向型の性格は、この企業戦略から規定される面が強い[47]。以下にみる輸出指向型進出の概念との区別の都合上、強いてこれを輸出特化型進出と呼ぶことにしよう。

　国内市場指向型外資系企業進出のうちの比較優位構造の中における国内市場指向型外資系企業の進出は、二つに分けることができる。一つは輸入代替型から輸出指向型への転換をみた、あるいはみつつある外資系企業の進出である。今一つは市場制覇型進出と呼ぶべき進出である。前者は「ゴム」、「プラスチック」、「電気機械及び機材─家電機械」、「木材加工」、「印刷」、「食品加工」、「金属製品」等の業種である[48]。後者は「食品製造」業種である。前者は当該部門生産総額に占める輸出額の比率が内需の占める輸入比率を凌駕することからみる視点で、比較優位の実現が輸入代替過程を経て輸出指向に転換していくというプロダクト・サイクル論に基礎を置くが、上述の筆者の観点からみて注視すべき点は、外資系企業と国内資

---

47) 2001年における日本の複写機の生産台数は140万台余で、キヤノン、リコー、富士ゼロックスなどが分けているが、中国の複写機市場規模は20万台にすぎない（『日本経済新聞』2001年12月29日号）。カメラ、プリンターなどの同様のビヘイビアについては同上紙2002年9月15日号、同12月5日号の記事参照。富士ゼロックスが中国で生産する複写機は全量輸出されているが、2004年を目途に生産台数を現在の2.5倍にし、生産拡大分は中国国内市場向けとし、中国市場で需要が見込まれる低中速機を中心に量産する（同上紙2002年7月26日号）。キヤノンも同様の動きにある（同紙2001年12月29日号）。

48) 黄暁玲著『外貿、外資与工業化─理論分析与中国実証研究』、対外経済貿易出版社、2002年、261～263頁。女史の根拠としている数値は基本的には1995年工業センサスによっているようで、今日の状況と若干異なるように思われる。

本企業の労働生産性の差がほぼ倍以内にあることである。したがって、これらの業種では輸出指向と国内市場指向の両面が併存、混在する。同一類の製品であっても、何らかの意味で差別化がある場合もあるし、明確にランクが異なる場合もあろうし、販売ルートも含めた市場開拓状況も関係しよう。同一業種内にあっても、企業によっては100％輸出する場合もあろうし、国内市場販売に重点を置く場合もある。

　後者「食品製造」業種の場合は、外資系企業の労働生産性は国内資本企業のそれの倍あるいは倍以上であり、両者の間の格差が大きい。全体的にみれば、外資系企業は国内資本企業に比べ相当の競争上の優位にあるとみられる。輸入代替が推し進められる一つの場合として、それまで輸入されていたものが、外資系企業の進出によって輸入代替されていくという過程が進行する場合があるが、潜在的背景を考慮に入れると、その一形態ともとれなくもないが、「食品製造」の分野において主として進行している過程は外資系企業が競争上の優位性によって当該国内市場を制覇していく過程にあるようである。輸入代替過程ともいえるが、市場制覇型国内市場指向の進出と呼ぶ方がより内容の的確な表現であろう。黄暁玲女史が外資直接投資の進展を、プロダクト・サイクル論の観点から輸入代替から輸出指向への過程として把握しているのは過度の単純化の一面性を免れまい[49]。

　中国に進出した外資系企業の業種別主要進出動機と指向からみた筆者の分類は、①輸出指向型、②輸出特化型、③潜在的比較優位構造を背景とした国内市場指向と輸出指向結合型、④同上の背景下の国内市場制覇型、⑤国民経済戦略構築型、⑥現地立地型ということになる。この分類によると、業種別外資系企業の進出の動機、戦略、指向と、その反映としての動向がより明確に把握される。

　国務院発展研究中心《利用外資与産業結構調整》課題組の展望によれば、今後全体的に外資直接投資の増加が予期されるのは、中国のWTO加盟もあって新拡大が予測され、すでに急速な動きのでているサービス部門―金

---

49) 同上書、262〜265頁。

融・保険、卸売・小売商業、貿易、通信、運輸、技術サービス等の分野——ということになるが、工業部門では先ず「アパレル」、「家具」「文化・教育・体育用品」、「皮革・毛皮・羽毛製品」、その他製造業の典型的な労働集約型業種において、今後もかなり集中的に外資直接投資が見込まれるという。第二に、「電子及び通信設備」、「科学機器・計器、事務用機械」、「電気機械及び機材」といった部門が外資直接投資が相対的に多く流入する領域とみられている。実際には、これら部門の労働集約型加工工程が外資直接投資を引きつけることになると予測されている[50]。

同課題組は、外資直接投資の産業構造高度化に対する役割を検討した評価の中で、「外資直接投資は経済全体の労働生産性と資本装備率を引き上げた。しかし、これは主として外資資本自体の資本装備の優勢に依存して実現されたものである。産業構造という面の要素に対する外資直接投資の役割は却って下がった[51]」と指摘している。外資直接投資導入の政策的有効性からすれば、外資直接投資導入の一半は所期の目的の成果（助走の起点としての外貨の獲得）をおさめたともいえるが、資本蓄積と技術導入を結合した全体的発展をはかるという一半の目的は十分な成果をおさめたとはいえまい。

桑百川氏は「収益与代価：利用外商直接投資成効評価」と題する論文において、これまでの中国の外資直接投資利用を総括している。氏は外資直接投資には二面性があるとし、外資直接投資導入の利益を二つに分けて、直接的経済利益として、①経済成長効果、②就業効果、③国際収支上の効果、④税収効果、⑤技術進歩効果、⑥産業連関効果、⑦経済構造転換効果等の諸効果、経済外利益として、①制度新構築効果、②改革推進作用、③

---

50) 《利用外資与産業結構調整》課題組「偏向労働密集型産業——外商在華投資産業趨向分析与展望」、『国際貿易』2002年7月号、46頁。今後外資直接投資が相対的に減る業種としては、①「電力供給」、「スチーム・熱湯供給」、「ガス生産・供給」、「水道」等の業種、②「非金属採選業」、「鉄関連鉱石採選業」、「石炭採選業」等の業種、③「鉄関連金属製錬・圧延」、「飲料」等の業種が挙げられている。なお、こういった予測は労働集約度、投資効率、税負担水準など諸側面を考慮した判断を基礎にしている（同上論文、46頁）。
51) 同上論文、同上誌、44頁。

第六章　改革・開放と外資直接投資導入の動態―成果と問題―

開放拡大効果、④観念刷新作用等の諸効果を挙げ、反面直接投資導入の代価として、①譲歩的優遇政策による利益の喪失、②国有資産の流出、③高値輸入・安値輸出から生ずる損失、④"四偽"（ⓐ偽装合併、ⓑ偽装欠損、ⓒ偽装輸出、ⓓ偽装破産）による損失、⑤税収の流失、⑥環境汚染等を挙げる。総括的評価として、「中国側は外資投資を導入する中で、一定の代価を支払ってきたが、この代価と手にした利益の比較では、やはりメリットがデメリットよりも大きい[52]」という。

　桑百川氏の総括は、当然のことといえば当然のことである。特殊に赤裸々な侵略的帝国主義下におけるような場合を除き、外資直接投資を導入しないよりした方がメリットがあるのは自明のことである。外資直接投資導入のメリットとデメリットの差引勘定からすれば、そうでなければならない。中心的問題はそこにあるのではない。発展途上国中国の外資直接投資導入の利益問題の議論は、一般的な外資直接投資導入のメリットの次元に終始してはならない。途上国中国の外資直接投資導入の利益は、一般的な外資直接投資導入以上の利益でなければならないはずである。桑百川氏自身別稿で、中国経済にとって"民族経済"概念を捨て去ることはできないと主張する[53]。"民族経済"概念には民族資本概念の措定が必要となる。民族資本概念は、一定の領域において壊滅的でない資本間競争（具体的な発動形態としては企業間競争）を通じて要素統合的経済発展促進作用の中心的役割を担う総資本をいう。一般的にいうと、この一定領域は国民経済領域といえる。壊滅的でない資本間競争という意味の限りにおいては、外資直接投資導入とは直接対立、矛盾するものではなく、相互共存的でありうる。しかし、その範囲を超えれば対立、矛盾が出てくる。一定の壊滅的でない資本間競争領域の内部競争力を超越した競争力をもつ外資系企業は、その

---

52) 桑百川「収益与代価：利用外商直接投資成効評価」、桑百川著『外商直接投資下的経済制度変遷』所収、対外経済貿易出版社、2000年、225〜237頁、拙訳「利益と代価―外資直接投資利用成果の評価―」、『広島経済大学経済研究論集』第23巻第3号、2000年、83〜97頁。
53) 桑百川「評"保護民族経済論"」、張上塘・夏友富主編『中国吸収外商直接投資熱点問題探討』所収、中国対外経済貿易出版社、1997年、139〜146頁。

導入のあり方によっては壊滅的競争の結果を生み出す。外資直接投資導入政策が固有に必要となってくる所以である。

中国の外資直接投資導入は初期の頃はすでに述べたように、香港、マカオなどの資本を中心とした輸出指向部面や観光・旅遊関連部門が多かった。主要先進国からの外資直接投資の本格化にともない、外資直接導入政策を整備していった。政策の中身としては、①輸出促進部門への外資系企業導入の奨励策（関税及び税制上の優遇、輸出促進型経済特別区の設置、資源・エネルギーの優先供給等）、②各種経済開発区設置による技術導入と実効化、③国民経済戦略構築型重点産業への外資直接投資導入の奨励と優遇供与、④外資直接投資導入による所期の目的既達成業種に対する直接、間接の導入制限と奨励策の解除、⑤外資系企業経営権に対する制限、⑥外資系企業の市場支配を考慮した導入策、⑦外資独資企業（100％外資出資経営企業）に対する制限等盛り込みつつ、国内商業、金融・保険、貿易、インフラ、交通・運輸、サービス部門にまで全面的に外資直接投資導入を広げていくというものであった。

特に1986年GATTの地位回復を申請して以後、中国が当初考えていたよりも大幅な譲歩を迫られたことは周知の通りである。2001年12月中国は正式のWTOメンバー国となった。中国は輸出指向による経済成長を推し進めていくため、WTO加盟によって外国市場、特にWTO条件による先進国市場を確実に手にいれることを至上命令とした。一方先進国側はこれと引き換えに、貿易と投資に対する中国国内市場開放を要求し、基本的にこの要求をのませることに成功したといえよう。中国はWTO加盟によって外資直接投資導入政策の主体性自由度に足枷をはめられたともいえる。WTO加盟一年目の昨年の外資直接投資実績はすでにみた通りである。既に上段でも述べたが、ここのところ外資独資企業が対中進出の主流になってきつつある。いかなる形にせよ、外資直接投資の拡大は中国の経済成長に貢献すること自体否定できない。しかし、独資企業の形態での外資の進出は、外資そのものの中国市場からの利益の独り占めでもある。中国民族資本との関係でいえば、外資と民族資本の資本蓄積の格差は拡大する仕組

第六章　改革・開放と外資直接投資導入の動態―成果と問題―

となる。しかも、中国は「市場をもって技術と交換する」ことを一つの大きな拠り所として、外資直接投資導入をはかっているが、上にみた国務院発展研究中心《利用外資与産業結構調整》課題組の見解によれば、この過程は期待通りには進んでおらず、外資は工業では労働集約的加工工程に照準を当てているようだ。だとすると、中国は「市場でもって技術と交換」しておらず、専ら「市場」を提供する部分が多いということになろう。この点に関して、中国が技術導入に独自に新たな指向を始めたことは注目される。中国は3,000億ドルに上る外貨準備を背景に、日米欧で企業のM&Aに乗り出す戦略にでている。中国は日米欧企業に対するM&Aを通じて、技術力やブランド力を高めることを狙っているようだ[54]。

　上に述べたように、中国は上述輸出特化型あるいは輸出指向型外資直接投資の導入による輸出拡大については、ほぼ成功をおさめたとはいえるが、その成功は必ずしも産業の高度化によってえたものではない。輸出の急速な拡大がどのような方法によって推進されたかについては、第七章で検討することとして、中国の輸出特化型あるいは輸出指向型外資直接投資導入は、その政策によるところが大きいが、少なくともプロダクト・サイクル論で描かれるように必ずしも輸入代替を経て輸出に向かったわけではない。この部面での外資系企業は、当初から輸出特化あるいは輸出指向を目指して進出した部分が多いのである。これら外資系企業は全く国内市場に関心をもたなかったわけではないが、市場戦略としては局地的国内市場あるいは限定的国内市場に焦点をあてるのみで、全体的には中国を主軸から外した世界市場向けの生産拠点として（生産の工程の深度は様々であるとしても生産現場工場として）位置づけていた。それゆえにまた、中国のこの部分にかかわる政策は成功をおさめたともいえる。この部面の少なからざる部分ついては、中国国内資本企業もかなりの競争力をもってきている。

　外資系企業の国内市場指向型進出部分については、既に見たように独資企業であればなおさら、合弁形態の外資系企業の場合でも、市場支配とい

---

54)『日本経済新聞』2003年3月28日号。「中国政府は昨年末、改革開放のモデル地区である上海市のほか、浙江省、広東省の三地域を海外投資認可都市に指定した」（同紙）。

った点からみて国内資本企業との関係で問題を蔵している部分がある[55]。国民経済戦略構築型外資直接投資導入については、産業政策主導による外資と国有主軸企業との協力を中心とする国内市場開発型直接投資導入ということになるが、外資側企業と関連国内資本企業との統合の困難性の問題が付随する。

　注目すべきは、この段階で既進出外資系企業あるいは新たに中国進出を計画する外国企業に、新たな戦略上の変化が出てきていることである。それは既進出外資系企業あるいは新たに中国進出を計画する外国企業が、展開しつつある動き、潜在的巨大市場としての中国市場を市場戦略の主軸にすえてきていることである。従来輸出特化型進出あるいは輸出指向型進出を目指していた外資系企業も、国内市場を掌握すべく協力という形を通じて、あるいは自己で販売体制構築、強化をしてきている。中国の国内資本企業は国内市場で新たな局面に立たされている。

　競争力の弱い中国国内資本企業は最低限協力の形で自己の主体の維持をはからざるをえないであろうが、外資側にとって当該企業が協力相手としての何らかの競争力をもっているか否かが問題となる。協力のメリットがあれば協力が進むが、メリットのない協力相手など不要なはずである。個別的なケースは種々あろうが、中心的問題は中国の民族資本全体が民族資本として、上向競争的な国民経済統合の中に外資系企業を統合していけるかどうかが問題である。王林生教授が指摘されるように、外資系企業の民族企業としての性格を論ずる場合、外資系企業の支配構造の問題とともに、他の実態的問題も含めて、少なくともそれが合弁形態の企業であるか否かが問題となる[56]。外資独資企業では中国側の資本蓄積上の利益はない。外

---

[55] 現在のところ「独占禁止法」は制定されていないが、早晩制定せざるをえまい。漆多俊著『市場経済企業立法観―企業、市場、国家与法律―』、武漢大学出版社、2000年、435〜438頁参照。目下「独占禁止法」の制定作業が進行中である（日本国際貿易促進協会『国際貿易』2003年2月25日号）。

[56] 王林生等「在拡大開放中如何有効地保護民族工業」、『光明日報』1996年6月27日号。

※本章は「中国改革・開放と外資直接投資導入の実態分析―成果と問題（上・下）」、『広島経済大学経済研究論集』第26巻第1号、2003年に掲載したものを一部加筆、修正したものである。

資との合弁形態の企業を中心にすえた外資直接投資導入を進めるに当たって最も困難な問題は、外資側が多くの問題を抱え非効率的な経営状況にある国内資本企業との合弁を嫌うことである。外資による合併・買収を進めるにしても、同様の問題が付きまとう。中国の外資直接投資導入と国民経済統合の間のディレンマである。この点では、中国側の固有の自己努力が必要となる。

　中国における個別外国企業と個別国内資本企業との間の競争関係は、紛れもなく個別資本間の競争関係である。しかし、それは与件としての競争力の隔絶した格差のあるゾーン内競争資本群生集団間における競争関係でもある。両者の間に競争力に隔絶した差があれば、両者の間で行われる直接的競争の到達点は、一般的な企業間競争論理が想定する予定調和均衡とは別のものとなる。一般的競争論の中に内在する競争力の構造的位相を見落とすと、一般的競争論は競争力構造によってもたらされる支配構造の帰結を論理的に美化してしまう虞なしとしない。

第七章　貿易体制改革、外資系企業の貿易参入と対外貿易の発展—成果と問題—

　改革・開放前の中国の貿易体制は、国家が貿易の統一計画を立て、これを対外貿易部を通じて下達し実行するという方式で遂行されるというものであった。中央から計画指標が下され、地方政府と対外貿易部傘下の対外貿易輸出入総公司系統の機構を通じて調整を行い、然る後に上部に上げられ、最後に確定された指標が下達されるという仕組である（両下一上）。中央の統一計画にしたがって貿易が遂行される限りにおいて、対外貿易遂行機関は複数である必要はなく、基本的に大まとめにされた一業種一社でよかったわけである。旧来の完全な形の社会主義全人民所有制、貿易の完全な形の国家管理、国家の完全な独占経営—所謂貿易の国家独占制が貫徹されていた[1]。経済建設の目的から、人民元為替レートは経済建設用輸入に有利なように高く設定され、輸出には不利、場合によっては赤字となることもある水準となっていた。これは全体の経済建設計画上から考えられたことである。したがって、全体の輸出赤字を全体の輸入黒字で埋め合わせるという方策がとられた。個別貿易経営主体は、この意味で個別経営主体としての個別経営責任からは免責とされたわけである。社会主義全体計画経済の利点と内に含まれる問題点の両面が内蔵される[2]。

　改革・開放政策に転じて以後、理念的にも骨子としてはこの貿易の国家

---

1) 改革・開放前の貿易体制の詳細は拙稿シリーズ「中国対外貿易機構の変遷（Ⅰ）」、『広島経済大学経済研究論集』第15巻第4号、1993年～「同（Ⅴ-4）」、『同論集』第23巻第1号、2000年を参照されたい。
2) このシステムの全体体系、内在的問題と改革指向については、拙稿「中国外貿部門の赤字経営問題—自立的外貿経営主体確立への道—」、『中央大学経済研究所年報』第22号（Ⅰ）、1992年参照。

独占制が維持されるが、計画の中で地方や対外貿易公司（分公司）の経営自由度が認められるようになってくる。貿易の国家独占制をめぐって激しい論争が展開され、1988年から貿易の国家独占制体制が放棄され、中国の貿易体制は新しい段階に入る。先にみたように1986年中国はGATTの地位回復の申請を行い、2001年12月WTO加盟を果たし、中国は対外貿易で新たな段階に入っている。

本章では先ずは改革・開放政策が推し進められる中での貿易体制改革、外資系企業の貿易への参入、WTOへの加盟を簡単に追跡しつつ、貿易発展の構造的特質を抽出し、現段階における中国の輸出競争力の実態の分析を踏まえて、成果と問題を検討してみたい。

第1節　貿易体制改革と外資系企業の貿易における地位の躍進

1978年12月の党第11期3中全会で打ち出されたとされる改革・開放政策への転換以前は、上述したように中央の統一貿易計画にもとづく貿易が全面実行されていた。この体制の下で対外貿易を分野別に一手に担当していた対外貿易部傘下の直属対外貿易輸出入総公司は合わせて11社、このうち中国対外貿易運輸総公司は輸送の手配を担当するものである。次頁図に示すような構成となっていた。

1　第一段階（1979～83年）—貿易体制改革開始期

改革・開放政策に合わせて、先ず差し当たり業務遂行上必要な「関于出口許可証制度的暫行弁法」、「対外貿易進口管理試行弁法」、「対外貿易地方進口管理試行弁法」、「外匯管理暫行条例」、「進出口商品検験条例」等の法が制定され、対外開放の試点的実行主体、機構、枠組の整備が行われた。

(1) 対外貿易機構の調整

図　対外貿易部直属外貿専業総公司（1978年末）

対外貿易部
- 中国機械進出口総公司
- 中国五金鉱産進出口総公司
- 中国化工進出口総公司
- 中国技術進出口総公司
- 中国糧油食品進出口総公司
- 中国紡織品進出口総公司
- 中国土産畜産進出口総公司
- 中国軽工業品進出口総公司
- 中国工芸品進出口総公司
- 中国儀器進出口総公司
- 中国対外貿易運輸総公司

出所：《当代中国》叢書編輯部編輯『当代中国対外貿易（上）』、当代中国出版社、1992年、94頁。

1979年7月国務院は新業務に備えて外国投資管理委員会と輸出入管理委員会を新設したが、82年3月これら特設委員会を従来の対外貿易部、対外経済連絡部と合併、対外経済貿易部（以下外経貿部と略称することがある）として発足させ統一管理に当たらせることとした。同年7月国務院の批准を経て、上海、天津、大連、広州の四通商港に特派員事務所を設けた。

(2) 対外貿易に対する二級管理体制

統一対外の前提の下で、中央級と地方級（省、自治区、直轄市〈計画単列都市を含む〉）の経済貿易委員会（庁、局）との二級管理を実施し、輸出入商品の種類により区分して、輸出入許可証の発給、数量割当及び関連業務を遂行することを開始した[3]。

---

3) 貿易の国家独占制に入ってからは、いかなる個別経営単位も自己裁量的貿易を行うことはなかったから、法制度としては残っていたが、実質的には輸出入許可証管理は行われず、1959年以降国家の承認した積荷明細書があれば自動的に輸出入許可が与えられたものとみなされていた。厳格な貿易の国家独占制が緩められるということになり、これに応じて1980年10月復活された。詳細は拙稿「中国対外貿易機構の変遷（Ⅲ－1－②）」、『広島経済大学経済研究論集』第18巻第1号、1995年、33～34頁、拙稿「中国の貿易システムの変革」、金子敬生・安　元泰共編『東アジアの経済発展』、溪水社、1990年、215～216頁、史暁麗著『WTO与中国外貿管理制度』、中国政法大学出版社、2002年、381頁参照。

(3) 貿易経営権の下放

　従来の貿易の国家独占制（貿易は対外貿易専業総公司のみが担当し、その他のいかなる単位も対外貿易に携わらない）が漸次緩められ、工業生産部面や地方に輸出入業務を許すようになった。中央の主管生産部門は国務院の批准を経て公司を設立し、貿易を行うことができるようになった。対外貿易経営権は以後各部門（委員会）や地方各省にも拡大されていく。これと同時に、それまで輸出入専業総公司に専ら握られていた業務も地方外貿公司に下放されていった[4]。

---

4) 1979年下半期から81年にかけて、広東省、福建省に対して特殊政策と貿易活性化の措置がとられ、両省に対しては対外貿易企業の批准権が拡大され、両省は産銷結合（生産と販売の結合）、工貿結合、内貿外貿結合の原則にのっとり、省所属の対外貿易公司の設立を批准し、地方商品の輸出入業務を自主的に経営することがみとめられるようになり、両省では固有の地方貿易の進展がみられた（《当代中国》叢書編輯部編輯『当代中国対外貿易（上）』、当代中国出版社、1992年、95頁）。
　1981年からは両省内の対外貿易部系統の対外貿易分支公司の貿易は、財政請負、外貨の定額請負、地方の損益自己負担となったので、両省のこれら分支公司の取り扱う輸出入は、各々両省の地方貿易ということになった（中華人民共和国海関総署編印『中華人民共和国海関統計年報—1981年（上冊）』、1983年、1頁）。
　広東省、福建省以外の各地方あるいは中央政府各部門に対しても、貿易経営が条件的にみとめられるようになった。各地方は国の批准をえて地方政府経営の対外貿易公司を設立し、当該地域の輸出入業務を経営できるようになった。また、いくつかの特殊商品について、条件のあるところでは、工業部門と貿易部門が連携して生産、供給、販売を一本化して管理する形をとった工貿結合の貿易公司を設立してもよいことになった。中央政府の各部門も、従来対外貿易専業総公司が専ら取り扱っていた一部の商品の輸出入を自らが工貿結合あるいは農貿結合の輸出入公司を設立したりなどして行うことができるようになった。この2年余の間に批准、設立された対外貿易公司の数は400余社にのぼった（広東省、福建省の両省が自ら批准した対外貿易公司を除く）。
　この時期、各地方は地方の輸出入業務を経営する専業貿易公司を設立した。例えば、北京市対外貿易総公司、天津市対外貿易総公司、上海市対外貿易総公司などがそれらである。中央政府の各工業部門も、当該部門の系統関連製品の輸出入公司を設立した。中国冶金進出口総公司、中国機械設備進出口総公司、中国原子能技術進出口公司、中国長城工業公司、中国電子技術進出口公司、中国航空技術進出口公司、中国北方工業公司、中国船舶工業公司、中国絲綢公司（生産、供給、販売を一本化して経営管理する形をとっている）などがそれらである。1982〜83年のこの両年の間には、対外貿易に携わる企業の数は50社余りが増加したのみである（前掲書、95〜96頁）。

(4) 輸出入専業総公司の貿易業務の拡大

従来の国家の輸出入業務を担当する外に、輸出入代理業務、輸出組織業務、国外に代表処あるいは事務所を置き、マーケティングや輸入発注を展開し、外国の顧客と国内公司との関係の強化をはかった。

(5) 産銷結合、工貿結合、内外貿易結合等による試験的貿易主体の登場と多様な貿易形態の増加

産銷結合、工貿結合、内外貿易結合などの試験的貿易主体が創り出されるとともに、委託加工・組立（来料加工、来様加工、来件装配…後述）、補償貿易等の貿易方式による貿易の発展がみられた[5]。

2 第二段階（1984～87年）―本格的体制改革突入期

1984年9月対外経済貿易部が提起して国務院の承認を受けて打ち出された「関于外貿体制改革意見的報告」の中では、外貿体制改革に対する三原則が謳われている。すなわち、①政治と企業（経済・経営活動）の職務を分離し、対外経済貿易部の専門セクションが管理に当たること、②貿易経営に貿易代理制を実行すること、③工貿結合、技貿結合、輸出入結合の三項目である。

(1) 政企職能分離

従来経済活動は政治に従属する体制となっていたから、中央及び地方政府の企業に対する行政干与をできるだけ少なくし、企業が経済活動を行うに十分な自主権を与えるようにする。

(2) 企業に対する権限の下放と外貿企業の経済活動の積極性の発動

対外経済貿易部直属対外貿易専業総公司、その他部門の外貿公司、地方外貿公司を漸次元の行政部門から離脱させ、損益自己負担の独立採算とす

---

5) 1979年深圳、珠海、汕頭で経済特区を設立することが決定されたが、紙面の都合上本稿では経済特区については触れない。設立期の状況については、拙稿「中国の経済開発における経済特区の意義と開発の現状（上）」、『広島経済大学経済研究論集』第7巻第4号、1984年、「同上（下）」、『同上論集』第8巻第1号、1985年を参照されたい。

表7-1　輸出入経営部門別構成—1980年

経営部門＼輸出入	輸出入総額 100万ドル	%	輸出額 100万ドル	%	輸入総額 100万ドル	%
総　　　　額	38,136	100	18,119	100	20,017	100
対外貿易部系統経営	36,745	96.4	17,501	96.6	19,244	96.1
中央各部門経営	706	1.9	472	2.6	234	1.2
各省、自治区、直轄市経営	492	1.3	74	0.4	418	2.1
中外共同経営企業経営	42	0.1	8	-	34	0.2
外資独資企業経営	(0.3)	-	-	-	-	-
そ　の　他	150	0.4	64	0.4	86	0.4

出所：中華人民共和国海関総署編印『中華人民共和国海関統計年報—1980年』、1984年、2〜3頁。

る。この時期対外貿易公司の数は著しく増加し、1987年までに全国の対外貿易公司は2,200余りが批准され、1984年から多くの省に対して、外貨留成制度の下に輸出による貿易外貨に応じての一定の比率での外貨留成が許されるようになった。1985年1月からは企業に対して輸出による外貨の50％外貨留成が認められるようになった[6]。

(3) 輸出入代理制の実行を通ずる貿易経営の改革

輸入の経営は原則上すべて輸入代理制とし、発注者の損益自己負担で行う。輸出も基本的には輸出代理制によって行うこととするが、商品ごとに別々に定める。農副産品と一部の手工業工芸品等は従来通り対外貿易公司の買付制による。

(4) 貿易計画体制の改革と計画の簡略化

---

6) 外貨留成制度自体は1979年から導入されている。詳細は拙稿「中国の貿易システムの変革」、金子敬生・安　元泰共編『東アジアの経済発展』、渓水社、1990年、221〜223頁、拙稿「中国対外貿易体制改革の方向（上）」、『広島経済大学経済研究論集』第11巻第3号、1988年、43〜45頁、拙稿「海関統計にみる中国貿易体制改革の歩み（下）」、『広島経済大学経済研究論集』第19巻第2号、1996年、15〜17頁参照。ここで述べている1984年、1985年の状況は史暁麗著『WTO与中国外貿管理制度』、2002年、中国政法大学出版社、382頁による。本章の対外貿易改革の歴史的展開に関する叙述は女史の整理労作を骨子としつつ、筆者の整理を付け加える形で展開している。

表7－2　輸出入経営部門別構成—1985年

経営部門＼輸出入	輸出入総額 100万ドル	%	輸出総額 100万ドル	%	輸入総額 100万ドル	%
総　　額	69,602	100	27,350	100	42,253	100
全国的経営範囲の対外貿易総公司（対外経済貿易部系統経営、中央各部門・委員会経営の全国的経営範囲の専業公司、全国的経営範囲の請負・信託諮詢服務公司）	28,699	41.2	3,537	12.9	25,162	59.6
各省、自治区、直轄市経営など（全国的経営範囲の対外貿易総公司の分支公司も含む）	38,272	55.0	23,499	85.9	14,773	34.8
中外共同経営企業経営	2,104	3.0	218	0.8	1,886	4.5
外資独資企業経営	257	0.4	78	0.3	178	0.4
そ　の　他	271	0.4	17	0.1	253	0.6

出所：中華人民共和国海関総署編印『中華人民共和国海関統計年報—1985年』、1986年、2頁。

輸入計画は従来の完全な指令性計画[7]から指令性計画、指導性計画と市場調節を結合したものとする。1985年から対外経済貿易部は貿易のための買付計画と配分計画の編成、下達を取り止めた。輸出計画商品の貨源の確保は各地区、各対外貿易公司が取り行うことと成った[8]。根幹となる重要な面はきちんと管理し、自由にやってもよい部門では自由化し、活性化をはかる。指令性計画の範囲を適度に縮小し、指導性計画と市場調節の範囲を拡大する。

(5) 対外貿易の財務体制の改革

経済調節手段を強化するため、外貿企業に利改税を実行し、外貿企業の独立経営と損益自己負担を進め、財務的に企業主管部門と切り離す。対外経済貿易部は関連部門と税収、価格、貸付、赤字補填等の経済調節措置を

---

7) 1984年以前に実際にポジティブな項目として計画に組み込まれていた輸出商品は3,500にのぼっていた。これらの商品は集中管理下に置かれ、専業輸出入公司がほとんどを取り扱い、計画管理権限に応じて管理されていた（拙稿「中国の貿易システムの変革」、金子敬生・安　元泰共編『東アジアの経済発展』、溪水社、1990年、203頁）。
8)《当代中国》叢書編輯部編輯『当代中国対外貿易（上）』、当代中国出版社、1992年、189頁。

定めて運用し、併せて内外市場と為替レートの変化等の事情にもとづき調整、公布する。

この時期までの対外貿易は国内経済計画にとっての過不足の調節手段としての地位から免れえなかった。改革は進められたものの、依然としてこれまでの貿易経営権の高度集中、財務上国全体としての収支の統一計算(「統収統支」)体制、したがって「大釜の飯を食う」体質は変わらなかった。このため、企業の積極性の発揚に不十分で、企業生産と国際市場はうまく結合されなかった。

3 第三段階（1988～90年）―旧体制脱皮への試走期

国務院は1988年から新しい貿易体制改革案を決定し、「関于外貿体制改革若干問題的規定」を下達した。この段階においては、主として以下のような改革が行われた。

(1) 対外貿易における全面的請負経営責任制の導入

輸出品に対する全面的戻し税と一定の比率による外貨留成の下で、省、自治区、直轄市、計画単列都市人民政府と全国性の対外貿易専業総公司（工貿総公司も含む）の国家に対する三基準（輸出外貨収入基数、上納外貨基数、財務指標〈輸出コストと結合された一定のところまでの赤字については補填を行うという損益指標〉）のみ（貿易方式等の如何を問わない）にもとづく、期間三年の請負経営責任制の実施である。地方では省級外貿公司は省政府に対して請負、系列公司に下ろしていく。行政系統では最終輸出品生産を請負する市、県政府が省政府に対して請負する。外貿公司は市、県政府に対して請負する（双軌制請負）[9]。

(2) 指令性計画の縮小とマクロ指導、バランスの強化

21種類の輸出商品が外貿・工貿輸出入総公司で統一経営、統一管理されるか、総公司と分公司で連合経営、統一成約される以外、大多数の輸出商

---

9) 詳細は拙稿「貿易計画システムの改革と地方政府の貿易計画」、日中経済協会『中国：地域開発と地方政府の役割』、1991年、181～190頁参照。

品は地方政府と傘下外貿公司(地方政府に外貿企業の批准権があたえられ、1988年から従来の輸出入総公司傘下の分公司は地方政府傘下の独立輸出入公司となった[10])の中央に対する請負、工貿輸出入公司と経営能力のあるメーカーは貿易の損益自己負担の自主経営を行えるようになった。

(3) 外貨留成制度の改革

従来の外貨使用上の統制指標を取り消し、留成外貨の自由な使用を認めるとともに、地方と企業の外貨留成比率を拡大した。また、外貨調整センターを通じて外貨の調整交換が行えるようになった[11]。

(4) アパレル、軽工業、工芸品の三業種の輸出入における損益自己負担の試験的モデルの実施

上記三業種輸出入に対する赤字補填を取り止め、外貨留成比率を拡大し、

表7-3　輸出入経営部門別構成―1989年

経営部門＼輸出入	輸出入総額 100万ドル	%	輸出総額 100万ドル	%	輸入総額 100万ドル	%
総　　　額	111,678	100	52,538	100	59,140	100
中央各部・委員会対外貿易総公司	26,404	23.6	1,986	3.8	24,418	41.3
各省、自治区、直轄市、計画単列都市、沿海開放都市、経済特区経営単位	70,847	63.4	45,528	86.7	25,322	42.8
三　資　企　業	13,709	12.3	4,913	9.4	8,796	14.9
中　外　合　作　企　業	2,219	2.0	794	1.5	1,425	2.4
中　外　合　弁　企　業	9,969	8.9	3,436	6.5	6,533	11.0
外　資　独　資　企　業	1,522	1.4	683	1.3	839	1.4
そ　の　他	719	0.6	115	0.2	604	1.0

出所:中華人民共和国海関総署編印『中華人民共和国海関統計年報―1989年』、1990年、2～9頁より作成。

---

10) 1988年末には対外貿易企業の数は急膨張し5,000社余りに達し、混乱を招いた。このため、1990年7月ごろまでに約1,300社の解散、取り消しを行った(拙稿「海関統計にみる中国貿易体制改革の歩み(中)」、『広島経済大学経済研究論集』第18巻第3号、1995年、36～37頁)。

11) 前掲拙稿、前掲書、183～184頁、拙稿「海関統計にみる中国貿易体制改革の歩み(下)」、『広島経済大学経済研究論集』第19巻第2号、1996年、17～18頁参照。

損益自己負担の試験的モデルとした[12]。

対外貿易の請負経営責任制の導入は貿易体制改革の大きな前進ではあったが、これにともなって生起した問題も多かった。①請負指標設定に含まれる不公正性、②請負指標の固定性と外部経営条件の変化の齟齬、③短期的指向に流れる外貿公司の経営行動、④外貿公司間の競争上の不平等、⑤貿易体系と請負任務分業体系の不整合性、⑥地域エゴ(地方が自己の貿易拡大のため貨源を囲い込むなどの諸侯経済の形成)、企業エゴの噴出、⑦請負指標の企業内細分化と企業組織の非統合性、⑧外貿公司の自立経営のための基盤の脆弱性の露呈などの問題である[13]。

貿易体制改革と外資系企業の進出によって、表7－3にみるように1989年の状況では、中国の対外貿易の中心的主体は地方対外貿易企業に移り、中央各部・委員会系の対外貿易総公司はまだかなりのウエイトを保持しているものの、その地位は既に主流から外れてきている。注意すべきは、この段階で三資企業が中国貿易のほぼ12％にまで地位を高めてきている点である。

4 第四段階 (1991～93年) ―旧体制脱皮期

1990年12月9日国務院は「関于進一歩改革和完善対外貿易体制若干問題的決定」を発し、貿易における損益自己負担システムと全国統一輸出体制を構築していくことを提起した。これをうけて、1991年1月1日より国家の輸出赤字に対する補填を取り止め、輸出商品計画、数量割当と許可

---

12) 1984年頃から貿易の国家独占制の本質と改革について激しい論争が展開された。論争の主要内容については、拙訳「中国における貿易の国家独占制をめぐる論争(Ⅰ)」、『広島経済大学経済研究論集』第16巻第2号、1993年～「同(Ⅴ)」、『同論集』第17巻第3号を参照されたい。要約的にいえば、対外貿易に関する事業の所有、管理、経営の三権の国家独占というこの体制を、経営を主体とした各層の管理体制に切り換え、その上での外に対して統一をはかっていくという統一対外をおこなうべきで、統一対外の完璧化のために三権を国家独占にすることは本末転倒であるということに決着した。
13) 詳しい内容については、拙稿「中国の貿易システムの変革」、金子敬生・安　元泰共編『東アジアの経済発展』、渓水社、1990年、246～251頁、拙稿「中国の輸出体制改革は成功したか」、『経済評論』1990年7月号参照。

証管理を改善し、輸入政策を適度に調整し、輸入管理のやり方を改善していくこととなった。

(1) 個別企業輸出赤字に対する財政補填の取り消しと外貿企業の損益自己負担（独立採算制）の実行

対外貿易請負経営責任制の内容の深化をはかる。地方政府、外貿公司、工貿専業総公司は①輸出額、②輸出外貨獲得額、③中央に対する上納外貨額度の請負と請負指標の下部基層単位への浸透の徹底化、この基礎にもとづく地方と企業の完全な損益自己負担請負経営責任制への脱皮をはかる。

(2) 地域によって差異のあった従来の外貨留成比率の全国統一化

商品大分類にもとづく全国統一外貨留成比率を実施し、平等な企業間競争の基礎条件を整えた。一般商品については、為替レートにもとづき国家上納比率20%、地方政府10%、輸出商品メーカー10%、残りの部分は貿易企業の留成とする。国の必要外貨を保証するために、国は外貨調整市場の平均レートで外貿企業から20%、輸出商品供給企業から10%を買い上げる選択権をもつ。企業にのこされる残余の外貨は企業が自由に使用、運用できるようになった（主として外貨調整市場での運用と自営輸入用）[14]。

(3) 乱立した外貿公司の整理整頓と大型外貿企業集団の構築

先に述べた外貿公司の整理整頓作業が続けられ（1991年6月時点で49中央国家機関の対外貿易公司826社が711社に統廃合、36地方政府所属対外貿易企業2,140社のうち932社の対外貿易経営権の取り消し、1,208社の存続の認可、経済特別区対外貿易企業約1,000社の整理の推進）、貿易のダイナミックな発展をはかるため目的に合わせて総合的に統合された試験的57大型外貿企業集団の形成がはかられた。

(4) 外貨調整の活性化

上述の任務を達成したのちの留成外貨は地域の枠を越えて自由に運用してよい。

(5) 経済発展の要求に応じて、適度の輸入規模を維持し、輸出入商品の経営

---

14) 拙稿「海関統計にみる中国貿易体制改革の歩み（下）」、『広島経済大学経済研究論集』第19巻第2号、1996年、18～20頁参照。

管理を改善すること

輸出商品計画、数量割当と許可証管理をきちんとすると同時に、計画性をもつ一類商品（国家計画と民生にとって重要な大宗商品、重要資源商品、その他の特殊輸出商品）と二類商品（国際市場上の制約性、数量割当制限のあるもの、競争が激しく過敏な価格変動性のある輸出商品）に対しては地方と専業総公司との双軌計画を明確に規定し、一類と二類を除く三類商品については企業の自主性に任せ、商品別商会（同業組合組織）による経済合理性のある協調管理を進める。この時期機械・電気製品に対する輸入管理体制を改め輸入制限を緩和した。

(6) より一層の貿易経営権の開放

1993年2月時点では対外貿易企業総数は約4,000社余と公表されており、この中には国の規定条件をそなえ新しく認可された地方（市）、県クラスの公司100社、対外貿易権が与えられた100の研究機関、生産企業925社（このうち半数余りは92年以降認可された）、国有大中百貨店23社（一部国家とのバーター貿易経営権のみ）などが含まれている[15]。

(7) 対外貿易における指令性計画の指導性計画への転換、社会主義市場経済に向けての体制再編

1992年から対外貿易の指令性計画は指導性計画に切り換えられ、行政の干与を極力減らし、少数の数量制限が実行される輸出入商品の管理も、効率と利益、公正と公開を原則とし、企業に数量割当部分の営業取り扱い

---

15) 日本国際貿易促進協会『国際貿易』1993年3月30日号。対外経済貿易部呉儀副部長が新聞のインタビューに答えたものとして報道されている。言うまでもなく、この時点で9万余社に達する外国投資企業はほとんどすべて対外貿易権をもつし、国際経済技術合作公司70社も対外貿易権をもつ（同紙）。

　生産企業に対する輸出入権は1983年から与えられるようになったが、90年末までに404社の地方生産企業に輸出入権が認められ、91年9月末の時点で輸出入権をもつ生産企業は431社になっていた。全国41の省、市、自治区、計画単列都市のうち、輸出入権をもつ生産企業は広州市43社、広東省42社、上海市36社、20〜30社未満のところは江蘇省、遼寧省、大連市、北京市、瀋陽市である。機械・電気関連の工業企業が多く、一部冶金、石油化学、軽工業、紡織工業も含まれている（同紙1991年10月15日号）。

表7－4　輸出入経営部門別構成―1993年

経営部門＼輸出入	輸出入総額 100万ドル	%	輸出総額 100万ドル	%	輸入総額 100万ドル	%
総　　額	195,703	100.0	91,744	100.0	103,959	100.0
中央各部・委員会対外貿易総公司	24,582	12.6	5,580	6.1	19,002	18.3
各省、自治区、直轄市、計画単列都市、沿海開放都市、経済特区経営単位	104,051	53.2	60,927	66.4	43,124	41.5
三　資　企　業	67,070	34.2	25,237	27.5	41,833	40.2
中　外　合　作　企　業	10,916	5.6	3,878	4.2	7,037	6.8
中　外　合　弁　企　業	40,021	20.4	14,117	15.4	25,904	24.9
外　資　独　資　企　業	16,134	8.2	7,242	8.0	8,891	8.6

出所：中華人民共和国海関総署編印『中華人民共和国海関統計年鑑―1993年（上冊）』、1994年、150～151頁、同上『中国海関統計』（月刊）1993年第12期、17頁。

を与えるために入札競争とか競売とか、あるいは規則化して運用していくということになった。

第2節　新たな貿易体制の構築過程

これまでの貿易体制改革が、新たな方向を目指した従来の体制の残滓を漸次払拭していく改革過程であったとすれば、1994年からは新しい貿易体制の構築・整備の段階に入る第五段階（1994～2001年）といえよう。

損益自己負担を原則とした対外貿易の請負経営責任制の過程を経て、指令性計画を取り止め、マクロコントロールと間接的な調整の手段によって貿易を遂行していくということになると、輸出入総額、輸出外貨、輸入外貨に対して経済的梃子や全体的に公平な法律等の手段によって、外貿企業に指導性計画指標の達成を誘導していくという体系となるから、当然ながら請負経営責任制と請負指標は取り止められることになる。個別外貿企業は独立採算に向けての経済合理性行動を目指すようになるから、それに向

けての外貨使用上の自由化をはからなければならなくなる。1994年から外国為替管理の新たな枠組が打ち出される。

1 外国為替管理の刷新

(1) 外貨買取制

輸出あるいは中継貿易、その他の取引によって取得した外貨は、外資系企業を除きすべて銀行の公定レートで全額外国為替指定銀行に売却しなければならない（外貨買取制）。留成外貨額度残高については過渡的措置を実施する。

(2) 外貨売却制

経常取引項目の正常な対外支払のための外貨使用に対する計画・審査・批准制度を廃止し、経常取引項目の正常な支払に要する外貨については、有効な信憑に基づき、外国為替指定銀行が人民元と交換に供給する（外貨売却制）。

(3) 外資系企業に対する外貨管理

外資系企業の外貨収入は、外国為替指定銀行あるいは国内の外資系銀行に外貨預金口座を開設することができる。外国投資企業は国の規定の許す範囲内で、対外支払を外貨預金口座残高から直接することができる。外貨預金口座残高を超える輸入支払に要する外貨については、国家外国為替管理部門が国の授権部門が批准した文書および契約書を審査、批准してから、外国為替指定銀行から外貨を購入するという手続を経ることになる[16]。

---

16) 「中国人民銀行関于進一歩改革外匯管理体制的公告」、『国際商報』1993年12月30日。
　1994年3月26日中国人民銀行は「結匯、售匯及付匯管理暫行規定」を発布、4月1日から実施した。内容的にはかなり細部にわたっており、詳細は前掲拙稿、前掲『論集』、20～23頁参照されたい。

（4） 1996年以後の外国為替管理の枠組

1994年の改革によって条件のある人民元経常項目の自由な兌換を実行し、これら一連の改革は1996年1月公布、4月1日より施行された「中華人民共和国外匯管理条例」の形にまとめられた。1996年7月1日からは外資系企業の外貨も銀行の外貨買取制と外貨売却制に組み込まれた[17]。また、1996年7月1日から国際展覧会とか、外商を招請するとかといった経済活動ではあるが、必ずしも営業成果に直結しない可能性のあるような経常的な外貨使用の制限も撤廃された[18]。かくて、1996年12月1日以後IMF8条国に移行し、経常項目における人民元の交換制限を撤廃するところとなった。

2 新しい枠組の貿易体制の構築

（1） 対外貿易関連法の整備

「対外貿易法」（1994年7月1日施行）、「外匯管理条例」（1996年4月1日施行）、「〈中華人民共和国海関法〉の改訂に関する決定」（2001年1月1日施行）、「アンチ・ダンピング条例」と「補助金禁止条例」（いずれも2002年1月1日施行）、2001年12月11日のWTO加盟以後「セーフガード措置条例」、「貨物輸出入管理条例」（2002年1月実施）、「技術輸出入管理条例」（2002年1月1日施行）等[19] を整備した。

---

17) 経常項目口座と資本項目口座に分け、前者では外貨管理局が査定した最高金額の範囲までは外貨収入自己口座に残せるが、この限度を超えたものについてはすべて銀行に売り渡さなければならない。支払については規定の文書、証憑によって銀行で処理する。1996年の改革段階では外貨調整センターでの外貨売買は残されたが、1998年10月25日の中人民銀行、外貨管理局の発した「関于停弁外匯調剤業務的通知」によって、同年12月1日より外資系企業の外貨調整業務は停止されるところとなった（史暁麗著『WTO与中国外貿管理制度』、中国政法大学出版社、2002年、387～388頁）。
18) 1996年7月1日から一般個人の外貨交換範囲も拡大された（同上書、388頁）。
19) 次頁へ

(2) 貿易経営権の開放

　貿易経営権を各種個別企業に与えて貿易の発展をはるという方向は、改革・開放以来の基本的な指向であったが、特に1998年から急速に進められた。対外貿易経営権は国有企業、私営企業いずれにも与えられるようになり、商業性企業のみならずメーカー、各種研究機関にも与えられるようになってきている。目下対外貿易経営権は従来の審査・許可制から、漸次届出制（登記制）に移行しつつある[20]。2002年10月石広生対外貿易経済合作部部長が中央宣伝部等五部委員会組織報告会で行った報告によれば、この時点における対外経済貿易権をもつ国内資本企業は約6万社（対外貿易公司、対外経済業務活動企業、生産企業、科学研究機構、商業・物資企業、郷鎮企業、私営企業等を含む[21]）、外資系企業約20万余社に達する[22]。

　外資の輸出入専門商社活動に対する開放も2003年3月2日から大幅に進められることとなった。これまでは外資の輸出入専門商社活動は、1996年に出された「中外合弁対外貿易会社設立の試行についての暫定規則」によって、上海浦東新区と深圳経済特区の二地点で6社が試験的に活動を認め

---

19) これらにはいずれも関連法がつくられている。例えば、「工業品輸出数量割当入札実施細則」、「機電産品輸入管理弁法」、「機電産品自動輸入許可管理実施細則」、「特定機電産品輸入管理実施細則」、「貨物輸入指定経営管理弁法」、「貨物輸入許可証管理弁法」、「機電産品輸入数量割当管理実施細則」、「輸出許可証管理規定」、「輸出商品割当管理弁法」、「輸出商品数量割当入札弁法」、「紡織品受動数量割当管理弁法」、「香港・マカオ地区向け鶏肉産品輸出管理弁法」、「輸入関税数量割当貨物目録」、「輸入国営貿易管理貨物目録」、「輸入国営貿易企業名録」、「輸出国営貿易管理貨物目録」、「輸出国営貿易企業名録」、「輸入指定経営管理貨物目録」、「輸入指定経営企業名録」、「輸出指定経営管理貨物目録」、「輸出指定経営企業名録」、「貨物自動輸入許可管理弁法」、「輸出許可証管理規定」、「輸入貨物原産地暫行規定」（2002年1月1日実施）、「国際海運条例」（同前）、「外商投資国際貨運代理業管理規定」（同前）「外資金融機構管理条例」（同前）。
20) 石広生「与時倶進 拡大開放 開創我国外経貿発展新局面」（石広生部長在全国外経貿工作会議上的報告〈摘要〉〈2002年12月23日〉）、『国際商報』2003年2月26日号。
21) 2003年初頭時点で対外貿易経営権をもつ私営企業は約4万社にのぼり、2002年における私営企業と集団企業の総輸出入額は532億ドルに達し、中国全体の輸出入総額の8.6%を占める（『国際商報』2003年2月25日号）。
22) 石広生「我国外経貿在改革開放中飛躍発展—在中宣部等委組織的報告会上的報告」、『国際商報』2002年10月11日号。

られていたにすぎなかったが、2003年1月31日公布、3月2日施行の「中外合弁対外貿易会社の設立に関する暫定規則」では、テストケース地点、数量制限などの制限が取り払われたほかに、設立資格基準が大幅に緩和されている[23]。これによって、対外貿易経営主体の多元化と多頭化が実現している。

(3) 輸出入商品管理体制改革
(A) 輸出商品管理体制改革
2002年1月から施行された「貨物輸出入管理条例」では、輸出商品管理は主要以下のように改められている。

① 輸出禁止貨物

国家の安全や社会の公共利益を害するもの、人民の生命、健康を害するもの、生態環境を破壊するもの、中国が締結あるいは参加している国際条約、協定等で輸出の禁じられているものなどで、商務部（2003年3月25日発足、従来の対外貿易経済合作部）がリストを発表する[24]。

② 輸出制限貨物

国家の安全や社会の公共利益を守るためのもの、国内供給不足あるいは数量の限界上有効に保護の必要のある国内資源、輸出先市場状況にもとづきコントロールを要するもの、中国が締結あるいは参加している国際条約、協定等にもとづき輸出制限を行うもので、商務部がリストを発表する。

輸出制限貨物に対しては数量割当、あるいは許可証管理を行う。国家規定によって数量制限を行う制限輸出貨物に対しては、数量割当管理を実施

---

23) 「関于設立中外合資対外貿易公司暫行辦法」、『国際商報』2003年2月21日号、森・濱田松本法律事務所翻訳「中外合弁対外貿易会社の設立に関する暫定規則」、日本国際貿易促進協会『国際貿易』2003年4月15日号。「放寛審批条件 取消試点制限 外資進入外貿領域門檻再次降低」、『国際商報』2003年2月17日号、「《関于設立中外合資対外貿易公司暫行辦法》有関問題解答」、同上紙2003年2月28日号、日本国際貿易促進協会『国際貿易』2003年2月25日号。

24) 対外貿易経済合作部世界貿易組織司編『中華人民共和国進出口貿易管理措置・進出口関税及其他管理措施一覧表（2003年)』、中国工商出版社、2003年、792～796頁には、2003年の具体的な輸出入禁止商品リストが掲載されている。

する。その他の制限輸出貨物に対しては許可証管理を実施する[25]。

　基準金額が100万ドル以上の単一大型機械の輸出項目及び200万ドル以上のプラント輸出項目については、取り扱い業者とその資格が別途定められており[26]、中国機械・電気製品輸出入商会及び中国対外承包工程商会のこれら輸出項目に対する協調原則及び手順、紀律が明確にされている。

(B) 輸入商品管理体制改革

輸入商品もいくつかの項目に分けて管理される。

① 輸入禁止貨物

　国家の安全や社会の公共利益を害するもの、人民の生命、健康を害するもの、生態環境を破壊するもの、中国が締結あるいは参加している国際条約、協定等で輸入の禁じられているものなどで、商務部がリストを発表する[27]。

② 輸入制限貨物

　国家の安全や社会の公共利益を守るためのもの、国内の特定産業を打ち立てる、あるいは速やかに打ち立てるため、形態の如何を問わず農牧漁業産品に対して制限の必要なもの、国家の国際金融上の地位、国際収支バランス上から制限の必要なもの、中国が締結あるいは参加している国際条約、協定等にもとづき輸入制限するものなどで、商務部がリストを発表する。輸入制限貨物に対しては数量割当、あるいは許可証管理を含む措置を採用する。国家規定によって数量制限を行う制限輸入貨物に対しては、数量割当管理を実施する。その他の制限輸入貨物に対しては許可証管理を実施する。輸入許可証には法律や行政規定に規定される各種輸入許可にかかわる

---

25) 2003年の輸出許可証管理商品リストでは52種の商品が対象とされており、数量割当許可証、割当入札、割当有償使用、割当無償入札、許可証管理される。具体的には同上書、754〜765頁参照。2003年の輸出割当管理品目は次の通りである。農産品：米、とうもろこし、小麦、製材、茶葉、生きた大型豚、同中型豚、生きた牛、生きた鶏、重要工業品：稀土、石炭、コークス、原油、石油製品、その他の工業品：タングステン及び同製品、アンチモン及び同製品、すず及び同製品、亜鉛及び同製品、銀、蛍石、タルク、炭化ケイ素、炭酸マグネシュウム、パラフィン蝋、紡織品：生糸、絹織物（国際貿易促進協会『国際貿易』2002年11月19日、『国際商報』2003年2月7日各号）。
26)「大型単機和成套設備出口項目協調管理弁法」(2001年12月21日公布)。
27) 2001年12月発表。

証明書、文書が含まれる。輸入業者は輸入許可証にもとづいて税関で事務手続きを行う[28]。

③　自由輸入貨物及び自動輸入許可管理

〈1〉自由輸入貨物

自由輸入貨物は輸入上の制限を受けない。ただし、貨物の輸入状況の監督測定上の必要から、商務部および国務院の関連管理部門が自由輸入貨物の一部に対して自動輸入許可管理を行うことができる。自動輸入許可管理については「貨物自動輸入許可管理弁法」の規定による。保税区と加工輸出区の自動輸入許可管理貨物に対しては当該法は適用されない。

〈2〉自動輸入許可貨物

次頁に概要をまとめている。

④　関税数量割当貨物

輸入関税数量割当内輸入貨物については、数量割当内関税率に応じて関税を徴収する。関税数量割当外輸入貨物については、数量割当外関税率によって関税を徴収する。関税数量割当管理対象品目は商務部と国務院関連経済管理部門が協議して定め公布する[29]。

28) 2003年の輸入許可証管理品目は8種の商品で、輸入割当許可証管理対象品目は4品目（石油製品、天然ゴム、自動車タイヤ、自動車及び基幹部品）、輸入許可証管理商品は4品目（レーザーディスク製造設備、監視化学品、易制毒化学品、オゾン層破壊物質）、対外貿易経済合作部世界貿易組織司編『中華人民共和国進出口貿易管理措施・進出口関税及其他管理措施一覧表（2003年）』、中国工商出版社、2003年、683～689頁。2002年10月11日国家経済貿易委員会・対外貿易経済合作部・税関総署は共同で「重要工業品輸入割当管理実施細則」を公布（11月10日実施）した（日本国際貿易促進協会『国際貿易』2002年11月5日号）。これにもとづいて、2003年の重要工業品輸入数量割当管理品目は石油製品、自動車タイヤと発表されている（『国際商報』2003年2月7日号、同上書、737頁）。なお、輸入制限するもので原料を作ることができる廃物などについては別リストになっている。

29) 2003年の農産物関税割当輸入品は通常貿易分と加工貿易分に分かれるが、品目としては小麦、とうもろこし、長粒米、短粒米、大豆油、パーム油、菜種油、砂糖、綿花、羊毛、ウールトップである（日本国際貿易促進協会『国際貿易』2003年1月21日号）。同年の重要工業品の該当品目としては化学肥料が関税割当輸入品目として発表されている（『国際商報』2003年2月7日号）。対外貿易経済合作部世界貿易組織司編『中華人民共和国進出口貿易管理措施・進出口関税及其他管理措施一覧表（2003年）』、中国工商出版社、2003年、635～636頁参照。

表7－5　自動輸入許可貨物管理概要

該当貨物の範囲	自動輸入許可管理をおこなう貨物のリストは商務部が関連部門と協議の上確定し、実施に先立つこと21日前に公布する[30]。自動輸入許可管理とした事由に変化が生じた場合、商務部は予告しこれを取り消す。
自動輸入許可証の申告	自動輸入許可管理品目に属するものについては、輸入業者は税関の申告に先立って商務部から授権されている自動輸入許可証発給機関に自動輸入許可証の申請を提出しなければならない。税関並びに銀行は「自動輸入許可証専用印」の捺印のある「自動輸入許可証」にもとづき通関手続なり、外為処理を行う。輸入業者は均しく申請して「許可証」をえる資格を有する。国が経営と管理を指定しているものに属する貨物については、指定を受けている企業のみが申請し自動輸入許可証をえる資格をもつ。指定を受けていない企業がもし指定経営貨物の輸入をしようとする場合には、指定企業に委託して代理輸入をしなければならない。この場合指定企業は申請して自動輸入許可証を取得しなければならない。指定経営管理貨物のうち例外規定にかかわる方式で輸入する場合は、輸入業者が直接自動輸入許可証を申請することができる。国営貿易管理貨物については、国営貿易企業と非国営貿易企業は国営貿易管理規定に応じた自動輸入許可証を申請、取得しなければならない。輸入貨物用途及びユーザーに対して特別の規定のある場合は、その関連規定に応じた自動輸入許可証を申請しなければならない。
自動輸入許可証発給機関	自動輸入許可証は商務部によって授権された輸入数量割当許可証事務局、各省、自治区、直轄市、計画単列都市の商務部外経貿主管部門と国家関連部門のいずれの機関でも発給する。
自動輸入許可証申請免除項目	加工貿易、サンプル・広告品、その他規定によって自動輸入許可証が免除されるものについては自動輸入許可証の申請、取得が免除される。
臨時措置対象貨物の自動輸入許可証	国が臨時的に輸入禁止、あるいは数量制限している自動輸入許可証貨物については、当該措置の発効の日から自動輸入許可証の発給が停止される。
外資系企業の自動輸入許可証	外資系企業は商務部で外資系企業自動輸入許可証に関する手続をおこない、許可証に対する取扱税関は対外経済貿易部門の「外資系企業自動輸入許可証専用印」の捺印のある許可証にもとづいて検査、通関処理する。
機械・電気製品自動輸入許可証	「機械電気製品自動輸入許可管理実施細則」（2001年12月20日公布）による。

30）次頁へ

⑤ 機械・電気製品の輸入管理

「機電産品進口管理弁法」では、機械・電気製品とは機械設備、電気設備、交通運輸工具、電子製品、電器製品、科学機器・計器等及びそれら主部、部品とされている。これら製品の輸入については、国際的並びに国内の安全、環境、規格、基準などの諸規定にしたがうことになるが、国が強制的認証制度を実行している機械・電気製品については、まずもって関連許可証を得る必要がある。全国の機械・電気製品の輸入管理については商務部が取り仕切る。各省、自治区、直轄市、計画単列都市、沿海開放都市、経済特区の対外経済貿易主管機構と国務院の関連部門機械・電気製品輸入弁公室は、当該地区、当該部門の機械・電気製品の輸入管理を担当する。管理は⒜輸入禁止品目、⒝輸入制限品目、ⓒ自動輸入許可品目に分けて行われる。

〈1〉輸入禁止品目

一般的な輸入禁止貨物の性格を有する機械・電気製品の輸入が禁止される外に、法律あるいは規定に特段の定めのある機械・電気製品は輸入禁止される。商務部と税関総署は共同で輸入禁止機械・電気製品目録を作成、調整し、公布する。

〈2〉輸入制限品目

次のようなもの、場合は輸入制限される。(a)国家の安全あるいは社会の公共利益を維持するために輸入制限を要するもの、(b)国内の特定産業を打ち立てる、あるいは速やかに打ち立てるため輸入制限するもの、(c)国家の国際金融上の地位、国際収支のバランス上から制限の必要なもの、(d)中国が締結あるいは参加している国際条約、協定に基づき輸入制限するもの、(e)法律あるいは行政法規の特段の定めによって輸入制限するも

---

30) 2003年の自動輸入許可管理品目リストは対外貿易経済合作部世界貿易組織司編『中華人民共和国進出口貿易管理措施・進出口関税及其他管理措施一覧表(2003年)』、中国工商出版社、2003年、695〜728頁に掲載されている。 2003年の重要工業品自動輸入許可管理品目は次の通りである。原油、化学肥料、農薬、ポリエステル繊維、アクリル繊維、ポリエステル切片、自動車タイヤ、鋼材、ビレット、酸化アルミニューム(『国際商報』2003年2月7日号、同上書739〜745頁)。

の等である。商務部と税関総署は共同で輸入制限機械・電気製品目録を作成、調整し、実施21日前までに公布する。緊急時にあっても実施日よりも前に公布する[31]。

輸入制限機械・電気製品品目で輸入数量制限の定めのあるものに対しては、数量割当管理を実施する。数量制限のないもの、すなわち特定機械・電気製品と呼ばれるものに対しては許可証管理が行われる。

前者については、商務部は毎年7月31日以前に年度輸入数量割当総量を定め公布する。輸入単位は割当製品を輸入する場合は、商務部に申請して「機械・電気製品輸入割当証明書」を取得し、この「証明書」にもとづいて許可証管理機関に申請して「輸入割当許可証」を取得し、これによって税関手続きをおこなう。

後者については、商務部は税関総署と「特定機械・電気製品目録」を作成、調整して公布する。特定機械・電気製品の輸入については、主として国際入札方式によって輸入する。特定機械・電気製品の輸入については、以下のような原則にもとづいて審査、批准される。(a)科学・研究、教育、文化、衛生その他社会的な公益事業用に自己使用するもの、(b)生産、販売、サービス能力の強い輸入単位の申請を優先する、(c)輸入単位がここ3年間に輸入した特定製品の効果実績を考慮する、(d)新申請輸入単位を適度に配慮する、(e)その他の考慮すべき要素[32]。

〈3〉自動輸入許可

輸入禁止および輸入制限機械・電気製品以外の機械・電気製品に対しては、自動輸入許可管理をおこなう。商務部は税関総署と協議の上、自動輸入許可管理対象の機械・電気製品の目録を作成、調整し、実施21日前まで

---

31) 2003年のものについては2002年12月9日「制限進口機電産品目録」を公布、両者ともに発表されている。従来に比べ両者合わせて50品目の取り消しがおこなわれている（同上書、868〜869頁）。

32) 「特定機電産品進口管理実施細則」では、輸入申請単位の資格、条件を定めている。①ここ3年内に不正行為のないこと、②特定製品の経営権を有すること、③特定製品を輸入申請するにふさわしい活動能力を具えていること、④財務状況の健全なこと、⑤ ②、③、④の条件を具えていない場合で、自己用たる合理的かつ適量という条件のもの。

に公布する。各省、自治区、直轄市、計画単列都市、沿海開放都市、経済特区の対外経済貿易主管機構と国務院関連部門機械・電気製品輸出入弁公室が当該地域、当該部門の自動輸入許可機械・電気製品輸入に関する管理を担当する。自動輸入許可管理に属する機械・電気製品を輸入する場合には、申請輸入単位は税関手続をする前に関連地方対外経済貿易主管機構、国務院当該部門機械・電気製品弁公室に行き自動輸入許可手続をしなければならない。該当部門が設立されていない場合には、申請単位の工商登録地あるいは法人登記地方対外経済貿易主管機構で自動輸入許可手続をおこなう。審査批准部門は規定通りの「機械・電気製品輸入申請表」を受領の後、管理上可及的速やかに「自動輸入許可証」を発給する。最長10日を超えてはならない。輸入単位は「許可証」にもとづいて銀行で支払外貨手続、税関事務処理を行う。「自動輸入許可証」の有効期間、変更、差し替え、延期は1年、製造期間の設備については1年の延長が可能である。「許可証」が使用できなくなった場合には、速やかに元の発給機関に戻さなければならない。

　自動輸入許可管理の対象となっている機械・電気製品は、計量器、タバコ用専門機械、無線送信設備、衛星テレビ受信設備、可聴可視周波複製生産設備、綿紡設備、カラー複写設備、暗号設備等があげられるが、関連法および行政法規の規定に合致していなければならない[33]。

〈4〉中古機械・電気製品

　中古機械・電気製品とはすでに使用された(再生処理されたものも含む)機械・電気製品のことをいう。中古機械・電気製品の輸入者は契約、あるいは拘束性のある合意書を作成する場合、国家の安全、衛生、環境保護等の諸規定に照らして、当該製品の検査の証拠なり、技術内容指標に関する検査条項なりを取り決めに明確に記さなければならない。国家の安全、衛生、環境保護等に関係するような中古機械・電気製品やプラントについては、貿易契約の中に輸出国の積み出し前の検査、積み込み監督条項を盛り

---

33) 2003年のリストは前掲書、877～889頁に掲載されている。

251

込まなければならない。輸入単位は国の品質監督・検査・検疫総局及びその授権機構で輸入検査を申請し、輸入許可手続をおこない、「中古機械・電気製品輸入許可証」と検査機関の出した「入境貨物通関書」にもとづいて通関手続をおこなう[34]。

〈5〉国際機関の無償援助項目による機械・電気製品の数量割当輸入

これらの輸入については、「国際機関無償援助項目数量割当機械・電気製品輸入関連規定」(2001年12月21日公布)による。これらの管理は中身に応じて、各部、委員会、中国人民銀行などの担当専門機構がおこなう。

〈6〉船舶輸入管理

船舶の輸入については、2001年12月21日に公布された「船舶の輸入に対する関連規定」による。船舶の輸入申請者は十分な技術の経済的検討をおこない、上級主管部門の批准を経なければならない。輸入申請者は申請資料をそろえて所在地の対外経済貿易主管機構を通じて商務部に申請、輸入批准手続を経なければならない。商務部は30日以内に「機械・電気製品輸入許可証」の発給の可否を決めるか、10日以内に「自動輸入許可証」の発給の可否を決定する。税関はいずれかの「許可証」もとづいて通関処理する。中古船舶を輸入する場合には、申請単位は輸入計画船舶の技術性能検査を受け、さらに海事局、漁業船舶検験局の検査を受けなければならない。必要な場合交通主管部門の発給した水路運輸許可証あるいは農業部遠洋漁業企業資格証を提出しなければならない。

(C) 国営貿易管理制度

一部の貨物の輸出入に対しては、国営による貿易管理が実施される。国営貿易管理輸出入貨物は、非国営貿易企業も一部を取り扱うことができる。国営貿易管理対象品目リストは商務部と国務院関連経済管理部門が作成、調整のうえ公布する。2001年12月11日公布実施された「国営輸出貿易管理貨物リスト」では、該当品目類は16類、専売品としてのタバコである。

---

34) 1998年から中古機械・電気製品の輸入は特別に認可されたものを除いては禁止されている。関連通知、「重点中古機電製品輸入目録」は同上書、889～892頁に掲載されている。

国営輸入貿易管理対象品目類は8種類である。商務部と国務院関連経済管理部門は国務院の規定による職責に応じて、国営貿易企業リストを定め予め公布する[35]。国営貿易企業リストに列挙されていない企業あるいはその他の組織は、国営貿易管理対象品目、指定経営管理対象品目の輸出を行うことはできない。国営貿易企業は商業ベースによらない理由で取引相手を選択してはならず、正常な商業的条件で輸出入を行わなければならない。また、国営貿易企業は半年毎に商務部に対して、国営貿易管理対象品目の買付価格、販売価格等に関する情報を提出しなければならない。

(D) 指定経営管理制度

商務部は輸出入経営の秩序を維持するために、一定の期間一部の貨物に対して指定貿易経営管理を実施することができる。商務部は指定経営管理対象品リストと指定経営企業リストを作成、調整し公布する。

2001年12月11日「輸出指定経営管理貨物リスト」及び「輸入指定経営管理貨物リスト」、「輸出指定経営企業リスト」及び「輸入指定経営企業リスト」が発表された[36]。この他に、輸入対象に「貨物輸入指定経営管理弁

---

35) 2003年の貨物リスト、国営貿易企業リストともに2001年12月11日実施のものと変更がないが、原油、石油製品、化学肥料輸入の非国営貿易企業については変更がある（同上書、809〜816頁、845頁）。

　輸出国家貿易管理商品（2001年12月11日施行）

　①原油(4)、②石油製品(4)、③石炭(4)、④コメ(2)、⑤とうもろこし(2)、⑥綿花(3)、⑦タングステン鉱、⑧アンチモン鉱、⑨酸化アンチモン、⑩パラタングステン酸アンモニウム、⑪三酸化タングステン及び藍色酸化タングステン、⑫タングステン酸及びその塩類、⑬タングステン粉及びその製品、⑭アンチモン鉱（アンチモン合金を含む）及びアンチモン製品、⑮蚕糸類、⑯銀

　輸入国家貿易管理商品（2001年12月11日施行）

　①食料(1)、②植物油(6)、③砂糖(5)、④タバコ(1)、⑤原油(4)、⑥石油製品：ガソリン、ディーゼル油、灯油、ナフサ(4)、パラフィン油、燃料油(65)、⑦化学肥料(2)、⑧綿花(4)

　（ ）内数値は認可された国有企業数（日本国際貿易促進協会編『日中貿易必携・2003』、日本国際貿易促進協会、2002年、56頁、60頁）。

36) 2003年の輸出指定経営品目は緑茶、烏龍茶、炭素鋼鈑、輸入指定経営品目は天然ゴム、合板、羊毛、ポリエステル繊維、鋼材である。各々につき指定経営企業リストが発表されている（前掲書、818〜841頁）。

表7－6　指定経営企業申請の条件と申請手続

申請条件	①法人格を有し、登録資本金が1,000万元を下回らないこと（経済特区、上海浦東新区、中西部地区の企業は500万元を下回らないこと） ②買付、販売のルートをもち、国内外の市場状況に通じていること ③満２年の輸出入経営という資格を有し、２年以内に違法的経営のないこと ④商務部規定のその他の条件 輸入指定経営管理貨物のうち以下の貿易方式による輸入は指定経営企業の資格制限を受けない―加工貿易方式による輸入、外資系企業の投資用輸入あるいは生産のための自己用輸入、政府間協定貿易項目の輸入、寄付・贈与による輸入、外国政府貸付・世銀およびアジア開銀の貸付による輸入、請負工事および労務合作の場合の送り戻し物資の輸入、輸出加工区・保税区の輸入
申請手続	①指定経営企業の決定は年一回、商務部は毎年９月各省、自治区、直轄市、計画単列都市における新追加指定経営企業の数を確定 ②企業は毎年10月15日以前に各省、自治区、直轄市、計画単列都市の対外経済貿易委員会（庁、局）に申請、中央の企業及びその所属企業の場合は中央企業が商務部に申請（地方省級対外経済貿易主管部門は年度内新追加企業数内で企業を推薦できる。この場合毎年11月15日よりも前に推薦企業名と申請にかかわる資料を商務部に届け報告する。中央企業の場合同様書類を直接商務部に届け報告する。商務部は毎年12月15日までに新追加指定経営企業を定め、リストを作成して公布する。指定経営企業資格を取得した企業は規定にしたがって、「輸出入企業経営資格証書」あるいは「外商投資企業批准証書」の経営範囲の変更事項を事務手続する） ③辺境貿易企業が指定経営管理対象品の辺境貿易を行おうとする場合、商務部は規定された総量の範囲内で指定経営企業の決定を辺境省区の対外経済貿易主管部門に授権 ④国営貿易企業は商業ベースによらない理由で取引相手を選択してはならず、正常な商業的条件で輸出入を行わなければならない。商務部は指定経営企業に対して年度毎の検査を実行する。年度検査に合格しなかったものについては、その指定経営資格を取り消す。

法」（2001年12月20日公布、2002年１月１日施行）が制定された。これによると、輸入指定経営管理が実施される対象貨物は商務部の指定した企業のみが輸入することができ、指定を受けていない企業はこれを輸入することができ

ない。指定を受けていない企業がもし輸入指定経営管理対象品を輸入しようとする場合には、指定経営企業に委託して代理輸入の形で輸入しなければならない。指定経営企業は商業ベースによらない理由により輸入委託を拒否してはならない。商務部は公正、公開、公平の原則に照らして、指定経営企業を決め、指定経営営企業の数を増やしていく。

（４）関税の大幅引き下げと非関税貿易障壁措置の漸次的取り消し

1986年以来数度にわたる関税率の引き下げをおこなってきたが、WTO加盟最終交渉の過程で、2010年までに全輸入品目の関税率は9.8%にまで引き下げる計画になっている。WTO加盟一年目の2002年には15.3%から12%に引き下げ、今年より11%に引き下げている（工業品10.3%、農産品16.8%）。また、すでに上に述べてきたように、改革・開放の過程を通じて非関税貿易障壁は漸次除去あるいは低くされていったが、特にGATT/WTOの地位回復、加盟交渉の過程を通じてそれは大幅に進められた。

（５）輸出戻し税制度の適正化

1985年から輸出戻し税制度を実行するようになり、94年税制改革が行われてから国際ルールに沿って増値税（付加価値税）制度が設けられた。1994年2月国務院税務局は「出口貨物退（免）税管理弁法」を制定し、輸出奨励のため徴収した増値税を輸出品分類によって17%と13%還付することとした。1995年7月1日と96年1月1日還付率を引き下げたが、98年と99年に一部の輸出商品に対して還付率を引き上げた。現在増値税全額還付輸出品と全額還付されていない輸出品がある[37]。

---

37) 基本税率17%、13%で輸出商品に応じて還付率が異なるが、外資系企業に対してはさらに優遇還付率が適用される（外資系企業が総投資額の中で中国国内に存在する企業の生産した設備を購入した場合増値税は全額還付される）。具体的内容については日本国際促進会編『日中貿易必携・2003』、日本国際貿易促進協会、2002年、137～138頁参照。

第3節　貿易形態と構造的特質

1　貿易形態

　貿易形態分類はその目的によっていくつかの分類がありうるし、同じ中国でも主眼とする分析目的、管理目的によって異なった分類があり、異なった分類によって統計のとり方も異なり、時期によって分類の仕方も異なっている。ここでは1990年から対外的に公開されるようになった『海関統計年鑑』による貿易形態分類を一瞥してみることにしよう[38]。

(1) 通常貿易

　通常貿易とは中国において輸出入経営権をもつ各種公司（企業）単位がおこなう以下のような輸出入をいう。①正常な方式で取引される輸出入、②保税倉庫から国内に販売された貨物、③輸出価格、輸入価格が人民元500元以上のサンプル、広告品、④借款援助による輸出入[39]、⑤再輸出入されないで国内外で販売される一過性の輸出入（展覧品等）、⑥外資系企業が国産原料を使って加工した製品を輸出するもの、あるいは製品を購入して輸出するもの、観光用・ホテル用に輸入した食品等

(2) 国家間、国際機関無償援助および贈与物資

---

38) 1990年以前には『海関統計年報』として80年から出されているが、対外的には公開されていない。筆者は1994年当時の対外経済貿易大学副校長・全国政治協商会議委員・中国国際貿易学会副会長王林生教授、同大学国際貿易系主任薛栄久教授の格別のご高配をえて、上掲『年報』各年版を利用する機会に恵まれた。この資料にもとづく貿易形態の展開過程については拙稿「中国の貿易形態──形態と構造分析──」、『中央大学経済研究所年報』第25号(Ⅱ)、1994年、拙稿「海関統計による中国貿易体制改革の歩み(上)」、『広島経済大学経済研究論集』第18巻第2号、1995年を参照されたい。

39) 外国政府借款と国際金融機関の借款による輸入で「外商投資項目不予免税的進口商品目録」に挙げられた商品を除く自用輸入設備、契約で設備輸入するのにともなう技術、数量的に妥当な付属物、スペアー、加工貿易で外国の企業が無料提供した輸入設備については、関税と増値税が免除される（《報関実用手冊》編写組編『2002‐2003報関実用手冊（上）』、企業管理出版社、2002年、367頁、378～422頁）。

(3) 華僑、香港・マカオ・台湾同胞、外国籍華人の寄贈物資

華僑、香港・マカオ・台湾同胞、外国籍華人の寄贈物資、設備で、農工業生産、科学技術、教育文化、衛生医薬及び各種公益福祉事業の振興に直接用いられるもの

(4) その他の対価を要しない貨物

国家間、国際機関無償援助および贈与物資、華僑、香港・マカオ・台湾同胞、外国籍華人の寄贈物資、委託加工・組立貿易輸入設備以外の貿易で、税関が輸出入統計に入れるべきもので、かつ外貨支払を要しない輸入品、例えば、外国企業や外国商人がビジネスの過程で贈った物品とか外国人の贈与品

(5) 補償貿易

外国側によって提供された、あるいは外国の輸出信用によって輸入された技術、設備を用いて中国側が生産をおこない、その製品を外国側に売り渡し技術、設備の対価、輸出信用の元利を分割償還する、あるいは了解をえてその他の商品で対価を償還する貿易である。了解がえられれば、当該企業（企業連合体を含む）は新生産したその他の製品で間接的に償還することができる。国内製品と外国側が設備、原材料、部品、製品を直接に交換する方式、即ち直接の対物交換の場合はバーター貿易として区別される。

1996年4月1日からは長期にわたる補償貿易項目を除いては、補償貿易項目で輸入された加工設備に対する関税及び増値税、消費税の免除は取り消された。

(6) 委託加工・組立貿易（来料加工装配貿易）

①外国側が原材料、部品を提供し、必要な場合には設備を提供し、中国国内にある企業が外国側要求に合わせて加工あるいは組立をおこなった後製品を外国側に引き渡し加工賃を受け取る。②中国側は外国側と輸入契約と輸出契約を同時に締結する。外国側は全部あるいは一部の原材料（中国側が一部の原材料を付け加える場合もある）を提供し、中国の国内企業は外国側の要求に合わせて加工し、輸入原材料、部品と製品につき各々価格付けしてから、製品を外国側に売り渡した後、製品輸出価額と輸入原材料、

部品の輸入価額の差額分を受け取る。
　なお、来料加工は①禁止項目、②制限項目、③許可品目に分けられている。
　委託加工・組立貿易用に輸入された原材料、部品については保税とされ、特別な場合を除いては一般的に輸出入許可証の取得、輸入関税及び増値税、消費税が免除される。
　(7) 委託加工・組立貿易輸入設備
　委託加工・組立貿易の中で外国側が提供した設備（付属物も含む）で、委託加工・組立貿易項目の中で加工賃（上述差額分）によって輸入設備対価を償還するもの、外国側が無料で提供したものも含まれる。外国側が有償で提供した委託加工・組立用に輸入した設備については、1996年4月より輸入関税及び増値税、消費税の免除が取り消されている。
　(8) 輸入加工貿易（進料加工貿易）
　中国国内にある企業が外国から原材料、セット部品、部品、包装材料などを輸入して製品あるいは半製品に加工して輸出する形の貿易で、以下のようなやり方がある。
　① 中国の外貿公司が"以進養出（輸入によって輸出をのばす）項目外貨"を用いて原料、部品を輸入し、工業製品を生産して輸出する。ただし、すべての"以進養出項目外貨"による輸入が輸入加工貿易ではない。
　② 輸入原料、部品をすべて保税工場にもちこみ、保税工場で工業製品を生産し輸出する。
　③ 原材料、部品の輸入者と製品の買取側が相対輸出入契約を別々におこない、国内企業は輸入にあたって原材料、部品対価を支払い、製品を輸出するとき買取側から代金を受け取る。③の場合L/Cを開設するものが輸入加工貿易である。
　輸入加工貿易輸出製品に用いる原材料、部品の価値は輸出製品総価値の20％を下回ってはならない。20％未満の場合は通常貿易として取り扱われる。通常貿易として輸出生産用に外国側から有償で提供された補助原料、包装物品は輸入加工貿易項目に入れられる。輸入加工契約項目の中の機械

設備は通常貿易の項目として取り扱われる。輸入原料、部品などは輸入関税及び増値税、消費税が免除される。

(9) 委託・代理貿易

委託販売者は予め約定した代理販売者に貨物を送り、代理人は約定の条件にしたがって、当地市場において代理販売をおこなう。代理人は販売代金から代理販売コミッション、その他の費用を差し引き委託販売者に販売代金を支払う。両者の関係は売買関係ではなく委託関係で、代理人は貨物に対する所有権をもたない。主として外国人の需要に応えるためのもので、指定経営単位がおこなう。

(10) 国境小額貿易（国境地区住民相互交換市場取引を除く）

中国国境都市のうち省、自治区人民政府の指定する部門、企業が隣接する外国国境都市との間でおこなう小額貿易である。1996年4月1日以前は84年末に出された「弁法」によって住民相互市場取引が一括して取り扱われていたが、96年4月1日以降は上記のように改められた。

(11) 外国工事請負にともなう貨物

中国の対外工事請負企業が外国の工事請負をおこなう場合に輸出するセットとなった設備である。工事請負期間中に外国で購入した機械、設備を中国に送り返した場合は通常貿易項目に入れられる。対外援助用のセットとなった設備は、貸付援助あるいは無償援助に応じて通常貿易、国家間、国際機関無償援助および贈与物資に分類される。

(12) リース貿易

リース貿易は商品を媒介とし貸付の形で貸し手が商品をリース代を取って借り手に貸し付ける形での商品の輸出入貿易である。リース期間一年あるいは一年以上のリース輸出入、リース輸入設備が委託加工・組立貿易と中小型補償貿易項目に用いられた場合は、関税及び増値税、消費税は免除、老朽企業の技術改造項目に用いられた場合税の減免優遇が適用される。

(13) 外資系企業の投資としての輸入設備・資材

外資系企業が投資（中国側の投資も含む）用に輸入する建造物（敷設物、ホテル等を含む）設備、材料、生産・営業用機械・機器・設備・部品など

を含む固定資産である。公共用物品は含まれない。

既に述べたように、「外商投資産業指導目録」の奨励項目、許可項目の100%輸出する外国企業投資案件、技術移転投資項目、「中西部地区外商投資優勢産業目録」に列挙されている産業項目に対する投資総額内の輸入設備については、「外商投資項目不予免税的進口商品目録」に挙げられた商品を除いて、関税及び増値税が免除される[40]。

(14) 輸出加工貿易

中国の税関上の関内の原材料、部品あるいは半製品を関外の業者に渡し、中国側の要求に合わせて加工、組立を委託し、加工賃を支払って製品をもちかえる方式の貿易である。この方式の貿易は中国国内の生産技術で製品の要求に達しないような場合に利用されるもので、優遇税措置はない。この方式で引き取ったものが輸入加工に用いられる場合は、輸入加工貿易の規定で処理する。

(15) バーター貿易

貨幣の媒介を経ることなく直接に同価値の輸出貨物と輸入貨物を交換する貿易

(16) 免税外貨商品

指定された地点で関連規定にもとづいて、免税の待遇を受ける者用に販売するために輸入する免税外貨商品である。出国者が余った外貨を用いて国内で限られた買物をするのに提供するために関連商社が輸入する免税外貨商品、入関旅客の貨物・物品で関外支払・関内渡しといった業務をおこなう商社が輸入する免税外貨商品、批准をうけ特区内に設けられた国有外貨免税マーケット内で批准をうけた枠内で自己調達する輸入商品等である。

---

40) 国内資本企業の設備輸入に対しても同様な優遇がある。「当面国家産業政策鼓励発展産業、産品和技術目録」(日本国際貿易促進協会『国際貿易』1998年2月17日、24日、3月17日号翻訳掲載)に挙げられた項目に合致した投資案件の「国内投資項目不予免税的進口商品目録」に挙げられた商品を除く自用輸入設備、契約で設備輸入するのにともなう技術、数量的に妥当な付属物、スペアー、加工貿易で外国の企業が無料提供した輸入設備については、関税と増値税が免除される(《報関実用手冊》編写組編『2002−2003報関実用手冊(上)』、企業管理出版社、2002年、366頁、378〜422頁)。

(17) 保税倉庫移出入貨物

関税境界外から直接保税区外に設けられた保税倉庫に搬入された貨物と保税倉庫から関外に搬出された貨物である。加工・組立貿易用の輸入原材料、部品[41]、保税区にストックされている、また中継貿易にまわされる貨物はこの中に含まれない。

(18) 保税区保蔵貨物・中継貿易貨物

関外から保税区に搬入、保税区から関外に搬出された保蔵貨物及び中継貿易貨物である。保税貨物管理される。保税区内で生産用に輸入される設備などは免税、加工輸出するための原材料、部品、包装材料等は保税処理される。保税区内企業が加工し輸出する場合は、特別の定めある場合を除き輸出関税が免除される[42]。

(19) 輸出加工区輸入設備・原材料

輸出加工区での加工あるいはインフラ整備用に輸出加工区に輸入される輸入設備、原材料である。関税及び増値税は免除される。区内の工業製品に対する増値税は徴収されない[43]。

(20) その他

輸出入経営権をもつ中国国内の各種公司（企業）以外の単位が輸出入する貨物である。例えば、中国人が国外で外貨で購入した公用物品、機関・団体・学校などが臨時的に批准を得て輸出入する貨物とか物品、在中外国公館が中国内で購入、持ち出す貨物、在中外国企業・事務機関が輸出入する公用物品、過積貨物、外資系企業の輸入する公用物品、関外において合弁企業を行う場合に中国側が実物投資部分として持ち出す設備・物資、関外において労務合作を行う場合相手国の製品で中国側の受け取るべき賃金が弁済されるに際して輸入する貨物などである[44]。

41) 保税工場取り扱いの対象となる。
42) 2002年3月段階で筆者の確認の限りでは保税区は15ある（《報関実用手冊》編写組編『2002－2003報関実用手冊（上）』、企業管理出版社、2002年、348頁）。
43) 日本国際貿易促進協会訳「税関の輸出加工区監督管理暫定規定（上）」（税関総署2000年5月24日公布・施行）、『国際貿易』2000年7月11日号。2003年5月頃輸出加工区は全国で39ヵ所認可されている（同紙2003年5月13日号、同5月27日号）。
44) 次頁へ

2　貿易形態の構造的特質

　対外開放とともに多様な貿易形態が動員されることになるが、当初の時期で統計的につかめる1980年の形態別貿易でみると、輸出入総額の94.3%が通常貿易形態の貿易で、委託加工・組立形態の貿易が輸出入総額の3.5%、輸入加工貿易形態の貿易はまだ1%に達しない。1983年には通常貿易が90%を割り込み、所謂加工貿易（委託加工・組立貿易と輸入加工貿易を引っ括めて加工貿易と総称される）が10%を占めるようになる。

　1987年の貿易形態の内訳では、通常貿易は70.7%、委託加工・組立貿易（Ⓐ とⒷ 両形態を合わせて）14.1%、輸入加工貿易9.1%、外資系企業3.1%となっている。1987年にはすでに通常貿易でない形態の貿易が3割を占めているという意味からすると、中国貿易にとって機動性変則貿易（通常貿易外の貿易を中国はオーソドックスな貿易と区別してこう呼んでいる）が重要な位置を占め、この積極的展開が当面の貿易発展の動向を大きく左右する要因になってきているといえよう。しかもこの段階では、バーター貿易形態のものが通常貿易項目に含められていることを考えれば、このことのもつ意味はさらに大きなものとなっているとみなければなるまい。

　1988年からの中国の貿易経営は全面的に請負経営責任制の段階に入る。

44）貿易形態にかんする説明は、以下の諸文献にもとづき筆者が状況に合わせてとりまとめた。

　General Administration of Customs of the People's Republic of China., China's Customs Statistics (Monthly), January 2003 (Series No.161), Economic Information & Agency, Hong Kong、中華人民共和国海関総署編『中華人民共和国海関統計年鑑・2000（下巻）』、中華人民共和国海関総署、2001年、同上編『同上年鑑・2002（下巻）』、同上、2003年、対外貿易経済合作部世界貿易組織司編『中華人民共和国進出口貿易管理措施・進出口関税及其他管理措施一覧表（2003年）』、中国工商出版社、2003年、《報関実用手冊》編写組編『2002-2003報関実用手冊（上）』、企業管理出版社、2002年、日本国際促進協会編『日中貿易必携・2003』、日本国際貿易促進協会、2002年、張英編著『外貿統計』、上海科学普及出版社、1999年、寧力平・寥慶薪編著『進出口業務与報関』、中山大学出版社、2000年、于国華主編『海関統計』、上海三聯店、1998年、謝国娥編著『海関報関実務』、華東理工大学出版社、1997年等。

また、地方に対外貿易権の審査、批准権が下放される。この制度は、中央と対外貿易権をもつ対外貿易公司(対外経済貿易部所属の対外貿易専業総公司と地方対外貿易公司が中心となる)の間でいくつかの経営指標に基づいて請負契約を行い、その成果に基づいて利益配分を考えるという制度である。いかなる形態の貿易方式によって貿易を行うかは、特定の指令性計画による貿易部分を除いては、中央は内容に立ち入らない。

この制度の下で、対外貿易公司は自己の裁量の下、もてる力量を最大限に生かして貿易機会に挑戦することになる。1988年の形態別貿易の内容構成にはいささか特殊な情況がみられ、構造的な趨勢をみるのは、翌年の89年の内容をみるのがより適当であろう。1990年と91年の『年鑑』には形態別貿易統計が存在しないので、89年の状況をみておくことはさらに一つの意味をもつことになろう。

1989年はいわゆる"天安門事件"の起こった年で、輸出入総額の対前年成長率は9％と中国の輸出入対前年成長率としては低く、輸出入総額は1,116億8千万ドルである。

表7－7　貿易形態別輸出入構造—1980年

貿易形態	輸出入総額 ドル	％	輸出額 ドル	％	輸入額 ドル	％
総　　　額	38,135,831,563	100	18,119,119,307	100	20,016,712,256	100
通　常　貿　易	35,965,733,301	94.3	17,196,593,508	92.92	18,769,139,793	93.75
中　継　貿　易	6,334,326	0.02	546,154	−	5,788,172	0.03
国家間援助物資及び大口贈与	97,440,245	0.26	46,881,226	0.26	50,559,019	0.25
補　償　貿　易	170,743,461	0.45	43,691,589	0.24	127,051,872	0.64
委託加工・組立貿易	1,330,862,423	3.49	605,881,060	3.33	724,981,363	3.63
輸入加工貿易	336,659,902	0.88	51,401,442	0.29	285,258,460	1.42
委託・代理貿易	25,446,580	0.07	4,037,922	0.02	21,408,658	0.11
国境小額貿易	12,276,182	0.03	8,561,675	0.05	3,714,507	0.02
そ　の　他	190,335,143	0.50	161,524,731	0.89	28,810,412	0.15

出所：中華人民共和国海関総署編印『中華人民共和国海関統計年報—1980年』、1984年、4頁。

表7－8　貿易形態別輸出入構造―1987年

貿易形態	輸出入総額 万ドル	%	輸出額 万ドル	%	輸入額 万ドル	%
総額	8,265,266	100	3,943,704	100	4,321,562	100
通常貿易	5,841,491	70.71	2,965,309	75.18	2,877,182	66.63
国家間、国際機関無償援助及び贈与物資	20,471	0.24	364	－	20,108	0.46
華僑、香港・マカオの同胞外国籍華人の寄贈物資	9,329	0.11	0	－	9,329	0.21
補償貿易	57,135	0.69	16,615	0.42	40,521	0.94
委託加工・組立貿易（原材料、部品の輸出入手続をしない形のもの）Ⓐ	1,012,553	12.23	474,206	12.01	538,347	12.42
輸入加工貿易	751,409	9.07	339,590	8.60	411,818	9.50
委託・代理貿易	18,522	0.22	566	0.01	17,956	0.41
委託加工・組立貿易（原材料、部品の輸出入手続をした後差額を受け取るもの）Ⓑ	154,609	1.86	85,648	2.16	68,961	1.59
その他対価をともなわない貨物	21,684	0.26	0	－	21,684	0.50
国境の地方貿易及び小額貿易（国境住民の自由市場貿易を除く）	27,463	0.33	13,862	0.35	13,601	0.31
外国工事請負にともなう貨物	3,612	0.04	3,612	0.09	0	－
リース貿易	33,101	0.40	0	－	33,101	0.76
外資系企業の輸出入	258,795	3.13	24,732	0.62	234,063	5.41
その他	55,091	0.66	20,200	0.51	34,891	0.80

出所：中華人民共和国海関総署編印『中華人民共和国海関統計年報―1987年』、1988年、10頁。

　1989年の輸出入総額のうち、通常貿易はすでに60.2％にまでその地位が下がっており、バーター貿易や中継貿易が同年には通常貿易の中に含まれていることを考え合わせれば、通常貿易のウェイトはすでに60％を切っていることがわかる。

　通常貿易に次ぐ地位を占めるのは、1987年までの状況と変わって輸入加工貿易で、輸入加工貿易は輸出入総額のうち17.2％のウェイトを占めて

いる。注目すべきは、1989年からは輸出額が輸入額を上回っている点である。中国の外貨獲得にとって、委託加工・組立貿易と並んで極めて効率のよいものになってきていることがうかがわれる。

　次にくるのはやはり委託加工・組立貿易であるが、形態Ⓐと形態Ⓑを合わせて輸出入総額の15.1%を占めている。委託加工・組立貿易は、中国側が全く外貨を準備することなく行うことができる機動性変則貿易で、中国側からみれば外貨稼ぎの方法としては効率のよいものである。委託加工・組立貿易では一般に加工・組立賃は、輸入原材料、付属品、部品などの総価額の20～30%程度というのが信頼すべき実務担当者からえた消息であり、1989年の状況ではこの比率は20%ぐらいになっているから、対外的にみた外貨獲得という点からみると、当年は比較的順調であったと見ることができる。

　1987年の統計では外資系企業の輸出入が独立した一項目としてあがっているが、本来これは各々の形態別項目に分類して統計されるべきであることから、88年以降はこの独立項目が消え、外資系企業にかかわる項目としては外資系企業の自家用輸入設備・資材と、外資系企業の国内加工販売用輸入原材料および部品項目のみが独立項目として掲げられている。前者はやはり外資系企業の内的な固有の特殊的性格の貿易であり、後者は一定の規制をうけて許される貿易であるということから、両者が別項として設けられているのであろう。

　1991年からは第二次請負経営責任制に入る。ここではこの第二次請負経営責任制下では、第一次請負経営責任制下におけるよりももっと対外貿易公司の営業活動は制約が少なくなったとだけ述べておこう。先に触れた通り、1990年と91年の『年鑑』には貿易形態に関する資料が収録されていない。第二次請負経営責任制の終了翌年の1994年の状況では、輸出入総額のうち通常貿易の割合は41%、加工貿易の割合は44.2%（委託加工・組立貿易14.1%、輸入加工貿易30.1%）で、加工貿易の比率が通常貿易の比率を上回って、中国の貿易の中で首位の位置にあること注視される。さらに、外資系企業の自家用輸入設備・資材と国内加工販売用輸入原材料およ

び部品の比率が全輸入の20%を占めるようになってきている点が注目され、この点だけからみても外資系企業の貿易における地位が高いことが分かる。

外資系企業の多くは対外貿易権をもっているから、外資系企業の進出が

表7－9　貿易形態別輸出入構造―1989年

貿　易　形　態	輸出入総額		輸出額		輸入額	
	万ドル	%	万ドル	%	万ドル	%
総　　　　　額	11,167,822	100	5,253,809	100	5,914,013	100
通　常　貿　易	6,720,218	60.17	3,158,787	60.13	3,561,431	60.2
国家間、国際機関無償援助及び贈与物資	19,840	0.17	821	0.01	19,019	0.31
華僑、香港・マカオの同胞外国籍華人の寄贈物資	16,566	0.14	0	－	16,566	0.28
補　償　貿　易	71,914	0.64	25,669	0.48	46,244	0.78
委託加工・組立貿易（原材料、部品の輸出入手続をしない形のもの）Ⓐ	1,523,283	13.63	823,049	15.65	700,233	11.84
輸　入　加　工　貿　易	1,924,952	17.24	1,057,396	20.12	867,556	14.67
委　託　・　代　理　貿　易	13,261	0.11	534	0.01	12,727	0.21
委託加工・組立貿易（原材料、部品の輸出入手続をした後差額を受け取るもの）Ⓑ	167,970	1.50	99,575	1.89	68,395	1.15
その他対価をともなわない貨物	51,983	0.46	0	－	51,983	0.87
国境の地方貿易及び小額貿易（国境住民の自由市場貿易を除く）	105,426	0.94	65,583	1.24	39,843	0.67
加工賃によって支払う設備輸入	40,714	0.36	0	－	40,714	0.68
外国工事請負にともなう貨物	6,562	0.05	6,562	0.12	0	－
リ　ー　ス　貿　易	19,944	0.17	11	－	19,932	0.33
外資系企業の自家用輸入設備・資材	391,545	3.50	0	－	391,545	6.62
外資系企業の国内加工販売用輸入原材料および部品	40,507	0.36	0	－	40,507	0.69
輸　出　加　工　貿　易	8,465	0.07	3,985	0.07	4,481	0.07
そ　　の　　他	44,675	0.40	11,838	0.22	32,837	0.55

出所：中華人民共和国海関総署編印『中華人民共和国海関統計年報―1989年』、1990年、12頁。

第七章　貿易体制改革、外資系企業の貿易参入と対外貿易の発展—成果と問題—

表7－10　貿易形態別輸出入構造—1994年

貿易形態	輸出入総額 千ドル	%	輸出額 千ドル	%	輸入額 千ドル	%
総　額	236,731,280	100	121,038,479	100	115,692,801	100
通　常　貿　易	97,076,347	41.01	61,556,643	50.86	35,519,704	30.70
国家間、国際機関無償援助及び贈与物資	168,700	0.07	23,825	－	144,848	0.13
華僑、香港・マカオの同胞外国籍華人の寄贈物資	530,008	0.22	－	－	530,008	0.46
補　償　貿　易	633,376	0.27	315,791	0.26	317,585	0.27
委託加工・組立貿易	33,274,113	14.06	18,153,270	15	15,120,843	13.07
輸　入　加　工　貿　易	71,272,741	30.11	38,826,757	32.08	32,445,984	28.04
委　託　・　代　理　貿　易	15,356	－	3,505	－	11,851	0.01
国境の地方貿易及び小額貿易(国境住民の自由市場貿易を除く)	429,275	0.18	230,519	0.19	198,756	0.17
委託加工・組立用輸入設備	1,226,931	0.52	－	－	1,226,931	1.06
外国工事請負にともなう貨物	112,495	0.05	112,495	0.09	－	－
リ　ー　ス　貿　易	3,063,342	1.29	－	－	3,063,342	2.65
外資系企業の自家用輸入設備・資材	20,282,479	8.57	－	－	20,282,479	17.53
外資系企業の国内加工販売用輸入原材料および部品	2,823,929	1.19	－	－	2,823,929	2.44
輸　出　加　工　貿　易	34,050	0.01	18,069	0.01	15,981	0.01
バ　ー　タ　ー　貿　易	3,997,590	1.68	1,601,711	1.32	2,395,879	2.07
免　税　外　貨　商　品	1,121,571	0.47	－	－	1,121,571	0.97
そ　の　他	668,978	0.28	195,867	0.16	473,111	0.41

出所：General Administration of Customs of the People's Republic of China., China's Customs Statistics (Monthly), December 1994 (Series No.64), Economic Information & Agency, Hong Kong, p.13 より作成。

表7－11　貿易形態別輸出入構造―2002年

貿易形態	輸出入総額 億ドル	%	輸出額 億ドル	%	輸入額 億ドル	%
総　額	6,207.681	100	3,255.650	100	2,952.031	100
通　常　貿　易	2,653.258	42.74	1,362.041	41.84	1,291.217	43.74
国家間、国際機関無償援助及び贈与物資	2.466	0.04	1.601	0.05	0.865	0.03
華僑、香港・マカオの同胞外国籍華人の寄贈物資	0.129	－	－	－	0.129	－
補　償　貿　易	0.687	0.01	0.686	0.02	0.001	－
委託加工・組立貿易	816.597	13.15	474.758	14.58	341.839	11.58
輸　入　加　工　貿　易	2,204.936	35.52	1,324.612	40.69	880.324	29.82
委　託　・　代　理　貿　易	0.080	－	0.005	－	0.075	－
国　境　小　額　貿　易	56.967	0.92	18.264	0.56	38.703	1.31
委託加工・組立用輸入設備	17.267	0.28	－	－	17.267	0.58
外国工事請負にともなう貨物	5.514	0.09	5.514	0.17	－	－
リ　ー　ス　貿　易	14.131	0.23	0.057	－	14.074	0.48
外資系企業の自家用輸入設備・資材	171.437	2.76	－	－	171.437	5.81
輸　出　加　工　貿　易	0.459	0.01	0.216	0.01	0.243	0.01
バ　ー　タ　ー　貿　易	0.816	0.01	0.734	0.02	0.082	－
免　税　外　貨　商　品	0.183	－	－	－	0.183	0.01
保税倉庫移出入貨物	83.124	1.34	31.342	0.96	51.782	1.75
保税区保蔵貨物・中継貿易	166.822	2.69	32.526	1	134.296	4.55
輸出加工区輸入設備・原材料	3.734	0.06	－	－	3.734	0.13
そ　の　他	9.072	0.15	3.292	0.10	5.78	0.2

出所：General Administration of Customs of the People's Republic of China., China's Customs Statistics (Monthly), December 2002 (Series No.160), Economic Information & Agency, Hong Kong, p.13 より作成。

進むにつれて中国貿易における外資系企業の地位が高まってくるのは当然のことであるが、2002年の輸出入総額6,207億68百万ドルのうち外資系企業の輸出入総額は3,302億8百万ドルで、53.2％を占める。国内資本企業は46.8％ということになる。概括的にいえば、中国貿易の過半分は外資系企業によって支えられているというわけである。表7－11に見られるように、2002年の輸出入総額に占める加工貿易形態の貿易の割合は48.7％（委託加工・組立貿易13.2％、輸入加工貿易35.5％）を占め首位にあり、第二位に通常貿易形態の貿易（42.7％）がくるというのが構造的特徴となっている。この二形態の貿易額が全体の90％を占め、この外の主たるものは保税区保蔵貨物・中継貿易、外資系企業の自家用輸入設備・資材、保税倉庫移出入貨物などである。

次に、二大主要貿易形態の加工貿易と通常貿易を中心に、主要な担い手についてみてみよう。

表7－12と表7－13にみられるように、2002年の通常貿易形態の輸出では58％、輸入では63.1％を国有企業が担い、外資系企業は輸出では23.4％、輸入では26.8％を担当しているにすぎない。加工貿易形態の輸出では国有企業は21.6％、輸入では20.8％を担っているにすぎないのに対して、外資系企業は輸出では74.8％、輸入では76.3％という大部を担っている。委託加工・組立貿易形態の輸出では国有企業が59.6％、輸入では58.7％を担い、外資系企業は輸出では35％、輸入では36.1％を担当している。輸入加工貿易形態の輸出では国有企業は8％、輸入では5.3％を担当しているにすぎないが、外資系企業は輸出では89.1％、輸入では92.6％を担っている状況にある。国有企業が各々の形態別貿易で50％以上輸出を担当しているのは保税倉庫移出入貨物、バーター貿易、リース貿易、外国工事請負にともなう貨物、国境小額貿易、委託・代理貿易、国際無償援助であるが、保税倉庫移出入貨物以外は総輸出の1％に満たない。輸入では補償貿易、委託・代理貿易、国境小額貿易、委託加工・組立貿易用輸入設備、リース貿易、輸出加工貿易、バーター貿易、免税外貨商品、保税倉庫移出入貨物などで、国有企業が総輸入額の50％以上の輸入を担当しているが、これらとて総輸入額の

表7-12-1 輸出貿易形態別貿易企業性格別輸出構成—2002年

単位：億ドル

貿易形態	企業の性格区分	合計	SOE	CJV	FIE EJV	FOE	CE	その他
総　　　額	金額	3,255.650	1,228.581	116.953	620.795	961.608	188.560	139.153
	構成比(%)	100	37.7	3.6	19.1	29.5	5.8	4.3
通　常　貿　易	金額	1,362.041	790.061	29.110	175.637	113.446	132.33	121.456
	構成比(%)	100	58.0	2.1	12.9	8.3	9.7	8.9
国家間, 国際機関無償援助 及び贈与物資	金額	1.601	1.265	-	-	-	0.004	0.333
	構成比(%)	100	79.0	-	-	-	0.2	20.8
補　償　貿　易	金額	0.686	0.151	0.031	-	0.504	-	-
	構成比(%)	100	22.0	4.5	-	72.9	-	-
委託加工・組立貿易	金額	474.758	282.998	19.002	46.184	101.174	21.810	3.59
	構成比(%)	100	59.6	4.0	9.7	21.3	4.6	0.8
輸　入　加　工　貿　易	金額	1,324.612	105.957	68.370	384.671	726.587	30.710	8.317
	構成比(%)	100	8	5.2	29.0	54.9	2.3	0.6
委託・代理貿易	金額	0.005	0.005	-	-	-	-	-
	構成比(%)	100	100	-	-	-	-	-
国　境　小　額　貿　易	金額	18.264	13.486	-	-	-	1.888	2.890
	構成比(%)	100	73.8	-	-	-	10.3	15.8
外国工事請負にともなう貨物	金額	5.514	5.485	-	0.005	-	0.015	0.009
	構成比(%)	100	99.5	-	0.1	-	0.3	0.2
リ　ー　ス　貿　易	金額	0.057	0.039	-	0.012	-	-	0.006
	構成比(%)	100	68.4	-	21.1	-	-	10.5
輸　出　加　工　貿　易	金額	0.216	0.089	0.053	0.057	0.013	0.002	0.002
	構成比(%)	100	41.2	24.5	26.4	6.0	0.9	0.9
バ　ー　タ　ー　貿　易	金額	0.734	0.73	-	-	-	0.001	0.003
	構成比(%)	100	99.5	-	-	-	0.1	0.4
保税倉庫移出入貨物	金額	31.342	20.024	0.361	8.134	1.478	0.228	1.116
	構成比(%)	100	63.9	1.2	26	4.7	0.7	3.6
保税区保蔵貨物・中継貿易	金額	32.526	6.029	0.025	6.091	18.404	1.472	0.505
	構成比(%)	100	18.5	0.1	18.7	56.6	4.5	1.6
そ　の　他	金額	3.292	2.262	0.007	0.005	0.002	0.099	0.924
	構成比(%)	100	68.7	0.2	-	0.1	3.0	28.1

注：SOE＝国有企業　FIE＝外資系企業　CJV＝中外合作企業　EJV＝中外合弁企業　FOE＝外資独資企業　CE＝集団企業
出所：General Administration of Customs of the People's Republic of China, China's Customs Statistics (Monthly), December 2002 (Series No.160), Economic Information&Agency, Hong Kong, p.14より作成。

第七章　貿易体制改革、外資系企業の貿易参入と対外貿易の発展—成果と問題—

表7-12-2　貿易企業の性格別輸出貿易形態構成—2002年

単位：億ドル

企業の性格区分	合計		SOE			FIE							その他	
						CJV		EJV		FOE		CE			
貿易形態	金額	構成比(%)	金額	構成比(%)	金額	構成比(%)	金額	構成比(%)	金額	構成比(%)	金額	構成比(%)	金額	構成比(%)	金額	構成比(%)
総　　　　額	3,255.650	100	1,228.581	100	1,699.356	100	116.953	100	620.795	100	961.608	100	188.560	100	139.153	100
通　常　貿　易	1,362.041	41.8	790.061	64.3	318.193	18.7	29.110	24.9	175.637	28.3	113.446	11.8	132.33	70.2	121.456	87.3
国家間、国際機関無償援助及び贈与物資	1.601	—	—	—	—	—	—	—	—	—	—	—	—	—	0.333	0.2
補　償　貿　易	0.686	—	1.265	0.1	0.535	—	0.031	—	—	—	0.504	0.1	—	—	—	—
委託加工・組立貿易	474.758	14.6	0.151	—	166.36	9.8	19.002	16.2	46.184	7.4	101.174	10.5	21.810	11.6	3.59	2.6
輸　入　加　工　貿　易	1,324.612	40.7	282.998	23.0	1,179.627	69.4	68.37	58.5	384.671	62	726.587	75.6	30.710	16.3	8.317	6
委託・代理貿易	0.005	—	105.957	8.6	—	—	—	—	—	—	—	—	—	—	—	—
国境小額貿易	18.264	0.6	0.005	—	0.005	—	—	—	—	—	—	—	—	—	—	—
外国工事請負にともなう貨物	5.514	0.2	13.486	1.1	0.012	—	0.053	—	0.005	—	—	—	1.888	1	2.890	2.1
リ　ー　ス　貿　易	0.057	—	5.485	0.4	0.012	—	—	—	0.012	—	0.013	—	0.015	—	0.009	—
輸　出　加　工　貿　易	0.216	—	0.039	—	0.123	—	—	—	0.057	—	—	—	0.002	—	0.006	—
バ　ー　タ　ー　貿　易	0.734	—	0.089	—	—	—	—	—	—	—	—	—	0.001	—	0.002	—
保税倉庫移出入貨物	31.342	1	0.73	0.1	9.974	0.6	0.361	0.3	8.134	1.3	1.478	0.2	0.228	0.1	0.003	—
保税区保税貨物・中継貿易	32.526	1	20.024	1.6	24.52	1.4	0.025	—	6.091	1	18.404	1.9	1.472	0.8	1.116	0.8
そ　の　他	3.292	0.1	6.029	0.5	0.007	—	—	—	0.005	—	0.002	—	0.099	0.1	0.505	0.4
			2.262	0.2											0.924	0.7

注：SOE＝国有企業　FIE＝外資系企業　CJV＝中外合作企業　EJV＝中外合弁企業　FOE＝外資独資企業　CE＝集団企業
出所：General Administration of Customs of the People's Republic of China, China's Customs Statistics (Monthly), December 2002 (Series No.160), Economic Information & Agency, Hong Kong, p.14より作成。

271

表7-13-1　輸入貿易形態別貿易員企業性格別輸入構成―2002年

単位：億ドル

貿易形態	企業の性格区分	合計	SOE	CJV	FIE EJV	FOE	CE	その他
総　　　額	金額	2,952.031	1,114.88	1,602.72	608.01	910.668	94.764	109.668
	構成比(%)	100	38.8	54.3	20.6	30.8	3.2	3.7
通　常　貿　易	金額	1,291.217	814.577	346.127	234.371	98.001	57.163	73.350
	構成比(%)	100	63.1	26.8	18.2	7.6	4.4	5.7
補　償　貿　易	金額	0.865	0.533	-	-	-	0.007	0.326
	構成比(%)	100	61.6	-	-	-	0.8	37.7
国家間、国際機関無償援助及び贈与物資	金額	0.129	0.024	-	-	-	-	0.105
	構成比(%)	100	18.6	-	-	-	-	81.4
華僑ポケット請同胞、外国華人の寄贈物資贈品	金額	0.001	0.001	-	-	-	-	-
	構成比(%)	100	100	-	-	-	-	-
委託加工・組立貿易	金額	341.839	198.193	126.187	33.184	78.605	14.530	2.93
	構成比(%)	100	58	36.9	9.7	23	4.3	0.9
輸　入　加　工　貿　易	金額	880.324	46.884	815.23	233.31	534.2	13.232	4.978
	構成比(%)	100	5.3	92.6	26.5	60.7	1.5	0.6
委　託　・　代　理　貿　易	金額	0.075	0.075	-	-	-	-	-
	構成比(%)	100	100	-	-	-	-	-
国　境　小　額　貿　易	金額	38.703	24.438	3.619	0.807	2.659	3.330	10.935
	構成比(%)	100	63.1	-	-	-	8.6	28.3
委託加工・組立用輸入設備	金額	17.267	12.736	21	4.7	15.4	0.806	0.106
	構成比(%)	100	73.8	0.9	-	-	4.7	0.6
リ　ー　ス　貿　易	金額	14.074	9.098	4.903	4.887	0.015	-	0.074
	構成比(%)	100	64.6	34.8	34.7	0.1	-	0.5
外資系企業の自家用輸入設備・資材	金額	171.437	-	171.437	62.702	100.976	-	-
	構成比(%)	100	-	100	36.6	58.9	-	-
輸　出　加　工　貿　易	金額	0.243	0.187	0.054	0.005	0.034	-	0.002
	構成比(%)	100	77	22.2	2.1	14	-	0.8
バ　ー　タ　ー　貿　易	金額	0.082	0.073	-	-	-	0.002	0.007
	構成比(%)	100	89.0	-	-	-	2.4	8.5
免　税　外　貨　商　品	金額	0.183	0.183	-	-	-	-	-
	構成比(%)	100	100	-	-	-	-	-
保税倉庫移出入貨物	金額	51.782	22.070	22.179	20.844	1215	3.306	4.227
	構成比(%)	100	42.6	42.8	40.3	2.3	6.4	8.2
保税区保蔵貨物・中継貿易	金額	134.296	14.81	108.493	17.4	91.011	2.311	8.682
	構成比(%)	100	11.0	80.8	13	67.8	1.7	6.5
輸出加工区輸入設備・原材料	金額	3.734	0.001	3.687	0.019	3.66	0.04	0.006
	構成比(%)	100	0	98.7	0.5	98.0	1.1	0.2
そ　の　他	金額	5.78	0.997	0.804	0.043	0.31	0.037	3.942
	構成比(%)	100	17.2	13.9	0.7	5.4	0.6	68.2

注：SOE＝国有企業　FIE＝外資系企業　CJV＝中外合作企業　EJV＝中外合弁企業　FOE＝外資独資企業　CE＝集団企業
出所：General Administration of Customs of the People's Republic of China, China's Customs Statistics (Monthly), December 2002 (Series No.160), Economic Information & Agency, Hong Kong, p.15より作成。

第七章　貿易体制改革、外資系企業の貿易参入と対外貿易の発展―成果と問題―

表7－13－2　貿易企業の性格別輸入貿易形態構成―2002年

単位：億ドル

企業の性格区分	合計		SOE		FIE						CE		その他	
					CJV		EJV		FOE					
貿易形態	金額	構成比(%)	金額	構成比(%)	金額	構成比(%)	金額	構成比(%)	金額	構成比(%)	金額	構成比(%)	金額	構成比(%)
総　　　　額	2,952.031	100	1,144.88	100	1,602.72	100	84.042	100	608.01	100	910.668	100	94.764	100	109.668	100
通　常　貿　易	1,291.217	43.7	814.577	71.1	346.127	21.6	13.755	16.4	234.371	38.5	98.001	10.8	57.163	60.3	73.350	66.9
国家間、国際機関無償援助および貸与物資	0.865	-	0.533	-	-	-	-	-	-	-	-	-	0.007	-	0.326	0.3
華僑、香港・マカオ・台湾の同胞、外国籍華人の寄贈物資、贈与品	0.129	-	0.024	-	-	-	-	-	-	-	-	-	-	-	0.105	0.1
補　償　貿　易	0.001	-	0.001	-	-	-	-	-	-	-	-	-	-	-	-	-
委託加工・組立貿易	341.839	11.6	198.193	17.3	126.187	7.9	14.398	17.1	33.184	5.5	78.605	8.6	14.530	15.3	2.93	2.7
輸　入　加　工　貿　易	880.324	29.8	46.884	4.1	815.23	50.9	47.72	56.8	233.31	38.4	534.2	58.7	13.232	14	4.978	4.5
委託・代理貿易	0.075	-	0.075	-	-	-	-	-	-	-	-	-	-	-	-	-
国　境　小　額　貿　易	38.703	1.3	24.438	2.1	-	-	-	-	-	-	-	-	3.330	3.5	10.935	10
委託加工・組立用輸入設備	17.267	0.6	12.736	1.1	3.619	0.2	0.153	0.2	0.807	0.1	2.659	0.3	0.806	0.9	0.106	0.1
リ　ー　ス　貿　易	14.074	0.5	9.098	0.8	4.903	0.3	-	-	4.887	0.8	0.015	-	-	-	0.074	0.1
外資系企業の自家用輸設備・資材	171.437	5.8	-	-	171.437	10.7	7.758	9.2	62.702	10.3	100.976	11.1	-	-	-	-
輸　出　加　工　貿　易	0.243	-	0.187	-	0.054	-	0.005	-	0.034	-	0.016	-	0.002	-	0.002	-
バ　ー　タ　ー　貿　易	0.082	-	0.073	-	-	-	-	-	-	-	-	-	-	-	0.007	-
免　税　外　資　商　品	0.183	-	0.183	-	-	-	-	-	-	-	-	-	-	-	-	-
保税倉庫移出入貨物	51.782	1.8	22.070	1.9	22.179	1.4	0.120	0.1	20.844	3.4	1.215	0.1	3.306	3.5	4.227	3.9
保税区保税貨物中継貿易	134.296	4.5	14.81	1.3	108.493	6.8	0.082	0.1	17.4	2.9	91.011	10	2.311	2.4	8.682	7.9
輸出加工区輸入設備・原材料	3.734	0.1	0.001	-	3.687	0.2	0.008	-	0.019	-	3.66	0.4	0.04	-	0.006	-
そ　の　他	5.78	0.2	0.997	0.1	0.804	0.1	0.043	0.1	0.451	0.1	0.31	-	0.037	-	3.942	3.6

注：SOE＝国有企業　FIE＝外資系企業　CJV＝中外合作企業　EJV＝中外合弁企業　FOE＝外資独資企業　CE＝集団企業
出所：General Administration of Customs of the People's Republic of China, China's Customs Statistics (Monthly), December 2002 (Series No.160), Economic Information & Agency, Hong Kong, p.15より作成。

2％未満である。

貿易形態上の輸出入構造と中心的担い手について、主要以下のような特徴と問題が見出される。

(1) 加工貿易を中心とする機動性変則貿易形態の貿易が主軸となる展開となっていること

通常貿易形態とこれと区別されるものとしての機動性変則貿易形態（中国語では霊活貿易と呼ばれるが、霊活とは機動的とか、融通性のあるとか、よく回転するとかの意味である）という区別の仕方でいえば、今日の中国の貿易の中心は機動性変則形態の貿易を主とする。この場合の機動性変則ということの中身は、何らかの意味で中国よりも経済的に発展した国あるいは地域の経済諸力と中国の経済的条件とを結合する形で機動的に展開するということである。

(2) 加工貿易のうち今日輸入加工貿易が大きな地位を占めていること

加工貿易は委託加工・組立貿易形態のものと輸入加工貿易形態のものに分かれるが、対外開放の当初の段階では、中国国内資本企業が固有の設備投資を必要とせず、マーケテイング努力も必要がなく、流動資金も必要としない（専ら外国側資本主体活動の一環であり、その主導による）委託加工・組立形態の貿易が急速に伸び、80年代の最後の段階で輸入加工貿易と地位が交代する。

(3) 加工貿易の中心的担い手は外資系企業、通常貿易の中心的担い手は中国国内資本企業という明確なコントラストがみられること

通常貿易と加工貿易の二形態における国有企業の地位と外資系企業の地位を比較してみると、通常貿易においては輸出入いずれにおいても国有企業が主要な担い手になっており、国有企業の輸出入形態別構成にもそのことが現れる。2002年における国有企業の総輸出額の内訳では通常貿易が64.3％を占め、加工貿易は31.6％、総輸入額の内訳では通常貿易は71.1％、加工貿易は22.5％である。中国国内資本を主とする企業である集団企業およびその他の企業の総輸出入額の貿易形態別構成も、国有企業の構成と類似の構成となっている（表7－12－2、表7－13－2）。一方加工貿易に

おいては、輸出入いずれにおいても外資系企業が主要な担い手になっており、外資系企業の輸出入形態別構成にもそのことが現れる。外資系企業の総輸出額の内訳では加工貿易が79.2％、通常貿易は18.7％、総輸入額の内訳では加工貿易59％、通常貿易21.6％である（同上表）。

(4) 加工貿易については、外資系企業が輸入加工貿易を中心としているのに対して、国有企業は委託加工・組立貿易の方に比重をおいている段階にあること

　90年代に入ってから輸入加工貿易の地位が高まり、委託加工・組立貿易規模の2.7倍にまでも発展をみた主要な原因は、外資系企業の急速な進出と外資系企業による輸入加工貿易の推進である。上に見たように、輸入加工貿易における外資系企業の占める地位は極めて高いが、委託加工・組立貿易における外資系企業の地位はそれほど高くない。

　外資系企業の委託加工・組立貿易における地位と輸入加工貿易に占める地位とは、国有企業の場合と逆の構造的関係になっている。

　外資系企業の貿易活動の中心は輸入加工貿易にあるといえる。外資系企業が中国に進出する場合、当該独立企業の活動が委託加工・組立の範囲にとどまっているというのでは固有の経営活動の積極性に乏しいわけであるから、この間の事情は十分に理解されよう。外資系企業が委託加工・組立貿易を目的として進出することも考えられるが、その場合は、当該企業の独立企業としての活動の色彩は弱いと見ることができよう。輸入加工貿易では、外国（必ずしも親会社のみからとは限らない）からより優れた原材料、部品を輸入し、中国国内で調達される一部原材料、部品をこれに組み込み、多くの資金を基礎として、より優れた資本設備、より合理的な経営管理、品質保証とブランド確立、マーケテイングによって、国際競争力の高い商品を生産し輸出することが目指される。中国側もこの利点を利用して輸出振興をはかるため、優遇措置を与えているのである。注目すべきは、輸入加工貿易の中で最も多くを担当しているのは外資独資企業で、合弁企業の担当分と合わせると輸出で83.9％、輸入で87.2％を占める点である。

(5) 中国国内資本企業と外資系企業の間における国際競争力の大きな

格差

以上のことからして、国有企業を中心とする中国国内資本企業の主要貿易形態は通常貿易と機動性変則貿易としての委託加工・組立貿易ということになるが、前者はすでに上段でみた国営貿易や指定貿易品目、国内資本企業が生産を押さえているような資源性の強い品目や比較的国際競争力をもつ品目（次節で検討）、郷鎮企業や生産の分散しているような一般的な商品が中心的と思われるが、国有企業を中心とする国内資本企業の機動性変則貿易形態の貿易の主流が、なぜ輸入加工貿易形態のものにならず、委託加工・組立貿易形態のものになっているのかの理由は、上にみた外資系企業の貿易形態の主流が、なぜ輸入加工貿易形態のものとなっているのかの丁度裏側の事情を考えれば明白となろう。国有企業を中心とした国内資本企業と外資系企業の競争力には、やはり大きな落差があると判断される。

今日中国貿易の主流となっている加工貿易の問題点について、若干の整理をしておきたい。

(1) 密輸の横行の助長

加工貿易の最大の問題点は、何といっても密輸の横行を助長させることである。加工貿易には特殊な優遇政策が与えられていることから、輸入原材料、部品を自己の他の生産に使うとか、国内の他企業に転売するとか、また輸入原材料、部品で生産した輸出すべき製品を国内販売するとかいったことが横行する。偽った品目名、規格、数量によって、輸入を多くし輸出を少なく報告するとか、使用原材料量を減らすとか、下級原材料と差し換えるとか、偽の文書で報告するとかによる密輸が跋扈する[45]。

(2) 加工貿易の主要な担い手の変化と製品構造、市場構造、産業構造の変化

既にみたように、加工貿易を行う中心主体に大きな変化がみられ、今や

---

45)《中国加工貿易問題研究》課題組『中国加工貿易問題研究』、経済科学出版社、1999年、107〜110頁。税関統計によれば、1997年全国の税関で30万元以上の加工貿易に関係した密輸は401件（全件数のほぼ36%）、これらの総額は33億3千万元で、全金額のほぼ54%）に上るという（同書110頁）。

276

加工貿易の中心主体は外資系企業となっている。さらに重要なことは、80年代に加工貿易を担った外資の主体は香港資本が中心であったが、90年代に入ってからは台湾資本の大規模な進出がみられ、今日では世界の巨大500多国籍企業のうち400社が中国に進出し加工貿易に携わっている。加工貿易の主体の変化は、加工貿易の形態、市場構造、製品構造、産業連関構造等に大きな影響をもつようになってきている。

 (3) 外資系企業の市場戦略の変化に対する政策と監督・管理の不十分さ

 上段で確認済みであるが、加工貿易形態は内容的にみて委託加工・組立貿易形態のものから輸入加工貿易形態のものに中心が移っている。しかも、主体は外資系企業が主要主体になっている。外資系企業が輸入加工貿易に傾斜していく原因は、100%輸出の委託加工・組立貿易から輸出と中国国内市場への販売の両市場を睨んで、本格的に中国国内に拠点を設ける戦略傾向を反映している。WTO加盟とともにこの動きは一層強まろう。したがって、将来的には輸入加工貿易比率はさらに高まる可能性が強い。委託加工・組立貿易に比して輸入加工貿易の監督・管理はより難しい。これに対処するため、中国は輸出加工区を特設して密輸防止をはかろうとしているが、両市場を睨んだ外資系企業の要求を十分に組み込むまでにいたっていないため、一旦輸出加工区に入った企業が退出する動きもみられるという。

 (4) 加工貿易の主要製品の変化に対応した税関監督・管理体制整備のおくれ

 加工貿易の主要製品の変化に対して、監督・管理体制の整備が不十分である。従来の加工貿易の主要製品はアパレル等の軽工業製品であったし、それに対応した監督・管理体制を整備していた。しかし、今日加工貿易の主軸製品は機械・電気製品になってきており、特にITに代表される機械・電気製品では、生産用在庫ゼロ、全世界から部品を調達するし、購入契約も電子化し実際上正式契約はなくなっている。中間部品も多い。このような状況下にあっては、機械・電気製品の加工・組立企業の立場からすると、現在の税関監督・管理体制では生産を急速に進められないという。

 (5) 加工貿易における国内原材料、部品調達率向上と管理問題の矛盾

加工貿易の国内原材料、部品調達率は急速に高まっているが、内在する問題もある。

(a) 90年代中期以来国外調達率は下がり、国内調達率は急速に高まっており、加工貿易の国内付加価値率は1990年には11%、1995年には13.4%であったが、1998年には52.4%、2001年には56.8%にまで高まっている。46.2%の企業が国内調達を主としている。しかし、49.7%の企業の国内調達中間財は第一次産品であり、40.9%の国内調達品は労働集約的製品で、資本・知識集約型投入財は13.1%にすぎないという。国内調達がかなり多い企業といえども、その比率はそれほど高くない。48.6%の企業の国内調達原材料および部品の比率は25%未満で、約60%の企業の国内調達機械設備の比率は25%未満である。

(b) 輸出戻し税政策と加工度深化過程に合わせた企業間調達取引管理事務処理がスピーディにおこなわれないことが、加工貿易における国内調達率向上を制約する要因となっている。75.9%の企業が増値税支払票によって国内品調達をしており、30.8%の企業が加工深化過程型企業間調達取引を行っている。委託加工・組立貿易では輸出戻し税は実行されないから、この場合は輸入加工貿易に比べて国内調達率は明らかに低い。国内調達率が50%以上の企業は輸入加工貿易企業の34.4%を占め、委託加工・組立貿易企業では20.5%を占めるにすぎない。輸出戻し税があれば国内調達する方が有利というわけである。しかし、輸出戻し税の払い戻し手続に要する時間が長く、企業によっては国内調達予定分を国外調達に回すというケースもあるという。加工深化過程型企業間調達による国内調達についても、密輸を防止するために手続を単純明白になるように設定している。先にも触れたように、最近のように調達先、品目が多数複雑化した事情を経営に積極的に取り込まなければならない企業にあっては、手続に要する時間の長さは生産計画のスムーズな遂行を困難にし、国内調達分が国外に流れる可能性がでる[46]。

(6) 加工貿易に対する優遇政策と資源配置の歪み等の問題

---
46) 次頁へ

通常貿易では輸入原材料、部品の関税免除がなく、輸出戻し税制度の内容構造に加工貿易と通常貿易で差が存在するから、結果的に資源配置の歪みを構成することになる。ここから加工貿易によって通常貿易が圧迫を受けるという現象が出てくるだけでなく、国内原材料、部品を生産する一部企業にも影響が出て、これら企業の健全な発展が抑制されることになり、一部業種、地域で失業問題も出る事態も発生する[47]。

(7) 中国経済全体に占める加工貿易の地位の向上に応じた体制整備の不備

加工貿易の発展につれて産業連関が緊密化し、加工貿易に関連する対外経済関係が中国経済全般の展開に大きな役割をもつようになってきたこの段階で、国外調達、配送、通商港の保税区の倉庫業務・コーディング等を、迅速かつ合理的に処理する体制が構築されていない。輸出戻し税の処理、中継貿易、保税倉庫の貨物処理などの規定とも絡んで、こういった事情は加工貿易発展の制約要因となっている[48]。

第4節　貿易の産業構造的特質と輸出競争力

1　貿易の産業構造的特質と形成要因

(1) 貿易の産業構造的特質

中国貿易の産業構造の特質をみるため、先ず産業内貿易指数[49]によって、貿易の水平型分業と垂直型分業の状況をみてみよう。

---

46) 主として隆国強「加工貿易―全球化背景下工業化新道路」、『国際貿易』2002年12月号、8〜10頁によっているが、一部同上書、172〜173頁、邵祥林・王玉梁・任暁薇著『加工貿易』、対外経済貿易大学出版社、2001年、100〜104頁、333〜335頁による。
47) 《中国加工貿易問題研究》課題組『中国加工貿易問題研究』、経済科学出版社、1999年、40〜43頁、81〜87頁、119〜120頁、128〜131頁、邵祥林・王玉梁・任暁薇著『加工貿易』、対外経済貿易大学出版社、2001年、80〜81頁、82頁。
48) 隆国強「加工貿易―全球化背景下工業化新道路」、『国際貿易』2002年12月号、10〜11頁。
49) 次頁へ

2002年の中国税関統計の分類にもとづく主要部門の世界全体に対する産業内貿易指数でみると、真珠・宝石・貴金属及び同製品(97)、機械・電気機器・音響設備(96)、輸送機械及び同設備(96)、木製品(92)、鉄鋼及び非鉄金属(84)、植物品及び同製品(82)、光学・医療機器(80)等の部門は、産業内貿易比率が80以上と極めて高く水平型貿易が進んでいる。また、入超型ながら化学工業品、プラスチック・ゴム及び同製品分野、さらに生きた動物及び同製品等も水平分業型がかなり進んでいる。これに対して、靴・帽子等(6)、家具・玩具等の雑製品(9)、動植物油(13)等の部門は極めて高い垂直型貿易構造を示している。

　表 7 － 14の競争力指数から逆算するとアメリカとの間の状況もすぐに分かることだが、今日本との間における主要部門の産業内貿易の状況を一瞥すると、産業内貿易比率の高い部門は真珠・宝石・貴金属及び同製品(89)、石材・セメント・陶磁器・ガラス(87)、動植物油部門(80) で、世界全体に対する産業内貿易の高い部門との差が目立つ。一方、産業内貿易比率が低く、垂直型貿易の性格が顕著にみられる部門は、木製品(3)、植物品及び同製品(3)、靴・帽子等(5)、食品・飲料・タバコ等(6)、生きた動物及

---

49)　産業内貿易指数は以下のように示される。

$$IIT_i = \left[1 - \frac{|X_i - M_i|}{X_i + M_i}\right] \times 100$$

　X_iとM_iは各々当該国のi産業の輸出額と輸入額、IIT_iはi産業の産業内貿易水準指標を表わす。IIT_iの値が0〜100の間にあり、その値が大きくなるにつれて産業内貿易が大きいことを表わす。$X_i = 0$あるいは$M_i = 0$の場合にはIIT_iは 0 となり、すべてが産業間貿易ということになる。

　表 7 － 14は産業別輸出競争力を計測した指標を一覧にしたものであるが、輸出競争力は以下のように示される。下式のC_iはi産業の輸出競争力を表わし、上記産業内貿易指数は 1 から輸出競争力指数の絶対値をマイナスした数値に100を乗じた数値である。

$$C_i = \frac{X_i - M_i}{X_i + M_i}$$

　$C_i > 0$であれば当該産業は輸出競争力を具えている、あるいは比較優位にあることを示す。

　$C_i < 0$であれば当該産業は輸出競争力を欠いている、あるいは比較劣位にあることを示す。

び同製品(13)、皮革製品・毛皮・旅行用品等(16)、家具・玩具等の雑製品(20)といったところで、世界全体に対する垂直型貿易を構成する部門よりはるかに多くなっている。また、世界全体に対する産業内貿易指数の極めて高い機械・電気機器・音響設備部門では日本との間での産業内貿易比率(67)はそれほど高くなく、同じような状況が輸送機械及び同設備(59)、鉄鋼及び非鉄金属(49)、光学・医療機器(60)等の部門でも見出され、木製品(3)、植物品及び同製品(3)の両部門では水平型分業と垂直型分業の関係が逆関係になっている。総じていえば、中国と日本との間での貿易では、世界全体に対する水平型分業と垂直型分業の構造に比べて、垂直型分業の性格がずっと濃い性格をもっているといえる。

(2) 貿易産業構造の形成要因
① 貿易産業構造を支える加工貿易
　既に上にみてきたように、改革・開放前の貿易構造を大きく転換させてきた主要因は初期のうちは委託加工・組立貿易であるが、1989年以降は輸入加工貿易であるといえよう。特に近年はそれが中心的役割を演じている。この点につても既にみてきたことから分かるように、中国貿易のいくつかの産業において産業内貿易の地位が高い理由の多くは、当該産業貿易そのものに占める加工貿易の比率が高いことによる。委託加工・組立貿易は外国側が主体となって推進される貿易であり、輸入加工貿易も中心的主体は外資系企業であることを考えれば、中国貿易における産業内貿易に関する事情には、水平分業といってもこういった特殊事情が背後にあることを十分に踏まえておかなければならない。
② 対米、対日貿易等にみられる垂直分業型特徴
　上段でも触れたが、対米、対日等先進国との貿易では垂直型分業の特徴がかなり顕著に現われている。産業内貿易の比率が低い産業では中国は比較優位を具えており、靴・帽子等とか家具・玩具等の雑製品に顕著にみられるように、こういった部門は労働集約型産業である。さらに立ち入ってみてみると、産業内貿易の比率が比較的高いところでも、比較劣位にある

ハイテク、資本集約型製品の機械とか電気機械設備などのような製品部門では、全体的にみてハイテクの基礎の上での水平分業の程度は低い。光学・医療機器、輸送機械及び同設備等の部門では産業内貿易比率は比較的高いが、細分類による業種・製品でみると技術の程度に大きな差があり、やはり中国は多くのハイテク製品を輸入し、低次の加工製品を輸出しているという構造になっている[50]。

2 輸出競争力の現状

産業内貿易指数によって水平分業の度合をみることはできるが、水平分業の変化に影響をもたらす競争力や比較優位のレベルがどうなっているかについてははっきりしない。中国の国内産業の国際競争力をみるためには、競争力水準を反映した輸出競争力指数をみてみる必要がある。

表7－14は22の分類による輸出商品グループ別競争力を纏めたものであるが、これによると、12類の商品グループで輸出競争力が0以上となっている。このうち武器、美術・骨董品、その他を除いて、競争力が極めて高く1に近いのは靴・帽子等（輸出額134億1千万ドル）と家具・玩具等の雑製品（輸出額233億4千万ドル）の二グループで強い比較優位をもち、輸出額もかなりの規模のものである。紡績・紡織品、食品・飲料・タバコ等、皮革製品・毛皮・旅行用品等もかなりの競争力をもち、輸出が輸入を大きく上回っており、特に紡績・紡織品は中国の大宗輸出商品であり、食品・飲料・タバコ等、皮革製品・毛皮・旅行用品等の輸出もかなりの規模に達する。このことから、輸出競争力の強い商品は依然として基本的には労働集約的商品であることがわかる。

指数が0未満の商品グループは、動植物油（－0.87）、パルプ・紙及び同製品（－0.52）、鉱産物（－0.43）、プラスチック・ゴム及び同製品（－0.33）、

---

50) 藍慶新・田海峰「我国貿易結構変化与経済増長転型的実証分析及現状研究」、複印報刊資料『外貿経済、国際貿易』2002年第7期、36頁。

化学工業品（－0.25）、光学・医療機器（－0.20）、鉄鋼及び非鉄金属製品（－0.16）、木製品（－0.08）、機械・電気機器・音響設備（－0.04）、輸送機械及び同設備（－0.04）といったところで、これらグループはいずれも輸入が輸出を上回っており比較劣位にある。前二者は特にこの構造が顕著で産業内貿易比率が低く、高い輸入依存型構造になっている。鉱産物とプラスチック・ゴム及び同製品の二グループも輸入依存度が高いが、化学工業品以下の六グループは産業内貿易比率が高い。これらのグループは業種によって内容に差はあるが、加工貿易による原材料、部品の輸入と加工品、組立製品輸出という内的循環構造が形成されている部分が多いことが特徴となっており、中国の産業内貿易に他と異なった畸型性という問題点が内蔵されていることを物語っている。

　ここ10年間における中国の対日競争力については大きな変化がみられる。1992年の家具・玩具等の雑製品の対日競争力指数は1（すなわち輸入がほとんどないということ）であったが、2002年には0.80に下がってきている。また、従来圧倒的に輸出が多かった鉱産物も同期間中に0.90から0.64にまで下がってきている。これは中国に進出している電気メーカーなどが製品の品質向上をはかるため製造工程で使う潤滑油を中国製から切り替える動きに対して、日本の石油各社が販売を進めるとか、WTO加盟にともない重油関税が半減されたのを受けて重油の輸入が伸びるなどの動きを反映したものであろう[51]。金額的にはさほど大きくはないが、動植物油も競争力が落ちている。石材・セメント・陶磁器・ガラス等については、1992年当時には輸出より輸入が多かったが、その後対日輸出競争力が急速に伸びていった。しかし、2002年の時点には関税率引き下げによって輸入が増えてきたものと思われる。

　これに対して、同期間中に競争力の向上がみられるのは食品・飲料・タバコ等(0.94)、皮革製品・毛皮・旅行用品等(0.84)、紡績・紡織品(0.60)、靴・帽子等(0.95)等である。木製品は競争力が従来通りに維持されている。

---

51)『日本経済新聞』2001年12月24日号、2002年7月10日号。

表7-14 中国の輸出競争力指数—2002年

単位：億ドル

輸出入商品	対世界全体				対アメリカ				対日本		
	輸出額	輸入額	指数		輸出額	輸入額	指数	輸出額	輸入額	指数
1. 生きた動物及び同製品	47.31	27.09	0.27		6.63	7.62	-0.07	14.81	1.02	0.87
2. 植物品及び同製品	58.62	40.63	0.18		2.27	10.97	-0.66	14.07	0.22	0.97
3. 動物植物油	1.08	15.80	-0.87		0.06	0.38	-0.73	0.06	0.04	0.2
4. 食品・飲料・タバコ等	67.02	19.8	0.54		7.12	2.77	0.44	27.60	0.85	0.94
5. 鉱産物	97.77	244.79	-0.43		6.07	2.37	0.44	21.71	4.74	0.64
6. 化学工業	146.18	243.03	-0.25		22.49	32.81	-0.19	15.86	39.62	-0.43
7. プラスチック・ゴム及び同製品	100.29	198.48	-0.33		31.8	14.04	0.39	8.99	34.20	-0.58
8. 皮革製品・毛皮・旅行用品等	93.35	35.38	0.45		24.64	5.05	0.66	9.71	0.83	0.84
9. 木製品	35.67	41.69	-0.08		8.76	2.62	0.54	11.47	0.16	0.97
10. パルプ・紙及び同製品	23.39	73.74	-0.52		4.81	12.42	-0.44	1.98	6.46	-0.53
11. 紡織・紡績	578.56	169.94	0.55		54.28	4.37	0.85	128.5	31.68	0.6
12. 靴・帽子等	134.06	4	0.94		59.05	0.47	0.98	12.46	0.34	0.95
13. 石材・セメント・陶磁器・ガラス	54.61	20.83	0.45		11.39	1.10	0.82	8.52	6.51	0.13
14. 真珠・宝石・貴金属及び同製品	28.55	27.06	0.03		5.49	2.89	0.31	0.46	0.57	-0.11
15. 鉄鋼及び非鉄金属製品	189.06	262.82	-0.16		44.07	12.6	0.56	19.11	59.30	-0.51
16. 機械及び電気機器・音響設備	1,159.35	1,254.07	-0.04		262.35	111.7	0.4	141.11	279	-0.33
17. 輸送機械及び同設備	105.41	115.25	-0.04		22.56	26.06	-0.07	12.22	29.47	-0.41
18. 光学・医療機器	95.28	144.22	-0.20		20.81	21.29	-0.01	16.1	37.51	-0.4
19. 武器	0.17	0.04	0.62		0.06	–	1	–	–	0.91
20. 家具・玩具等の雑品	233.36	11.43	0.91		104.65	0.75	0.99	19.26	2.17	0.8
21. 美術品・骨董	0.22	0.04	0.69		0.08	–	0.9	0.03	–	0.86
22. その他	6.32	1.89	0.54		0.07	0.02	0.56	0.34	–	0.98

出所：General Administration of Customs of the People's Republic of China, China's Customs Statistics (Monthly), December 2002 (Series No.160), Economic Information & Agency, Hong Kong, pp.10-12, pp.34-35, pp.48-49, pp.52-53, pp.66-67 より作成。

競争力がなく、競争力指数でマイナスの数値が出ているのは、2002年でみるとプラスチック・ゴム及び同製品(－0.58)、パルプ・紙及び同製品(－0.53)、鉄鋼及び非鉄金属製品(－0.51)、化学工業品(－0.43)、輸送機械及び同設備(－0.41)、光学・医療機器(－0.40)、機械・電気機器・音響設備（－0.33)、真珠・宝石・貴金属及び同製品(－0.11)等であるが、これらのうち1992年以来傾向的に比較劣位度が縮小してきているのは、プラスチック・ゴム及び同製品、機械・電気機器・音響設備で、パルプ・紙及び同製品の劣位度はここ数年ほぼ変わらない。

　鉄鋼及び非鉄金属製品、輸送機械及び同設備、光学・医療機器の三グループは1992年に比べると比較劣位度は大幅に縮小しており、後二者でそれが顕著に現れている。しかし、これらグループでは1999年に比べて2002年には大幅な後退がみられる。輸送機械及び同設備については大多数の品目で関税率が引き下げられ、船舶関連（もともと15%以下を10%以下に引き下げ）及び航空機関連（もともと5%以下を多くは3%に引き下げ）の品目以外の鉄道・軌道用以外の車両及び同部品、鉄道軌道用機関車等及び同部品（2002年の日本からの輸送機械及び同設備項目輸入の91%を占める）での関税率引き下げが大幅であることが大きく影響を及ぼしており、日本からの輸入がほぼ2倍になっている。光学・医療機器についても同様の事態がみられ、かなりの部分にわたる関税の引き下げが大きく影響しているとみられ、特に光学・測定・精密機材・医療機器等（2002年の日本からの光学・医療機器輸入の92%を占める）の輸入が対前年比37%と大幅に増加している。

　対米輸出競争力と対日輸出競争力の状況をみてみると、靴・帽子等、家具・玩具等の雑製品、美術品・骨董品（以上三者では共通して競争力が強い）、紡績・紡織品（対米競争力は相当に強いが、対日競争力はそれほどでもない）、皮革製品・毛皮・旅行用品等（対日競争力は相当に強いが、対米競争力はそれほどではない）、木製品（対日競争力は圧倒的に強いが、対米競争力はさほどでもない）などでは、どちら向けにも競争力はかなり強いといえる。一応競争力はありながらも、強弱の差が両国間で顕著に出

るのは食品・飲料・タバコ等（対日競争力0.94、対米競争力0.44）と石材・セメント・陶磁器・ガラス（対日競争力0.13、対米競争力0.82）である。対日競争力が強い、あるいは一応競争力をもつにもかかわらず、対米競争力がないというコントラストをなすのは植物品及び同製品、生きた動物及び同製品、動植物油で、逆コントラストをなすのはプラスチック・ゴム及び同製品、鉄鋼及び非鉄金属製品、機械・電気機器・音響設備、真珠・宝石・貴金属及び同製品などである。対米・対日共通に競争力がないのは化学工業品、パルプ・紙及び同製品、輸送機械及び同設備、光学・医療機器である。

対日競争力は家具・玩具等の雑製品や鉱産物などでは下がってきているが、その他のものについては傾向的には上昇、あるいは比較劣位度が縮小してきている状況が明確に出ている。WTO 加盟後の2002年の状況にかなりの構造的段差がみられる点は、今後注意を払ってみていく必要があろう。

対米競争力と対日競争力の構造でみると、労働集約型産品や資源加工型産品では対日競争力が強い。これに対して、化学工業品、プラスチック・ゴム及び同製品、パルプ・紙及び同製品、鉄鋼及び非鉄金属製品、機械・電気機器・音響設備、輸送機械及び同設備、光学・医療機器、真珠・宝石・貴金属及び同製品では、対米競争力はかなり、あるいはある程度あるか、比較劣位度が対日より小さい状況となっている。逆に言えば、これらの商品グループでは対日競争力は比較劣位にあり、その程度がかなり大きい状況にあり、上述のその他の商品グループの事情も考慮に入れると、対米比較では対日貿易の方がより垂直分業的性格が強いといえる。

第5節　内在するいくつかの問題

中国の輸出競争力指数からみると、第一次産品の競争力指数は1995年からマイナスに転じ、これに対して工業製品の輸出競争力は90年からプラスに転じた。1995年からは従来中国の輸出の中で第一位の地位にあった

第七章　貿易体制改革、外資系企業の貿易参入と対外貿易の発展―成果と問題―

紡績・紡織・アパレル製品にとって代わって、機械・電気製品がトップの座を占めるようになった[52]。因みに、2002年における機械・電気製品輸出額は1,570億8千万ドルで、輸出総額に占める比率は48.2％、紡績・紡織・アパレル製品の輸出額は411億9千万ドル、12.7％である[53]。

　このような中国貿易における動態的変化はすでに前章でもみた通り、外資系企業の貢献による部分が大きい。外資直接投資による設備投資と技術移転を通じて技術進歩が促進され、電子、機械、化学工業、建設、軽工業、紡績・紡織・アパレル等の領域における技術水準と製品の高度化が達成されたことはすでに指摘されているところである[54]。また、外資系企業のマーケティング力も強い。輸出を主とする外資系企業は親会社のマーケティングチャネルに依存する度合が強い。2001年におけるこれら企業の72％の企業は親会社のマーケティングチャネルを利用しており、最終製品輸出企業はその大部分を母国の企業に輸出しており、その比率は52％に達する。中間投入財生産外資系企業のうち、輸出製品の親企業関連企業内部調達率は61％を占める[55]。さらに、ここ最近の外資系企業輸出商品における国内調達率の上昇によって国内価値構成率は高まってきている。加工貿易輸出商品の国内価値構成率は、1994年には20％であったが、2000年にはほぼ50％にまで上昇してきている。日系企業についてもほぼ同様の状況となっている[56]。1997年以前には外資系企業の貿易バランスはマイナスとなっていたが、それ以後はプラスに転じている。

　上述のような状況は中国にとって華々しい半面ではあるが、半面問題がないわけではない。以下紙幅の都合上四つの問題点のみを指摘しておきたい。

　(1) 非資本集約型、非知識集約型製品の国際競争力を基礎とした輸出が

---

52) 葉耀明・戚列静「利用外国直接投資与提升我国外貿競争力」、複印報刊資料『外貿経済、国際貿易』2002年第7期、61頁。
53) 日本国際貿易促進協会『国際貿易』2002年1月21日号。
54) 前掲論文、前掲誌、62頁。
55) 江小涓「中国出口増長与結構変化：外商投資企業的貢献」、複印報刊資料『外貿経済、国際貿易』2002年第8期、18頁。
56) 同上論文、同上誌、19頁。

輸出推進の中心となっていること

　2001年の輸出入のいずれにおいても中国の貿易額は世界輸出入の第6位にあり[57]、貿易大国といわれている。しかし、そのことは必ずしも貿易強国であることを意味しているわけではない。上に見てきたように、工業製品が今や中国の主要輸出品になっているとはいえ、その多くは第一次産品の加工品であり、ハイテク製品の占める割合はさほど大きくはない。2001年におけるハイテク製品の輸出総額に占める比率は17.5%にすぎない[58]。中国の貿易の中では加工貿易が大きな比重を占め、統計上の基準で輸出製品の要素集約度を計ると、一部の製品は資本集約型、あるいは技術集約型とみなされるが、輸出推進力からみると労働力要素の発揮されたものにすぎない。機械・電気製品でみると、輸出の75%以上は加工貿易によって実現されたもので、このうちの大部分は労働集約型加工で、付加価値率はきわめて低い。言うなれば、中国の輸出競争力は技術集約型のものによって立っているのではない[59]。

　(2) 加工貿易を中心とした貿易が主軸となっていること

　今日中国貿易の主流となっている加工貿易に関連する問題がある。この点についてはすでに上段で取り上げたので、ここでは繰り返さない。

　(3) 国内資本企業と外資系企業の競争力の格差と拡大傾向

　貿易の推進主体に関する問題である。(2)の問題とも関連するが、見てきたように、今日中国の貿易の推進主体の中心は外資系企業である。商品企画、生産、流通を含む全体としてのマーチャンダイジング能力において、国内資本企業と外資系企業の格差は大きい。このことの中味は静態的次元において存在すると同時に、動態的次元においても作用するから、効果は累積的となる可能性があり、看過するあたわざる内容を含む。前章でみた

---

57) 中国経済年鑑編輯委員会編輯『中国経済年鑑・2002』、中国経済年鑑社、2002年、335頁。

58) 中華人民共和国対外貿易経済合作部《中国対外経済貿易白皮書》編委会編写『中国対外経済貿易白皮書』、中国物資出版社、2002年、19頁の数字から計算。

59) 葉耀明・戚列静「利用外国直接投資与提升我国外貿競争力」、複印報刊資料『外貿経済、国際貿易』2002年第7期、61頁。

ように、外資独資企業の地位が高くなっていることも考慮に入れれば、貿易においても外資系企業の力を国内資本企業に接合する機会は少なくなってきているのが実情であろう。

（4）WTO加盟にともなう貿易及び貿易経営の自由化による影響の顕現化

WTO加盟との関連での問題である。WTO加盟によって、中国はタイムスケジュールに沿って、関税率引き下げ、輸入制限の撤廃、外資に対する輸出入商社経営の自由化なども含む全面的対外貿易権の開放を実行していかなければならない。上にみたように、2002年の対日競争力はかなり落ちているのである。主要な要因は輸入の増加であるが、こういったことを考えると、貿易収支にも影響が出てくる可能性もある[60]。対外貿易権の全面的開放に向けての作業も進められつつある。2003年3月2日から新しい中外合弁対外貿易会社設立に関する規定によって、外資系企業の貿易会社設立基準が緩和され[61]、上海市では浦東地区にある保税区に子会社を設けている100％外資独資企業を含む外資系企業に全面的に対外貿易権を与える方針を打ち出した[62]。こういった措置によって、外資系企業の貿易における地位はさらに高まるとみられるが、一方において国内資本企業の経営と発展がどのようになるかは、丸で手放しで楽観視してばかりもいられない面もあろう。

---

60) 2003年第1四半期の貿易収支は赤字である。輸入増加の原因としては、①3,000品目以上の関税率引き下げ、②割当商品の割当枠の拡大（鉱産物、原油、鋼材、綿花等の原材料輸入の増加）、内需拡大政策による設備投資の増加などによる輸入増加である（日本国際貿易促進協会『国際貿易』2003年5月13日号）。
61) 日本国際貿易促進協会『国際貿易』2003年2月25日号。
62) 『日本経済新聞』2003年7月1日号。

第八章　経済のグローバリゼーションと対外経済関係論

　改革・開放政策への転換は「平和と発展」の時代認識を基底にしているが、改革・開放政策への転換自体、必ずしも経済のグローバリゼーションに対する認識を強く意識していたわけではなかった。対外開放がそのやり方によってはある程度利用の余地があると踏んでいたというのが実情であろう。経済のグローバリゼーションを視野の中に入れて一つの柱として考えるようになったのは、一応GATTの地位回復を考えるようになってからとみるのが妥当なところであろう。GATTの地位回復への動きとて、中国の思惑とGATT自体の性格もあって、必ずしも経済のグローバリゼーションをさほど強く意識していたとはいい難い。中国はGATTの地位回復の交渉の過程を通じて、またWTO加盟の交渉過程を通じて、またこの間の世界経済の動態と自国の経済発展への挑戦とチャンスの可能性を踏まえて、今日における経済のグローバリゼーションを強く認識する、あるいは認識を迫られるようになってきた[1]。

　経済のグローバリゼーションは、経済のグローバリズムという考え方を前提とするが、経済のグローバリズムの考え方は、また経済のグローバリズムを含むグローバリズムの考え方を前提とする。本章では、グローバリズム、経済のグローバリズム、経済のグローバリゼーションに対する中国の受け止め方、その中における中国自身の自己の位置づけについて概観し、WTO理念に集約される現下の経済のグローバリゼーションに対する中国の積極的政策を議論する以下の章への架橋としたい。

1）この点については、前共著における鄭海東氏の研究を参照されたい（片岡幸雄・鄭海東『中国対外経済論』、渓水社、2004年、第八章、第九章、第十二章参照）。

第1節　経済理論にみる二つのグローバリズム

　ロバート・ギルピンは、ハイルブロナーのイデオロギーについての規定、すなわち「社会システムがどのように動き、また、どのような原則を体現しているかについて説明する(個人または集団の)思想および信条の体系[2]」という規定を採用し、イデオロギーは「理論」ではなく、それは「世界がどうあるかということを科学的に説明するという建前があるとともに、世界がどうあるべきかということについての価値観を反映[3]」したものであるという。したがって、イデオロギーは本来的に体内に普遍主義の体質をもっているといえる。

　ジョン・グレイによれば、グローバリズムとは、「多様な伝統や文化が、理性の上に築かれた新しい、普遍的な共同社会に取って代わられるという[4]」、ある世界的となるべき文明を信奉する「普遍主義が他を圧していくという考え方[5]」である。しかし、それはグレイが言うように、必ずしも「世界のすべての国の将来は何らかの形の西欧世界の制度や価値を受け入れるかどうかにあることを少しも疑わなかった[6]」西欧啓蒙思想であったとばかりとも言えないかも知れない。あるいは整理の仕方によっては、イスラム原理主義といったものもそういった性格をもっているといえるかも知れない[7]。

---

2) Robert Gilpin., The Political Economy of International Relations, Princeton University Press, 1987, p.25、ロバート・ギルピン著、佐藤誠三郎／竹内透監修、大蔵省世界システム研究会訳『世界システムの政治経済学』、東洋経済新報社、1990年、25頁。
3) Ibid, p.26、同上邦訳書、26頁。
4) ジョン・グレイ著、石塚雅彦訳『グローバリズムという妄想』、日本経済新聞社、1999年、3頁。
5) ジョン・グレイ「普遍主義の妄想—天然資源巡り紛争も」(21世紀を読む⑥)、『日本経済新聞』2000年12月31日号。
6) 前掲書、3頁。
7) アンドレ・グリュックスマン「資本主義間対決の時代」、『日本経済新聞』1992年2月10日号、氏はイスラム原理主義についてそのように指摘している。

しかし、「第二次世界大戦後の40数年間は、二つの啓蒙イデオロギー――リベラリズムとマルクス主義――の間の世界的抗争に費やされた[8]」、というのはおそらく正しい判断であろう。

　ギルピンは、「過去一世紀半にわたり、リベラリズム、ナショナリズムおよびマルクス主義の三つのイデオロギーが対立している[9]」というが、第二次世界大戦後この三つのイデオロギーは、上述の二つのイデオロギーの抗争に集約されることになり、ナショナリズムは両者の狭間に置かれることとなったというのが筆者の総括である。

　ギルピンの総括によれば、リベラリズムの経済理論におけるグローバリズムとは、「市場と価格メカニズムが国内的および国際的経済関係を律する最も効果的な手段であるという」、すべてのリベラリズムの経済理論に一致した認識[10]である。「自由主義者は、貿易その他の経済交換は国民経済に相互利益をもたらすため協力関係を促し、国家間の平和的な関係を築くものであると考える。政治は諸民族を分断するが、経済は諸民族を統合する。国際的経済交流は国家間の相互利益を創出し、現状を維持しようとするモメンタムを生み出す[11]」と考えるという。ギルピンは、リベラリズムは社会あるいは社会の変革を理解する分析手法としては不充分で、政治経済を包括的に研究するには欠陥があると指摘する。「それにもかかわらず、リベラリストはこの本質的な限界を忘れて彼らの自由主義経済学を社会科学の主人であると考え、また経済学を帝国主義的なものにしてしまう傾向がある[12]」と、批判している。

　リベラリズムの経済学は、経済と社会の他の面を切り離し、「リベラリ

---

8) 前掲書、142頁。
9) Robert Gilpin., The Political Economy of International Relations, Princeton University Press, 1987, p.25、ロバート・ギルピン著、佐藤誠三郎／竹内透監修、大蔵省世界システム研究会訳『世界システムの政治経済学』、東洋経済新報社、1990年、25頁。
10) Ibid, p.27、同上邦訳書、27頁。
11) Ibid, p.31、同上邦訳書、31頁、但し、傍点部分は筆者改訳。
12) Ibid, p.44、同上邦訳書、44頁。

ズムの世界では同質的、合理的かつ平等な個人が政治的なあるいは社会的な制約なく自由に行動している（この前提はリベラリズム経済学の合理性の根拠であることから、政治的にはこの条件を満たす闘争を主張することとなる…括弧内筆者）と仮定される。自由主義経済の〈法則〉は経済主体の地理的ないし歴史的な背景に関わりなく普遍的に適用する最適化原理とされる。しかし、現実の世界では経済主体の所与の経済状態はその後の変化に深く関わることが多い[13]」。また、リベラリズムの経済学の想定する「交換は多くの場合自由でも対等でもない。交換条件は強制、独占による交渉力の差などの政治的要因の影響をしばしば受ける[14]」。さらに問題は、

---

13) Ibid, p.45、同上邦訳書、45頁。グンナー・ミュルダールも同様の指摘をしている。「「すべての価値評価から独立に得られる科学的知識の本体」の存在の暗黙の信念としての「純朴な経験主義」の内在的自己批判から、事実は概念と理論によって組織されなければならないが、この科学的仕事には不可避的に先見的な要素がある。「答えを与えることができるためにはその前に質問がなされねばならない。質問は、世界におけるわれわれの関心の全面的な表明であり、その底には価値評価がある。このように、価値評価は、われわれが事実を観察し、理論的分析を行なう段階ですでに必然的に含まれているのであり、事実と評価から政治的推論を引き出す過程にだけ含まれるものではない」（ミュルダール著、丸尾直美訳『社会科学と価値判断』、竹内書店、1971年、18頁）。「国際貿易の古典派理論は自由市場経済教義の従属教義である。そこではすべての国民経済は完全市場として国内的に完璧に統合されていると仮定されている。これは勿論のこと非現実的な仮定である。極く少数の国のみが、……そういうに値するといえるような状態に漸次達したにすぎない。そして、これら国民経済統合として高度に統合された経済も（生産、流通、分配などのすべての面で……括弧内筆者）自由市場タイプのものだったというわけではない。……国際的な経済統合は…根底において、貿易よりもまた経済学よりさえも、もっとはるかに広汎な問題なのである。……自由貿易による"国際統合"という規定は、それゆえに、完全市場による規定と同じように欺瞞的なものである。国際貿易に関する古典派の教義が、完全市場の教義の効能書で挙げられるいくつかの基本的理想にもとづいて作られている以上、この基準による分析もかの教義が基本的に目指すところと同じ位置にあり、また一致する」（Gunnar Myrdal., An International Economy−Problems and Prospects, Routledge & Kegan Paul LTD, 1966, pp. 339−340）。自由かつ完全市場概念にもとづき構築される自由貿易による国際経済統合の考え方には、他の条件とは無関係にすでに自由かつ完全市場社会を理想とする価値判断が入り込んでおり、それは総体的に社会的に（恣意的でない）合意された価値前提とは必ずしも一致しないという主張である。

14) Ibid, p.45、同上邦訳書、45頁。

リベラリズムの分析が「動学」でなく「静学」を主とするということにある。「制約条件ないし可能性の範囲」を与件として経済学的帰結が引き出されることから、国際政治経済に対して経済の安定性と現状の肯定を前提とする性格をもつ[15]。ギルピンはこのようにいう。

　一方のマルクス主義経済理論におけるグローバリズムは、資本主義の市場予定調和論そのものに対する本質的批判を根底とし、資本主義市場関係の自己展開の世界性と、それ自体が自ら作り出す自己矛盾から資本主義の自己崩壊を引き出し、資本主義に取って代わる世界的な社会主義の帰結を展望する構図となる。資本主義の世界性はブルジョアジーとプロレタリアートという二つの階級関係を世界的に整序し、プロレタリア国際主義の基礎を用意する。祖国をもたないプロレタリアートにとって、ブルジョア的民族国民経済（国家）を超えた世界的な一体的社会主義社会形成が指向され、自らが客観的な主体としての基礎をなす。資本主義が帝国主義段階に達した後にたどると想定される崩壊の筋道についてはすでに述べてきたので、ここで再述する必要はあるまい。「死滅しつつある資本主義」、「社会主義革命の前夜」としての帝国主義に対する植民地、半植民地、従属国の民族解放闘争は、資本主義の全般的危機という歴史認識構造の中では、世界的な社会主義革命への動態の一環として位置づけられることになる。十月革命の勝利から第二次世界大戦を経て拡大していった社会主義の広がりは、資本主義の全般的危機の深化として認識された西側陣営に対峙した東側のマルクス主義グローバリズムである。

　しかし、第二次世界大戦後ほぼ半世紀、相対立する二つのグローバリズムを背景にした二大陣営が対峙する形となっていた時期にも、個別国家は厳然として存在していたから、西側陣営においても、リベラリズムの経済理論家がいう諸民族を分断する政治的要素だけによってであるか否かはともかくとして、諸民族は市場経済関係を通じて統合され、融合化して一体化するまでには進まなかったし、一方で東側陣営においても、過去の資本

---

15) Ibid, pp.45-46、同上邦訳書、45〜46頁。

主義の歴史によって作り出されたとする諸民族の統合の固有性と諸民族間の諸矛盾を、社会主義兄弟国関係を通じて解消し、融合化して止揚していくという過程は進行しなかったといえる[16]。

ナショナリズムは両グローバリズムの狭間でずっと背後に押しやられることとなる。しかし、第二次世界大戦後世界が両陣営へ組織化されていったということは、ナショナリズム、あるいは経済的ナショナリズムが止揚、超克されたということを意味するものではなかった。第二次世界大戦後世界が大勢的に両陣営に組織化されていったとはいえ、この組織化に必ずしも全面的には糾合されず、二つの陣営と距離を置きながら、あるいは反撥しつつ、両者の間に立ち一応独自の立場を保った民族主義を奉ずる国家が存在してはいた。これらは、非同盟諸国会議に結集した国々に代表される[17]。

中国は後に姿勢を変えるが、1970年代以前の段階では、アジア、アフリカ諸国の連帯の中に共通の足場を置くが、中国固有の立場としては、アジア、アフリカ諸国の反帝民族解放闘争は、その闘争過程を通じて社会主義革命に転化するとの基本認識に立っていたから、反帝民族解放闘争を世

---

16) こういった点の具体的内容については、第二章、拙稿「グローバリズムと中国の対外経済関係論（上）」、『広島経済大学経済研究論集』第27巻第3号、2004年を参照されたい。
17) 非同盟主義は、1946年まだ完全な独立を達成していなかったが、インドのネルーが世界の「両極化」と「冷戦」の激化の中で、できる限り国際紛争に巻き込まれるのを避けるためにとる外交策として打ち出した（浦野起央著『第三世界の連合政治』、南窓社、1989年、53～54頁、岡倉古志郎著『アジア・アフリカ問題入門』（第二版）、岩波書店、1967年、95頁）。したがって、それは当初は消極的なものであったが、1950年の朝鮮戦争の勃発、インドシナ戦争などの国際戦争化の動きの中で、アジア、アフリカの連帯を背景として、東西両陣営にも加わらない平和地域の拡大をインド外交の原則とするとし、積極的非同盟外交としての存在を増してくる。その後ネルー、ユーゴスラビアのチトー、エジプトのナセルは、1956年ユーゴスラビアで三者会談を行い、非同盟主義の共同声明を発表した（もっとも、これに先んじて1955年6月ベオグラードにおけるソ連・ユーゴ首脳会談で、この非同盟の方針はソ連が受け入れていたということである〈浦野起央著『第三世界の連合政治』、南窓社、1989年、60頁〉）。その後60年代に勃興してきた中小国家によって組織された国際政治運動に発展していった（同上書、176頁、李寿源・呂艶君・楊冕著『世界経済政治与国際関係』、北京広播学院出版社、2003年、300頁）。

界的社会主義革命の一環として位置づけ[18]、アジア、アフリカ諸国との連帯もそのこととの関連で臨んだ。この限りでは、中ソは同一の立場に立っていた。しかし、中ソ論争・対立・抗争の過程を経る中で、中ソは袂を分かち、戦略を異にした。両者は、バンドン会議における世界におけるあらゆる支配と従属に対する闘争を重視することに賛成の立場を取ったが、社会主義陣営の位置づけにおいては位相をことにしていた。バンドン会議の精神がその後非同盟運動として発展してくることは、世界政治経済の動態に関する中国の基本的見方と戦略に合わない、時代逆行的なものであった。

しかし、中国はバンドン会議に集約されたアジア、アフリカにとっての共通問題に対する認識（体制問題とは相対的に独立した）を必ずしももっていなかったわけではなかったというのが、筆者の見方である[19]。中国は現実にソ連との関係を通じて、ソ連との間でも民族問題が存在するということを自覚していた。ただ、中国は世界政治経済の主軸的流れが社会主義への直結的道であるとの確信に立ち、民族解放闘争もそのように位置づけていたから、この観点を主軸に、アジア、アフリカ諸国（自国の問題も含む）の固有の民族問題を背後に押しやったのである。その後中国が世界政治経済に対する認識を再検討するようになるや、中国をして背後に潜めていた民族問題を固有の問題として認識させるようになり、世界的な社会主義革命論を取り下げ、ナショナリズムに戦略的位置づけを与え、反覇権闘争に重点を置くようになる[20]。

---

18) 第一章、第二章参照。
19) 第一章参照、具体的に国境問題、為替レートの面にもみられる（拙稿「中国対外貿易機構の変遷〈Ⅴ-4〉」、『広島経済大学経済研究論集』第23巻第1号、70～71頁、田海波「中国の全面的指令計画期（1953-1972）における為替管理と内在的矛盾」、同上『論集』第27巻第1号、2004年、52～53頁参照）。
20) 紙幅の関係上きわめて図式的叙述になっている。詳細は第三章、拙稿「グローバリズムと中国の対外経済関係論（上）」、『広島経済大学経済研究論集』第27巻第3号、2004年、拙稿「同上（中）」、同上『論集』第27巻第4号、2005年を参照されたい。

第2節　マルクス主義グローバリズムの問題点
――マルクス主義グローバリズムにおける民族問題と国民国家――

　従来中国は世界社会主義革命の戦略の中に対外経済関係も組み込んでいたわけであるが、その後戦略を改め、戦略的にはナショナリズム、国民国家という座標から対外経済関係の構築を指向するようになった。一見奇妙にみえるのは、ナショナリズム、国民国家指向になってから以後、政治的、経済的に国際関係の展開が急速に広がっていることである。これは既に述べたように、従来の世界革命戦略を放棄し、いずれの国とも真の意味の平和共存五原則にもとづき、対外経済関係を築く政策を積極的に推し進めてきたことによる。従来世界戦略上敵対国およびそれに連なる諸国との政治、経済関係を対決、あるいは拒絶の関係として位置づけてきたのを改めてきたからであり、逆説的にも聞こえるが、従来敵対関係の最も頂点に立っていた国こそが、個別的な懸案はあるとしても、新しい戦略の中では最も深い政治的、経済的関係を構築していかなければならない位置に立つようにもなる。

　筆者が瞥見するところ、中国が世界的な社会主義革命論を取り下げ、ナショナリズムに戦略的位置づけを与えるようになった深層には、従来のマルクス主義グローバリズムの枠組自体と、その中におけるナショナリズムの位置づけに、見落とされた問題点があるいは潜んでいたのではないかと思われる。中国が世界的な社会主義革命論を取り下げ、ナショナリズムに対する戦略的位置づけの転換をはかった思考転換過程をみる前に、従来のマルクス主義グローバリズムの古典的枠組自体と、その中におけるナショナリズムの位置づけに関する若干の問題整理を試みたい。

1　マルクスとエンゲルスにみる民族、国民国家論

太田仁樹教授によれば、「〈民族自決権〉という原則は、19世紀のナショナリズムのつくり出した原則であり、マルクス主義本来の発想とは異質なものであった[21]」。確かにマルクスとエンゲルスはかの『共産党宣言』の中において、資本主義の世界的席捲の中における民族問題に固有の位置づけを与えていない。

「現代、すなわちブルジョアジーの時代は、階級対立を単純にしたという特徴をもっている。全社会は、敵対する二大陣営に、直接に相対立する二大階級に、すなわちブルジョアジーとプロレタリアートとに、ますます分裂していく[22]」。「諸民族が国々に分かれて対立している状態は、ブルジョアジーが発展するにつれて、また貿易の自由化[23]がうちたてられ、世界市場が生まれ、工業生産やそれに照応する生活諸関係が一様化するにつれて、今日すでにしだいに消滅しつつある[24]」。

ここでの時代認識としては、今や諸民族が国々に分かれて対立した形をとっていたブルジョアジーの発展の低い段階の資本主義は終わり、新しい時代に入っていることが確認されている。

「プロレタリアは財産を持っていない。……近代的工業労働、すなわち近代的な資本への隷属は、……プロレタリアからあらゆる国民的な性格を

---

21) 太田仁樹「世界システムにおける民族と国家―マルクス主義民族理論の超克に向けて―」、若森章孝・松岡利道編『歴史としての資本主義・グローバリゼーションと近代認識の再考』所収、青木書店、1999年、64頁。
22) マルクス・エンゲルス、大内兵衛・細川嘉六監訳「共産党宣言」、ドイツ社会主義統一党中央委員会付属マルクス＝レーニン主義研究所編集、大内兵衛・細川嘉六監訳『マルクス＝エンゲルス全集』第4巻、大月書店、1991年、476頁。
23) マルクスは1848年1月9日ブリュッセル民主主義協会で行った演説の中で、自由貿易問題について次のような位置づけを与えている。「自由貿易制度は破壊的である。それはふるい民族性を解消し、ブルジョアジーとプロレタリアートのあいだの敵対関係を極端にまでおしすすめる。一言でいえば、通商自由の制度は社会革命を促進する。この革命的意義においてのみ、諸君、私は自由貿易に賛成するのである」（マルクス、同上監訳「自由貿易問題についての演説」、同上研究所編集、同上邦訳『全集』同上巻、同上年、471頁）。マルクスにとっては、自由貿易は「生活諸関係が一様化する」推進要因である。
24) 前掲監訳「宣言」、前掲研究所編集、前掲『全集』前掲巻、同上年、493頁。

はぎとってしまった[25]」。「労働者は祖国を持たない[26]」。しかし、「プロレタリアートは、まずもって政治的支配を獲得して、国民的な階級の地位にのぼり、みずからを国民としなければならないという点で、ブルジョアジーのいう意味とはまったく違うが、それ自身やはり国民的である[27]」。

財産をもたないプロレタリアートが権力支配するようになり、「一個人による他の個人の搾取が廃止されるにつれて[28]」、祖国をもたない、その意味において世界的同一性を体現しているプロレタリアートは、権力奪取のために経過的に国家をもったとしても、この背景の下では、「一国民による他の国民の搾取も廃止される。一国民の内部の階級対立がなくなれば、諸国民のあいだの敵対関係もなくなる[29]」。

以上の観点についての筆者なりの理解は、要約すると以下のようになる。

マルクスとエンゲルスの観点では、「貿易の自由化がうちたてられ、世界市場が生まれ、工業生産やそれに照応する生活諸関係が一様化するにつれて」、すなわち「生活諸関係が一様化する」＝プロレタリアの客体的労働条件及び分配条件の同一化を含む生活諸関係の一様化から、世界的に固有の祖国をもつ必要のないプロレタリアートとブルジョアジーの二つ階級関係に整序されていくが、ブルジョアジーの民族性と国民国家性は残る。

---

25) 同上監訳「宣言」、同上研究所編集、同上監訳『全集』同上巻、同上年、485〜486頁。
26) 同上監訳「宣言」、同上研究所編集、同上監訳『全集』同上巻、同上年、492頁。
27) 同上監訳「宣言」、同上研究所編集、同上監訳『全集』同上巻、同上年、493頁。マルクスとエンゲルスは、国民国家においてはプロレタリアートを国民範疇に含めていない。太田仁樹教授はこの点について、次のように指摘されている。「諸民族の対立は国民的な対立として現象するが、それは、諸民族のうち支配的な階級が政治的支配権を獲得することにより、彼らが国民的な階級になることによって起こるのである。このようにして民族Volkは国民Nationとなるのだが、プロレタリアートは政治的支配権から疎外されているがゆえに国民という範疇からも排除されているというのである」（太田仁樹「世界システムにおける民族と国家―マルクス主義民族理論の超克に向けて―」、若森章孝・松岡利道編『歴史としての資本主義・グローバリゼーションと近代認識の再考』所収、青木書店、1999年、66頁）。
28) 同上監訳「宣言」、同上研究所編集、同上監訳『全集』同上巻、同上年、493頁。
29) 同上監訳「宣言」、同上研究所編集、同上監訳『全集』同上巻、同上年、493頁。

第八章　経済のグローバリゼーションと対外経済関係論

「一個人による他の個人の搾取」の構築とその保障のためには、ブルジョアジーの民族性と国民国家の権力機構が必要となるが、生活諸関係がすでに一様化し、固有の祖国をすでにもつ基盤をもたないプロレタリアートは、他の国民を搾取しようにも搾取する術がない。それゆえに、プロレタリアートは闘争においては、「まずもって政治的支配を獲得して、国民的な階級の地位にのぼり、みずからを国民としなければならないという点で、……それ自身やはり国民的である」ということの意味にしかすぎなくなる。

しかし、この過程の進行と浸透という観点からみて、民族独立と民族の平等はマルクスとエンゲルスにとってきわめて重要なことであり、プロレタリアートの国際主義の主体的かつ客観的基礎となる[30]。マルクスとエンゲルスにとって、民族の独立はプロレタリアートとブルジョアジーの世界的二大階級への整序過程でもあれば、「国際的な協力はただ平等なものたちのあいだだけで可能なのであって、同列者たちのなかの首位者でさえもせいぜい直接的な行動のためのものである[31]」という位置づけになる。

エンゲルスは、「ヨーロッパの諸国民のまじめな国際協力は、これらの国民のおのおのが各自の本国で完全に自主的である場合にだけ可能である[32]」と考え、時代認識としては「一国民が残り全部を指導するなどと称しうる時代は永遠に過ぎ去った[33]」ととらえていた。

---

30) 関連した言及については、以下のところを参照されたい。エンゲルス、同上監訳「エンゲルスからカール・カウツキー（在チューリヒ）へ」、同上研究所編集、同上監訳『全集』第35巻、同上年、224頁、225頁、226頁、エンゲルス、同上監訳「《共産党宣言》1892年ポーランド版序文」、同上研究所編集、同上監訳『全集』第4巻、同上年、605頁、同上監訳「《共産党宣言》1893年イタリアの読者へ」、同上研究所編集、同上監訳『全集』同上巻、同上年、607頁、エンゲルス、同上監訳「歴史における暴力の役割」、同上研究所編集、同上監訳『全集』第21巻、1990年、409頁、エンゲルス、同上監訳「エンゲルスからラウラ・ラファルグ（在ル・ペルー）へ」、同上研究所編集、同上『全集』第39巻、1991年、76頁。
31) エンゲルス、同上監訳「エンゲルスからカール・カウツキー（在チューリヒ）へ」、同上研究所編集、同上監訳『全集』第35巻、同上年、225頁。
32) 次頁へ
33) 次頁へ

2 マルクスとエンゲルスの世界社会主義革命論の問題点とその後の発展

マルクスとエンゲルスは、世界社会主義革命の構想の中に被支配民族問題を位置づけ、それを世界社会主義革命へ統合することを考えていたわけであるが、以下中国の反帝民族解放闘争と民族自立、世界社会主義革命戦略、中国自体の社会主義経済建設と改革・開放路線への転換、今日のグローバリズムに対する中国の戦略といったことを念頭におきつつ、ここでは筆者なりに、マルクスとエンゲルスの考えの中における問題点を整理してみたい。

(1) 世界の二大階級への整序と世界社会主義革命論

先ず第一は、具体的に国民国家として発展してくる資本主義は、発展が高度に進むにつれて世界的に生活諸関係を一様化させ、世界的規模で社会

---

32) エンゲルス、同上監訳「《共産党宣言》1892年ポーランド語版序文」、同上研究所編集、同上監訳『全集』第4巻、同上年、605頁。関連した言及については、以下のところを参照されたい。マルクス・エンゲルス、同上監訳「ポーランドのために」、同上研究所編集、同上監訳『全集』第18巻、同上年、569～570頁、同演説内容はマルクスとエンゲルス両者のものをまとめた形となっているが、マルクスの演説部分と明記されているところで直接に触れている。エンゲルス、同上監訳「エンゲルスからカール・カウツキー（在チューリヒ）へ」、同上研究所編集、同上監訳全集』第35巻、同上年、225頁、エンゲルス、同上監訳「エンゲルスからカール・カウツキー（在ヴィーン）へ」、同上研究所編集、同上監訳『全集』同上巻、同上年、307頁、エンゲルス、同上監訳「《共産党宣言》1892年ポーランド語版序文」、同上研究所編集、同上監訳『全集』第4巻、同上年、605頁、エンゲルス、同上監訳「エンゲルスからポール・ラファルグ（在ル・ペルー）へ」、同上研究所編集、同上『全集』第39巻、同上年、173頁。
33) エンゲルス、同上監訳「エンゲルスからラウラ・ラファルグ（在ル・ペルー）へ」、同上研究所編集、同上監訳『全集』第38巻、同上年、433頁。紙幅の都合上具体的なマルクスやエンゲルスの言及を省略しているので、これらについては、拙稿「グローバリズムと中国の対外経済関係論（中）」、『広島経済大学経済研究論集』第27巻第4号、2005年を参照されたい。

関係をブルジョアジーとプロレタリアートという二大階級の問題に整序していくという点に関してである。筆者のみるところ、全体的にその過程は進むが、世界的に階級という特質としての整序が進むということと、世界的に経済的基礎に裏づけられた階級連帯の整序が実体をもって進むということとは別のことである。ブルジョアジーが発展するにつれて、また貿易の自由化が打ち立てられ、世界市場が生まれ、工業生産やそれに照応する生活諸関係が一様化＝資本の論理として生産と分配諸関係が世界的に一様化すれば、世界的に経済的基礎に裏づけられた階級連帯の整序が実体をもったものとして進行するであろうが、そうでなければ、世界的に潜在的には階級という特質としての整序は進むであろうが、世界的に経済的基礎に裏づけられた階級連帯の整序が、必ずしも実体をもって進むとばかりはいえないということである。

資本主義の高度の発展につれて、支配民族における階級関係は二大階級関係に整序される動きとなって現れるが、支配民族におけるプロレタリアートと被支配民族におけるプロレタリアートの関係は、潜在的労働力としては同一の立場にたつとはいえ、資本が労働力を価値実体に結実させる資本関係に内化していく論理には歴然とした差異がある。比較生産費原理による貿易関係は国際市場を形成しはするが、すなわちそれは支配民族における労働（プロレタリアート）と被支配民族における労働（プロレタリアート）を関係づけるが、その関係は支配民族内における生産と分配の市場的関係の同一平面上における関係の被支配民族への直接的広がりとして構築されるものではない。かのマルクス経済学の一大論争たる国際価値論争における搾取論、非搾取論のいずれの立場にたつかは別にして、この論争は、ここに存在する段差に焦点を当てたものである。支配民族と被支配民族の間の貿易関係においては、支配民族における労働力の労働の価値結実の市場的過程と、被支配民族における労働力の労働の価値結実の市場的過程は、同一の市場平面上の関係に立たない。

貿易と国際資本投資は進むが、そのことによって民族間における生産と分配の市場的関係が、諸民族の労働力、労働とその価値結実までの市場的

過程を一様化するまでにいたるには長い期間がかかるのであり、このことの可能性期待にもとづく世界的社会主義革命論は、実体的かつ客観的基礎が薄弱といわざるをえまい。競争関係を通ずる資本の革新性は、競争上の断絶した格差が存在する場合、その断絶した格差を前提とした上で、その格差を利用した構造的枠組の中で競争的であるのであって、その枠組を破って世界的な同一同質的市場関係を作り上げるものではないというのが筆者の考えである[34]。

「諸民族が国民となり、相互に対立するという事態は、歴史の一通過点に過ぎないものであるから、ある民族が国民になるか否か、すなわち自前の国家を建設するか否かという問題は、マルクスとエンゲルスにとって重要な問題ではない[35]」としても、プロレタリアートが政治的支配を獲得して国民的階級になり、固有の国民国家を打ち立てることの意味は、歴史の一通過点に過ぎないものというわけにはいくまいし、上に述べたプロレタリアートという世界的な潜在的に共通する連帯性を前以て先取りするために固有の国民国家を打ち立てるというわけにもいくまい。

(2) 民族独立と平等の戦略的意味と実体性

そこで、第二に問題になるのは、マルクスとエンゲルスが民族独立と平等をどのように位置づけていたかである。マルクスとエンゲルスにとって、被支配民族のプロレタリアートが政治的権力を獲得して民族自主と独立、民族の平等を求めて闘う国民になることは、階級という一般的共通性格か

---

34) マルクスとエンゲルスが資本主義の発展にともなって、世界が二大階級に整序されていく過程が進み、生産諸関係が一様化するととらえている点は、奇妙に感じられることだが、近代経済学の国際貿易の正統派のモデル、いわゆるH-O-Sモデルの要素価格均等化原理の帰結と似通ったこととなっている。資本の論理として、世界的に要素価格均等化が達成されれば、プロレタリアートの世界的連帯は、潜在性の面においても、実体面においても実質的基礎をえるといえよう。今日の経済のグローバリゼーション、多国籍企業の行動などの関連する意味については後に触れる。

35) 太田仁樹「世界システムにおける民族と国家—マルクス主義民族理論の超克に向けて—」、若森章孝・松岡利道編『歴史としての資本主義・グローバリゼーションと近代認識の再考』所収、青木書店、1999年、66頁。

らみたプロレタリアートの潜在的世界連帯の条件を共有する権力的条件が部分的に整い、強化されるということである。民族自主と独立、民族の平等は平等な＝祖国をもたないプロレタリアートの潜在的世界連帯のための基礎条件である。しかしここでも、被支配民族のプロレタリアートの民族自主と独立、民族の平等を求めて闘う国民になることが、平等な＝祖国をもたないプロレタリアートの潜在的世界連帯を実体的連帯にまでいたらしめることを必ずしも保障するものでもあるまい。プロレタリアートの潜在的世界連帯を実体的連帯にまでいたらしめることを保障するものは、資本の論理それ自体による世界的に完全な流動性をもつ労働力市場が完成（後に触れるように近い将来には困難性が予測される）され、プロレタリアートの一枚岩としての実体的団結が実現されるか、あるいは、ブルジョア民族主義に則った社会経済関係からえられる社会経済的利益に比べて、プロレタリアートの潜在的世界連帯を前以て先取りした連帯からえられる社会経済的利益がより大きいかのいずれかの場合であろう[36]。

(3) プロレタリアは祖国をもたないか

　第三は祖国をもたないプロレタリアの問題である。プロレタリアは、労働力一般としては国民的性格をはぎとられ、いずれの資本とも結合する存在であるという意味からして祖国をもたない。マルクスとエンゲルスの考えからすると、プロレタリアートは自らの利益をブルジョア独裁の国民国家政権の中に反映できる存在でもないから、国民の範疇にも入らないという意味からしても祖国をもたない。だから、プロレタリアは階級的本性からして、また潜在的に世界的な存在である。被支配民族のプロレタリアートが民族の政治的支配を獲得して国民的階級にのぼり、国民的になることの意味は、階級という一般的共通性格からみたプロレタリアートの潜在的世界連帯の条件を共有する権力的条件が部分的に整い、強化されるということではあるが、これとてもプロレタリアートの潜在的世界連帯を前以て

---

[36] この問題をどうとらえ、中国がどのように対応したかについては後に触れる。

先取りしたことになるのであり[37]、実際には不平等な＝祖国に封じ込められることを余儀なくされたプロレタリアートの潜在的世界連帯を、平等な＝祖国をもたないプロレタリアートの実体的連帯にまでいたらしめる過程にしかすぎないという位置づけになる。この過程が極めて短い期間ならばともかく、一時代を画するほどに長期にわたる場合には、現実に不平等な＝祖国に封じ込められることを余儀なくされる個別国家としてのプロレタリア政権の構築それ自体の中に、それ自体としての積極的意味が見出されなければなるまい。現実に不平等な＝祖国に封じ込められることを余儀なくされるプロレタリア個別国家は、一面で外部から不平等な＝祖国に封じ込められる環境にあればこそ、この国家はそれ自体の民族的範疇で総括される民族的領域での何らかの積極的意味をもつ国家、何らかの実体的積極性を内にもつ民族的領域での国家形成たらざるをえまい。

　この点に注目して、太田仁樹教授はカウツキーの「民族＝言語共同体」説を評価される。筆者の本稿での関心が、経済のグローバリズム、とりわけ今日の経済のグローバリズムとグローバリゼーションに対する初級段階の社会主義中国経済の対応のあり方ということにあることから、筆者は太田教授の積極的評価の中で二つの点を特に重視したい。一つは、カウツキーの主張するあらゆる社会的協働の前提条件としての言語の役割である。カウツキーが、言語は最も重要な生産手段の一つであり、これを精神的生産すなわち観念の生産手段であると同時に物質的な社会的生産手段とみる点である。筆者は、「民族＝言語共同体」の中に、平等かつ円滑な分業と協業の内的結合関係の展開＝内的に統合された市場関係の拡大と深化をみる[38]

37) この点について太田仁樹教授は次のように指摘されている。「プロレタリアートは、国民的性格を剥奪されているがゆえに、逆に国民的な分離や対立をすでに克服した存在であるというのである。これは、プロレタリアートのなかに将来社会の人間像をすでに読み込んでいく発想といえよう。マルクスとエンゲルスとにおいては、民族が国民となる問題は過去の問題であり、人類の将来はプロレタリアートの肩にかかっているのである」（前掲稿、前掲書、68頁）。
38) レーニンもこのように考えている（ヴェ・イ・レーニン、マルクス＝レーニン主義研究所訳「民族自決権について」、ソ同盟共産党中央委員会付属マルクス＝エンゲルス＝レーニン研究所編、マルクス＝レーニン主義研究所訳『レーニン全集』第20巻、大月書店、1965年、422〜423頁）。

（この点が国際経済関係と決定的に異なる点）。第二は、第一の点と関連して、自らの運命を自由に決定することを希求し、個人によるものであれ、階級によるものであれ、他民族によるものであれ、いかなる外的強制をも拒否する人民の完全な主権の要求が出てくる客観的かつ積極的背景がこの中にあるという点である[39]。

　カウツキーは、マルクスとエンゲルスの民族の歴史的性格についての認識を継承したが、一定の発展にまでいたった資本主義段階では、国家には民族性問題は固有には存在しないというマルクスとエンゲルの認識に対し、民族のおかれた客観的条件によっては国民国家の形成は、労働生産性の発展という大きな経済的進歩の一つの重要な条件となることから、ブルジョアジーにとってもプロレタリアートにとっても必要なものと考えているので[40]、最終的に世界的に二大階級に整序され、世界的な社会主義体制にいたるまでの間は、民族存在の固有の積極性にもとづく民族国家問題が残り、これは世界的な社会主義革命への途上で独自の問題として設定しなければならないという観点を提出しているといえよう。

　筆者の考えでは、民族の基礎となる言語を中心とする社会的生産手段を通して、資本主義的生産関係は拡大・深化していくのであり、プロレタリア政権が成立し、一応階級関係がなくなった後にも、ブルジョア的編成推進原理は消えるものの、当該経済の積極的展開の基礎条件としての社会的生産手段を共有する民族性は依然として残る。このゆえにまた、政治的自由、民主主義の希求としての主権の要求がでる。主権をもった民族国家の政治経済の運営内容は、国家の階級的権力内容によるであろう。

　レーニンは「民族原理[41]」を完全に承認し、「封建的な眠りから大衆が

---

39) 太田仁樹「世界システムにおける民族と国家―マルクス主義民族理論の超克に向けて―」、若森章孝・松岡利道編『歴史としての資本主義・グローバリゼーションと近代認識の再考』所収、青木書店、1999年、70～72頁。
40) 相田慎一「カウツキー」、丸山敬一編『民族問題・現代のアポリア』所収、ナカニシヤ出版、1997年、17頁。
41) 次頁へ

目ざめることは、進歩的であり、あらゆる民族的圧迫に反対して、人民の主権、民族の主権をめざす大衆の闘争は進歩的である[42]」として支持した。しかし、これはプロレタリア国際主義の推進上の必要の限りでということでもあった。

　レーニンは帝国主義段階における世界的な社会主義革命に向けての戦略論から、三つの国家類型に分けて、民族自決の世界的な社会主義革命に向けての意義を論じているが[43]、今中国の問題を考える場合に関連する第三の中国などの半植民諸国とすべての植民地に関してみれば、レーニンは、「社会主義革命と民族自決権（テーゼ）」の中では、ブルジョア民主主義的な民族解放運動の革命的分子に対する指導の役割を重視している[44]。しかし、後に重視する対象を目的に合わせてより明確に「民族革命的」分子に改める[45]。レーニンのこの論理構造を、太田仁樹教授は適切に以下のよう

---

41) 本稿の課題が、世界的な社会主義への道の途上において、プロレタリアートがなぜプロレタリア国際主義に直接的に結集されず、具体的にプロレタリア専制国家となった中国が、民族を中心とした国民国家として固有に存在しつづけるのか、それゆえに一定の歴史的段階でその存在に固有の歴史的位置づけを与えなければならないのではないかという課題であるので、その内部における民族自治、民族自決権といった問題にはここでは立ち入らない。

42) ヴェ・イ・レーニン、マルクス＝レーニン主義研究所訳「民族問題についての論評」、ソ同盟共産党中央委員会付属マルクス＝エンゲルス＝レーニン研究所編、マルクス＝レーニン主義研究所訳『レーニン全集』第20巻、大月書店、1965年、20頁。

43) 第一は、西ヨーロッパの先進的資本主義諸国とアメリカで、ここでの民族運動は意義を失い反動的となり、他民族を抑圧する存在となっている。プロレタリアートはすでに世界的な社会主義革命のため準備ができている。第二は、東ヨーロッパ諸国で、ここではプロレタリアートは民族自決を獲得する中で世界の社会主義革命の一環としての役割をもつ。第三は、中国などの半植民地諸国とすべての植民地で、これらの地域では反帝民族解放闘争＝民族自決の運動が今後発展する（ヴェ・イ・レーニン、マルクス＝レーニン主義研究所訳「社会主義革命と民族自決権（テーゼ）」、ソ同盟共産党中央委員会付属マルクス＝エンゲルス＝レーニン研究所編、マルクス＝レーニン主義研究所訳『レーニン全集』第22巻、大月書店、1965年、174～175頁）。この情勢に対して、どのように対応して世界的な社会主義革命を遂行するか、これこそがレーニンの問題である。

44) ヴェ・イ・レーニン、マルクス＝レーニン主義研究所訳「社会主義革命と民族自決権（テーゼ）」、ソ同盟共産党中央委員会付属マルクス＝エンゲルス＝レーニン研究所編、マルクス＝レーニン主義研究所訳『レーニン全集』第22巻、大月書店、1965年、174～175頁。

45) 次頁へ

にまとめておられる。「ブルジョア民主主義的な運動である民族解放運動はブルジョア的帝国主義体制にたいする闘争となるのであるから、民族的抑圧の廃棄は社会主義の実現によってはじめて達成されるものと考えられるようになる。すなわち、資本主義のもとでは、民族的抑圧（一般に政治的抑圧）をなくすことはできない。このためには、階級をなくすこと、すなわち社会主義を実現することが必要である[46]」という論理構造になるといわれる。筆者の観点からみれば、これは民族的抑圧の廃棄と直接社会主義の実現を結びつける観念論である。

したがって、レーニンは現実の観察のなかで、「死滅しつつある資本主義」、「社会主義革命の前夜」としての資本主義である、いわゆる帝国主義段階の資本主義と関連させて世界革命論を立てたと筆者はみている。

レーニンは「資本主義の最高の段階としての帝国主義－平易な概説」の中で、すでに生産力の担い手としての積極的役割が弱化している「死滅しつつある資本主義」の面を強調し、スターリンはこの側面を教条的に定式化した[47]。この基本認識に立てば、第三類型に分けたところでの階級的分化が未成熟であっても、①死に瀕した帝国主義と帝国主義戦争の不可避性、②帝国主義の条件下において民族ブルジョアジーは自立的民族経済を構築する主体となりえないという二つの基本条件から、プロレタリア党を中心として、「民族革命的」分子を糾合して社会主義を打ち立てることが可能であると考えたのである。また、他の道などないと考えたのである。それ

---

45) このことの意味は、ここではプロレタリア党は、農民との共闘が不可欠であり、買弁的なブルジョアジーと区別された植民地のブルジョア階級運動に対する真に革命的分子の指導の役割を重視しているという意味である（ヴェ・イ・レーニン、マルクス＝レーニン主義研究所訳「共産主義インタナショナル第二回大会・1920年7月19―8月7日」、ソ同盟共産党中央委員会付属マルクス＝エンゲルス＝レーニン研究所編、マルクス＝レーニン主義研究所訳『レーニン全集』第31巻、大月書店、1964年、234～235頁）。太田仁樹「レーニン」、丸山敬一編『民族問題・現代のアポリア』所収、ナカニシヤ出版、1997年、212～215頁。
46) 太田仁樹「レーニン」、丸山敬一編『民族問題・現代のアポリア』所収、ナカニシヤ出版、1997年、215頁。
47) この点については第三章を参照されたい。

ゆえに、レーニンは、「共産主義インタナショナルは、先進国のプロレタリアートの援助をえて、後進国はソヴェト制度へうつり、資本主義的発展段階を飛びこえて、一定の発展段階を経て共産主義へうつることができるという命題を確立し、理論的に基礎づけなければならない[48]」と、いうのであろう。

しかし、筆者の観点からすれば、上述の観点には二つの大きな問題が見過されていると考えられる。第一は、上述のところで示唆したカウツキー的観点である。第二は、第三類型として分類されたところにおけるプロレタリアート形成の未成熟に関連する。

第一の問題に関しては、カウツキーの社会的協働の前提条件としての言語と、これを基礎とする国民国家の意味である。とりわけ経済学の観点からみて重要なのは、言語の物質的な社会的生産手段としての意義である。このことを基礎とした民族国家の形成が、労働生産性の発展という大きな経済発展の一つの重要な条件をなすという点である。言語は人間相互間の基本的交通手段をなし、平等な人間的関係にもとづく分業関係の基礎をなす。緊密な分業関係の発展こそが生産力発展の基礎を成すからである。

カウツキーは、民族国家の言語と異言語による競争の排除が、域内市場の確保にとってもつ意味を重視するが、筆者は言語の民族国家にとっての意味はそれ以上のものと考えている。プロレタリアートは近代的工場制度の発展を基礎とし、労働生産性は工場内における分業と協業による生産のシステム化によって基本的に規定される。企業間競争はこれを前提とした上での、これら企業間の競争である。それゆえにまた、企業間競争を前提とした個別企業は、生産活動ばかりでなく関連経営活動全般において、競争力形成にマイナスに作用する交通障碍要因を内化することを極力回避す

---

48) ヴェ・イ・レーニン、マルクス＝レーニン主義研究所訳「共産主義インタナショナル第二回大会・1920年7月19—8月7日」、ソ同盟共産党中央委員会付属マルクス＝エンゲルス＝レーニン研究所編、マルクス＝レーニン主義研究所訳『レーニン全集』第31巻、大月書店、1964年、237頁。太田仁樹教授はレーニンは結局この理論的基礎づけができなかったと指摘されている（太田仁樹「レーニン」、丸山敬一編『民族問題・現代のアポリア』所収、ナカニシヤ出版、1997年、215頁）。

る形で、積極的競争力創出をはかろうとする。

　世界革命戦略に合わせて一度プロレタリア政権が成立したとして、社会主義計画経済による直接的な（市場を通ずる個別私的に進行する結果的社会的分業と区別された）社会的分業は、当然ながら市場を通ずる個別私的に進行する結果的社会的分業を超える生産力水準の達成と市場的平等性を保障した労働相互間関係でなければなるまいが、それとて言語という生産手段を通じて形成される生産力を基礎とする蓄積メカニズムという枠からすぐに逃れることはできまい。社会主義国間のプロレタリア国際主義にもとづく相互協力が、この過程を極めて短期に解決する保障はない。言語自体民族的限定性をもって発揮される効率的生産手段＝財産なのである。この意味からすれば、一定の発展段階にいたるまでは個々人としては財産をもたないプロレタリアにも祖国はあるということになる。これはプロレタリア政権が成立しているかどうかの問題ではなく、プロレタリアの実在条件によって規定される歴史的制約性の問題である。筆者のここで言いたいことは、経済建設の底面からみた社会主義国に内蔵される民族性の問題である。

　第二の問題は、第三類型として分類されたところではプロレタリアートの形成が未成熟で、ここにおける社会主義政権は工農同盟を基礎とするという点である。しかも、圧倒的多数を農民に依拠するという点である。それゆえに、プロレタリア政権は何よりも先に徹底的な土地改革を行わざるをえないし、ここに建設の基本蓄積を求めざるをえない。プロレタリア政権は一旦土地改革を行った後農業集団化を行うのを通常とするが（例えば、中国をみよ）、この発展段階の農業は未だ近代的資本主義的農業ではなく、ここでは農業プロレタリアートは形成されておらず、潜在的にも、具体的にも土地生産手段と結びついた（封建的に土地と結びつけられたという意味ではない）個別的農民の個別的労働とその成果が内的に結合している。この関連において、農民は小ブルジョア階級である。したがって、農民は当然ながら祖国をもつのである。プロレタリア政権の一大基礎をなす農民の基本的なこの性格は、先ずは農業生産力の解放とより積極的な農業発展

を保障する民族国家としての性格をもつといわざるをえない。

第3節　中国におけるマルクス主義グローバリズムと社会主義民族国家論

　1949年の中華人民共和国の建国は、それ自体民族解放であり、民族としての主権の獲得そのものであったが、先に見たように、中国共産党は時代認識として、世界政治経済は帝国主義の時代＝「戦争と革命」の時代＝「死滅しつつある資本主義」、「社会主義革命の前夜」として位置づけたから、中華人民共和国はすでに社会主義革命の段階に入っていること、現に社会主義社会の建設に向って進みつつあるという認識であった[49]。すでに見たとおり、中国は70年代にいたるまで一貫してこの認識に立ち、世界革命論を基底にすえ、経済建設においては、レーニンの、「すべての民族のプロレタリアートが共同の計画に従って規制する一つの全一体としての世界経済の創出への傾向である。……社会主義のもとでは、無条件にいっそう発展し、十分に完成するにちがいない[50]」という認識にもとづいて、社会主義国間相互の経済関係を運営してきた。中ソ関係が抜き差しならなくなった60年代後半からは、この戦略が漸次変化していく点についてはすでにみてきた。

　社会主義陣営の崩壊、「戦争と革命」の時代認識から「平和と発展」の時代認識への転換にともない、先ずは上述のレーニンの考えた社会主義共同計画経済共同体構想も崩壊したといえる。きわめて短期のうちに、この

---

[49] 宮下忠雄教授によれば、このことについては中国指導部は1953年秋まで口外しなかった（宮下忠雄著『中国の貿易組織』〈アジア経済研究シリーズ17〉アジア経済研究所、1961年、68頁）。

[50] ヴェ・イ・レーニン、マルクス＝レーニン主義研究所訳「民族問題と植民地問題についてのテーゼ原案（共産主義インタナショナル第二回大会のために）」、ソ同盟共産党中央委員会付属マルクス＝エンゲルス＝レーニン研究所編、マルクス＝レーニン主義研究所訳『レーニン全集』第31巻、大月書店、1964年、138頁。

構想の実現する基礎はなくなり、中国はこの構想から離れて、自己が選択した独自の一国社会主義という理念を構築し、その位置づけをしなければならないということになったわけである。しかも、社会主義陣営の崩壊という戦後世界を二分してきたマルクス主義グローバリズムの崩壊という現実と、一方の資本主義グローバリズムは生存したままの条件下においてである。

　筆者の上述の観点からすれば、先ず第一に、中国は主権をもった国家として民族国民経済を構築していかなければならないという課題がある。この点に関しては、従来の中国の考え方自体に矛盾があったというのが筆者の考えである。したがって、潜伏していたこの点を踏まえて、中国は自己を民族国家として概念的に確立しなければなるまい。民族経済運営の主体としての民族国家概念である。しかも、現代の民族国家概念は古典的な内生的資本主義の発展の主体としての民族国家概念ではありえないという状況がある[51]。これが第二の点である。すでに見てきたように、新中国の誕生自体が世界政治経済の発展段階によって規定されているからであり、今日の世界政治経済が新中国誕生時の世界政治経済と性格を異にしているからとはいえ、世界政治経済からの規定性は免れない。というよりも、この点を基底においた上で、新たな概念を設定しなければならないわけである。資本主義の発展段階に対応した今日の資本主義グローバリズムの発動様式を踏まえて、民族国家概念の内容も規定性を受ける。

　何新氏は、中国の社会主義運動は、その実体からすれば、西側の資本主義制度よりも高度の新しい社会形態を創り出したのではないという。この運動の実体は経済民族主義から出ている。中国の最関心事項は階級闘争だったのではない。経済制度の選択は多分に経済発展の目的のためだったのであり、必ずしも階級利益ではなかった。中国は最初資本主義の道を求めたが成功しなかったので、やむなく、経済発展のために社会主義の道を選んだのである。このような経済発展を目的とする社会主義は、マルクスや

---

51) 賈英健著『全球化与民族国家』、湖南人民出版社、2003年、85頁。

エンゲルスがいった生産力と生産様式によって決定される社会主義とは異なる[52]。

賈英健氏は次のようにいう。「社会主義国家を民族国家とみなすべきか否かについては、議論は止まるところがないが、筆者の考えるところでは、民族国家は疑いもなく現下の世界政治の実践のなかで存在する社会主義国も含む[53]」。マルクスとエンゲルスは社会主義は資本主義社会の高度の発展段階を承け、この高度に発展した生産力の基礎の上では、民族の限界性が克服され、民族国家が消滅すると考えた。しかし、現実に今日マルクスとエンゲルスが想定したような民族国家としてではないような社会主義社会は存在しない。現実には、社会主義革命の勝利をおさめた国は、いずれも生産力の発展段階の遅れた、文化の発展度が低いというこの基礎の上に成立した。したがって、これらの国は社会主義革命後生産力の発展をはかっていくことを任務としている。この広範な人民の要求を実現していくためには、資本主義制度の中で唱えられてきた主権在民、自由、平等、法治国家等の近代国家の内容が盛り込まれる必要がある。階級性を別にして、社会主義国家の成立の根拠でもある。しかも、社会主義の優越性を実体化するためには、近代化と生産力の発展を急速にはかり、先進資本主義国との格差を急速にうめていかなければならないのである。この場合民族がこの主要な担体となり、この課題を担う民族国家がこれを積極的に推進する主体となる[54]。

このような国の場合には、いわゆる教典的な社会主義のモデルは事情に応じて変形されるから、計画経済を実行するからといっても、商品・貨幣関係と市場条件がのこる場合があり、最終的には計画経済自体も放棄されるという場合もでる。国有制を実行するからといっても、同時に集団所有制や私営経済、小私有経済も残り、外資系企業も含む場合がある[55]。要は、経済発展にとってもつ各々の積極性ということになる。

52) 何新著『思考新国家主義的経済観』、時事出版社、2001年、220〜221頁。
53) 前掲書、86頁。
54) 同上書、87頁。
55) 何新著『思考新国家主義的経済観』、時事出版社、2001年、221頁。

すでに見てきたように、1992年の党第14回全国代表大会、97年の党第15回全国代表大会で打ち出された基本方針は、上述のような考え方を反映するものと筆者はみている。ここでの社会的分業は、旧式の分業から新式の分業へ移っていく長期にわたる過程であり、社会主義初級段階はその始まりとして位置づけられている。この段階では社会的分業の特質と労働の分離の特質が、この段階における所有関係の内在的矛盾を決定し、この二つの基本的社会的前提が社会主義初級段階における商品生産と市場経済段階という固有の移行的段階性を必然化する。このことが、分業と所有制としては全人民所有制、集団所有制、小私有経営経済、私有経営経済、外資経済が併存、交叉、連携する五つの混合所有制形態の特質を規定する[56]。

経済民族主義を主要な背景とする社会主義民族国家としての中国が、この段階で積極的経済発展に向けて道を探索する場合、三つの基本的客観条件によって規定を受ける。第一は、自らが経済的に低発展段階にあるということである。典型的には、自己の資本蓄積と技術の過度の不足である。この条件を何とかして補充する道はないものか。第二は、かつての帝国主義段階の資本主義の変化、すなわち世界政治経済の変化である。かつての金融独占資本主義列強による軍事的支配を背景とした資本輸出と金融的支配、帝国主義世界戦争という構造から、軍事的支配を背景とした金融支配よりも、産業資本を中心とした資本輸出への中心軸の転換と、帝国主義世界戦争封じ込めという構造への変化である。帝国主義的でない経済協力を得る手立てはないものか。第三は、初級段階における社会主義市場経済を構成するものとして設定されている個別経済経営単位の自主的積極性を盛り込んだ分業と所有制の中で、生産手段の公有制があるということである。第一の条件は、条件的には第二の条件の下における模索と結びつくわけであり、両者は結び付けられる形で現に急速に進行している。第三の条件は、第一と第二条件を結合する場合、中国自体が民族経済として自主的、主体的に設定する経済単位設定条件である。社会主義民族経済という概念の中に初級段階とはいえ社会主義理念があり、端的には全人民所有制の中に、

---

56) 第四章を参照されたい。

民族経済概念を自然発生的分業以上のものとして盛り込んでいるということができる。それゆえにこそ、社会主義民族経済概念の積極性があり、一般的開発途上国として以上の概念としての積極性がある。そもそも中国の社会主義は、母胎にその要素を孕んでいたと筆者はみている。

問題は、主権国家としての（従来中国は社会主義国家として自己を認識していたが、マルクス主義グローバリズム、プロレタリア国際主義の観点からすると、強い主権国家意識はそれ自体理念上自己矛盾である）民族国家中国が、第一条件の克服という課題を、元来積極条件として設定している第三条件を第二条件といかに結合して達成するかである。経済的条件のみからすれば、元々対等に伍することができない基礎条件の下で、社会主義民族主権国家としての政治性をもって、世界的経済条件を自己の経済発展のためにより有利に引き込み、自己の設定した条件といかに結びつけるかである。

何新氏はいう。「世界市場においては、経済競争に参加する国にとって経済的条件が平等ではないということこそが問題なのだ。大資本と小資本、ハイテクと低技術、先進国と後進国等々の問題である。もしも、こういった条件の不平等な国が、同じ市場環境下で競争するならば、優位や利益は自ずと一方的に先進国の側に偏る[57]」。現在の世界市場における競争は、自由な企業間競争ではない。本質的にはいくつかの集中した国家の大独占資本集団間の国を跨っての競争である。「この競争の過程においては、国の力が依然として重要な役割をもつ。国家は国際競争を制度化する組織者であり、推進者であって、本国産業と国民経済利益の直接代表者であり保護者である。これこそ現代における経済民族主義の基礎であり、愛国主義の経済的利益の根源である[58]」。

経済的に遅れた社会主義民族国家中国が、主権国家として国際経済関係に入っていく場合、実質的には経済的実体として大きな落差を背景にした上で、いかにして有効な主権の行使を通じて国民経済の構築をはかってい

---

57) 前掲書、231頁。
58) 同上書、457頁。

くことができるかが大きな問題となる。

第4節　経済のグローバリゼーションに対する中国の対外経済関係認識

1　現下のグローバリゼーションの風潮に対する中国の基本姿勢

　グローバリゼーションはグローバリズムの考え方を前提とするが、グローバリズムはすでに見てきたように、ある世界的となるべき文明を信奉する普遍主義が他を圧していくという考え方である。この考え方は今日特に新しいというわけではなく、古くから存在している。しかし、現下に特に強調されるようになっているグローバリズム、グローバリゼーションはここ十数年のことであり、旧ソ連を中心とした社会主義陣営の崩壊と時期がほぼ一致している。

　筆者の見るところ、第二次世界大戦後の対抗する二つのイデオロギーとしてのリベラリズムを背景とするグローバリズムとマルクス主義グローバリズムのうち、マルクス主義グローバリズムが現実世界の基盤を失い、これとともに対抗的存在としての輝きが色褪せていくにつれて、またそれゆえに、このことを反映して集産主義に対する直接的なアンチテーゼとして、市場経済を基準とした世界的な統一秩序の構築の完遂を目指すグローバリズムが勢いをえたということが、大きな時代的背景となっている。ウルリッヒ・ベックは、グローバリズムとは、世界市場によって政治的行為が不要になるとか、世界市場が政治的行為に取って代わるという世界的な市場支配のイデオロギー、新自由主義のイデオロギーであるという[59]が、こういった類のグローバリズムが、今日イデオロギー上、また政策推進上の基礎理念として、主要な地位に立つようになってきていることは周知のと

---

59)　Ulrich Beck., What Is Globalization ?, Translated by Patrick Camiller, Polity Press, p. 9.

ころである。マルクス主義グローバリズムに対するリベラリズムを背景とするグローバリズムは、必ずしも新自由主義に集約されるものではないが、マルクス主義グローバリズムに対する直接的アンチテーゼとして人々の認識に入り込みやすい。

　マルクス主義の考え方を一応根底におく中国の指導部は、すでに見てきたように、長い歴史的過程を経て、地政学的にみた複数の価値観、それぞれの価値観にもとづく文化あるいは社会経済体系が、混合あるいは融合する過程を経て地球的に一体化して形成される、固有の民族性（政治、経済、言語、文化等）が世界的に融合した形での統合をみるという考え方を否定することはあるまいが、少なくとも現在の歴史段階において、ある世界的となるべき文明を信奉する普遍主義が他を圧していくという考え方を取り入れることはできまい。社会主義陣営の消滅は一応マルクス主義グローバリズムの敗退であったとしても、社会主義民族国家の考えを色濃くもつ中国は、現歴史段階において、現下のグローバリズムは受け容れがたいことであろう。

　それゆえに、「中国ではその立場から、また性向性から、中国政府、学界、メディアは基本的には"グローバリゼーション"という概念を使わない。中国政府、学界、メディアは"経済のグローバリゼーション"という言い方のみを用い、中国は経済以外の面での"グローバリゼーション"という概念と主張を承認しないし、受け容れもしないことを表明している[60]」。

2　経済のグローバリゼーションと現下の世界政治経済に対する中国の認識

（1）現下の世界政治経済に対する中国の認識

　中国は60年代以来世界政治経済の多元化構造に注目し、多元化した政治経済関係と秩序にかんする基礎構造を三つの次元に分けてとらえている。第一は、国家類型による基礎構造認識である。先進資本主義国家、社会主

---

60) 楚樹龍著『国際関係基本理論』、清華大学出版社、2003年、212頁。ここで詳細に言及する紙幅がないが、詳しくは倪健民・陳子舜著『中国国際戦略』、人民出版社、2003年、第五章を参照されたい。

義国家、発展途上国の民族国家である。この次元における三つの極[61]認識である。社会主義国家の固有の地位は、中国を除けば下がっているが、中国は社会主義国家であるとともに、途上国民族国家としての二重の性格をもつ存在として位置づけられよう。第二は、地域的経済構造認識である。北米地域、ヨーロッパ地域、アジア地域である。この次元においても三つの極があるという認識に立つ。第三は、アメリカ、欧州連合、日本という中心的基軸構造認識である。今日の世界経済の全体的特徴と発展の趨勢は、これらの相互の関係によって規定されるというのが、中国政府や論者達の概ね共通した認識のようである[62]。

　第一の次元の構造認識は、それらが世界政治経済に対する固有の利益と理念を形成し、固有の能動的存在として独自の地位と役割を発揮する存在としての極認識である。第二の次元の構造認識は、世界経済の不均等発展の中における多極化を反映した経済の地域化、集団化の構造認識である。経済の地域一体化は、地理的に近い二つあるいはそれ以上の国（地域）が、経済結集効果と相互補完効果を目指して、製品と生産要素の一定の地域内における自由化と効率的な配置を促進するために設ける多国間の地域集団化である。各々の地域集団は、参加する各国（地域）の基礎前提条件と結集効果と相互補完性の主軸内容によって性格を異にする。全世界的なグローバリゼーションとは補完的ともいえるが、グローバリゼーションの推進基軸をめぐっては対抗性側面もあり、二面性をもつとみている。第三の次元の構造認識は、中心基軸構造認識である。

　一見したところ、戦後二超大国によって構成されていた二極体制の一極が崩壊したことは、その限りではアメリカ一極体制の自動的成立であり、その完全支配体制の確立＝一極集中の成立であり、「単一超強大国」の時

---

61) ここにいう極とは、力の中心あるいは主要な役割を担っているものという意味であり、国際政治や国際経済で独特の作用を及ぼす一つの特定の内容をもつものをいう（李寿源・呂艶君・楊冕著『世界経済政治与国際関係』、北京広播学院出版社、2003年、40頁）。
62) 戴徳錚「世界基本経済格局：両極逐歩転向"三個三極"」、戴徳錚等著『当代世界格局与国際関係』所収、武漢大学出版社、1999年、70頁。中国では"三個三極"と呼ばれている。

代とも見ることができるという意味では、多元化と多極化とは相容れないように思われる。しかし、旧ソ連崩壊前にすでに世界政治経済関係は多元化、多極化の時代に入っていたわけでもあれば、それは「一超多強」の時代とはいえ、「一超」は世界政治経済を全面的に制覇することができる「一超」ということとも限るまい。アメリカは「単一超強大国」を目指しており、90年代以後経済的地位が強化している[63]。コソボ空爆、イラク侵攻などは多極化の動きと逆行する動きである。問題は、アメリカの世界政治経済における基本的地位をどう位置づけるかである。

この評価をめぐっては、意見のちがいがある。一つのとらえ方は、多極化は幻想であるというとらえ方である。また、「一超多強」は相当長期にわたるというとらえ方がある[64]。今一つは、「一超多強」は多極化への過渡的性格の局面にあるととらえる見解である[65]。これには党および政府の立場も含まれている[66]。

筆者の受け止め方からすれば、第一のとらえ方はややここのところの局面を過敏にとらえ過ぎた見解のように思われる。第二、第三のとらえ方は、以下のような基礎前提認識にもとづくと思われる。アメリカはすでに往年の強大な経済力を背景とした、全一的世界経済の支配的統合者としての地位にない。今誤解を恐れず認識のちがいを明確化するために表現上のコントラストとしていえば、往年のアメリカの地位が、体制内世界政治経済の

---

63) 張伯里「当代世界経済発展主要趨勢」、虞雲耀・楊春貴主編『中共中央党校講稿選・関于当代世界重大問題』所収、中共中央党校出版社、2002年、13頁。
64) 王逸舟著『全球政治和中国外交』、世界知識出版社、2003年、207〜209頁。
65) 兪正梁「経済全球化進程中的新世紀世界格局」、任暁編『国際関係理論新視野』所収、長征出版社、2000年、60頁。
66) 任暁「試析中国国際関係理論話語」、同上書、47〜49頁。冷戦終結後の中国政府筋の見解も過渡期認識である（1991年第7期全国人民代表大会第4回会議政府活動報告以来の全国人民代表大会政府活動報告で屡々言及され、1992年銭其琛第47回国連総会演説、1993年銭其琛第48回国連総会発言にもみられる。1997年の党第15回全国代表大会でもこのような認識が示された。1998年の外交部の会議における江沢民発言もそうである。2002年党第16回全国代表大会、2004年第10期全国人民代表大会第2回会議政府活動報告、2004年党第16期4中全会、2005年第10期全国人民代表大会第3回会議政府活動報告などにおける認識もそうである）。

全面的支配統合完結型絶対優位構造にあったのに対して、60年代末以来のアメリカの世界政治経済における地位は低下し、今日の世界政治経済におけるその地位は跛行非完結型相対的優位支配構造といえる。往年のアメリカが経済、政治、軍事のいずれにおいても絶対的優位の支配構造にあったのに対して、今日軍事面において絶対的優位にあるとはいえ、政治面においては国連において見られるようにかなりの制約をうけている。経済面におけるアメリカの地位は、90年代以来やや向上がみられるが、世界経済における構造からみれば、今や強力といえるほどのものではない[67]。

　上にみたように、旧ソ連の崩壊によって戦後の両極体制は終焉を遂げたが、これまでの世界政治経済のドラスチックな変化が、世界戦争を契機としたのに対し、この変化は世界戦争を経ることなく生じたという意味からすれば、これまでの状況と大きなちがいがある。それゆえ、新たな世界の政治経済関係は、短期のうちに新しい確固とした秩序を形成することができないままである。マルクス主義の観点を基本とする世界政治経済に対する認識からすれば、不均等発展する世界経済の下、上に述べた三つの次元における三つの極という基本状況の上に、旧ソ連崩壊という条件が加わったわけであるから、世界政治経済は多元化と多極化が基本的趨勢となる比較的長期にわたる過渡期を構成するとみる見方が説得性をもつ[68]。任暁氏によれば、中国の国際関係学界の意見は分かれているようであるが、現在は多極化の状況に移っていっているとの認識の立場の人が多数を占めているようである[69]。党および中国政府もこの立場をとっているが、党および

---

67) 戴徳錚「美国的"全球第一"与不断衰落」、戴徳錚等著『当代世界格局与国際関係』所収、武漢大学出版社、1999年、周柏林著『美国新覇権主義』、天津人民出版社、2002年の「新経済植民主義：資本主義経済制度的全球化」の章の部分等を参照されたい。
68) 兪正梁「経済全球化進程中的新世紀世界格局」、任暁編『国際関係理論新視野』所収、長征出版社、2000年、56〜57頁、60〜61頁、李寿君・呂艶君・楊冕氏なども同様の認識である（李寿源・呂艶君・楊冕著『世界経済政治与国際関係』、北京広播学院出版社、2003年、70〜72頁）。
69) 任暁「試析中国国際関係理論話語」、任暁編『国際関係理論新視野』所収、長征出版社、2000年、47頁。

政府はこの多極化の趨勢を積極的に受け止め、これが覇権主義と強権政治の抑制、公正で合理的な国際政治経済新秩序の構築、平和と安定した世界の繁栄に有利に作用するものととらえ、中国は世界の多極化に向かっての発展を推進していくことに努力することを外交目標の一つとしている[70]。

さて、経済のグローバリゼーションと「一超多強」の関係は、どのようにとらえればよいのであろうか。この点に関して、周柏林、俞正梁、倪健民氏等の見解は注目に値する。

周柏林氏は、90年代以前は、戦争を通じて世界の覇権を争奪することが、国際政治の核心をなしていたが、冷戦終結後アメリカは唯一の超大国になり、その覇権戦略は覇権の争奪から覇権の実体的行使に転換したという。アメリカはその総合的国力の優位に応じて、すなわち経済の浸透、金融支配、情報産業の独占的地位、政治同盟、軍事干渉などで、覇権の実体的浸透をはかろうとしている[71]。従来のアメリカ経済の地位低下の大きな要因の一つは、冷戦構造の中での軍事費拡大であるが、アメリカは80年代から軍事拡張型経済運営を効率的経済拡張戦略に転換した。アメリカは企業の国際競争力を高めることを目標として、ハイテク産業の発展に力を注ぎ、ハイテクによって伝統的産業の改造をおこない、グローバル化戦略を推し進めることによって、アメリカの経済構造の調整を開始した。資本主義世界市場における指導的地位を保持して、グローバル競争に積極的に参与し、世界市場におけるマーケットシェアの保持、拡大をはかって、国際収支の均衡を確保し、より大きな利潤の獲得を目指して、自由で開放的な国際貿易制度を維持していくという目的のために、アメリカは国際競争力を高めていくことを産業構造調整の目標としたのである。当然ながら、貿易自由化と資本の自由化政策が強力に推進される[72]。

アメリカは冷戦の勝利を手に入れた後、21世紀に単独覇権を打ち立てようとはかるが、この段階のアメリカの覇権発動の主要な道は、大規模な世

---

70) 同上稿、同上書、48頁。
71) 周柏林著『美国新覇権主義』、天津人民出版社、2002年、237頁。
72) 同上書、35頁。

界戦争の行使によって覇権を追求するというものではない。経済のグローバル化の進行の中での先発の優位と制度化を主導する優位によって、経済上の覇権を確立し、このことの上にさらに進んで軍事、政治、文化上の覇権を打ち立てるという道である[73]。アメリカの世界戦略として打ち出された経済のグローバリゼーションではあるが、他方の受け止め方としては、それはアメリカの戦略そのものを、そのままそのもの自体として受容するわけではない。他方の側にとって、経済のグローバリゼーションは、一般的な経済の活性化、効率化である限りにおいて当然積極的に受け止められるし、自己にとっていかにそれを取り込み、自己の国内・国際戦略に積極的に組み込むかである。この意味からすれば、このようなアメリカの戦略は、他方にとって極めて大きなチャンスの場が設定されたということであり、それは挑戦の機会でもある。それゆえ、他方はアメリカのこの戦略を単に受動的にのみ受け止めるわけではなく、それはまた経済の多極化の構造を再編する機会として位置づける。中国は経済のグローバリゼーションをこのように位置づけ、この機会を自己にどう組み込むかを探索する。

（２）経済のグローバリゼーションに対する中国の認識

今日の資本の国際的運動は、資本の総過程を含む総資本の全過程の運動を、産業資本が国際化の核心と主体となって、金融資本と商業資本の国際化を牽引する形となっている。この動きの中では国際的な資本蓄積構造は、

---

73) 俞正梁「経済全球化進程中的新世紀世界格局」、任暁編『国際関係理論新視野』所収、長征出版社、2000年、62頁、倪健民・陳子舜著『中国国際戦略』、人民出版社、2003年、126頁。アメリカの実力からすると、その意図が貫徹しにくいし、アメリカの覇権主義は国際関係の民主化の趨勢の中で貫徹しにくい（俞正梁「経済全球化進程中的新世紀世界格局」、任暁編『国際関係理論新視野』所収、長征出版社、2000年、62頁）。アメリカは9・11事件後世界的反テロ同盟に世界の各国を糾合しようとしているが、世界の平和勢力の猛烈な反対を受けていること、また西側の一部の先進国を含む世界各国は、アメリカ一国がこの問題で単独で取り仕切ることに反対しており、アメリカの単独覇権の行使は制約を受けている（倪健民・陳子舜著『中国国際戦略』、人民出版社、2003年、126頁）。

その指向を決して否定するものではないが、従来の帝国主義的領土囲い込み型資本蓄積構造を主としたものから、産業資本の国際優位性を基礎とした直接投資による市場参入・制覇型資本蓄積構造に重点が移る。戦後先進資本主義国の膨大な規模に達した資本蓄積を背景として、産業資本を国際化の核心と主体とし、これに金融資本と商業資本が動員される形で進む国際化は、面としてみれば国際化から漸次全地球的になりつつある。

ここにおいては、従来の国際分業の展開は大きく変化する。産業資本は個別主体、あるいは業種・部門に集約化された形となって現れる、自らの中に体化した固有の国際的優位性を基礎とした直接投資によって、相互に国際的に入り込む。産業資本は自らの国際的優位性を世界の資源賦存と生産要素の賦存状況と結びつけて発揮すべく、資源と生産要素の配置を行う。巨大多国籍企業にみられるグローバルな最適配置行動がそれである。第二次世界大戦後の国際貿易に特徴的にみられる水平的国際分業の進展は、こういった事情の一反映でもある。

それゆえに、経済のグローバリゼーションについて、李長久氏は次のようにいう。「経済のグローバリゼーションの基本的内容は、全地球的な生産要素の大規模な流動と全地球的な資源の配置ということであり、これに対するさまざまな障害と障壁が漸次取り除いていかれるということである。これが経済のグローバリゼーションの基本的内容であり、また現段階の世界経済の基本的特徴である。したがって、世界は今正に"国際貿易時代"から"国際生産時代"に向かっていっているのであり、経済のグローバリゼーションの時代ということなのである[74]」。

経済の国際化は経済のグローバリゼーションの一つの形ともいえるが、経済のグローバリゼーションはさらに高級な形式である。国際化の中でも商品、資金、サービス、労働力、技術、情報などは相互に行き交うが、国家はさまざまな程度に、さまざまな形式の関税・非関税障壁等の差別政策を通じて、これらの交流を制限、阻害する。これら制限と阻害が存在する

---

[74] 李長久「世界経済大趨勢――経済全球化及経済周期延長」、『国際貿易』1998年第7期、36頁。

からといって、経済が国際化していないというわけではない[75]。先にも触れたが、自由競争段階にある資本主義においては、産業資本と商業資本の分業の中にあって、国際経済関係は主として商業資本が担うという構造が形成されている。この状況の下では、総体的にみれば、国際経済関係は国民経済と国民経済の対峙として現れる。国際化過程における差別政策が出てくる所以である。

　これに対して、経済のグローバリゼーションは、資本の総過程を含む総資本の全過程の運動を、産業資本が国際化の核心と主体となって、金融資本と商業資本の国際化を牽引する形となっており、経済の国際化の高級な段階への発展の産物であり、それは世界の各国と地域経済が日増しに一体的に融合していく過程である。それゆえに、従来の国際化の段階に比べて、国民経済間の差別政策が後退してくる背景がある。この意味において、経済のグローバリゼーションは世界経済の一体化でもある。経済の一体化は一つの過程でもあり、一種の状態でもある。一つの過程としては、異なった国家経済単位の間の差別がなくなっていくということであり、一種の状態としては、各国国民経済の間で各種の差別が存在しなくなっているということである[76]。当然ながら、この過程においても積極的推進者と受動的受益者の立場が存在するといえる。経済のグローバリゼーションは、二つの道を通じて進行する。一つは個別経済主体の活動を通じてのグローバリゼーションの道であり、今一つは、個別経済主体の活動を通じてのグローバリゼーションの上に、世界の関連国家が協議や協定によってグローバルな組織を作り、これに合わせて差別的政策や障壁を取り去るとか、漸次除去していき、分野、内容の別に経済のグローバル化、一体化を実現していく道である[77]。WTOがそれに該当しよう。

　中国共産党指導部の経済のグローバリゼーションに対する認識は、1997年の党第15回全国代表大会における江沢民の報告の中で、最初にかなり明

---
75) 陳漓高「経済全球化綜述」、陳漓高主編『経済全球化与中国的対外開放』所収、経済科学出版社、2000年、1頁。
76) 同上稿、同上書、同上頁。
77) 同上稿、同上書、2頁。

325

確な形で出てくる。この中では経済、科学技術のグローバリゼーションに対して積極的な姿勢で臨むとの認識が示されている[78]。翌1998年には江沢民ははっきりと述べている。「経済のグローバリゼーションは世界経済発展の客観的な趨勢であり、いかなるものといえどもこれを避けて通ることはできないのであって、いずれもこれに参画していかなければなるまい。問題の鍵は、このグローバリゼーションの趨勢に弁証法的にいかに対応するかである。この有利な面もみなければならないし、不利な面もみなければならない。中国のような発展途上国からはこの点こそが最も重要である[79]」。また江沢民は、2000年9月7日国連ミレニアム首脳会議グループ討論会における経済のグローバリゼーション問題についての発言の中で、経済のグローバリゼーションについてより積極的な評価を示したが、この経済のグローバリゼーションが各国の平等・公平な経済のグローバリゼーション、世界各国間の貧富の差を縮小し、いずれにとっても利益あるものでなければならないと強調し、これはチャンスであり、挑戦すべきことだ[80]と課題設定した[81]。注意すべきは、中国の改革・開放は当初から経済のグローバリゼーションに照準を合わせていたわけではなく、改革・開放政策の推進過程でこの動きを取り込もうとしたという点である。したがって、それまでの改革・開放路線は、1997年の党第15回全国代表大会以後新たな段階と課題設定の下で、新たな内容を盛り込んで展開されているといえよう。

筆者は、現下における経済のグローバリゼーションは、世界政治経済多

---

78) 江沢民「高挙鄧小平理論偉大旗幟、把建設有中国特色社会主義事業全面推向二十一世紀―在中国共産党第十五次全国代表大会上的報告」(1997年9月12日)、中共中央文献研究室編『中共十三届四中全会以来歴次全国代表大会中央全会重要文献選編』、中央文献出版社、2002年、434頁。
79)『人民日報』(海外版) 1998年3月10日号。
80)『人民日報』(海外版) 2000年9月8日号。
81) 経済のグローバリゼーションの主要な特徴と趨勢としては、①諸国間の経済的依存、協力、競争、発展関係の深化・拡大、②生産領域における国際化の進展、③貿易の自由化の進展、④金融のグローバル化、⑤多国籍企業のM&Aなどによる新しい企業組織の発展等が挙げられよう。屢々いわれる情報技術革命とか、社会主義圏の崩壊による市場経済の世界化は、推進要因あるいは世界化の範囲の問題であり、経済のグローバリゼーション発生の基本的動因というべきとはいえまい。

極化の趨勢の中における経済のグローバリゼーションの進行であるとみているが、それは現在進んでいる三極を中心とする経済のリージョナリズムに典型的に現れているとみるからである。この場合の経済のリージョナリズムは、一見経済のグローバリゼーションと相反する動きのようにみえるが、両者は必ずしも矛盾しない。それは一極主導制覇型の経済のグローバリゼーションの全面化に対する対応として、参加各国が経済面各層の相互固有の協力関係を通じて、独自の経済発展の構造を構築していく動きであり、経済のグローバリゼーションの積極的具体化である。この動きの中には世界経済運営の民主化の内容が含まれている[82]。

　経済のグローバリゼーションは経済大国によって推し進められるが、この状況の下で、経済大国がグローバル競争を通じてえる利益は不均等なものとなる。これが経済の多極化を推進する要素である。米欧日の三極構造である。経済のグローバリゼーションによる世界経済多極化の第一の動態である。第二に、経済のグローバリゼーションは、各国の経済発展の動態に応じて、世界の経済資源の配置が大きく変わることから、一方で経済発展の大きな機会をつかむ国と、反対に急激に衰退の憂き目にさらされる国が出てくるという事態を発生させる可能性がある。これが経済のグローバリゼーションが世界経済の多極化をもたらす第二の要因である[83]。経済のグローバリゼーションによる世界経済の多極化の中では、独立した国民経済間の利害関係の相互対峙という従来の構造を前提とした極の内容も変容する。従来の構造の中では、極対極の関係は独立的な絶対的位置関係にあり、利害直接対峙の構造となっていたが、経済のグローバリゼーションによる世界経済の多極化の中では、極と極とは相互に依存関係にあり、極は

---

82) 中国の基本認識もそのようである。温家宝国務院総理は、2005年第10期全国人民代表大会第3回会議における政府活動報告の中で、「新しい年も我々は引き続き世界の多極化、国際関係の民主化と発展モデルの多様化を推し進め、経済のグローバル化を促進していく……」(「国務院総理　温家宝　政府工作報告—2005年3月5日在10届全国人民代表大会第3次会議上　政府工作報告」、『人民日報』〈海外版〉2005年3月15日号) と、述べている。

83) 張伯里「当代世界経済発展主要趨勢」、虞雲耀・楊春貴主編『中共中央党校講稿選・関于当代世界重大問題』所収、中共中央党校出版社、2002年、12〜13頁。

相互依存関係の中における優位性を基礎とした相対的位置関係にある。このような関係の中にあっては、極と極の関係は対峙関係に立つというよりも協調的関係に立つ色彩が強くなろう[84]。

第5節　経済のグローバリゼーションに臨む中国経済の位置と発展への結合

　世界政治経済の多極化は、一面で国と国との間の関係が協調的になる要素を含み、経済のグローバリゼーションの進行による世界経済の一体化は、経済活動に対するグローバルな統一ルールを要求する。このことは、各国の経済主権が直接対峙的関係（すなわち主権の絶対観）から主権の相互譲許関係（主権の相対化）に移行することの容認を意味する。このこと自体は相互に平等な主権の譲許関係であり、主権の相互乗り入れ関係であり、しかもこの関係は双務的関係ではないから、経済のグローバリゼーションの中における相互依存関係を基礎とした国際システムの各国主権に対する保護でもあると受け止められ[85]、中国政府自体も各種国際機構に加盟し、WTOにも加盟しているのである。

　中国は歴史的にみたこの段階において、マルクス主義グローバリズムと一旦訣別し、社会主義民族国家として経済建設を推し進めていくというわけであるが、古典的な民族国家の場合、民族資本が自国の経済発展を実現していく経済的実力を基本的には具備しているということを背景にもった条件下において、国家主権が絶対性をもって他国と対峙しているのに対して、90年代以来の経済のグローバリゼーション進展下の主権の相互譲許関係は、経済的実体として必ずしも平等な対称的経済関係を保障するとは限らない。中国の場合は、その主体的条件が必ずしも十分に具わっていない

---

84) 兪正梁「経済全球化進程中的新世紀世界格局」、任暁編『国際関係理論新視野』所収、長征出版社、2000年、57～58頁
85) 劉力「経済全球化与新主権観」、劉徳喜主編『WTO与国家主権』所収、人民出版社、2003年、138～139頁。

にもかかわらず、経済のグローバリゼーションの進行の中で、このチャンスを積極的に取り込もうとしているのであるが、それゆえに、また自己の利益に取り込める部分と、グローバル基準の拘束とそれによる重圧にあえぐ部分も存在するといえる。要は、経済の実体上からみた主権の相互譲許関係は非対称関係にあるということである。

江沢民は1997年党第15回全国代表大会における報告の中で、経済のグローバリゼーションと中国の国家経済安全について注意を喚起した[86]。これを承けて、その後国家経済安全についての研究が進められているが[87]、ここでは経済のグローバリゼーションに臨む中国経済の位置と、経済のグローバリゼーションの国家経済安全問題をも当然内に含む中国経済にとってもつ意味についてみておきたい。

1　経済のグローバリゼーションと中国工業化の発展段階、対外貿易の内的構造

中国は改革・開放政策に転ずる前までは、基本的には全面にわたる輸入代替化政策を実行してきたから、部門によって発展度には大きな差があるものの、ほぼ全面にわたる工業的基盤が存在してきている。このことの基礎の上に改革・開放後の工業化戦略と対外貿易戦略が接木され、80年代後

---

86) 江沢民「高挙鄧小平理論偉大旗幟、把建設有中国特色社会主義事業全面推向二十一世紀―在中国共産党第十五次全国代表大会上的報告」（1997年9月12日）、中共中央文献研究室編『中共十三届四中全会以来歴次全国代表大会中央全会重要文献選編』、中央文献出版社、2002年、434頁。
87) 例えば、雷家驌主編『国家経済安全理論与方法』（経済科学出版社、2000年）では、国家経済安全の内容は、①国家主体性、②国家の根本的経済利益性、③国家経済安全と政治安全、軍事安全、社会安全、科学技術安全、国際関係上の安全との不可分性（広汎性）、④危機管理、⑤戦略性、⑥全体性、⑦各国特殊性を一般的基礎とした性格のものであるとしている（同書10～13頁）。こういった基礎認識から、曹鑑燎氏は国家経済安全体系は、①経済制度と経済体制の安全、②国民経済体系及び産業の安全、③戦略資源の供給と保護、④発展モデルの選択、⑤財政金融の安全、⑥国家経済安全管理能力の構築といった内容から構成されるという（曹鑑燎『制度冲突与国家経済安全』、経済科学出版社、2002年、26～29頁）。

期にいたって貿易戦略の中身は、輸出指向戦略と輸入代替戦略[88]が、産業間で併存・交錯したものとなっている。

軽工業品や紡績・紡織品はすでに輸出指向段階に入っているものの、重化学工業部門は輸入代替段階にある。同時に、ハイテク産業部門もすでに輸入代替段階に入っており、重化学工業品、ハイテク製品の一部は加工輸出を始めている。さらに、軽工業品や紡績・紡織品や一部の機械・電気製品は対外進出を開始している[89]。中国の東部地域や南部地域では、かなりの部分が輸出指向的産業構造となっているが、相対的に後れている中西部地域、特に西部地域は、産業の国際競争力実体としては輸入代替をして工業の基礎を打ち立てなければならないような実状にある（東部地域ではすでに過剰となっている軽工業や紡績・紡織工業を、西部地域に移転、打ち立てていかなければならないといった課題がある）。このように、輸出指向や対外進出と輸入代替の複合性は産業間に存在するだけでなく、地域間にも存在しているわけである。これは中国が広大な国土面積に、膨大な人口が分散している発展途上国段階にあるという事情、またこの事情も背景となって歴史的に形成された不均等発展の構図を表し、中国の対外貿易戦略は外向型貿易戦略ではあるが、対外貿易戦略を単純な単線型戦略でなく、複合型あるいは総合型のものとする背景があることを物語っている[90]。

中国は改革・開放政策に転じて以来、一見したところ輸入代替戦略から転じ、輸出指向型戦略を突っ走ってきたかにみえる。80年代以来輸出成長率と輸出依存度が極めて高いという状況からだけみると、確かに輸出指向

---

88) 輸入代替戦略の特徴とは、①高関税と外貨分配を通じて輸入を制限し、国内市場に対する実質保護率を高くする、②輸入に対する直接制限と許可証管理を実施する、③為替価値を高く設定して輸出刺激を抑制する、④資本流入を抑えるなどであり、一方輸出指向戦略の特徴とは、①輸出補填、税制優遇等の措置を運用して輸出を奨励する、②貿易統制を少なくし、貿易に対する直接制限や許可証管理をしないか、極くわずかなものにする、③国内市場に対する実質保護率を低くする、④名目為替レートと実質為替レートを近づけるといったことである。

89) いわゆる"走出去"といわれるものである。

90) 徐海寧著『経済学前沿理論与中国対外経済貿易』、中国対外経済貿易出版社、2003年、前言10～11頁、27～29頁。

型戦略をとってきたかにみえるが、GDPの計算方式と人民元の価値が低く設定されていることを考慮にいれると[91]、中国の経済成長は主として国内需要によって牽引されてきているので、中国は必ずしも輸出指向戦略を実行してきたとはいえない[92]。

　この意味からすれば、中国が内向型戦略から全面的に生産力条件が均斉化した形での外向型戦略へ転換していく過程は、東南アジアの小国モデルとは異なり、構造転換の過程が長時間にわたる。それゆえにまた、輸入代替戦略下の主軸産業と輸出指向戦略下の主軸産業は必ずしも同一のものではない。さらに、90年代その輸出規模と輸出政策指向の一面からみて、中国は輸出指向戦略を採用しているとされる前においてすら、世界の貿易における中国の序列は高くなっているのであって、その段階で達した貿易規模にもかかわらず、中国にとって貿易は経済成長の主導的牽引者ではない[93]し、昨今の経済摩擦を考慮して今や輸出指向による発展戦略を調整し、輸入の役割を重視すべきであるとの見解も打ち出されている[94]。

---

91) この点については、薛栄久『対建国以来中国外経貿理論的回顧、帰結与発展思考（綱要）』、中国国際貿易学会重点研究課題「対建国以来中国外経貿理論的回顧、帰結与発展思考」総括報告、中国国際貿易学会、1999年、18～19頁、拙訳「新たなる中国対外経済貿易理論発展の道（Ⅲ）―建国50年中国対外経済貿易理論の回顧と総括を踏まて―」、『広島経済大学経済研究論集』第24巻第2号、2001年、105～107頁を参照されたい。

92) 王允貴「加入WTO后中国貿易発展戦略」、王允貴主編『中国加入WTO后的外経貿発展戦略』所収、中国計画出版社、2002年、6頁。

93) 同上稿、同上書、7頁。

94) 劉力著『中国直面国際経済摩擦』、中国大百科全書出版社、2004年の「調整発展略 完善経済体制」の章の部分参照。例えば、2005年1月1日から貿易形態、輸出先にかかわりなく、7分類項目148品目の繊維製品に輸出関税を課することとした（『国際商報』2004年12月25日、同12月29日号）。それは輸出抑制という単一理由だけによるものではなく、産業政策上の国内事情も背景にあるが、これはWTOの方針に沿って従来の輸出数量割当に代えて、関税方式によって輸出を抑制するということであって、これは明らかに「中国繊維製品の輸入激増を懸念するアメリカ、EU、などからの要請にこたえたものである」（日本国際貿易促進協会『国際貿易』2005年1月15日号）。商務部外貿司長魯建華は、繊維製品の貿易摩擦に対して総合的な対応策を考えなければならないと指摘し、上述の件に言及した（「以加快転変外貿増長方式為中心 明年外貿工作鎖定四項重点―商務部外貿司司長魯建華訪談」、『国際商報』2004年12月25日号）。王亜星「2004年国際貿易与我国　（以下次頁へ）

発展段階としてみれば、中国は現在工業化の中期段階にある。完成品、中間製品、技術設備という区別から見れば、重化学工業中間製品の代替段階にある[95]。こういった事情を踏まえれば、先ず中国の対外貿易戦略は特定の単線型に偏らない複合的中立型[96]の有効な輸入代替と適度の輸出拡大を結び付けたものとならざるをえない[97]という潜在的な構造的背景がある。それはすでにWTOに加盟している立場からすれば、全国統一的貿易政策としてでなければならない。しかも、経済のグローバリゼーションを受け入れている中で、経済活動に対するグローバルな統一ルールの枠がはめられ、産業保護と振興政策の範囲が狭まっている中においてである。

2　中国経済にとっての要素流動化と国際分業の新展開

　経済のグローバリゼーション下における貿易は、従来の国際間における生産要素のモビリティがないという前提条件の下で展開されてきた国際分業の構築論理に対する認識と国際競争力概念に、認識上の転換を必要とす

対外貿易問題綜述」、複印報刊資料『外貿経済、国際貿易』2005年第1期、90頁、魏浩・張二震「対我国現行外貿政策的反思与重新定位」、同複印報刊資料、同期、26～28頁参照。また、呉儀国務院副総理は2004年全国商務工作会議において、輸出入の均衡を強調した（呉儀在全国商務工作会議上強調「努力実現進出口貿易基本平衡 不断提高商務工作質量和水準」、『国際商報』2004年12月25日号）。中国のアパレル業界は輸出自主規制の検討に入った模様である（『日本経済新聞』2005年4月8日号）。また、鉄鋼製品についても輸出規制を行い、鉄鉱石の輸入協調管理を進めることとした模様で（日本国際貿易促進協会『国際貿易』2005年4月5日号）、4月1日より鉄鋼半製品（鋼片）に対する輸出税還付を中止した（同紙2005年4月12日号）。また、尿素とリン酸についても4月1日から同様の措置をとった（同紙同号）。
95）徐海寧著『経済学前沿理論与中国対外経済貿易』、中国対外経済貿易出版社、2003年、23頁。王允貴「加入WTO后中国貿易発展戦略」、王允貴主編『中国加入WTO后的外経貿発展戦略』所収、中国計画出版社、2002年、21～22頁。
96）上述の意味とは別にグローバル基準という意味で中立的という用語が使われる場合もある。
97）徐海寧著『経済学前沿理論与中国対外経済貿易』、中国対外経済貿易出版社、2003年、27頁、29頁。

第八章　経済のグローバリゼーションと対外経済関係論

るというのが、ここのところ中国の論者達の認識の際立った特徴である。この認識によれば、従来の国際分業は、経済の不均等発展の前提条件の下、国際間における生産要素のモビリティがないという前提条件の下で、各々の国は歴史発展段階的に規定された自国の生産要素賦存の制約性の中で、自国に固有に形成される比較優位にもとづき国際分業を形成する。この場合の国際競争力とは比較優位を根拠とする競争力であり、そのゆえに当該国にとっての国際競争力は、国内における要素コストの共通性を基礎とする直接的な絶対競争として展開されるものではない。いずれも絶対劣位にあっても、なおかつ比較優位の存在する理由がそこにある[98]。

　比較優位にもとづく国際分業の発展の過程は、主として国際的な迂回生産過程としての深化であった。第二次世界大戦後の国際分業は、比較優位製品特化型国際分業＝産業間国際分業を特徴とするようになる。しかし、今日科学技術の発展（情報通信処理技術の飛躍的発展も含む）、生産力の発展、市場規模の巨大化、産業内集中・工程分化と特化等によって、経済のグローバリゼーションが進み、加えて政策的な投資自由化の下で、国際分業は新たな局面に入っているとみる。

　国際的な迂回生産過程の深化・拡大は、従来の国際分業が、製品がそれ自体として自己機能性を具えた独立した性格の商品性をもち、製品に内包される諸工程全体の比較優位にもとづく産業間分業であったのに対して、迂回化はさらに細分化し、具体的には同一産業内の異なった製品、同一産品内の異なった工程、異なった価値創出環節間の多層にまたがる分業として展開する。価値連鎖上からいえば、労働要素集約、資本要素集約、技術要素集約あるいはその他の要素集約的性格の環節間の分業である。張二震・馬野青・方勇氏等はこれを従来の比較優位分業と区別して要素分業と

---

[98] 比較優位に沿った国際分業をそのまま政策的に肯定しているわけではない。また、諸国間における製品差別化によるような産業内貿易は、一般的生産要素賦存、一般的要素流動性の有無を直接的な根拠とする貿易ではないことから、ここでは議論しないが、後に触れる。

呼んでいる[99]。

　生産要素の国際間におけるモビリティが大きくなっている―特に資本と技術の流動性が大きくなってきている―経済のグローバリゼーション下においては、要素移動は一国の元来の要素賦存の制約性によって規定される国際分業の前提条件を、要素移動の目的に合わせて組み変えることになるから、要素の移動が固有に積極的に新たな形の国際分業の形成を規定する要因として登場してくることになる。従来の国際競争力は比較優位競争力と同置されていたが、国際的な要素移動という要因によって、国際競争力概念は従来の比較優位競争力と独立した概念を構成することとなった[100]。生産要素の何らかの状況を反映した分業は、条件的には要素移動によらない受動的な要素特化型分業としても展開可能であるが、背後でそれを支える主体性をもつ積極的国際的要素移動によってそれが展開される場合、要素移動によらない受動的な分業を超えるより積極的なものとして推し進められよう[101]。上段ですでに触れたように、戦後資本主義の新しい発展段階の中で特徴的な産業資本を中核とする国際資本移動は、単なる金融資本の国際移動ではなく、具体的な個別産業資本が、産業資本として実体的産業競争力構築を積極的に追求する行動として行われていることを考えれば、産業資本を中核とする国際資本移動は、要素分業化を推進する積極的存在として位置づけられるというわけである。

　20世紀80年代に入ってから、要素分業化の新しい貿易の発展が顕著となってきたが[102]、これは従来の国際分業と異なった加工工程分業型国際

---

99) 方勇・馬野青「貿易投資一体化的理論分析」、張二震・馬野青・方勇等著『貿易投資一体化与中国的戦略』、人民出版社、2004年、75～77頁。
100) 潘悦「経済全球化与貿易政策的協調」、馮雷等著『経済全球化与中国貿易政策』、経済管理出版社、2004年、79頁。
101) 張二震等は、伝統的国際貿易理論と直接投資理論がまったく異なった枠組で構築されていた点を批判し、前者のモデルが国家を基本単位とした、国際間に資本移動が存在しないといった非現実的仮定にもとづく比較優位によって国際貿易の原因、構造、結果を解釈し、エレガントな自由貿易理論を打ち立てたが、国際貿易と国際投資を相互連関させてとらえる立場からすると、企業が基本分析単位となり、市場の不完全競争が前提となり、貿易と投資は同一行動主体の異なった選択で、前提に

第八章　経済のグローバリゼーションと対外経済関係論

貿易を中心とするものであり、産業内貿易として発展してきている。経済のグローバリゼーションの発展、国際間の要素移動の増大、特に多国籍企業を中心とした国際直接投資の拡大は、加工工程分業型国際貿易を中心としたより広義の形態をも含む加工貿易形態の国際分業の発展を強力に推し進めてきている。国際間にまたがる産業内分業と貿易を強力に推し進める中心軸となっているのは多国籍企業である[103]。

中国におけるこの形での貿易は、委託加工・組立貿易[104]と輸入加工貿易を中心とするその他一部の機動性変則貿易形態を含む貿易として急速に発展をみている。中国におけるこの加工工程分業型国際貿易の展開の基礎となっている条件は、労働力優位と交通上の利便性に大きく依存していた当初の伝統的産業の移転という時期から、技術進歩、産業内分業の深化と細分化につれて、ハイテクの方向にやや向かいつつあるが[105]、要素分業の観点からみた現段階の中国の要素優位はやはり労働力優位にあり、外資の導入と、この優位を結びつけて世界の工場となることが、必然的な現実的選択であるとの見解が強力な説得力をもつ。

しかし一方で、中国の現下の貿易政策は準管理型貿易政策という程のものであり、それは中国自身の経済発展段階によって規定される性格のもので、WTO規定内で許される保護措置によるある種の防衛的、片務協調型の貿易政策で、保護貿易政策といえるものではない。このような準管理型

共通の基礎をもつ。国際貿易理論と国際投資理論は従来の分岐から交錯、融合の方向にあるという（張二震・方勇「国際貿易和国際投資相互関係的理論研究述評」、複印報刊資料『外貿経済、国際貿易』2004年第12期、39頁、44～45頁）。
102）方勇・馬野青「貿易投資一体化的理論分析」、張二震・馬野青・方勇等著『貿易投資一体化与中国的戦略』、人民出版社、2004年、76頁。
103）徐海寧著『経済学前沿理論与中国対外経済貿易』、中国対外経済貿易出版社、2003年、60～63頁。
104）三来一補はいずれも外資吸収方式である。外国側が提供する技術設備、原材料、補助材料、コンポーネント、部品は、有償か無償かにかかわらず、いずれも外資としての存在である。中国側は外国側の提供する実物としての外資を利用して加工生産し、加工賃を受け取っているのである（王垂芳・呉紹中主編『中国対外経済貿易実用大辞典』、上海社会科学院出版社、1990年、239頁）。
105）前掲書、68頁。

貿易政策は個別的にも不完全で、全体的なものでもないが、経済のグローバル化の中で国際的に管理貿易の趨勢が必然的という状況の中で重要な意味をもつ。経済のグローバル化の中で、国家間には各種の利益の摩擦と衝突が存在するから、この状況に対して中国としては保護的な色彩の管理型貿易政策を考えなければならないし、国家利益の観点から、産業政策を打ち立てることが必要になる。政策的には、政府の行動の規範化、経済主体の自由化、生産要素の市場化、貿易環境の公平化、金融パラメータの合理化の要求に合わせた改革を行い、国内統一市場を打ち立て、国際市場の開拓に努めるということにはなるが、一方で、受動的に国際的管理貿易の多角的協調を受け入れるというのではなく、多角貿易体制に積極的に参画し、WTOでの発言権を勝ち取りつつ、適当に双務的貿易と政府の対外貿易管理を行い、地域貿易統合の道を積極的に探り、産業政策の完備に努めなければならなくなる[106]という主張も首肯される。以下章を改めて、政策議論をみてみよう。

---

106) 李群「経済国際化進程中的管理貿易政策」、複印報刊資料『外貿経済、国際貿易』
　　 2005年第1期、12頁。

第九章　WTO加盟後の貿易戦略政策

　2004年の中国の貿易額はすでに1兆1,548億ドルに達し、世界貿易に占める地位からみると、アメリカ、ドイツに次ぐ第3位の貿易大国の地位にあるが[1]、同年の貿易総額の中に占める外資系企業の貿易額の比率は57.4%、また貿易総額に占める加工貿易の比率は47.6%、通常貿易の比率は 42.6%となっており、加工貿易が主流に立つという構造上の特質をもっている。加工貿易の主要な担い手が外資系企業であるということについては、すでに第七章で指摘した通りである。同年の加工貿易に占める外資系企業の割合は81.9%（委託加工・組立貿易10.3%、輸入加工貿易71.6%）である[2]。

　貿易の規模の拡大は貿易摩擦などを引き起こし、中国にとっては何らかの調整を強制される可能性はあるが、貿易規模の拡大それ自体は中国にとっては必ずしも悪いということではなく、そこに問題はない。したがって、外資系企業の主導するそのような貿易の中身が中国にとって望ましいものなのか、それだけでは不十分なもので、主体的政策を必要とするのかが、中国にとって本質的な問題となろう。

---

1) WTO.,World Trade 2004, Prospects for 2005, Developing countries' goods trade share surges to 50-year peak（http://www.wto.org/english/news_e/pres05_e/pr401_e.htm)、「出口企業業務成功関鍵之四　選択有効的出口市場推広渠道」、『国際商報』2005年2月1日号、「外貿強国路小徑思弁―中国国際貿易学会新春座談会記略」、同紙2月23日号。
2) General Administration of Customs of the People's Republic of China., China's Customs Statistics (Monthly), December 2004 (Series No.184), Economic Information & Agency, Hong Kong, pp.14-15.

第1節　グローバル競争への一体化戦略論

　張二震・馬野青・方勇氏等は、貿易と投資の一体化の条件の下においては、中国は今や開放戦略の調整が必要となってくるという。
　改革・開放後の中国は、今日まで輸出奨励と輸入制限を基調とした重商主義的性格の対外貿易政策を実行してきた[3]。この輸出奨励と輸入制限を基調とした重商主義的性格の対外貿易政策とは、中国の側からのみ国外あるいは国内資源を利用するという輸出政策あるいは輸入政策である[4]。この考え方に沿って、中国はWTO加盟前にあっては、自己が独自の主体性をもつ漸進的な固有の政策に裏打ちされた貿易政策を含む開放戦略をとってきた。すなわち、自己の貿易政策に合わせた対外開放プログラムやどの程度開放するか（漸進的、段階的に外向型経済の発展をはかり、地域政策と外資優遇政策をとるなど）などは、すべて自己が握っていたのである[5]。
　しかし、このような政策の遂行は、ここにいたって、この政策遂行自体の進行によって、それ自体の前提条件の基礎を動揺させる一方、その政策自体の内在的矛盾を露呈させることとなった。それらは、①貿易紛争の激化[6]、

---

3) 魏浩・張二震「対我国現行外貿政策的反思与重新定位」、複印報刊資料『外貿経済、国際貿易』2005年第1期、25頁。
4) 同上論文、同上誌、28頁。
5) 張二震・馬野青・方勇等著『貿易投資一体化与中国的戦略』、人民出版社、2004年、前言5頁。
6) 前掲論文、前掲誌、25頁。2003年に中国企業が遭遇した輸出に関わる紛争は60件発生したといわれているが、この内アンチダンピング提訴案件が47件（下記の論文では45件と記されている）であった（劉力著『中国直面国際経済摩擦』、中国大百科全書出版社、2004年、4頁）。1995～2003年の間におけるWTO規則にもとづく世界のアンチダンピング提訴件数は2,416件であったが、この内中国を対象としたアンチダンピング提訴案件は356件、全体の15%を占めて世界のトップに立ち、第2位の韓国のほぼ倍発生している（謝正勤「多哈回合中我国反傾銷談判立場的調整」、複印報刊資料『外貿経済、国際貿易』2005年第1期、75頁、潘悦・高文書編著『迎戦"反傾銷"―国際経験与中国対策』、中共中央党校出版社、2005年、前言2頁）。

②交易条件の悪化[7]、③人民元の切り上げ圧力[8]、④貿易政策と国民経済全体発展政策との乖離[9]などの事柄である。

中国の世界経済へのプレゼンスが大きくなるにつれて、WTO 加盟前からこのようなことが問題となってきてはいたが、WTO加盟後中国は原則的にはWTOのルールに沿う形で、輸入面で自由化と関税引き下げ履行の義務を負わされることになった一面で、輸出面で外国市場の開放による輸出拡大の利益を享受する立場に立つことになった[10]。中国が低賃金労働優位を背景とした輸出奨励政策をとり、大量の廉価製品を輸出し続けてきたこと自体が、世界貿易秩序の撹乱を引き起こすこととなった。

振り返って輸出指向的政策の展開は、多くの発展途上国が同様の政策を指向することにより交易条件の悪化を招き、これらの国々の「貧困化」成長現象をもたらした[11]。また、中国が低賃金労働によりかかって輸出指向をこれ以上強力に推し進めれば、グローバルな世界貿易体制を崩壊させる

---

7) 趙玉敏・郭培興・王婷「総体趨于悪化―中国貿易条件変化趨勢分析」、『国際貿易』2002年7月号、18～25頁、王允貴「加入WTO后中国貿易発展戦略」、王允貴主編『中国加入WTO后的外経貿発展戦略』所収、中国計画出版社、2002年、16～20頁、劉力著『中国直面国際経済摩擦』、中国大百科全書出版社、2004年、79頁、王允貴「貿易条件持続悪化―中国粗放進出口貿易模式亟待改変」、『国際貿易』2004年6月号、14～16頁、魏浩・張二震「対我国現行外貿政策的反思与重新定位」、複印報刊資料『外貿経済、国際貿易』2005年第1期、25頁等参照。
8) 周知の通り、2002年以来主としてアメリカと日本を中心にした人民元の切り上げ圧力が高まっている。最近の動きとしては、2005年4月15、16日に開催された七ヵ国財務相・中央銀行総裁会議前後の動きである（『日本経済新聞』2005年4月8日、同4月16日、同4月17日、同4月19日、同5月4日、同5月12日各号等参照）。
9) 魏浩・張二震「対我国現行外貿政策的反思与重新定位」、複印報刊資料『外貿経済、国際貿易』2005年第1期、25～26頁。
10) 周知のように、中国のWTO加盟は、加盟と同時に直ちに、中国が、また他の加盟国が中国に対して、WTOの一般的ルールを即履行するという条件（WTOの一般的規定によって享受する利益条件と課される義務）で加盟するということになったわけではない。中国のWTO加盟に関するあるいはアメリカとの、あるいはEUなどとの特定譲許条件の承諾事項がある。詳しくは、鄭海東教授によるWTO加盟に関する経緯、分析と評価を参照されたい（片岡幸雄・鄭海東『中国対外経済論』、溪水社、2004年、第十章、第十一章）。
11) 王允貴「加入WTO后中国貿易発展戦略」、王允貴主編『中国WTO加入后的外経貿発展戦略』所収、中国計画出版社、2002年、16～17頁でも指摘されている。

危機を招く[12]。

　輸出奨励に向けての輸入は制限するわけではないという意味で、一部の輸入は全体的輸出奨励政策に含まれ、輸入に対する何らかの意味の制限は国家財政収入（高関税賦課による財政収入の獲得）上の要請とか、貿易収支、国際収支上の事情からとられる場合もあるが、ここで問題とする固有の意味の輸入制限は、主として民族産業、民族企業、国内産業、国内企業の保護との関連での問題である[13]。輸入制限、輸入代替については、中国がWTOに加盟した現下の状況のもとでは、積極的に輸入代替政策を採用できるという環境にないし、貿易と投資一体化という世界経済の状況を中国が積極的に受け入れているという条件の下では、貿易政策として輸入代替政策を取ったとしても、その目的は外資が輸出に代えて直接投資をすることによって、むしろその政策的内容の進行がはかられるということになる[14]。また、国際分業の中身が要素分業として目下進行中というなかでは、かつての完成品による国際分業を前提とした輸入代替政策は、今日の状況にマッチした政策でもない[15]。むしろ、輸入によって資源上の制約を解消し、中国自身自己に依存できないような技術、設備、原料、中間製品の輸入の経済発展と、輸出部門、国際競争力をもつ産業の形成に対する意義を重視すべきである[16]。

---

12) 魏浩・張二震「対我国現行外貿政策的反思与重新定位」、複印報刊資料『外貿経済、国際貿易』2005年第1期、26頁。
13) 同上論文、同上誌、27頁。
14) 馬野青「貿易投資一体化与中国的貿易発展戦略」、張二震・馬野青・方勇等著『貿易投資一体化与中国的戦略』所収、人民出版社、2004年、223～225頁、同上論文、同上誌、28～29頁。
15) 馬野青「貿易投資一体化与中国的貿易発展戦略」、張二震・馬野青・方勇等著『貿易投資一体化与中国的戦略』所収、人民出版社、2004年、226頁。
16) 魏浩・張二震「対我国現行外貿政策的反思与重新定位」、複印報刊資料『外貿経済、国際貿易』2005年第1期、26～28頁。多国籍企業によって組織される生産活動の連鎖の中における中間製品の貿易を特に重視する（同上書、前言3頁）。
　　輸入の意義に対する見直しの必要性の理由として指摘されるのは、以下の点である。①輸入と経済成長は強い一致性をもつ、②貿易黒字とGDPの成長の間には負

中国は、従来の一方的に国内と外国の資源の利用をはかろうとする輸出及び輸入政策を実行することを止めて、輸入と輸出の有機的な結合を推し進め、内外の両資源と二つの市場を有機的に結びつけて、良性循環の全体的互動システムを構築していくべきである[17]。

　中国自身にとっては、WTO加盟後は条件が大きく変わり、対外開放は中国自体の独自の主体性をもった開放から受動的受け入れ（先に述べた主権の譲許…括弧内筆者）という開放への転換、固有の主体的政策運営をもつ開放から体制的な総体的開放へと転換を迫られることとなった。従来基本的には限られた一国の生産要素の賦存の中での比較優位を主とする国際分業である、産業間分業が国際分業の主軸に立っていた場合には、この原理に基づき発展途上国では輸出においては輸出指向型貿易政策が追求され、輸入においては輸入代替的保護政策が採用されることが多かったし、有効な政策としての意義をもっていたが、貿易と投資の一体化の急速な展開の下では、効率的な国際直接投資によって推進される国際分業は、ますます産業内分業と要素分業となってくるから、国家間の優位も価値連鎖上の特定の環節における優位となって現れてくる。国際分業の利益は、ここではある特定の国の企業の完成品に対する所有権（たとえば、特定の国の企業が他国企業に一部工程を委託加工に出すとかいう場合には、原材料、部品などの所有権は特定国企業にある…括弧内筆者）や完成品の産地によって決まるというわけにはいかない。それは国際分業に参加する要素の量と質とによって決まる。このような体系の中にあっては、現在および将来中国が国際分業の中でえる利益は、最早何を輸入し、何を輸出するかということではなく、どのような工程次元の国際分業に参加するかであり、どのよ

　　の関係がある、③輸入は必ずしも失業を必然化するものではなく、発展産業の就業の増加によって相殺されてなお余りある場合もある、④輸入制限による保護の効果からみると、高関税による財政収入としての役割がほとんどなく、密輸の跋扈を助長し、今日における外資系企業の位置からして、保護の利益享受者は民族企業というよりも外資系企業であることが多いなどの点である（同論文、26～27頁）。

17）魏浩・張二震「対我国現行外貿政策的反思与重新定位」、複印報刊資料『外貿経済、国際貿易』2005年第1期、28頁。

うな要素、いかなる工程次元の要素によって国際分業に参加し、全体的価値連鎖に対する支配能力がどれだけあるかということである[18]。ここでは、一国の観点だけからする輸出指向型貿易政策や輸入代替的保護政策が重要性を失う。

したがって中国は、貿易と投資の一体化と要素分業の進展をはかるということ、多国籍企業に主導される国際分業の新体系に全面的に入り込むことを指向するという観点から、中国の開放戦略の全体的長期構想計画を立てるべきであるという[19]。この構想の下では、以下の三つの新しい貿易発

---

18) 張二震・馬野青・方勇等著『貿易投資一体化与中国的戦略』、人民出版社、2004年、前言5頁。
19) 同上書、前言5頁、張二震・方勇「貿易投資一体化与中国的対外開放戦略」、同書、216頁。この場合全体的には以下の四点が重点となるという。
① 要素優位による国際分業への参加
貿易と投資の一体化の条件の下においては、従来の要素不足（具体的には資本、技術……括弧内筆者）の条件下における貿易政策の重点であった静態的比較優位の発掘と輸出促進という政策から、不足要素流入の推進による比較劣位の補正、延いては競争優位（差し当たり工程上の優位……括弧内筆者）の獲得への政策に転換する必要がある（同書、154頁）。現段階の最大の要素優位は労働力の優勢であるから、外資導入と労働力を結び付け、世界の工場となることが必然的選択となる。しかし、中国は永久に低賃金労働を国際分業の基礎とすることはできない。この場合、要素の質を高めていくという形で、国際分業の中における地位を高めていくべきである（同書、前言5～6頁）。
② 貿易と投資の自由化の推進と開放型経済の新発展のための優れた国際環境の創出
貿易と投資の一体化が新しい時代の特徴であり、それが積極的役割を果たすとの観点からすれば、貿易障壁や要素流動に対する障壁は製品と要素流動のコストを高め、貿易と投資の一体化の発展を阻害する。この意味から、政治的安定、社会の調和、優れた経済発展の局面、中国自体の問題としては経済体制の改革、社会主義市場経済体制の完備、内外企業の公平な競争と発展という環境が必要となる。先進国と発展途上国の相互補完的国際分業は、従来の伝統的な発展の構図を変えた（同書、220頁）。
国際間の要素流動が存在するという条件の下では、自由貿易は先進国と発展途上国双方にとって有利であり、条件によっては、発展途上国により有利な場合も存在する。したがって中国は、不合理な国際政治経済秩序を改めていく努力を行っていくと同時に、発展途上国に有利なような貿易と投資の自由化を積極的に推し進めていくべきである。中国は発展途上大国としての地位を利用して、WTOの枠組の範囲内で貿易と投資の自由化を推し進め、かつ地域経済の一体的協力に参加するべき

展戦略の調整が必要であるという。
  (1) 加工貿易の発展による新型工業化
  多国籍企業を中心として推進される新しい国際分業としての要素分業は、グローバルな資源の配置統合であり、多国籍企業の経営戦略は従来の単純な市場参入・コスト低減型から、複合的一体化（競争優位による工程分業＝多国籍企業内加工貿易の発展、多国籍企業自身の技術・ブランド・販

である（同書、前言6頁、220頁）。
  ③ 対外進出（"走出去"）による全面的国際分業への参加
  従来の対外開放は、外資を引き込む（"引進来"）という一方向的な形での国際分業への参加で、多くは製造業部面の環節での分業であった。しかし、貿易と投資の一体化の条件の下においては、中国側から出て行く（"走出去"）という形での双方向からの国際分業への参加をはかり、さらにR&D、マーケティングなどの環節でも国際分業に参加するようにしなければならない。
  ④ 健全な競争政策体系の確立、保護と競争の促進を通じた効率と公平の実現
  中国自身の貿易政策、投資政策、産業政策と競争政策の関係を全体的に整理して、貿易政策、産業政策を競争政策の目標と要求にそうようにする（同上書、前言5～6頁）。
  貿易と投資の一体化の条件の下における貿易政策は、競争政策を基底におくべきである（同書、320～321頁、352頁）。この主張の発想の背景を、筆者なりに要約していえば以下のようになろう。要素流動が存在しないという条件のもとでの一国の貿易政策は、比較優位に沿っての輸出産業の奨励と輸入代替による産業育成という国民経済全体の国策誘導型政策として遂行されるから、それ自体は必ずしも直接競争政策を媒介的基礎とするものではない。しかし、多国籍企業を中心とするグローバル競争システムそれ自体の論理として推進される要素流動が大きな存在となる枠組の下では、総合的に発展段階の高い企業の競争システムの中に自己の貿易政策を組み込むことの方が、より効率的な経済発展の成果を自己のものとすることができる。従来の貿易政策で固有に重要な意義をもった輸出奨励と輸入代替、輸入制限政策といった観念は、貿易と投資の一体化という新しい時代的状況の下では切り替えられなければならないのであって、ここでは上述の競争システムが、行政的に歪められるとか、不正な手段によって正常な競争が阻害されるとか、過当競争の状態に陥っているとか、経済的独占状態にあるとかといった事態にならないように、内外の協調と国内改革によって健全な貿易と投資一体化のグローバルな体系が構築されなければならない（以上筆者の要約解説）。この観点からすれば、外資系企業といわゆる民族企業はいずれも国内企業であり、当該国経済に積極的役割をもつがゆえに、両者の間に区別を設けるべきではない。当該国経済からみて、もし保護が必要であるならば同じように保護すべきである。今日の保護は国際的ルールの下での適度な保護でなければならない（同書、157頁）。

売ネットの開発と標準部品などの外部調達あるいはOEMによる企業間加工貿易の発展）へと発展し、一国が外国から原材料、中間製品を輸入し、加工して輸出するという加工貿易が国際貿易の普遍的な方式となってきた。この動きは、最終製品の生産という意味からすれば、生産の国際的展開が労働集約的製品から資本集約的、あるいは技術集約的製品部門へ移行していく始まりといえ、工程の国際分業が労働集約的工程から資本集約的、あるいは技術集約的工程へ向けて発展していく産業の高度化プロセスといえる。したがって、通常貿易とともに加工貿易の発展に力を注ぐべきである。

　中国では単純労働力とともに熟練労働力が豊富にあり、すでに加工貿易が主要な貿易形態となっていること、また長江三角洲、珠江三角洲、環渤海地区には比較的整った電子、軽工業・紡績・紡織、機械等の製品の中間製品の工業体系があり、加工貿易を通じて全体の経済発展をはかっていける基本条件が存在しているから、加工貿易に対して輸出戻し税制度を改め、きちんと迅速にこの処理を行う必要がある。また、加工貿易の国内産業連関を発展させるために国内で調達する中間財に対して、輸入中間財に対して与えていると同様な税制上の優遇を与えるようにすべきである。

　(2) 外資導入と貿易戦略を結合した競争優位を高めるための外貿発展戦略の促進

　中心は要素の流動性を高める政策を推し進め、要素分業の発展を促進すべきであるということである。科学技術の発展と国際的観点からの市場体制の確立と完備、貿易障壁の漸次的低減がはかられなければならない。世界的に多国籍企業のM&Aが進行している中で、この動きに乗って、資本と技術の引き込みをはかって、国有企業の改革をスピードアップし、要素優位と製品優位による競争優位を打ち立てていくことが重要である。

　(3) 産業連関を組み込んだ産業の集積地域の形成

　多国籍企業のグローバル資源配置に合わせた目的的外資導入と産業集積地域の形成によって、急速な産業の競争優位の引き上げをはかる。これには二つの場合があって、一つは産業基盤の弱い地域でセットとして外資の導入をおこない、先ず産業的基礎を構築して、その後の発展をはかるとい

うやり方のもの（いわゆるモザイク型産業集積……東莞，昆山などがその例）、今一つはすでに産業基盤があり、目的的に外資の導入をはかって一段の競争優位を達成するというものである。比較的発達した大中都市でこのモデルが有効ある[20]。

それでは、中国にとって貿易保護はまったく必要ないのかというと、以下のような状況の場合には適度の保護が必要になるという。

貿易と投資の一体化の条件の下にあっては、外国投資の増大によって、投資受入国工業が発展し輸出（加工貿易を含む）が伸びるか、工業の発展によって輸入代替の動きが出るということになり、雇用も増加するというのが一般的であるが、場合によっては外資系企業と国内企業との軋轢が生ずるとか、雇用吸収力が十分でないとか、一部公害企業が入ってくるとかというような場合が出る。このような場合には、積極的な産業政策によって外資導入の制限、誘導をはかっていかなければならない。また、国家全体の経済、政治、社会の安全上の考慮を要するような産業については、制限をしていかなければならない。多国籍企業がグローバル経営戦略から直接投資をせず、専ら輸出戦略をとるというような場合には、国内産業の保護政策が必要となる。この場合には輸入に制限をかけ貿易障壁を設け、外資直接投資の引き込みをはかるべきである。

保護も国際ルールの下での適度のものであることが重要で、保護の対象は国家計画と人民の生活上に重要な関連をもつもの、産業連関上重要な主導的部門とすべきである。関税水準は同一発展段階国の平均水準たらざるをえない。関税水準は漸次引き下げていかなければならないが、実効保護率の引き上げを考慮すべきである。WTO加盟国に対しては、多角協定、双務協定で約束した関税を守らなければならない。非関税障壁も国際的基準に合致したものでなければならない。

幼稚産業の保護の基準からすれば、商品市場の開放は輸入品との価格競争を考慮して、先進国企業と中国国内企業が同一のコストになるよう保護

---

20) 馬野青「貿易投資一体化与中国的貿易発展戦略」、同上書、243〜248頁。

関税水準を設定すべきである[21]。

第2節　管理的貿易自由化戦略論

　今日の経済のグローバリゼーションの進展下における貿易競争力と国際分業の配置は、自然的要素の流動化の下での貿易競争となり、伝統的な比較優位分業から固有の後天的要素競争力に基礎をおく競争優位を中核とした世界分業体系としての配置となるとの共通認識に立ちながらも[22]、張二震・馬野青・方勇氏等の主張とは異なり、管理的貿易自由化戦略論を主張する論者達がいる。王允貴氏を中心とする論者達、張漢林氏等の論者達、馮雷氏等の論者達、王平・銭学鋒氏等の論者達である[23]。
　王允貴氏を中心とする論者達は次のように考える。
　中国はWTOに加盟したことによって、従来の自己独自の主体的な経済運営に制約がはめられることになった[24]。要は貿易政策上輸入代替的貿易

---

21) 例えば、国内企業の80％の企業が平均利潤を得られる水準にすれば、競争促進上適当かもしれないという（馬野青「貿易投資一体化与貿易保護」、同上書、156頁）。
22) 王允貴「加入WTO后中国貿易発展戦略」、王允貴主編『中国加入WTO后的外経貿発展戦略』所収、中国計画出版社、2002年、23〜24頁、31〜32頁、潘悦「経済全球化与貿易政策的協調」、馮雷等著『経済全球化与中国貿易政策』所収、経済管理出版社、2004年、79〜80頁。
23) 王允貴主編『中国加入WTO后的外経貿発展戦略』、中国計画出版社、2002年、張漢林・李計広「中国外経貿政策的調整与完善—中国経済的崛起与有管理的貿易—投資自由化政策」、『国際貿易』2005年7月号、馮雷等著『経済全球化与中国貿易政策』、経済管理出版社、2004年、王平・銭学鋒編『WTO与中国対外貿易』、武漢大学出版社、2004年等がある。王允貴氏等と張漢林氏等、王平氏等ははっきりと管理的貿易自由化戦略あるいは政策という用語を用いているが、馮雷氏等は管理的貿易自由化戦略という用語を使っているわけではない。筆者の内容上の判断では、管理的意味を含む貿易自由化政策を打ち出しているので、ここでは管理的貿易自由化戦略論として取り扱うこととする。両者のちがいについては後述する。
24) 王允貴「加入WTO后中国貿易発展戦略」、王允貴主編『中国加入WTO后的外経貿発展戦略』所収、中国計画出版社、2002年、8〜13頁、片岡幸雄・鄭海東『中国対外経済論』、溪水社、2004年、第十章、第十一章を参照されたい。

政策を排除し、公平な競争原則に則り、輸出指向貿易政策手段をとらないということが中心となる。中国はＷＴＯルールと二ヵ国間協議同意事項によって、積極的な貿易政策干与の余地が制限をうけ、貿易奨励政策を中立的なものにしていき、輸入代替貿易戦略を修正していかなければならなくなる[25]。しかし、輸入保護も輸出奨励もせず、政府が中立的な立場にたつという貿易自由化戦略によって、中国が急速な工業化、近代化を推し進めていくという中長期的な要求を満足させていくことはむずかしい。中国は動態的比較優位を勝ち取るという目標に焦点を当て、ＷＴＯルールの中で残された空間余地の範囲内で、管理的貿易自由化戦略を実行していくことこそが自己の現実的選択である[26]。

　「管理的貿易自由化戦略の核心は、低保護と緩やかな輸出奨励政策を結合し、政府の構造転換に対する積極的干与を打ち出し、輸出入政策の作用を相互に相殺して、全体としては貿易奨励制度を中性化することにある。低保護政策とは、関税、セーフガード、アンチダンピング、輸出補助金に対する防衛、独占の防止、政府調達等の措置を運用して、国内の少数の産業を保護し、動態的な輸出拡大を目標とする保護を実施することを指す。緩やかな輸出奨励政策とは、為替レートを低く保ち、輸出戻し税と輸出補助金（相殺措置の対象になるものとならないものとがある）を運用して企業の国際競争への参入を奨励することを指す[27]」。

　馮雷氏等の論者達は、次のように考える。

　中国がＷＴＯに加盟したことは、中国が全面的に国際分業の中に入り込んでいくということであり、中国にとって経済のグローバリゼーションからの利益の機会が開けてきたということでもある。しかし一方で、中国市場を大々的に開放し、各種産業保護と政策範囲が縮小して、この面での力

---

25) 王允貴「加入ＷＴＯ后中国貿易発展戦略」、王允貴主編『中国加入ＷＴＯ后的外経貿発展戦略』所収、中国計画出版社、2002年、8頁。
26) 同上稿、同上書、22頁。
27) 同上稿、同上書、25頁、王平・銭学鋒氏等の論者達も同様な趣旨を述べている（王苹・陳静「ＷＴＯ与中国貨物貿易的発展」、王平・銭学鋒編著『ＷＴＯ与中国対外貿易』所収、武漢大学出版社、2004年、190頁）。

が弱くなってくるということでもある。新しいこの歴史的条件の下において、中国の貿易政策は開放的であるべきではあるが、今なお競争力を具えていない幼稚産業を扶助していくことは不可欠である。貿易政策を中性化し、産業政策と投資政策で制約を受けた条件の下で、各種政策と貿易政策の協調と総合によって、新しい対外経済貿易体系を打ち立て、保護政策の内部化をはかり、保護を主とした政策から扶助を主とした政策に切り換え、WTOルールの中で残された貿易政策の空間を有効かつタイムリーに使い、国際貿易政策の発展にマッチし、中国の国情に適した政策を打ち立てていくことが必然的選択となるという[28]。

　この論者達は管理的貿易自由化戦略という用語を使用しているわけではないが、発想は内容的には管理的貿易自由化戦略論とほぼ同一の立場にたっている。

　国際競争力を具えた工業の構築に焦点を当てた管理的貿易自由化戦略論では、具体的には以下のような政策が主張される。

(1) カスケード型関税構造[29]による技術水準の中レベル、ハイレベル産業の有効保護率の維持、引き上げ（この場合、保護の範囲はかなり狭い範囲にとどめる）

　今後の交渉において、自動車、化学工業品、機械、電子・通信設備等の最終製品の輸入関税引き下げを小さくし、重化学工業中間投入財の関税引き下げはそれよりも大きくするといったことによる有効保護率の維持、引き上げをはかる。この点については、馮雷氏等の論者達の意見も同様である[30]。

---

28) 潘悦「経済全球化与貿易政策的協調」、馮雷等著『経済全球化与中国貿易政策』所収、経済管理出版社、2004年、103～104頁、110頁。

29) カスケード型関税構造とは、国内加工の深度に合せて関税率を上昇させていく関税構造をいう。例えば、第一次産品の輸入関税率はゼロ、または極めて低くし、半製品にはそれより高い関税率を課し、最終製品には最も高い関税率を課すといった関税構造で、このことによって目的対象生産者の保護による国内加工度の深化に役立てるというものである。

30) 前掲稿、前掲書、106頁。一般競争的産業部門（一般消費用電子製品、紡織・アパレル製品、靴・帽子類、印刷物、建材、食品、五金製品）を低関税率とし、ハイテク産業と戦略産業は累進関税率構造を主張する。

(2) WTOルールの中の主動的な機動性輸入保護の発動

中国はWTO加盟前には国内産業保護戦略は守ってから攻めるということであったが、WTO加盟後は攻めによって守るというように転換する必要がある。WTO加盟後は輸入保護策は大きく制約されているが、まったく手がないというわけでもない。

① セーフガード条項の損害に対する措置の適用、アンチダンピングに対する対応、補助金対抗措置等をきちんとする組織的対応体制の強化
② 国内産業の保護のための国内法整備（例えば、独禁法の制定による外国製品の国内市場の独占に対する制限措置）
③ TBT協定の中の開発途上加盟国に対する特別の、かつ異なる待遇国条項の利用（一部製品は国際標準の適用を免れることができ、中国の特殊民族文化に合致した技術標準を設けることができる）によって、主動的な輸入保護策を講ずることができる。

馮雷氏等の論者達は、特にハイテク産業と戦略産業（自動車、石油化学、鉄鋼、非鉄金属、船舶、電子、機械、建設等）に重点をおいて、アンチダンピング、補助金対抗措置、技術障壁など中心とした新たな貿易保護体系を主張する[31]。

(3) 輸出奨励は国際競争への参入度を基準とすること

管理的貿易自由化戦略と輸入代替戦略の本質的なちがいは、保護の目的が輸入代替ではなく漸次的輸出拡大にあるということにある。

① 管理フロートと適度に低めの人民元レートによる輸出促進
② 国内産業及び企業に対して可能な範囲の補助金（WTO協定付属書「補助金及び相殺措置に関する協定」に反しない補助金）の利用
〈相殺措置の対象となる補助金〉
補助金の総額が産品価額の5％超えない補助金、補助金がいずれかの産業の営業上の損失を補填する場合の小額補助金、大企業の長期的な発展をはかるため、かつ重大な社会的問題の発生を避けるため

---

31) 同上稿、同上書、同上頁。

に企業に対して繰り返されることのない一回限りの補助金、小規模企業でその影響がさほど大きくない企業が政府に対して負っている債務を免除する場合及び債務の返済を補填するような補助金

〈相殺措置の対象とならない補助金〉

　R&D投資で法令が補助金の交付を受ける資格及び補助金の額を規律する客観的な基準または条件を定めており、補助金に特定性のないもの、補助金に特定性があっても、企業、高等教育機関もしくは研究機関の科学研究補助金、地域開発の一般的枠組にもとづいて不利な立場にある地域である西部大開発基礎施設の建設、工業構造の調整、教育科学研究に対する補助金、環境保全に対する技術改造項目に対する一回限りの補助金

③ 輸出戻し税による輸出奨励

④ 輸出市場企業に対して補助金が与えられている場合対抗手段の発動

馮雷氏等の論者達は①、③については同様の見解であるが、②、④については特に提案していない。しかしこの外に、WTOルールに準拠した輸出信用、政策的輸出保険や保証等国内の輸出促進体系の構築と積極的拡大を提案している[32]

(4) 新たな幼稚産業扶助政策の実施

中国は発展途上国の地位としてWTOに加盟したから、幼稚産業の保護と扶助という政策的優遇がえられる。新しい保護と扶助は六つの原則によるべきである。

① 扶助の範囲を小さくし、限られたいくつかの産業に限定

② 扶助の期間をはっきりとし、"卒業"期を明示

③ 選定される産業は国民経済構造の動態化に有利、顕著な連関効果、学習効果、動態的外部効果[33]が存在すること

④ 扶助の目的はこれら産業が国際市場の主要競争者となること

---

32) 同上稿、同上書、同上頁。
33) 学習効果とは急速なコスト切り下げに有利ということ、動態的外部効果と学習経験が急速に他産業に拡散していくのに有利ということ（王允貴「加入WTO后中国貿易発展戦略」、王允貴主編『中国加入WTO后的外経貿発展戦略』所収、中国計画出版社、2002年、28頁）。

⑤ 扶助方式は数社間の強度の高い競争となるようにし、これによって発展が促されるような形であること

　⑥ 政策手段は主として国内財政政策、金融政策、産業組織政策等による規範化、誘導、扶助によること

　上述のような原則にもとづき、自動車、半導体、化学、宇宙・航空工業を幼稚産業として、扶助期間をWTO加盟後10年間とし、計画期に合せて扶助目標と任務を具体的に下ろしていくべきである[34]。

　馮雷氏等の論者達はこの外に、中国の貿易における加工貿易の主導的地位に特に焦点をあて、加工貿易の産業高度化への積極的役割を発揮させるよう加工貿易政策を立てるべきであると提起する[35]。

---

34) 王允貴「加入WTO后中国貿易発展戦略」、王允貴主編『中国加入WTO后的外経貿発展戦略』所収、中国計画出版社、2002年、25～29頁。以上のところは王允貴氏等の論を中心とし、馮雷氏等の論をこれに組み合わせる形をとってきた。馮雷氏等の論では、工業部面だけではない商業組織面、ブランド戦略面、人的資源開発戦略面、マーケティング戦略面での国際競争力の強化策も提起されている（馮雷・李玉擧「経済全球化挑戦与我国外貿競争力」、馮雷等著『経済全球化与中国貿易政策』、経済管理出版社、2004年、47～51頁）。

35) 潘悦「経済全球化与貿易政策的協調」、馮雷等著『経済全球化与中国貿易政策』所収、経済管理出版社、2004年、106～107頁。王允貴氏等の論者達は、加工貿易について次のように認識している。中国の輸出品の内容構成には変化はあったが、中国は依然として低技術産業主導段階から抜け出ることができていなく、主導的輸出形態である加工貿易も外資系企業が主体となって推進されており、輸出品の自主技術革新能力は却って低下することになってしまった。強くなったのは中国産業の輸出競争力ではなく、外資系企業の輸出競争力であるという（王允貴「加入WTO后中国貿易発展戦略」、王允貴主編『中国加入WTO后的外経貿発展戦略』所収、中国計画出版社、2002年、45頁）。筆者の見方はこうである。加工貿易のうち委託加工貿易は主として内資民族企業が担当し、輸入加工貿易は主として外資系企業が担当している状況からみて、外資系企業を含む中国産業の技術水準は数学的計算値としては上がったといえるとしても、外資系企業が内資企業の技術水準の引き上げをダイナミックに牽引するという形とはなっていないと判断している。中国側としては、加工貿易の拡大の中で中国産業全体の技術水準の向上、国際競争力の向上を希望していたではあろうが、外資系企業としては中国産業の技術向上、国際競争力の向上という動態的な利益創出的加工貿易推進ということよりも、自己完結的で動態的連関効果のあまり強くない静態的利益抽出機会利用的加工貿易推進を指向することになり、外資系企業の主導する加工貿易の中に、自動的に国際競争力の動態的向上のメカニズムが内蔵されているとみることは過度の期待のように思われる。

351

管理的貿易自由化戦略を打ち出す論者達は、上に述べてきたような政策手段を使って、内資工業企業と外資系工業企業の両者、あるいは両者の結合による中国工業の国際競争力の構築と強化を主張するのであるが、畢竟その中核となるのは技術集約度を高めることであるという。

　馮雷氏等の論者達は、経済のグローバリゼーション下中国がWTOに加盟したという条件の下では、WTOのルールに合わせて産業政策の政策照準と重点の調整を余儀なくされるが、政策照準の調整としては、産業の国際競争力の向上を保護と扶助の最終的評価基準とし、産業政策は産業の技術進歩、就中産業技術集約度の引き上げに力点をおき、科学技術政策を産業政策の中心的地位に据えるべきであるという。発展途上国としての中国が、持続的競争力の維持をはかろうとするならば、産業構造の高度化が必須となり、技術進歩がその鍵と基礎となるのであって、中国が世界の製造業の基地となるに避けて通れない道である。財政政策、金融政策によって伝統産業の技術改造、新興産業の技術革新、中小企業の技術進歩と大型企業の技術連合等を強力に扶助、指導し、多国籍企業の中レベル、ハイレベル技術の移転を奨励して、内資企業の外資系企業に対する対抗能力を高める必要があると主張する[36]。

　広義の知識としての技術は、自然的要素としての一般的労働力と資本との対比でいえば、後天的に創り出された比較優位要素であって、これは直接的には教育と「実践から得られた学習」と、間接的には国家や企業のR&D投資の成果である。経済のグローバル化の中では、貿易と直接投資を通じて技術の比較優位要素部分は他国に流出するが、それが流入国の競争優位を形成するようになるまでには、流入国は自力でそれを模倣し革新しなければならない。また、技術の源の部分や核心部分は元の源泉国に握られており、流入国が享受する技術優位部分は限られたものにしかすぎない。副次的な技術によっては、技術流出国に対抗できるような競争優位など築くことはできない。経済のグローバリゼーションの中では、技術と知

---

36) 潘悦「経済全球化与貿易政策的協調」、馮雷等著『経済全球化与中国貿易政策』所収、経済管理出版社、2004年、110～111頁。

識があってこそ、国際分業と国際競争に参加できる資本なのであって、弛まざる人的資本の形成と、継続的なR&D投資の増加がなければ、競争優位を具えた比較優位を獲得することはできないというのである[37]。

第3節　両見解の主要論点の整理

さて、以上のところで二つの見解を紹介してきたわけであるが、以下両論の基礎に置かれている基本認識も含めて、両論の主要論点を整理してみよう。

張二震・馬野青・方勇氏等は、「貿易と投資一体化の条件下においては、国際分業の基礎は、比較優位から、多国籍企業の規模の拡大と国際的に資源を統合する能力を主とする競争優位に変化していく[38]」という。従来の貿易構築原理は、自然的生産要素の流動が極めて限られた条件下で、各国が一国の自然的生産要素を国民経済全体の観点から全体的に配置し、外国企業と国内企業が直接競争的関係に立たないという旧い形の比較優位原理にもとづく国際分業構築原理であったが、世界的な要素流動化（直接投資）の下では、各国企業は従来自らが専ら独占的に享受していた比較優位を独占的に享受することはできなくなる。外国企業も直接投資を通じてこれを利用できるようになるからである。この過程で、個別企業は直接的企業競争関係に立たされるようになり、比較優位原理による国際分業は突き崩されていく。この点については、両論ともにほぼ共通認識に立つ[39]。筆者もほぼ同意見である。

---

37) 王允貴「加入WTO后中国貿易発展戦略」、王允貴主編『中国加入WTO后的外経貿発展戦略』所収、中国計画出版社、2002年、33頁。
38) 馬野青・方勇「貿易投資一体化的理論分析」、張二震・馬野青・方勇等著『貿易投資一体化与中国的戦略』所収、人民出版社、2004年、93頁。
39) 馮雷・李玉挙「経済全球化挑戦与我国外貿競争力」、馮雷等著『経済全球化与中国貿易政策』所収、経済管理出版社、2004年、31～32頁、王允貴「加入WTO后中国貿易発展戦略」、王允貴主編『中国加入WTO后的外経貿発展戦略』所収、中国計画出版社、2002年、33頁。

しかし、共通の前提的認識に立ちながらも、政策上で以下のような意見の相違が出てくる。

1 輸出政策上における両主張の相違

張二震・馬野青・方勇氏等は、貿易と投資一体化の条件下で、従来の比較生産費原理にもとづく国際分業＝産業間分業が、自然的生産要素のグローバルな流動化と同時に後天的生産要素のグローバルな流動化の進展によって、要素分業、産業内分業、工程分業に構造的に転化してきている状況の中では（すなわち、WTOはその積極的推進を基本理念としており、中国がこの状況認識に立ってWTOに加盟したという条件の下では……括弧内筆者）、従来の要素流動化が極く限られた一国国民経済の戦略的要素配置を体化した貿易戦略としての比較優位に沿った形での輸出奨励政策は意味を失うという。中国は改革・開放後も旧い理念にもとづく輸出奨励政策を積極的に推し進めてきたが、それは要素流動化が限られた条件下における一国生産要素の最適戦略配置とその推進政策として意味をもったとしても、今日の条件の下では、自国の擁する限られた自然的要素と後天的要素（すなわち、発展途上国中国にこれら生産要素が極めて少ないということ……括弧内筆者）を基本主軸に据えることによって、経済発展をはかっていこうとすることは時代錯誤であり[40]、この意味からする輸出奨励政策は止めにすべきであると主張する[41]。輸出の推進は必要であるが、輸出の推進は自然的要素と後天的要素のグローバルな流動化の基調を背景に、これに乗っかり、これを取り込んだ要素分業、産業内分業、工程分業による直接的

---

40) 方勇・張二震「貿易投資一体化与中国的対外開放戦略」、張二震・馬野青・方勇等著『貿易投資一体化与中国的戦略』所収、人民出版社、2004年、215～216頁。
41) 馬野青「貿易投資一体化与中国的貿易戦略」、同上書、226～229頁、魏浩・張二震「対我国現行外貿政策的反思与重新定位」、複印報刊資料『外貿経済、国際貿易』2005年第1期、25～26頁。

国際競争力によらなければならないというのである[42]。これは外資系企業、就中多国籍企業によって主導される加工貿易の展開の中で推進するのが、貿易と投資一体化の時代の流れにすぐれてマッチしている[43]。中国は貿易と投資の一体化と要素分業の進展をはかり、多国籍企業に主導される国際分業の新体系に全面的に入り込むことを指向するという観点から、中国の開放戦略の全体的長期構想計画を立てるべきである[44]。「中国の現段階における要素優位は、無限に供給される低廉な労働力優位であるから、外資導入とこの労働力を結び付けて世界の工場になるというのが現実的な選択である[45]」。したがって、ハイテク産業を現段階の根本的な戦略的選択とするのには反対する[46]。

これに対して、管理的貿易自由化戦略論者達は緩やかな輸出奨励政策を主張する。主要な内容は、すでに述べたように為替レートを低めに保ち、輸出戻し税と輸出補助金（WTOルールに抵触しない限りでの）という間接的な輸出奨励策[47]を利用して緩やかな輸出の促進をはかるというものである[48]。要素流動化の条件の下においては、比較優位の上に競争優位を結

---

42) 前掲稿、前掲書、215頁、馬野青「貿易投資一体化与中国的貿易発展戦略」、同書、229〜230頁。
43) 馬野青「貿易投資一体化与中国的貿易発展戦略」、同上書、243〜246頁。輸出の推進とともに、加工貿易の発展をはかっていくことは新しい工業化の道であると考えている。
44) 方勇・張二震「貿易投資一体化与中国的対外開放戦略」、同上書、216頁。
45) 同上稿、同上書、同上頁。
46) 同上稿、同上書、219頁。
47) 周知のように、輸出奨励策には大別二種類がある。一つは直接輸出補助金を出すなどの直接的輸出奨励策である。今一つは、国内税の還付とか輸出税の免除などを通じて輸出奨励をはかる間接的輸出奨励策である（王垂芳・呉紹中主編『中国対外経済貿易実用大辞典』、上海社会科学出版社、1990年、45頁）。
48) 王允貴「加入WTO后中国貿易発展戦略」、王允貴主編『中国加入WTO后的外経貿発展戦略』所収、中国計画出版社、2002年、25頁、潘悦「経済全球化与貿易政策的協調」、馮雷等著『経済全球化与中国貿易政策』所収、経済管理出版社、2004年、106頁。

合していかなければ、中国は工業化の目標を達成していくことはできない[49]。このためには、WTOの国際ルールに反しない限りで、後天的生産要素を中国の比較優位の条件に積極的に組み込んでいかなければならない。後天的要素による比較優位の装置化である。この場合、後天的要素の獲得、開発が必要となる。この中核となるのは技術であり、これこそが経済のグローバリゼーションの中で比較優位と競争優位を統一する最も優れた要素であり、WTO加盟後の中国の貿易政策と産業政策によって支えていくべき主要な対象であるという[50]。

管理的貿易自由化戦略論の主張の特徴は、主軸を競争優位にもとづく輸

---

49) 周知のように、この発想はM・ポーターの競争優位の考え方に根ざす。比較優位概念と競争優位概念とは一応別の概念である。比較優位の発揮は競争優位獲得の十分条件でもないし、競争優位獲得の必要条件でもない。競争優位は比較優位のより一層の発揮としてもありうるし、規模の経済、国内競争条件、企業戦略等からもありうる。

　一般的にいえば、競争優位を具えた製品は往々にして比較優位を具えた製品である。言い換えれば、比較優位を具えた製品は競争優位を比較的形成しやすいし、比較優位をもたない製品は競争優位を形成、保持しにくい（宋全成著『邁向貿易強国——中国外貿競争力研究』、中国商務出版社、2004年、48～49頁）。いかなる国もすべての産業で国際競争力優位をもつわけにはいかない。このことは、競争優位が比較優位を完全に無効化してしまうとか、完全に比較優位に取って代わることはできないということを意味している。一国の比較優位を具えた産業は、比較的強い競争優位を形成しやすい。比較優位は競争優位の内的要因となるので、特定産業の国際競争力の引き上げを促進することができる（金碚主編『中国工業国際競争力——理論、方法与実証研究』、経済管理出版社、1997年、36頁）。

50) 王允貴「加入WTO后中国貿易発展戦略」、王允貴主編『中国加入WTO后的外経貿発展戦略』所収、中国計画出版社、2002年、33頁、36頁、潘悦「経済全球化与貿易政策的協調」、馮雷等著『経済全球化与中国貿易政策』所収、経済管理出版社、2004年、80頁、110～111頁。王允貴氏を中心とする論者達は、中国はWTO加盟後10年間ぐらいは、中レベルの技術産業（自動車産業、化学工業、電気・電子設備産業、精密機械産業）に重点を置くべきであると主張する。その理由として、以下のようなことがあげられる。①内部経済効果が大である（収穫逓増、寡占的状況にあるので合併などを通じて効率化がはかりやすい）、②市場規模条件、③中国はすでに中レベル技術産業の核心技術攻略の科学技術能力をもつ（中国は宇宙・航空産業技術とか、ゲノム分野技術は自力で開発しているという基礎条件があるのに、科学研究体制が経済競争にうまく結合していない点を政策的に改める必要がある）、④中レベル技術産業が中国の輸出の中でもっとも弱い産業群である等。

出競争力の創出におき、一見保護的ともとれる主張の内容も輸入代替を目指すものではなく、輸出奨励政策の枠組として設定されており、評価基準は国際競争力である[51]。

2　輸入政策上における両主張の相違

　魏浩・張二震氏は、貿易と投資一体化の条件の下においては、比較優位にもとづく輸出主導戦略の裏面としての、輸入代替戦略を背景とした重商主義保護貿易的な輸入政策をとるべきではないという。新しい状況の下においては、①輸入が全要素生産性の向上作用を発揮すること、②輸入は輸入国産業に必ずしも損害を与えるわけではなく、輸入による経済成長が雇用を増加させる場合があること、③貿易と投資一体化の下では、保護は必ずしも民族産業の保護にならなく、保護の対象は外資系企業になる場合が多いこと、④輸入の輸出競争力引き上げと輸出拡大作用（資源上の制約の解消、技術向上、輸入品との競争による競争力の向上作用等）の観点から、輸入を輸出と結び付け、適度の輸入の増加[52]をはかるべきである。輸入の重点は二つの面から考えるべきであって、一つの面は中国にとって稀少な、再生産不可能な天然資源や原材料を主とするということ、今一つの面は先進技術、機械設備と中間製品の輸入を主とすることである[53]。

　競争政策との関連における輸入の拡大の基本的方向は、次のように区分

---

51) 王允貴「加入WTO后中国貿易発展戦略」、王允貴主編『中国加入WTO后的外経貿発展戦略』所収、中国計画出版社、2002年、27頁、潘悦「経済全球化与貿易政策的協調」、馮雷等著『経済全球化与中国貿易政策』所収、経済管理出版社、2004年、80頁、110〜111頁。
52) 適度の輸入の増加とは、一定の歴史段階において、外貨準備と為替レートの安定という条件の保障の下で、国内経済と貿易の健全な発展を確保するために、国民経済の良性循環を推進し、輸入力量を拡大する措置をいう（魏浩・張二震「対我国現行外貿政策的反思与重新定位」、複印報刊資料『外貿経済、国際貿易』2005年第1期、28頁）。
53) 魏浩・張二震「対我国現行外貿政策的反思与重新定位」、複印報刊資料『外貿経済、国際貿易』2005年第1期、28頁。

して進めるべきであるという。
　(1) 競争性産業群[54]
　競争性産業群は、国際競争段階に達している産業群（紡績・紡織、家電、機械・電気、船舶等の部門）と国内競争段階までにしか達していない産業群（軽工業、機械、電子、建材等の部門）とに分けられるが[55]、基本的には対外開放をさらに推し進め、国際競争メカニズムを直接引き込む[56]。
　(2) 準競争性産業群
　この産業群は、国家経済安全関連産業群（国防産業：兵器産業、宇宙・航空産業、核産業等、一部重要エネルギー・資源供給産業および重要支柱産業：石油産業、化学工業等）と戦略発展産業群（幼稚産業：自動車、ハイテク産業：バイオテクノロジー、新素材技術等の部門）に分かれるが[57]、前者は対外競争力を高めなければならないが、市場開放度は限られる[58]。後者については国内的には反独占政策と産業保護を結合する。対外開放の過程では、貿易保護政策を実施する。関税障壁が基本的になくなった後も、非関税手段によって保護が必要となる場合がある。しかし、保護は適度かつタイムリー、国際慣例に合った形で行わなければならない。過度の保護、無期限の保護はマイナスとなる[59]。
　(3) 非競争性産業群
　非競争性産業群は本来的独占性産業群（電力、通信、鉄道、航空運輸部

---

54)「競争性産業群とは、市場競争によるのが経済効率・利益にとっても有利であり、社会効率・利点にとっても有利な産業群、準競争性産業群とは、市場競争によるのが経済効率・利益にとって有利であるが、社会効率・利点にとって不利な産業群、非競争性産業群とは市場競争によるのは経済効率・利益にとって不利であるが、社会効率・利点にとっては有利な産業群をいう」（張二震「貿易投資一体化与中国競争政策体系」、張二震・馬野青・方勇等著『貿易投資一体化与中国的戦略』所収、人民出版社、2004年、343頁）。
55）張二震「貿易投資一体化与中国競争政策体系」、張二震・馬野青・方勇等著『貿易投資一体化与中国的戦略』所収、人民出版社、2004年、344頁。
56）同上稿、同上書、347頁。
57）同上稿、同上書、345頁。
58）同上稿、同上書、345頁。
59）同上稿、同上書、349頁。

門等）と外部経済性産業群（港湾、飛行場、都市交通、ガス、上下水道、放送・テレビ、気象、環境保護等の部門）に分かれるが[60]、前者で注意すべきは、前者の部門の中に含まれるすべての内容が、本来的独占性産業群であるとは限らないという点である。例えば、電力部門には電力設備供給、発電、高圧配電、低圧配電、電力供給等の中身が含まれ、この内高圧配電、低圧配電のみが非市場競争性をもつのみであって、電力設備供給、発電、電力供給等は市場競争性を具えている。通信業についても、その範囲は通信設備供給、移動電話、無線用呼び出しサービス、長距離電話、市内電話等にわたるが、長距離電話と市内電話サービスのみが本来的独占性産業であるにすぎない。外部経済性産業群についても、事情は同様である。これらの産業群のうち市場競争性部門は市場性原理で経営をおこなうようにし、適度に相応の対外開放をおこない、輸入障壁を引き下げるか、撤廃すべきである[61]。

　一方、管理的貿易自由化戦略論者達は、現下の世界貿易の趨勢からすれば、古典的な輸入代替政策は時代的に有効な貿易政策たりえないとして、これを拒否するも[62]、中国の経済発展に対する輸入の役割をさほど重視しない。この論者達は、輸入代替と本質的に異なる低保護政策、関税、セーフガード、アンチダンピング、輸出補助金に対する防衛、独占の防止、政府調達等の措置を運用して、国内の少数の産業を保護し、動態的な輸出拡大を目指すことから、輸出拡大に合致する限りでの輸入の役割を否定するものではない。魏浩・張二震氏が経済成長に対する輸入の役割を重視するのに対して、この論者達は資源、設備、中間製品の輸入による経済成長への役割を当然否定することはしないであろうが、経済のグローバル化の中でも、貿易を通ずる先進国技術の発展途上国への流出が、流入国の競争優

60）同上稿、同上書、345～346頁。
61）同上稿、同上書、350～351頁。
62）王允貴「加入WTO后中国貿易発展戦略」、王允貴主編『中国加入WTO后的外経貿発展戦略』所収、中国計画出版社、2002年、31～32頁、潘悦「経済全球化与貿易政策的協調」、馮雷等著『経済全球化与中国貿易政策』所収、経済管理出版社、2004年、79～80頁。

位を形成するのは極めて限られたものにしかすぎないとして、経済発展に対するこの形での技術輸入の役割をさほど重視しない[63]。それゆえに、論者達の関心の重点は、すでにみたように輸入よりも低保護と緩やかな輸出奨励政策に置かれることになる。

　中国の貿易摩擦の中心部分を占める労働集約的製品の輸出[64]は、すでにみたように過当競争による「輸出貧困化」成長現象の性格をもち[65]、この根本的な解決の道は、産業構造の調整と高付加価値の国際競争力を具えた製品の輸出への脱皮であるとみる[66]。このため、馮雷等の著者達は、国民経済における地位と役割に応じた国際競争力育成扶助のための対象産業選択により、積極的にこれを推進することを提唱する。

　具体的産業分類は、(1)一般競争産業（上述張二震・馬野青・方勇氏等の分類による競争性産業群とほぼ同じ）、(2)国家安全関連産業（兵器産業、軍用電子産業、宇宙・航空産業、核産業等）、(3)ハイテク産業、(4)戦略競争産業（自動車、石化、鉄鋼、非鉄金属、船舶、電子機械製造、建築等）、(5)本来的独占性産業（上述張二震・馬野青・方勇氏等の分類による本来的独占性産業と外部経済性産業の一部）、(6)公益性産業（農業科学技術、エネルギーと上述張二震・馬野青・方勇氏等の分類による外部経済性産業の

---

63) 王允貴「加入WTO后中国貿易発展戦略」、王允貴主編『中国加入WTO后的外経貿発展戦略』所収、中国計画出版社、2002年、33頁、潘悦「経済全球化与貿易政策的協調」、馮雷等著『経済全球化与中国貿易政策』所収、経済管理出版社、2004年、80頁、110頁。

64) 中国の胡錦濤国家主席は2005年9月13日のブッシュ米大統領との会談で、対米貿易黒字に対し米国製品の輸入拡大の方針で臨むことを表明した。米国側としては、中国が米国製品の輸入拡大に努力するよりも、国内衰退産業保護のため、中国製品の対米輸出自主規制を求めたいのが本音と伝えられている（『日本経済新聞』2005年9月15日）。

65) 馮雷・李玉舉「経済全球化挑戦与我国外貿競争力」、馮雷等著『経済全球化与中国貿易政策』所収、経済管理出版社、2004年、49～50頁、趙瑾「全球化与経済摩擦」、同書、281頁。

66) 趙瑾「全球化与経済摩擦」、馮雷等著『経済全球化与中国貿易政策』所収、経済管理出版社、2004年、291頁。古典的比較優位から競争優位への転換である。

一部)であるが、(1)は国際競争力優位を具えており、自由化してよいということになる。(3)には適度の保護と扶助が必要、(4)には相応の保護と扶助が必要であるとされる。(5)と(6)については上述張二震・馬野青・方勇氏等と同様な立場である。国家安全関連産業については、元々対外開放は限られたものである[67]。

3　加工貿易の位置づけをめぐる両論の相違

　張二震・馬野青・方勇氏等は、貿易と投資一体化の流れの中での多国籍企業を中心として推進される新しい国際分業としての要素分業は、中国の工業化にとって極めて積極的意義をもつと評価する。この動きは、最終製品の生産という意味からすれば、生産の国際的展開が労働集約的製品から資本集約的、あるいは技術集約的製品部門へ移行していく始まりといえ、工程の国際分業が労働集約的工程(組立)から資本集約的工程(部品、中間製品等)へと進み、その後資本・技術集約的工程(OEM等)へ向けて発展していく産業の高度化プロセスであるといえ、この中で企業内加工貿易と企業間加工貿易の発展が進行する[68]。この状況下にあって、中国は、貿易と投資の一体化と要素分業の観点から、また多国籍企業によって主導される国際分業の新体系に全面的に入り込むことを指向するという観点から、中国の開放戦略の全体的長期構想計画を立てるべきであると考える[69]。現段階の中国の戦略的産業の重点は、労働力優位の利用による製造業の発展におき、ハイテク産業におくべきではない[70]。

　加工貿易は発展途上国の産業の高度化に役立つ。世界経済の発展水準の

---

67) 潘悦「経済全球化与貿易政策的協調」、馮雷等著『経済全球化与中国貿易政策』所収、経済管理出版社、2004年、104～106頁。
68) 馬野青「貿易投資一体化与中国的貿易発展戦略」、張二震・馬野青・方勇等著『貿易投資一体化与中国的戦略』所収、人民出版社、2004年、243～245頁。
69) 同上書、前言5頁、方勇・張二震「貿易投資一体化与中国的対外開放戦略」、同書、216頁。
70) 同上稿、同上書、219頁。

向上の中で、また国際競争の必要から、多国籍企業は漸次加工貿易の中に含まれる技術量を高くしていくので、加工貿易自体技術の漸次的向上の過程ともなる。したがって、通常貿易とともに加工貿易の発展に力を注ぐべきである[71]。このために、加工貿易に対して輸出戻し税制度を改め、きちんと迅速にこの処理を行う必要がある。また、加工貿易の国内産業連関を発展させるために、国内で調達する中間財に対しても、輸入中間財に対して与えていると同様な税制上の優遇を与えるようにすべきである。加工貿易の対象が単に労働集約的製品であるとの伝統的な観念を改め、多国籍企業のグローバルな産業連鎖の中に全面的に入り込み（M&Aも含めたあらゆる方法を使った外資直接投資の導入策が必要）、急速に産業の高度化と工業化をはっていくという観点から、加工貿易を認識すべきである[72]。

これに対して、管理的貿易自由化戦略を主張する論者達は、加工貿易の意義を重視しつつも、中国におけるその限界性をみる。

加工貿易の主体は外資系企業となっており、通常貿易の比重は下がってきているのが現状であるが、「中国においては、外資系企業の加工工程の統合は大部分は、その投資に合わせて参加した外資系企業によって完成されたもので、輸出部門の産業連関効果が明確でなく、内資企業を引っ張っていく作用が強くない。比較的加工能力を具えた国有企業も多国籍企業加工工程統合の主要な一翼に組み込まれていない[73]」。中国の主導的輸出形態である加工貿易は、外資系企業が主体となって推進されており、輸出品の自主技術革新能力は却って低下することになってしまった。強くなったのは中国産業の輸出競争力ではなく、外資系企業の輸出競争力である[74]。

貿易上では、中国は基本的には供給連鎖の末端に位置しているに過ぎなく、……自己の技術が核心技術、中心部分となっている製品に欠けており、

---

71) 馬野青「貿易投資一体化与中国的貿易発展戦略」、同上書、245頁。
72) 同上稿、同上書、245〜247頁。
73) 潘悦「経済全球化与貿易政策的協調」、馮雷等著『経済全球化与中国貿易政策』所収、経済管理出版社、2004年、99頁。
74) 王允貴「加入WTO后中国貿易発展戦略」、王允貴主編『中国加入WTO后的外経貿発展戦略』所収、中国計画出版社、2002年、45頁。

外国の技術創造に重く依存しているとともに、利益獲得能力も制約を受け圧迫されている。「中国の加工貿易品の国際競争力は、国際化した生産協力方式と中国の加工・組立の環節における競争力である。当面中国の企業がまだ加工・組立以外の環節の競争力優位を掌握するまでにいたっていない段階では、加工貿易のやり方を利用して中国の輸出の成長をはかることは必要なことといわなければならない。早急に加工貿易政策を取り消すことは、中国の輸出成長に不利である。しかし、中国企業が加工・組立以外の環節の競争力の秘訣を修得し、我が物とするには有利ではない[75]」。

以上のことを踏まえた上で、中国の貿易における加工貿易の主導的地位に特に焦点をあて、加工貿易の産業高度化への積極的役割を発揮させるよう加工貿易政策を立てるべきであると提起するのである[76]。

4　国際競争力強化をめぐる政策協調と基軸をめぐる両論の相違

世界経済のグローバル化と中国のWTO加盟にともない、貿易政策は投資政策、競争政策、産業政策との関連で調整と総合が必要となってきたとする点に関しては、両者は共通認識に立つ[77]。

張二震・馬野青・方勇氏等の論者達は、「国際貿易と投資の一体化の発展が、競争を真にグローバルな性格の意味のものに変えた[78]」状況の下で、

---

75) 馮雷・李玉舉「経済全球化挑戦与我国外貿競争力」、馮雷等著『経済全球化与中国貿易政策』所収、経済管理出版社、2004年、44～45頁。ハイテク製品の輸出についてみれば、輸出の主要な部分は委託加工・組立を主とし、加工貿易による輸出がほぼ90％を占め、外資系企業製品輸出が中国全体のハイテク輸出の80％以上を占める。中国自体の知的所有権が含まれる輸出製品は少なく、付加価値も低い（同書、183頁、186～187頁）。
76) 潘悦「経済全球化与貿易政策的協調」、馮雷等著『経済全球化与中国貿易政策』所収、経済管理出版社、2004年、106～107頁。
77) 同上稿、同上書、77頁、張二震「貿易投資一体化与中国競争政策体系」、張二震・馬野青・方勇等著『貿易投資一体化与中国的戦略』所収、人民出版社、2004年、352頁。
78) 張二震「貿易投資一体化与中国競争政策体系」、張二震・馬野青・方勇等著『貿易投資一体化与中国的戦略』所収、人民出版社、2004年、320頁。

「各国の国内市場は国際市場の構成部分となり、このことから市場競争が国際経済現象となる[79]」と認識する。市場を通ずる要素（技術、情報も含む）の流動を背景とする真の意味の国際市場の形成と国内外無差別の国際市場競争の場において、市場競争の効率と公平を保障するものは、競争政策の国際的協調と秩序の確立ということになろう。各国の特殊事情を考慮した留保条件は与えられるとしても、このことによって、世界経済には均衡ある資源配置と経済的成果がもたらされるはずである。したがって、貿易政策、投資政策、産業政策、技術政策において、市場競争の効率と公平を保障する競争政策が重要な意義をもってくる。

　上述の真のグローバル競争の下で、「一国の企業が国際競争の中で競争優位を勝ち取り、保持していこうとする場合の唯一の道は、新機軸をつくり出すことである。技術をリードする以外に国際競争の中で先頭に立つことはできない[80]」。しかし、「企業は最早一国内部の技術開発によって発展を継続していくことはできなくなった[81]」。国際競争の激化の中で、競争政策を通じてハイテク産業を扶助し、競争と合併を通じて規模の経済を形成し、輸出主導製品を作り出さなければならない。「技術の内生性と外生性が、競争政策と技術政策の協調の基礎を構成する[82]」。「貿易と投資一体化の環境の下では、多国籍企業はグローバル競争の必要に対応するため、一体化したネット組織を構築し、ネット化したグローバル競争と動態的競争の戦略行動を展開する[83]」。このような多国籍企業の動きを背景とした中国における合併と規模の拡大は、「中国が競争優位を目的とした対外貿易発展戦略にきわめて有利である。第一に、多国籍企業は合併、株式支配後、前にもまして新技術移転をはかろうとする。……第二に、多国籍企業の合併は中国の国有企業改革の歩調を速め、中国の国際競争に参加する企

---

79) 同上稿、同上書、320頁。
80) 同上稿、同上書、335頁。
81) 同上稿、同上書、320頁。
82) 同上稿、同上書、336頁。
83) 馬野青「貿易投資一体化与中国的貿易発展戦略」、同上書、246頁。

業の優勢を育てるのに役立つ[84]」。「国家は技術政策によって企業自身の技術進歩を加速化することを奨励し、技術導入は国内産業の構造調整に役立てるという角度から、国際競争圧力を自覚的に利用して、本国の技術改造を推し進め、全体としての国家の産業構造の高度化を推進するということでなければならない[85]」。

上の点を踏まえて、貿易と投資の一体化を盛り込んだ「中国自身の貿易政策、投資政策、産業政策の協調は、貿易政策、投資政策、産業政策を競争政策の目標要求に従属させたものでなければならない[86]」と主張する。

これに対して、管理的貿易自由化戦略を主張する論者達は、経済のグローバル化と中国がWTOに加盟したという状況の下では、国際競争力の基礎は競争優位にあり、しかも中国が急速に工業の発展をはかり、一日も早く先進工業国の発展水準に達しなければならないという要求の中では、競争政策による技術進歩政策では十分にこの要求にこたえられないと考える。国家が技術政策によって企業自身の技術進歩を加速化することを奨励し、技術導入を国内産業の構造調整に役立てるということは当然のことであるが、中国が固有に競争優位を築いていくためには、導入技術を消化、吸収し、それに開発を加えることによって、中国固有の競争優位を装置しなければ、先進工業国に追いつき、追い越すことなどできない。貿易と投資一体化の条件下にあっては、輸出競争力とは外資系企業との競争優位に立たなければならないということであり、これがなければ内資企業を含む産業の高度化と付加価値の高い輸出を推進していくことはできない。また、中国自身の国際競争力優位こそが、外資系企業との合作上の位置を向上させる。

多国籍企業も含む外資系企業の技術移転は、外資系企業の国際戦略上の位置づけの枠の中での技術移転が主となり、比較優位要素条件をベースにおいた上での競争優位要素の移転という性格をもっている。これを突破す

---

84) 同上稿、同上書、247頁。
85) 張二震「貿易投資一体化与中国競争政策体系」、同上書、336頁。
86) 同上稿、同上書、352頁。

るためには、中国自身戦略的に焦点をしぼった技術政策を産業政策の中心に置かなければならない。それは競争政策によって補強されるが、それに止まっているわけにはいかないと主張するのである[87]。

第4節　両見解に対する評価

　張二震・馬野青・方勇氏等の論者達がいうように、貿易と投資一体化の状況下において、中国が重商主義的貿易政策を取り続けることは、中国にとって優れた選択ではあるまい。

　また、中国がWTOに加盟した以上、このような政策を取ることは許されもしない。

　工業化の中期段階から後期段階、重化学工業化、高度加工工業化へ急速に脱皮することを目指す中国にとって、改革・開放の初期のころ不足する資本を外資利用によって補うという目的は今や薄れ[88]、目下の主要な課題は産業構造の高度化と技術水準の引き上げにあるという状況下にあって、産業資本を中心とした経済のグローバリゼーションは、その大きな役割を期待する最も大きな潜在的与件である。中国企業は多国籍企業を中心とする外資系企業の世界経済の連鎖の中に全面的に入り込めば、これら外資系企業のグローバル競争は、中国の企業の競争力水準を否応なく引き上げていかざるをえまいから、中国の企業はこの過程で世界的水準の競争力をもつ企業に飛躍することができる可能性をもつ。

　中国にとって、多国籍企業を中心とする外資系企業の推し進める産業内

---

87) 潘悦「経済全球化与貿易政策的協調」、馮雷等著『経済全球化与中国貿易政策』所収、経済管理出版社、2004年、77～78頁、79～82頁、87～94頁、103～104頁、108～111頁、馮遠「経済全球化与我国高新技術産品貿易的発展」、同書、208～209頁、王允貴「加入WTO后中国貿易発展戦略」、王允貴主編『中国加入WTO后的外経貿発展戦略』所収、中国計画出版社、2002年、22頁、25頁、29頁、36頁。
88) 王允貴「加入WTO后中国利用外資戦略」、王允貴主編『中国加入WTO后的外経貿発展戦略』所収、中国計画出版社、2002年、126頁。

貿易とその具体的貿易形態としての加工貿易は、中国工業化の最も重要な中心軸となる可能性をもつ。この循環をより優れたな良性循環にもっていくためには、許される限り貿易と投資の自由化を進め、技術内容を含む中間財の輸入とその加工による高度加工品輸出を推進するということが模索されるべきということになるかもしれない。この場合、外資系企業間の競争は当然のこととしても、中国の企業に対する全面的外資系列化が前提となる。

しかし、外資系企業はグローバル競争を展開する中で、全生産工程を中国に移転し、全面的に生産工程の高度化をはかっていく行動をとるか否かについては、さらに検討の余地が残る。外資系企業の中国への進出といっても、生産工程のほぼ全部分、あるいは生産工程の中心部分を移転する場合と、生産工程の一部の非中心的工程、あるいは末端工程部分のみを移転する場合の二つの場合を区別しなければならない。

前者は労働力優位とはいえ、中国の一般的要素賦存の基礎構造を前提とする比較優位構造の利用に主眼があり、これに自己の競争優位を結合した進出であるから、当該産業全体の高度化の一端を担う。こういった部門は全般的に低技術製品の場合であって、資本設備の中に技術が安定的に内装され、その種の技術は広汎に拡散される。労働コストが主要コストで、製品差別化の程度もあまり大きくなく、参入障壁もそれほど高くない。このため、内資企業は価格競争を通じて標準商品（高品質、ブランド品以外のもの）においては国際競争力をもち、大量の輸出が可能である[89]。上にみた競争性産業群あるいは一般競争産業群と呼ばれる産業群が、これに該当するが、これらの産業群の製品の輸出は「貧困化」成長をもたらす面があり、また貿易摩擦を引き起こす。今後これらの製品の高品質化と製品差別化は、外資系企業との競争、合作の過程を通じて達成される道があろう[90]。

問題は、今後中国が貿易摩擦を解消し、「貧困化」成長からいかにして構造的に脱皮するかである。そこで、後者の場合、すなわち外資系企業が

---

[89] 王允貴「加入WTO后中国貿易発展戦略」、同上書、34頁。
[90] 前掲稿、同上書、129頁。

完成品の生産工程の一部の非中心的工程あるいは末端工程部分のみ移転する場合に関連させて考えてみたい。こういった現象は、上述の戦略発展産業群あるいは戦略競争産業、ハイテク産業などでみられる。

「大多数の製品の貿易では、中国は基本的には供給連鎖の末端部分にある。労働集約型製品のアパレルにせよ、ハイテク製品の通信設備、コンピュータ、事務処理設備にせよ、自己の技術が核心技術、中心部分となっている製品に欠けているため、……利益獲得能力が制約され、抑えられる。……中国の加工貿易の国際競争力は……中国の組立・加工という環節の競争力優位に源がある[91]」。加工貿易には委託加工・組立貿易と輸入加工貿易の二種類が含まれ、輸入加工貿易の多くは外資系企業が担っており、前

---

91) 馮雷・李玉挙「経済全球化挑戦与我国外貿競争力」、馮雷等著『経済全球化与中国貿易政策』所収、経済管理出版社、2004年、44～45頁。中国のハイテク製品の輸出は輸入加工貿易と委託加工・組立貿易による輸出を主としている。ハイテク製品輸出の内、通常貿易の占める割合は年々下がってきており、2002年における輸入加工貿易と委託加工・組立貿易による輸出は89％を占め、このうち輸入加工貿易による輸出が74％を占めている（同書、183頁、羅双臨著『中国高新技術産品貿易研究』、中国市場出版社、2005年、93頁）。2003年のハイテク製品輸出のうち加工貿易による輸出比率は90％、このうち輸入加工貿易による輸出比率は76％を占める（羅双臨著『中国高新技術産品貿易研究』、中国市場出版社、2005年、93～94頁）。中国のハイテク製品輸出は外資系企業と加工貿易によっており、中国自身の知的所有権にもとづく輸出製品は少ない（馮遠「経済全球化与我国高新技術産品貿易的発展」、馮雷等著『経済全球化与中国貿易政策』、経済管理出版社、2004年、183頁）。ハイテク製品の付加価値は低く、利益も少ない。その核心技術と中心部品は主として外国からの輸入に依存している。このことは、中国のハイテク製品の大部分の輸出製品は低い末端の加工貿易製品で、しかも簡単な加工・組立貿易製品であり、大部分が先進国の多国籍企業のグローバル生産体系に組み込まれていることを意味する。中国のハイテク産業開発区はほぼ多国籍企業の加工貿易区になっている（馮遠「経済全球化与我国高新技術産品貿易的発展」、馮雷等著『経済全球化与中国貿易政策』所収、経済管理出版社、2004年、208頁）。同様の認識は羅双臨女史によっても指摘されている（羅双臨著『中国高新技術産品貿易研究』、中国市場出版社、2005年、94頁、122～127頁、272頁）。中国のハイテク製品の貿易バランスをみると、2003年までは赤字構造であるが、2004年には全体としては41億ドルの黒字となっている。輸入規模の大きい三つの電子技術製品、計算機及び通信技術製品、電子計算機集積回路製品のうち、計算機及び通信技術製品は黒字であるが、バイオテクノロジー製品、電子技術製品、電子計算機集積回路製品、宇宙・航空技術製品、フォトエレクトロニクス技術製品、材料技術製品などは構造的赤字で国際競争力がない（羅双臨著『中国高新技術産品貿易研究』、中国市場出版社、2005年、78～79頁）。

者よりも技術要素、経営要素などで内資企業よりも競争優位にはあるが、いずれの場合も末端部分の加工・組立工程の生産に終始しているということを意味している。これは多国籍企業を含む外資系企業が、中国の競争優位が基本的に労働力優位にあるという位置づけの中で、その枠組の中で内資企業に比べ、品質保障を確保し、要素優位に立つという行動をとっているからであろう。

　したがって、中国が今後加工貿易で付加価値を高めようとすれば、自己が教育と学習過程を通じて、またR&D投資などを通じて、自己の技術、人材などの質の向上をはかり、これと加工貿易とを結合して、加工貿易の中身のグレードアップをはかっていかねばなるまい。委託加工・組立貿易は主として内資企業が担当している状況からすれば、内資企業の技術を向上させていかなければならないことになろう。内資企業の技術の向上が進めば、産業連関の連鎖が拡大する潜在性が増し、これに国内調達原料、部品に対する税制上の戻し税優遇措置を結合し、すでに指摘した企業間調達取引管理事務処理の改善をはかれば、効果はより一層大きくなろう[92]。この状況が進めば、外資系企業は内資企業と比べて要素優位をより高めなければならなくなり、全体としてこれらの生産工程の水準はより高いものへと向上していく過程が進むであろう。これは当然企業自体が先ず努力すべきことではあり、競争政策の積極的運用は一定の役割を果たすと考えられるが、単に競争次元の政策に委ねていたのでは深化の厚みがダイナミックには進むまい。肝心なことは全体的に「押し上げていく」という過程の進行がはかられなければならないということである。管理的貿易自由化戦略論者の主張の首肯されるところである。

　管理的貿易自由化戦略論者達の主張も、ＷＴＯ加盟後10年間ぐらいの期間、具体的にどこに焦点を当てるべきかについては意見が分かれている。王允貴氏を中心とする論者達、王平・銭学鋒氏等の論者達は、中レベル技術産業、すなわち自動車、化学工業、電気・電子設備、精密機械等に貿易

---

92) 第七章、278頁、宋志勇「促進加工貿易転型升級的対策」、『国際貿易』2005年8月号、24頁。

政策と産業政策の焦点を当てるべきであると主張する[93]。一方馮雷氏等の論者達は、全般的にどの部門においても技術革新が最も重要なことであるとの認識に立つが[94]、特に戦略競争産業とハイテク産業に重点を置いていることはまちがいない。ただ、ハイテク産業部門では末端の技術集約型の環節で要素優位があるとみており[95]、ここでの発展を足がかりとして、人材開発を含む自己開発の道に重点を移すべきことを提唱する。また、多国籍企業との合作研究開発、軍事的面でのハイテクの国際協力開発を含めた研究開発、従来の資源と市場を技術一般と交換するという方針を改め、資源と市場をハイテクの共同開発に切り替えるべきことを提唱する[96]。筆者の見るところ、最重点産業は中レベル技術産業におき、ハイテク部門における要素優位を生かしつつ、漸次的技術水準のアップに努めるべきかと思われる[97]。

　上のところでは、加工貿易に関連させる形で、輸出競争力の向上の戦略問題に関する両論の評価をしてきたが、既に一部触れてはいるが、通常貿易における国際競争力の向上問題との関連で両論に若干触れたい。張二震・馬野青・方勇氏等の論者達の見方からすれば、外資による加工貿易の展開に期待するところ大であるということになるが、上にみてきたように、この中身には限界性もある。通常貿易は主として国内資源、原材料、部品

---

93) 王允貴「加入WTO后中国貿易発展戦略」、王允貴主編『中国加入WTO后的外経貿発展戦略』所収、中国計画出版社、2002年、36頁、王苹・陳静「WTO与中国貨物貿易的発展」、王平・銭学鋒編著『WTO与中国対外貿易』所収、武漢大学出版社、2004年、190頁）。

94) 潘悦「経済全球化与貿易政策的協調」、馮雷等著『経済全球化与中国貿易政策』所収、経済管理出版社、2004年、111頁。

95) 王允貴氏等の論者達もこの点は認めている（王允貴「加入WTO后中国貿易発展戦略」、王允貴主編『中国加入WTO后的外経貿発展戦略』所収、中国計画出版社、2002年、34頁）。

96) 馮遠「経済全球化与我国高新技術産品貿易的発展」、馮雷等著『経済全球化与中国貿易政策』所収、経済管理出版社、2004年、209～214頁。

97) ハイテク部門は技術が急速に変化し、複雑な技能が要求される。参入障壁が高く技術開発に大規模投資を要する。また、先進的な技術基礎設備と企業間、企業と研究機関の緊密な連携が必要となる（王允貴「加入WTO后中国貿易発展戦略」、王允貴主編『中国加入WTO后的外経貿発展戦略』所収、中国計画出版社、2002年、34頁）。

にもとづく産品、製品を輸出するということになり、主として内資企業が担っているという事情にあるから、特別に独占性のあるような製品を別にすれば、外資との技術や経営上の連携が得られなく、効率が悪い。魏浩・張二震氏が指摘するように、これまでの中国の貿易政策の重点が重商主義的政策にあったことから、資本財輸入の生産性向上と技術導入に果たす役割や、中間財輸入の製造業企業の生産性向上に与える効果を軽視してきた面がある[98]。加工貿易が優勢に立つ背景である。特に外資系企業による輸入加工貿易との対比で、競争力に大きな差が出る。このような事情を背景とした加工貿易への傾斜は、中国の貿易を外因主導的性格のものにしており、通常貿易を劣勢に追い込んでいる。

　加工貿易は発展途上国に特有な一種の貿易形態であり、積極的作用とともに消極的作用もある。加工貿易は既にみてきたように、先進工業国が発展途上国を国際分業の低レベルの末端に鎖定する作用をもつ。したがって、発展途上国はこの枠組の中から抜け出る努力をしていかなければならないという課題、すなわち、通常貿易の位置を高め、加工貿易の比重を漸次縮小していき、先進工業国の支配を打破していかなければならないという課題をもつ[99]。

　裴長洪氏が指摘するように、中国の輸入政策が技術導入に有利であったかどうかは検討の余地があり、特に通常貿易を担っているのは主として内資企業であるから、政策的に資本財の輸入を通じて先進技術の導入をはかり、これをベースに自主研究開発を強化して、装置型製造業の水準を引き上げ、加工製造業の中で知的所有権比率を高め、比較優位と国際競争力を創出・強化することによって、通常貿易の輸出製品構造を改善することができる面をみるべきであろう[100]。

---

98) 魏浩・張二震「対我国現行外貿政策的反思与重新定位」、複印報刊資料『外貿経済、国際貿易』2005年第1期、26～27頁、28頁、裴長洪「尋求新的突破―我国"十一五"期間的対外貿易」、『国際貿易』2005年4月号、6頁。
99) 宋群「承接国際産業転移的利弊分析―承接国際産業転移対促成貿易強国的積極影響与局限性」、『国際貿易』2005年8月号、19頁。
100) 裴長洪「尋求新的突破―我国"十一五"期間的対外貿易」、『国際貿易』2005年4月号、6頁。

加工貿易と通常貿易との距離ということからすれば、外資側は、加工貿易における原料、部品などを国内調達するか、外国から持ち込むか、あるいは輸入するかに、それほど固有の関心はもつまいが、加工貿易における国内調達率が上がれば、加工貿易から通常貿易への転換の足がかりがつかめよう[101]。この過程は、外資系企業の内資企業に対するM&Aなどといった形によって、調達が企業内に内部化され、企業内で物的輸出入形態ではない形である工程が統合化され（企業内であるから可能となる）、貿易を通ずる加工貿易化の比率を押し下げる過程として進行する可能性がある。今一つは、加工貿易における外国調達から国内調達への転換を推し進めることである[102]。前者の側面も一部期待されるが、後者の過程は内資企業の技術の向上によるしかない。ここでも、内資企業の技術向上と経営の改善が求められることになる[103]。

　裴長洪氏が2004年1月からの戻し税の平均3％の切り下げの影響を分析したところによれば[104]、加工貿易に対するこの切り下げは、加工貿易

---

101) 宋志勇氏は、中国のWTO加盟後の動きとして、加工貿易の国内調達率が高まり、加工貿易と通常貿易との境目が模糊としてきたと指摘している（宋志勇「促進加工貿易転型升級的対策」、『国際貿易』2005年8月号、21～22頁）。
102) 宋群「承接国際産業転移的利弊分析―承接国際産業転移対促成貿易強国的積極影響与局限性」、『国際貿易』2005年8月号、19頁。
103) 前掲論文、前掲誌、24頁。
104) 中国政府は、2003年10月13日「財政部、国家税務総局関于調整出口貨物退税率的通知」（「輸出貨物還付税率の調整に関する通知」、財税［2003］222号）を発し、輸出に係わる増値税の還付率の引き下げを中心とした調整を行う決定を通知し、2004年1月1日から実施することとした。引き下げ率は4～2％の幅で、以下の特記項目を除き、一般的に従来の還付率17％と15％のものは13％、13％のものは11％に引き下げることとされた。
　　①還付率に変更がないもの
　　　ⓐ還付率5％と13％の農産品、ⓑ農産品を原料に加工した還付率13％の工業品、ⓒ増値税の徴税率が17％で輸出還付率が13％の貨物、ⓓ船舶、自動車及び主要部品、宇宙・航空機器、数値制御工作機械、プロセシングマシン、プリント基板、鉄道用機関車など現行の還付率が17％の貨物
　　②還付率を現行の5％から13％に調整するもの
　　　小麦粉、トウモロコシ粉、鴨・兎の生鮮または冷蔵のブロック肉などの貨物
　　③還付税を廃止するもの
　　　原油、木材、パルプ、カシミヤ原毛、シラス、レアアース・メタル鉱石、リン鉱石、天然黒鉛などの貨物

全体に対してはほとんど影響がなく、加工貿易に対する戻し税は必要がなくなっていると指摘し、さらにまた、この切り下げに対して加工貿易を主とする外資系企業もさほど敏感に反応していないと分析している。しかし、戻し税制度改革の輸出全体に対する影響は顕著に見られないにもかかわらず、新しい戻し税の内容構造の調整は、輸出製品の構造に積極的影響を与えた点を重視している。例えば、機械・電気製品のうち、船舶、自動車及びその重要部品等11種類の機械・電気製品に対しては17％の戻し税率に据え置き、その他の機械・電気製品の戻し税率は従来17％と15％であったものを13％に切り下げた。17％の戻し税率に据え置いた機械・電気製品の多くは輸出が伸びている。2004年に自動車輸出は40万9千台、209.3％増、7億8千万ドル、86.9％増、プリント基板1,014万8千トン、61.5％増、38億2千万ドル、60.9％増であった。[105]

中国の貿易の多重構造性からみて、将来的に輸出戻し税制度は維持していかざるをえまいが[106]、このことは、この制度自体を最早輸出拡大を第一目的とするということに置くのではなく、輸出製品構造の高度化の観点から設定すべきことを示唆している。新しい方向は、従来型の機械・電気

---

　　④貨物別輸出還付率の引下げ
　　　ⓐガソリン（商品番号27101110）、亜鉛の塊（商品番号7901）11％に引き下げ、ⓑアルミニウムの塊、黄リン及びその他のリン、ニッケル塊、鉄合金、モリブデン鉱砂及びその精鉱などの貨物8％に引下げ、ⓒコークス及び半成コークス、コークス製造用石炭、軽重焼マグネシウム、蛍石、滑石、凍石などの貨物5％に引き下げ
　　なお、詳細な内容は中華人民共和国海関進出口税則編委会編『中華人民共和国海関進出口税則・2004中英文版』、経済科学出版社、2004年、1,000～1,009頁を参照されたい。

105）裴長洪「尋求新的突破―我国"十一五"期間的対外貿易」、『国際貿易』2005年4月号、7～8頁。
106）今後中低位加工段階の加工貿易は中西部地域に移転することによって、就業の増加と経済成長の量的拡大をはかり、東部沿海部地域においては中高位加工段階の加工貿易を発展させ、加工貿易の質の向上をはかるものとみられ、重層構造となる可能性が強い（同上論文、6頁、馬強「依靠長遠産業政策―我国加工貿易転型升級面臨的問題和発展方向」、『国際貿易』2005年2月号、18頁、宋志勇「促進加工貿易転型升級的対策」、『国際貿易』2005年8月号、24頁）。

製品全体とか、軽工業品・紡績・紡織製品全体とか、情報技術製品全体とかいうのではなく、目的的に重点に合わせた差別化によって、輸出戻し税の内容を構成していくということになろう[107]。これに合わせて、内資企業の技術水準を高めていく努力をし、税制上の優遇政策を加味していけば[108]、加工貿易における国内調達率も向上していく可能性が高い。また、管理的貿易自由化戦略論者達のいう政策と首尾よく結合すれば、中国の産業構造の高度化と産業のレベルアップを背景とする国際競争力の向上を体化した貿易構造の高度化への道が進行しよう。それはまた、通常貿易の地位向上へのステップを内に含むものでもあろう。

中国は「世界の工場」とよくいわれているが、筆者の見るところ現在の中国は「世界の工場」としての地位にはなく、言うならば「世界の加工場」といったところであろうか。「世界の工場」となることを目指して、高度生産技術を漸次自らの手中におさめていくという戦略指向を開始したように見られる[109]。

---

107) 裴長洪「尋求新的突破―我国"十一五"期間的対外貿易」、『国際貿易』2005年4月号、8頁。すでに2004年から資源型製品の輸出に対して戻し税差別化政策を実施している。同年11月1日から一部の情報技術製品輸出の戻し税率を13%から17%に引き上げた（同論文、8頁）。
108) 馬強「依靠長遠産業政策―我国加工貿易転型升級面臨的問題和発展方向」、『国際貿易』2005年2月号、18頁。
109) 2005年3月5～14日に開催された第10期全国人民代表大会第4回会議では、この方向が明確に打ち出された。関連詳細については、『中華人民共和国国民経済和社会発展第十一個五年規画綱要』（2006年3月14日第十届全国人民代表大会第四次会議批准）、人民出版社、2006年3月、第三篇、第七篇を参照されたい。

第十章　WTO加盟後製造業における外資直接投資導入戦略

　中国の外資直接投資導入の総体戦略からみれば、80年代の「不足を補い不要を避ける（補短避長）」という戦略を経て、90年代に入ってから「市場をもって技術と交換する（以市場換技術）」という戦略に重きをおくようになった。80年代の戦略は、労働集約的輸出型産業に外資直接投資導入の重点をおくものであった。90年代の戦略は、外資直接投資導入によって、国内産業構造の調整の促進をはかろうとしたのであった[1]。WTO加盟、外資系企業の中国経済における地位と役割を踏まえて、新しい段階に入ったとみられる外資直接投資導入の戦略をめぐる議論を追跡してみることにしたい。

第1節　WTO加盟後の外資導入戦略の前提としての国民待遇と超国民待遇

　劉力・許民氏によれば、WTO加盟後外資直接投資導入戦略の前提として、外資に対して制限と差別政策を継続すべきであるか、原則的に国民待遇を与えるとしても、超国民待遇を与えるべきか否か、こういった問題について議論がおこなわれた様子である。両氏の整理によれば、それらは大別して、①外資に対して制限と差別政策を継続すべきか否かという議論、②外資に対して優遇政策を継続すべきか否かという議論、③国民待遇を実行するというのは外資政策調整の基本方向であるか否かという議論、この三つの議論に整理されるという[2]。

1）宋泓・柴瑜「加入WTO后中国利用外資的産業戦略」、王允貴主編『中国加入WTO后的外経貿発展戦略』所収、中国計画出版社、2002年、135頁、175～176頁。
2）劉力・許民著『入世后的中国外資政策』、中国社会出版社、2002年、239頁。

表10-1　形態別外資利用状況―2004年

外資利用形態		契約件数	契約金額 (億ドル)	実行投資金額 (億ドル)
合計	Total	43,664	1,565.88	640.72
対外借款	Foreign Loans			
直接投資	Foreign Direct Investments	43,664	1,534.79	606.30
合弁企業	Joint Ventures Enterprises	11,570	276.41	163.86
合作企業	Cooperative Operation Enterprises	1,343	77.88	31.12
外資独資企業(100%外資)	Foreign Investment Enterprises	30,708	1172.75	402.22
株式投資企業	Foreign Investment Share Enterprises	43	7.74	7.77
合作開発	Cooperative Development			1.09
その他	Others			0.24
その他の形態による外資投資	Other Foreign Investment		31.09	34.43
証券	Sale Share		4.48	6.95
リース	International Lease		0.36	0.38
補償貿易	Compensation Trade			0.05
加工・組立貿易	Processing and Assembly		26.25	27.05

注：2004年末現在の契約累計件数は50万8,941件、同金額は1兆966億ドル、実行外資投資額は5,621億ドル、契約累計件数のうち製造業企業は72.57%、同金額に占める製造業金額は64.76%を占める。実行外資投資金額の地区別構成では、東部地区86.25%、中部地区9.16%、西部地区4.59%となっている。累計契約件数約50万社のうち、すでに事業を中止、終了、あるいは営業を停止している企業数は22万社を超え、累計契約設立外資系企業の44%を占め、実際に業務を行っているのは約28万社である（中華人民共和国商務部『中国外資統計・2005』、1頁）。

出所：中華人民共和国国家統計局編『中国統計年鑑・2005』、中国統計出版社、2005年、643頁。

①の議論については、中国が既にWTOに加盟した現在、基本的には外資に対して制限と差別政策をとることはできないということたらざるをえない[3]。中国はWTO加盟に際しての承諾にしたがって、国防工業など国

---

3) 中国はWTO加盟後「貿易に関連する投資措置に関する協定（TRIMS協定）」によって、外資系企業に対して固有に制限とか差別的政策を実施することができなくなっている。概略的には、①ローカルコンテンツ要求の禁止、②差別的輸入制限取り扱いの禁止、③貿易バランス要求の禁止、④特定の製品に対する指令的要求の禁止、⑤外貨統制の禁止、⑥国内販売要求の禁止である（小寺彰・中川淳司編『基本経済条約集』、有斐閣、2002年、41頁、何茂春著『中国入世承諾点及政策法律的調整』、中国物資出版社、2002年、365～366頁、石広生主編『中国加入世界貿易組織読本（一）世界貿易組織基本知識』、人民出版社、2001年、154～156頁、同編『同（二）烏拉圭回合多辺貿易談判結果：法律文』、同出版社、2002年、177～178頁）。

家安全に関係する分野とか、タバコなどの国家が直接に経営するといったような外国の手の外にあるわずかな分野を除けば、制限的許可自体の取り消しも含む市場参入制限と持ち株比率制限を、大幅に緩めていかなければならない。少数の業種に対する市場参入制限と持ち株比率制限や、外資に対して先進技術の譲渡を要求することは、WTOの国際投資規則に縛られる性格のものではないが、これについても「米中WTO協議」で足枷がはめられ、すでにその後の関連法では「市場をもって技術と交換する」という従来の戦略を反映したこの条項は取り消されている[4]。「市場をもって技術と交換する」という戦略による技術移転の成果についての評価については、後段で触れることにしよう。

②の議論は、大別して、中国がWTO加盟後も外資に対して優遇政策を継続すべきであるという論と、WTO加盟後は外資に対して最早優遇政策を継続すべきではないという論に分かれる。劉力・許民氏によれば、前者を代表する論者としては馬宇氏、後者は王允貴氏、郭友群氏などの論にみられるという。

馬宇氏の論は、中国はWTO加盟後も外資に対して全面的に優遇政策を継続すべきであるという論である。理由は以下のようである。第一に、中国の外資直接投資導入のための市場環境整備が不十分な面（金融面で企業形態別に差別があること、法体系とその執行や市場秩序整備の不完全性、政策の安定性と透明度・政府の経済管理方法と手段・インフラ整備・情報サービス面で他国に大きく差があること）を、優遇政策によって補償する必要性があること、第二に、優遇政策といっても、所得税の「両免三減」と内資企業より低い所得税率を適用するといったことにすぎないということである。現在市場経済体制下の経済主体としての外資系企業に対して与えている経営諸権利は当然のこといえるが、それすらも十全に保障しているとはいえない。その上、外資系企業の中国財政に対する貢献、資本形成や工業の成長に対する貢献は大きく、この意味からしても外資に対して

───────────────

4) 劉力・許民著『入世后的中国外資政策』、中国社会出版社、2002年、239～241頁。

全面的優遇政策を継続すべきである。こういった理由から、中国がさらに外資直接投資を引き込み、外資直接投資の国民経済における役割を十分に発揮させるためには、外資に対して全面的に優遇政策を継続すべきであるというのである。これが馬宇氏の論である[5]。

　これに対して、WTO加盟後は外資に対して最早優遇政策を継続すべきではないと主張するのは王允貴氏、郭友群氏などである。郭友群氏はWTO加盟後は、一般的には外資に対して国民待遇原則を実行すべきであるが、一部の西部開発、ハイテク産業やインフラ等の部面で、選択的に外資に対して優遇政策を実行すべきであると主張する。王允貴氏等は原則的には優遇政策を取り止めるべきで、技術移転やR&D投資奨励関連項目のみに焦点を絞って、優遇政策を与えるべきであると主張する[6]。

　劉力・許民氏は、中国はWTO加盟後は外資に対して制限と差別政策をとることはできないから、馬宇氏が主張する外資に対する制限と差別政策の補償としての優遇政策を実行する根拠はないという。さらに、外資に対する優遇政策はさしたるものでもないから、優遇政策を実行しても差し支えないという主張も根拠を欠くという。外資に対して与えられている優遇は、地方の外資誘致競争によって与えられている優遇も含めると、単に税制上の優遇に止まらない。また、外資に対する優遇がさしたるものでないという以上、取りやめても差し支えないということにもなるのであって、それ自体論理自己矛盾である。また、国民経済における外資の役割が大きいことをもって、外資に優遇を与えるべきであるということも、正当な理由がないという。過去の国策による国営企業に対する特別の優遇は、ある特定の経済構成体の国民経済における役割の大小ということから実行してきたわけであるが、このことが市場の歪みと資源の浪費を招いたことを銘記すべきである。この反省の上に立てば、優遇政策は継続すべきではない。

　選択的に外資に対して優遇政策を継続すべきであるという主張に対して

5）同上書、237〜238頁。
6）同上書、236〜237頁、王允貴「加入WTO后中国利用外資戦略」、王允貴主編『中国加入WTO后的外経貿発展戦略』所収、中国計画出版社、2002年、132頁。

も、劉力・許民氏は反対する。国内の重点産業と重点地区の発展のために、外資にのみ優遇政策を実行し、国内の重点産業と重点地区の発展のために、内資に対して同様の優遇政策を与えないというのは何故なのか。国内の重点産業と重点地区の発展のために、内資に対して同様の優遇政策を与えても、重点産業と重点地区の発展を促進するのには意味がないというのかと反論するのである[7]。

　劉力・許民氏は、中国はWTO加盟後は、全体的には外資系企業に対して特別の優遇政策を継続して実行すべきではないと主張する。中国はWTO加盟後は、外資系企業に対して特別の優遇も与えず、制限や差別も行わない中性的な政策を実行すべきであると主張するのである。政府は今後優遇政策や制限・差別政策によって企業活動に干与すべきではなく、内資企業、外資系企業を問わず、公平な自由競争の環境を作ることに重点を置かなければならない。特殊な領域、たとえば国防工業とかタバコなどの国家専営事業などを除く一般市場部門においては、外資系企業の参入に制限や差別を設けないということ、また、すべての外資系企業のみを対象として、これまで与えてきた優遇を取り消すとともに、選択的外資優遇も与えないという中性的な外資政策が、WTO加盟後中国がとるべき政策である。一般領域であれ、国家の発展奨励領域であれ、外資系企業のみを対象とした優遇政策はとるべきでない。劉力・許民氏はこのように主張する[8]。

　劉力・許民氏が指摘するように、中国はWTO加盟後は外資に対して一般的には制限と差別政策をとることはできない。したがって、今後とるべき政策は、外資系企業も含めた競争政策に重点を置くべきであるとの論に、その限りでは反対する理由はない。しかし、これまで外資系企業に対して与えてきた優遇政策の継続に対しては、筆者は異論をもってはいるが、中国の戦略的要求に焦点を合わせて、外資に対して優遇政策をとることに必

---

[7] 劉力・許民著『入世后的中国外資政策』、中国社会出版社、2002年、241～243頁。2006年3月11日付『日本経済新聞』によれば、「中国は先端技術振興のための優遇制度を導入する」ことにした模様である。外資に認められている優遇税制並みと伝えられる。

[8] 劉力・許民著『入世后的中国外資政策』、中国社会出版社、2002年、246～247頁。

ずしも反対ではない。言うまでもなく、外資系企業に対して国民待遇を供与しなければならないということは、それを超える優遇条件を与えることを禁止するものではない。筆者の観点からすれば、中国が従来の外資戦略の成果を踏まえて、またWTO加盟後の新たな条件の下で、外資戦略の焦点をどこに当てるかが問題となる[9]。

第2節　WTO加盟後の外資直接投資導入総体戦略

　上段でみたように、WTO加盟以後、これまでの外資直接投資導入総体戦略である「市場をもって技術と交換する」という戦略方針にもとづき、自国市場を技術導入のための自己の戦略手段として利用できる前提条件は基本的にはなくなったといえる。中国はWTO加盟後は、上に貿易の部面でみたと同様に、外資直接投資導入の面でも、自国の独自の主体性をもつ政策を取ることができる余地は限られたものとなったのである。この新たな状況下にあって、中国は急速に産業技術高度化をはかっていくために、外資系企業自体が自己推進する限りでの水準を超える中国の求める技術を、直接投資を通じて獲得する新たな戦略思考が必要となろう。

　王允貴氏は、WTO加盟後中国が「市場をもって技術と交換する」という戦略を使うことができる前提条件は、最早存在しないという。「市場をもって技術と交換する」という戦略が、それなりの政策的有効性をもつ前提条件は基本的には二つである。一つは、国内市場の高保護が保障されており、外資が直接投資によってそれを乗り越えようとする場合、外資系企業に輸出義務と外貨バランス義務の要求を設定することができるような場

9）2006年1月18日付『日本経済新聞』によれば、中国国家税務総局副局長 王力氏は記者会見において、外資に対する企業所得税の優遇税制の見直しについて、見直しの時期については触れなかったものの、内資と外資の制度を一緒にする改革を積極的に研究していると述べたと報道している。この際同氏は、この優遇税制が外国資本や技術導入に大きな役割を果たしたことを認めた上で、この制度を長く続けるのは国際慣例に合わないと強調したと伝えている。

合である。この場合、外資に対して技術の譲渡を取引条件として、輸出義務や外貨バランス義務の程度を緩めるという方法によって政策目的を達成することができる。今一つは、政府が外資利用契約に干与する能力と法的根拠を具えていることである。逆にいえば、企業自主権が制限され、政府の意識なり価値判断が、外資利用契約に反映しているという条件、また、外資側に対する技術譲渡に関する規定が、いかなる国際組織の制約も受けないという条件である。

　既に中国がWTOに加盟した今、WTOの「貿易に関連する投資措置に関する協定（TRIMS協定）」によって、外資系企業に対して以下の要求をすることができなくなっている。①外資系企業に対して国内調達の要求をすることができないこと、②外資系企業に対して輸出入のバランスを要求できないこと、③外資系企業に対して輸出義務を課することができないこと、④外資系企業に対して、当該企業に帰せられる外貨の流入に関連させる形で、輸入用外貨制限を設けることができないこと等である。また、「米中WTO協議」の中では、中央政府及び地方政府の外資導入政策の中で、①技術譲渡を要求しないこと、②R&D活動をおこなうことを要求しないことが追加されている。さらに、「米中WTO協議」の中では、①中国がWTOに加盟した日から、外国企業が中国国内で製造された製品を国内販売できること、②WTO加盟後一年以内に、外資系企業は中国国内で生産された製品を国内販売でき、輸入品も国内販売できることになっている。さらに、WTO加盟後は、サービス部門において多くの外資系企業の進出が予測され、技術の意味する範囲も以前よりも広くなる[10]。

　王允貴氏の見解によれば、①多国籍企業にとって戦略上技術の独占は最も重要な戦略であり、先進技術と核心技術を市場と交換に譲り渡す可能性はありえないこと、②技術は内容が限定されたものであるが、市場を限定

---

10) 王允貴「加入WTO后中国利用外資戦略」、王允貴主編『中国加入WTO后的外経貿発展戦略』所収、中国計画出版社、2002年、120～121頁、小寺彰・中川淳司編『基本経済条約集』、有斐閣、2002年、41頁。ここで言われている中国側の外資に対する要求条件は、外資に対する制限あるいは差別条項と呼ばれる内容のことである（劉力・許民著『入世后的中国外資政策』、中国社会出版社、2002年、238～240頁）。

することはできないことから、交換関係は必然的に非対称となり、不等価交換となること[11]、③縦しんば、交換されたとしても、市場を譲り渡してしまった後で、如何にして技術を商品化して市場化していくのか、こういった理由から、「市場をもって技術と交換する」という中国の戦略には、本来的に問題が含まれているという。また、このことが政策効果を明確な実効性あるものにすることを困難にするという。

　1995年の工業センサスによれば、小分類業種517のうち、外資系企業製品のマーケットシェアが30％を超える業種は133あり、30％を超え40％以下の業種が50業種、40％を超え50％以下の業種が26業種、50％を超え60％以下の業種が30業種、60％を超える業種が27業種ある。その後マーケットシェアが50％以上の業種はずっと多くなっているはずであるとし、中国はすでに市場を大幅に譲り渡しているという[12]。一方1995年までの外資系企業の実物投資額869億元のうち、優れた設備のものは64.8％、その外の設備は二番手のものが多く、いくつかの業種ではほとんどが二番手のものである。R&Dについてみれば、外資系企業全体の販売高のうちR&D費用の占める比率は0.4％で、合弁企業では0.1％、独資企業では0.03％、香港・マカオ・台湾独資企業では0.003％にすぎない。59,311の外資系企業と生産単位のうちR&D活動しているのは258単位にすぎない。発展という観点からすれば、「市場をもって技術と交換する」という戦略は失敗の戦略であったという結論にいたっている[13]。

---

11) 例えば、技術と交換に外資系企業に中国国内への市場参入を許可したとして、ある特定の市場で市場占有率によって市場規制したとしても、類似品や他商品、他分野への参入によって、市場は拡大していく（王允貴「加入WTO后中国利用外資戦略」、王允貴主編『中国加入WTO后的外経貿発展戦略』所収、中国計画出版社、2002年、117頁）。

12) 2001年の工業部面のマーケットシェアの概況については、第六章、197頁の表6－7を参照されたい。

13) 王允貴「加入WTO后中国利用外資戦略」、王允貴主編『中国加入WTO后的外経貿発展戦略』所収、中国計画出版社、2002年、115〜119頁。いささか統計数値が旧いが、次期の工業センサスによる詳細な内容は2005年のものによらざるをえない（筆者も現段階でこれに替わる詳細な資料を入手していないので、新しい数値を王允貴氏の趣旨に沿って補充できない）。同様の指摘は他にもある。李紅女史は、外

WTO加盟後は、関税率の引き下げによって、高関税障壁を回避するためにおこなわれた外資の進出が主要動機を失うといった面での問題はあるが、上述のWTO加盟によって外資に与えられる進出条件は、外資にとっては進出動機をより鼓舞するところとなると見るのが穏当な判断であろう。これまでの中国経済にとっての外資系企業の役割は大きく二つに分けることができる。一つは、香港・マカオ・台湾の中小外資系企業を主体とした

資直接投資によって技術水準はある程度高まったが、「中国の〈市場をもって技術と交換する〉という目標の実現にはまだ程遠い」と指摘している（李紅「利用外資与維護国家経済安全」、盧曉勇・胡振鵬・李紅・陳運娟・周暉・湯廈著『国際投資理論与発達国家対華直接投資』所収、科学出版社、2004年、216頁、拙訳「中国の外資利用と国家経済安全（上）」、『広島経済大学経済研究論集』第28巻第1号、2005年、41～42頁）。羅双臨女史は「市場をもって技術と交換する」という戦略はこれまで一定の効果をもったが、中国のWTO加盟によって前提条件が弱くなったとの認識に立ち、従来の単純な市場と引き換えに技術を手に入れるという考え方を調整し、新たな条件の下での道を探らなければならないという（羅双臨著『中国高新技術産品貿易研究』、中国市場出版社、2005年、107頁、265～268頁）。劉力・許民氏は共著の中で次のように指摘している。「これまでの中国の外資政策の中では、外資投資に対して一貫して技術の先進性を要求してきたが、実際の効果はそれほどではなかったし、何らの実質的拘束作用もほとんどもたなかった。したがって、政策の実効性という観点から考えると、外資に対してこの要求を継続することはすでに意味がなくなった。別の角度から外資の中国向け先進技術の輸入に対する刺激策を考えるべきである。……すでに2000年に改定した〈外資企業法〉と2001年に改定した〈中外合資企業法〉では、関連外資系企業は"先進技術と装備を採用しなければならない"という条項は取り消された」（劉力・許民著『入世后的中国外資政策』、中国社会出版社、2002年、240～241頁）。
　こういった見解に対して、政府筋は「市場をもって技術と交換する」という戦略の有効性を主張する。例えば、商務部外国投資管理司司長の胡景岩氏は、「市場をもって技術と交換する」戦略に対する批判的見解に反論を展開している。氏の反論の一端を示せば、「多国籍企業は中国市場に入って、競争の必要から先進技術を採用せざるを得ない。多国籍企業の製品は国際市場に参入することが必要で、……国際市場の競争力の必要に応じた競争力のある製品を生産するためには、このことを保障する最も優れた技術を持たねばならない」ことになるからである（胡景岩「創新標的―透析中国技術引進的誤区」、『国際貿易』2003年4月号、6頁、拙訳「技術導入規範の革新―中国の技術導入の謬論を正す―」、『広島経済大学経済研究論集』第26巻第3号、2003年、99頁）。多国籍企業の側の必要性からする技術移転作用に信頼をおき、「市場をもって技術と交換する」戦略のこれに対する積極的促進作用を強調する。外にも、「市場をもって技術と交換する」という戦略の有効性を主張する論はある。例えば、衛志民「以市場換技術是可行的」、『中国外資』2006年第1期、52～53頁。

輸出指向型外資経済である。今一つは、多国籍企業を主体とする輸入代替型外資経済である[14]。傾向的には、「1992年以降、外資直接投資は中小企業を主とする形から、大型の多国籍企業を主とする形に転換しつつある。多国籍企業の中国向け投資は急速に拡大した[15]」。前者は輸出拡大、雇用の増加に有利であるが、技術進歩や産業構造の高度化に対する促進作用はそれほどない。将来的には、沿海地域の労働力コストの上昇と周辺諸国の外資導入競争によって制約を受けよう。後者の方は、技術進歩と産業構造の高度化に有利であるが、輸出促進作用はそれほどない。しかし、後者が技術進歩と産業構造の高度化に有利といっても、自ずとそうなるということではなく、積極的な政策が必要であって、輸入代替型外資投資を輸出競争力創出の方向へもっていかなければ、債務危機に陥る可能性が出る[16]。

今後労働集約型産業の中小外資系企業の進出は、沿海地域から中西部地域に誘導すべきというのが大方の意見であるが[17]、外資直接投資の主軸となってきている大型多国籍企業の直接投資を、中国の経済発展にいかに結びつけるかが、今後の重要な課題であろう。上段でみたように、WTO加盟後従来の「市場をもって技術と交換する」という戦略の意義が薄くなってきている条件の下で、多国籍企業が中国で設立する、あるいはすでに設立している企業を通ずる移転技術内容を、中国の産業のグレードアップ、産業構造の高度化、経済発展のためにより高度のものに、しかもより急速にもっていく策はないものか、これが重要な課題なのである。

---

14) 許堅「貿易投資一体化与外商在中国的投資」、張二震・馬野青・方勇等著『貿易投資一体化与中国的戦略』所収、人民出版社、2004年、285頁。
15) 李紅「利用外資与維護国家経済安全」、盧暁勇・胡振鵬・李紅・陳運娟・周暉・湯瓊著『国際投資理論与発達国家対華直接投資』所収、科学出版社、2004年、215頁、拙訳「中国の外資利用と国家経済安全（上）」、『広島経済大学経済研究論集』第28巻第1号、2005年、41頁。蘇旭霞著『国際直接投資自由化与中国外資政策—以WTO多辺投資框架談判為背景』、中国商務出版社、2005年、277頁参照。
16) 許堅「貿易投資一体化与外商在中国的投資」、張二震・馬野青・方勇等著『貿易投資一体化与中国的戦略』所収、人民出版社、2004年、285〜286頁。
17) 許堅同上稿、同上書、286頁、裴長洪「尋求新的突破—我国"十一五"期間的対外貿易」、『国際貿易』2005年4月号、6頁。

王允貴氏は、WTO加盟後の多国籍企業の直接投資を通ずる中国へのより高度の技術移転をはかる戦略は、二元戦略によって構成されるべきであるという。

① 製品市場における競争圧力戦略

　厳格な独禁法、反不公正競争法によって、外資系企業対外資系企業間、内資企業対外資系企業間に公平な市場競争の環境を整備し、このことによって競争を強め、この強化された競争圧力の下で、外資系企業に動態的に先進的生産技術と管理技術を移転させるようにもっていく。この戦略の要は競争圧力戦略である。

② 要素市場におけるR&D投資引き込み戦略

　企業のR&D投資に対して戻し税や補助を実施し、財政的に科学技術投資の比重を高め、科学技術の研究成果を産業化と結びつけることに重点をおき、またハイテク産業発展計画の制定などの政策を実行し、R&D投資、高度科学技術人材の養成、研究機関の間の相互切磋琢磨のシステムを構築することによって、多国籍企業のR&D基地設立投資を引き込み、新製品開発技術の流入と拡散をはかる。この戦略の要点は外資技術の引き込み戦略である。

　戦略対象の中心は多国籍企業であり、その投資奨励と経営環境に対する目的に合わせた管理の強化がはかられなければならない。目的は二元戦略によって、多国籍企業を中心とする外資系企業の先ずは技術移転をはかり、人材の流動、主体的模倣過程、部品生産の分担、科学研究の合作等を通じて、外資系企業の技術移転の流入と拡散をはかり、内資企業の学習過程を通じて、不断に技術自主開発能力の向上を推し進め、外資系企業技術移転の水準を押し上げ、中国全体的の技術水準を引き上げ、急速な経済発展をはかることである[18]。

　王允貴氏を中心とする論者達は、自身が主張するWTO加盟後のこの戦略を、「中国経済発展と外資直接投資導入"自立"型発展戦略」と名づけ、

---

18) 王允貴「加入WTO后中国利用外資戦略」、王允貴主編『中国加入WTO后的外経貿発展戦略』所収、中国計画出版社、2002年、128～129頁、130～132頁。

新しい段階の戦略として提唱する[19]。

　この戦略は、張二震・馬野青・方勇氏等の主張する「グローバル競争への一体化戦略」とは根本的に立脚点を異にする。馬野青氏は、貿易投資一体化の流れの中での多国籍企業を中心として推進される新しい国際分業としての要素分業が、中国の工業化にとって極めて積極的意義をもつと評価する。この動きは、工程の国際分業が労働集約的工程（組立）から資本集約的工程（部品、中間生産品生産等）へと進み、その後資本・技術集約的工程（OEM等）へ向けて発展していく産業の高度化プロセスであるといえ、この中で、企業内加工貿易と企業間加工貿易の発展が進行する。加工貿易は発展途上国の産業の高度化に役立つ。世界経済の発展水準の向上の中で、また国際競争の必要から、多国籍企業は漸次加工貿易の中に含まれる技術量を高くしていくので、加工貿易自体技術の漸次的向上の過程ともなる[20]。氏はこのようにとらえる。この観点に立てば、王允貴氏の主張する「中国経済発展と外資直接投資導入"自立"型発展戦略」の固有の位置づけは後退する。張二震・馬野青・方勇氏等も、「中国経済発展と外資直接投資導入"自立"型発展戦略」の中で提唱されるいくつかの対策と同様の対策を提起するが、それは多国籍企業を中心とした外資系企業の投資戦略を補完するもの、あるいは支援するものという位置づけになる。一方は、

---

19) 宋泓・柴瑜「加入WTO后中国利用外資的産業戦略」、王允貴主編『中国加入WTO后的外経貿発展戦略』所収、中国計画出版社、2002年、178頁。宋泓・柴瑜氏は次のようにいう。「この戦略の核心は、中国企業の発展を支援することにある。"自立型"発展戦略を追求し、実施していく場合、……"過度の従属"的発展の泥沼に陥らないようにしなければならない」。それはかつての鎖国閉鎖型の"自力更生、独立自主"ではないが、外資直接投資の無制限な導入と同一ではない。「それは一貫して民族企業の成長の促進と強化を核心とするものである。外資直接投資に対するコントロールを緩めるか、強化するかはこの目的実現の手段である」（同稿、同書、同頁）、宋泓「中国成為世界製造業中心的条件研究」、『管理世界』2005年第12期も併せ参照されたい。崔健氏は、国家経済安全上必要とされる中国産業の国際競争力を高めるという角度から、「我々が外資を利用するのは民族工業を発展させるためで、外資に民族工業に取って代わってもらうということではない」、と明確に述べている（崔健著『外国直接投資与発展中国家経済安全』、中国社会科学出版社、2004年、257頁）。
20) 馬野青「貿易投資一体化与中国的貿易発展戦略」、張二震・馬野青・方勇等著『貿易投資一体化与中国的戦略』所収、人民出版社、2004年、243～245頁。

大多数の製品の貿易では、中国は基本的には供給連鎖の末端部分にあり、労働集約型製品のアパレルにせよ、ハイテク製品の通信設備、コンピュータ、事務処理設備にせよ、自己の技術が核心技術、中心部分となった製品に欠けている。中国の加工貿易の国際競争力は中国の組立・加工という環節の競争力優位に源があるにすぎないとの認識に立つ[21]。

「中国経済発展と外資直接投資導入"自立"型発展戦略」に合わせた戦略対策としては、以下のような対策が提起される[22]。

① 多国籍企業と高水準の競争が展開可能な内資企業の育成[23]

　a　外資系企業と内資企業の平等な競争条件

　　WTO規則の要求にしたがって、外資系企業に対して与えられる各種優遇条件を分類し、技術移転やR&D投資奨励関連条項以外は、すべての超国民的待遇政策処置を取り消す。また、WTO加盟の承諾タイムスケジュールに沿って、外資系企業に対する差別政策を取り消す。

　b　国内の産業構造の調整

　　一部の独占的国有企業の行政管理を緩め、分割経営をする（場合によっては株式会社制を導入して民営化する）などして、競争の質を高め、競争を通じてM&Aなどを進めて、競争に強い企業を育成する。

---

21) 馮遠氏は中国のハイテク製品の輸出といえどもそうであると指摘している（馮遠「経済全球化与我国高新技術産品貿易的発展」、馮雷等著『経済全球化与中国貿易政策』所収、経済管理出版社、2004年、213頁）。
22) 馮雷氏等の論者達もハイテク開発について、独立自主、自力更生の道を取るべきであると提唱する（馮遠同上稿、同上書、209頁）。羅双臨女史も、先進国は通常新開発段階にある技術、あるいは独占的優位にある核心技術を中国には譲渡しないから、将来的にみて、中国は核心技術において先進国の支配から脱出するためには、技術導入と消化、吸収、創造という過程を、重層的かつ組織的に推し進めていく戦略をとるのが現実的選択であると主張する（羅双臨著『中国高新技術産品貿易研究』、中国市場出版社、2005年、267～268頁）。
23) 張二震・馬野青・方勇氏等の論者達も、多国籍企業と競争的関係に立つ内資企業の発展が多国籍企業のより高いレベルの技術移転を促進するという。このために、政府による税制上の優遇措置、融資などの措置を通じて多国籍企業と競争的関係に立つ企業の扶助、育成を提唱する（許堅「貿易投資一体化与外商在中国的投資」、張二震・馬野青・方勇等著『貿易投資一体化与中国的戦略』所収、人民出版社、2004年、287頁）。

  c　WTO規則の範囲内の内資企業に対する扶助

   すでに国際競争への参入を目指す輸出奨励策として述べた扶助

  d　WTO加入承諾の過渡期条項準備期間に、外資に開放する領域については前以って内資企業に参入を自由化する。

② 多国籍企業の内資企業に対するM&A行動の規範化[24]

  独禁法、反不公正競争法の制定によって、健全な競争法の体系を構築する。中国の産業発展戦略に深刻な影響を及ぼすような内資企業に対する外資によるM&A対策制度の設立[25]、M&Aによる市場支配や独占形成にたいする対策、単一外資が20%以上の議決権をもつ株式取得するような場合は公開買い付けを義務づけるなどの対策

③ 相互に競い合う複数多国籍企業の導入[26]

④ 多国籍企業に対する中心技術あるいは核心技術移転の奨励[27]

  a　中心技術を提供する外資投資項目に対する減税あるいは利子補塡

  b　加速度償却法、所得税減免措置等の運用による外資系企業の複雑技

---

24) 張二震・馬野青・方勇氏等の論者達も、多国籍企業による内資企業のM&Aが投資の内容充実と技術移転に役立つ点に注目している（許堅同上稿、同上書、288頁）。
25) 蘇旭霞氏も同意見である（蘇旭霞著『国際直接投資自由化与中国外資政策―以WTO多辺投資框架談判為背景』、中国商務出版社、2005年、283頁）。
26) 蘇旭霞氏も同意見である（同上書、同上頁）。羅双臨女史も同意見である（羅双臨著『中国高新技術産品貿易研究』、中国市場出版社、2005年、269頁）。
27) 羅双臨女史もハイテクの導入に関し優遇政策をとり、多国籍企業によるグローバル価値連鎖の配置をより高度のものにもっていくようにすべきであると主張する。内資企業の先進技術導入に対して政策融資、特別基金の創設を提唱する（羅双臨著『中国高新技術産品貿易研究』、中国市場出版社、2005年、268頁）。なお、同女史によれば、多国籍企業は独資あるいはM&Aによって、技術移転を加速化した。「通常多国籍企業は全額出資子会社に対してはハイテクの移転をしようとし、合弁企業あるいは傘下にない企業に対しては、相対的に先進的技術あるいは応用技術を移転しようとするにすぎない。多国籍企業の技術拡散問題の調査によれば、93％以上の外資系企業が中国で技術拡散行動を取っている。しかし、大部分は浅い国産化段階にあり、これが77.5％を占める。深い国産化行動、すなわち中心部分の中間投入財を国産化しているものは16.25％にすぎない。新技術創造行動をおこなっているものはわずかに6.25％にすぎない」（同書、266頁）。多国籍企業進出は技術移転に役立つが、中国に対する中心技術あるいは核心技術の移転、拡散効果は限定的であることがわかると同時に、多国籍企業の独資形態あるいはM&Aの進展は、重要技術の独占という内容も含んでいる。②の条項が必要とされる所以である。

術導入、中国における技術R&D水準向上の奨励
c 新製品、新製法技術を提供する外資投資項目に対する優先的政府調達契約
⑤ 多国籍企業の中国におけるR&D機構設立の奨励[28]
a 土地、建物、通信、運輸、電力等を一般市場価格より安く提供
b 資本機材、設備、原材料等に対する輸入税の減免
c 新技術開発あるいは品質管理の向上をはかるための教育・訓練に対するサービス提供
⑥ 国内のR&D推進政策[29]
a 宇宙・航空、電算機、電子・通信、製薬等のハイテク産業と自動車、化学工業、装置産業等の中レベル技術産業の中心技術のR&D活動に対する大幅な税減免
b 基礎研究と応用研究に対する財政的支持の強化
c 税減免の運用によって特別融資措置を講じ、中小企業のR&D活動の展開と技術の連合攻略の奨励[30]

---

28) 蘇旭霞氏も同意見である（蘇旭霞著『国際直接投資自由化与中国外資政策―以WTO多辺投資框架談判為背景』、中国商務出版社、2005年、284頁）。馮雷氏等の論者達もハイテクのR&D国際合作を提唱する。また、ハイテク開発の独立自主、自力更生の道を中心軸としつつも、従来の「市場をもって技術と交換する」という戦略を、「市場もってハイテク研究開発と交換する」という戦略に転換すべきであるという（馮遠「経済全球化与我国高新技術産品貿易的発展」、馮雷等著『経済全球化与中国貿易政策』所収、経済管理出版社、2004年、209頁）。羅双臨女史も優遇を与えることに賛成である。また、同女史は内資企業で条件のある企業が外国でR&Dセンターを作るとか、外国企業のM&Aを通ずる外国先進技術の取得を提唱している（羅双臨著『中国高新技術産品貿易研究』、中国市場出版社、2005年、268頁）。なお、同女史によれば、2004年までに外国の企業は中国に690のR&D機構（モトローラ、ノキア、ソニー・エリクソン、ATT、NEC、松下電器、インテル、IBM、アルカテル、三菱電機、マイクロソフト等）を開設している（羅双臨著『中国高新技術産品貿易研究』、中国市場出版社、2005年、267頁）。
29) 羅双臨女史も民営企業も含むハイテク企業に優遇を与えることに賛成である（羅双臨著『中国高新技術産品貿易研究』、中国市場出版社、2005年、268頁）。
30) 馮雷氏等の論者達も、ハイテク開発中小企業向け融資制度を提唱する（馮遠「経済全球化与我国高新技術産品貿易的発展」、馮雷等著『経済全球化与中国貿易政策』所収、経済管理出版社、2004年、210頁）。

  d　大学・研究機関と多国籍企業の連合研究の展開[31]

  e　高等教育体制の改革と課程の調整を急ぎ、中レベル技術、ハイテク産業の発展のための高水準の人的資源の養成[32]

⑦　企業の技術習得能力の強化[33]

  a　安価な基礎施設と販売協力提供などによって、多国籍企業と内資企業の間に下請とか納入得意先関係を築き、多国籍企業の内資企業に対する人材訓練と技術移転の実現をはかること[34]

  b　財政措置、税務措置を講ずるなどの方法による外国留学者の帰国[35]、起業の奨励

---

31) 馮雷氏等の論者達は、国内外の人材の結集の重要性を指摘している（馮遠「経済全球化与我国高新技術産品貿易的発展」、馮雷等著『経済全球化与中国貿易政策』所収、経済管理出版社、2004年、211〜212頁）。羅双臨女史は、比較的先進的な技術開発力をもつ内資企業と多国籍企業の連合研究・開発を提唱する。この場合、政府が組織者、協力者、投資者となって研究開発費投入を保障する必要があると主張する（羅双臨著『中国高新技術産品貿易研究』、中国市場出版社、2005年、269〜270頁）。

32) 馮雷氏等の論者達も、ハイテク開発のための人材、ハイテク産業の発展のための人材の育成を重視し、教育構造の調整の必要性を主張する。また、2010年までに80％のハイテク企業を研究開発型企業にして、研究開発型企業と研究型大学の連合と合作を推進すべきであると提唱する（馮遠「経済全球化与我国高新技術産品貿易的発展」、馮雷等著『経済全球化与中国貿易政策』所収、経済管理出版社、2004年、210頁、212頁）。張二震・馬野青・方勇氏等の論者達もこの点を重視し、人材の育成による豊富な人的資源の供給が、多国籍企業のR&D投資とR&D機構設立に積極的意味をもつ点を重視している（許堅「貿易投資一体化与外商在中国的投資」、張二震・馬野青・方勇等著『貿易投資一体化与中国的戦略』所収、人民出版社、2004年、287〜288頁）。羅双臨女史も人材養成の必要性を強調している（羅双臨著『中国高新技術産品貿易研究』、中国市場出版社、2005年、279〜281頁）。

33) 羅双臨女史は、政府のハイテクの消化、吸収、開発を積極的に推進するための経費投入の拡大が必要であるという。また、内資企業のハイテク製品の政府調達を増やし、知的所有権をもち、自己ブランドをもつハイテク製品（同時にブランドを打ち立てるための戦略が必要）の優先買い付けをおこない、ハイテクの消化、吸収、開発を支持すべきであるという（羅双臨著『中国高新技術産品貿易研究』、中国市場出版社、2005年、269〜279頁）。さらに、同女史は前提条件として、中国は「貿易の技術的障害に関する協定（TBT協定）」の国際標準の採用と適合性評価制度の整備をおこなう必要があると指摘され、同時に先進国が主導する国際標準制度の変革の必要性も指摘される（同書、281〜283頁）。

34) 次頁へ

35) 次頁へ

c 中小企業の技術開発奨励報奨計画の設置と画期的で重要な技術開発項目に対する特別報奨の実施、技術成果を商品化に結びつけた場合における三年前に遡る増値税の免除、払い戻し政策の実施[36]
　　d 政府と企業の協力による教育施設の立ち上げ、製造業のためのエンジニアリング、技術、技能の再教育をおこなう職業技術訓練の体系的システムの構築
　　e 大学、科学研究機関と企業の間における協力関係の構築、条件を具えた大学の企業に対する出資による企業の科学研究向け技術開発機構の設立[37]
　上のところでは、これまでの中国の経済発展戦略に向けての外資導入戦略によってすでに達成された成果、そのことを踏まえた次のステップの戦略重点産業の新たな設定への視角と照準、外資の主要戦略対象をどこに絞りこむか、またそれとの関連で地域政策を重層的にどう配置するか、しか

---

34) 張二震・馬野青・方勇氏等の論者達も、内資企業の関連産業内での集積が、多国籍企業の積極的投資誘因を強め、多国籍企業の系列化投資の促進に役割を果たし、延いては多国籍企業により先進的技術の導入を促し、資源の核心競争力構築への投資に向かわせると指摘している（許堅「貿易投資一体化与外商在中国的投資」、張二震・馬野青・方勇等著『貿易投資一体化与中国的戦略』所収、人民出版社、2004年、286〜287頁）。また、蘇旭霞氏も同意見である（蘇旭霞著『国際直接投資自由化与中国外資政策―以WTO多辺投資框架談判為背景』、中国商務出版社、2005年、284頁）。

35) 羅双臨女史は外国人技術者の招聘、中国人技術者の外国への進出を通ずる、ハイテクの消化、吸収、開発の推進を提唱する（羅双臨著『中国高新技術産品貿易研究』、中国市場出版社、2005年、269頁）。

36) 馮雷氏等の論者達も、ハイテク技術開発成果の製品化のための制度を整えることを提唱する（馮遠「経済全球化与我国高新技術産品貿易的発展」、馮雷等著『経済全球化与中国貿易政策』所収、経済管理出版社、2004年、210頁）。

37) 王允貴「加入WTO后中国利用外資戦略」、王允貴主編『中国加入WTO后的外経貿発展戦略』所収、中国計画出版社、2002年、132〜134頁。胡景岩氏は中国の自主技術革新力に悲観的で、多国籍企業への技術依存型発展論を基調とするという意味で、王允貴氏とは立場を異にするが、胡景岩氏も具体的政策では王允貴氏と同様の政策指向をとる部分がある（胡景岩「創新標的―透析中国技術引進的誤区」、『国際貿易』2003年4月号、9〜10頁、拙訳「技術導入規範の革新―中国の技術導入の謬論を正す―」、『広島経済大学経済研究論集』第26巻第3号、2003年、107〜109頁）。

もWTO加盟という中国にとっての新しい条件の下で、これらの課題と内包される問題の解決をはかっていかなければならないという戦略の模索を、主として王允貴氏等の論者達の観点を中心軸にして、他の論者たちの見解と対照、補充しつつ見てきたわけである。従来の外資導入政策の成果、内包される問題と次のステップに向けての課題という点と、WTO加盟という新たな条件を踏まえて、諸論者達が打ち出す戦略の全体的指向は、今後の外資直接投資導入の主要戦略対象を多国籍企業に当て、中レベル技術、ハイテクの中国への移転を、奨励政策と経済システム構築による高圧移転政策によって達成していくということある。しかも、この戦略は、従来に比べて中国自身が中レベル技術、ハイテク外国技術の消化、吸収、自己開発に重心を移すということが前提に置かれており、この構想を背景として多国籍企業にシステム的に移転技術の高度化を迫るという構造になっている。2006年から始まる「第十一次5ヵ年規画」期からは、この方向が積極的に推進される[38]。

第3節　WTO加盟後製造業の外資導入戦略

1　外資導入と産業発展モデルの選択

　すでに見てきたように、中国の改革・開放政策への転換は「平和と発展」の時代認識を基底としているが、対外開放の当初から、外資直接投資導入を先進国主導の経済のグローバリゼーションとの関連で位置づけていたわけではなかった。外資直接投資の導入が導入の仕方によっては、ある程度

---

38) 後にも触れるが、2005年10月に開催された党第16期5中全会以来この方向での政策指向が次々と打ち出され、2006年3月5～14日に開催された第10期全国人民代表大会第4回会議で可決された「中華人民共和国国民経済和社会発展第十一個五年規画綱要」では、この方向での戦略方針が盛り込まれた。『中華人民共和国国民経済和社会発展第十一個五年規画綱要』(2006年3月14日第十届全国人民代表大会第四次会議批准)、人民出版社、2006年3月、第三篇、第七篇参照。

第十章　WTO加盟後製造業における外資直接投資導入戦略

利用の余地があると踏んでいたのが実情であろう。貿易の発展と外資直接投資導入を、経済のグローバリゼーションの視野の中に入れて、一つの柱として本格的に位置づけるようになったのは、GATTの地位回復を考えるようになってからとみるのが一応は妥当であろう。しかし、GATTの地位回復への動きも、中国は必ずしも経済のグローバリゼーションの動態を十分に認識した上で、その動きを開始したともいえないようだ[39]。中国のWTO加盟に対する賛否両論の概要については、第四章ですでに述べたところであるが、ともあれ、中国は2001年12月WTOに加盟したわけであり、経済のグローバリゼーションの流れを全面的に受け止めなければならなくなったわけである。

中国はこの流れの中で、外資直接投資をどのように組み込み、自己の経済発展をはかっていくかの戦略を模索しなければならないという課題を突き付けられることになったわけである。しかも、上段で示したように、限られた制約条件の下においてである。

王允貴氏を中心とする論者達によれば、経済のグローバリゼーション推進の中心主体としての多国籍企業の影響という観点からすると、発展途上国の産業発展には、三つの戦略モデルが考えられるという。すなわち、①多国籍企業依存型産業発展モデル、②多国籍企業拒絶自給自足型産業発展モデル、③多国籍企業利用"自立"型産業発展モデルの三つである。

このうち、②のモデルは、「後発の利益」の利用が限られること、比較優位の利益の利用が限られること、世界から孤立化し、経済のグローバリゼーションの利益が得られないこと、自己によるR&D努力が過大になる上に、却って技術進歩に差がつく可能性のあること等々の理由から、このモデルは採用し難いという。①のモデルは、多国籍企業によって先進技術や進んだ生産管理法が持ち込まれるが、このことは、これら先進技術や進んだ生産管理法が、発展途上国によって真に掌握、吸収されるということを意味

---

[39] 鄭海東氏は、中国のGATT／WTO加盟の経緯を丹念に追跡研究した後、「中国のGATT／WTO加盟の経緯を見れば、これは経済問題である前に、まず政治問題であることが容易に観察できよう」と指摘している（片岡幸雄・鄭海東『中国対外経済論』、渓水社、2004年、432頁）。

393

しない。多くの場合、ある種の低位の単純加工部分の移転がおこなわれるというにすぎなく、重要な部分は多国籍企業の支配下におかれ、移転技術や設備も時代おくれのものや二番手のものに限られる。比較優位の利益は利用できるが、極端な場合旧来の植民地型の静態的比較利益が得られるにすぎないような形となり、動態的比較優位の利益が抑えられ、全体的利益が十全に獲得し難い。①のモデルの下では、多国籍企業は途上国産業を自己のグローバル経営体系に完全に融合化するが、これは途上国を一つの生産基地としてとか、製品販売地としてとか、あるいは原料供給地としてとかという、単に一つの生産段階、あるいはある一生産環節の位置として融合化するにすぎない場合が多い。この一体化は多国籍企業の立場からする一体化にすぎなく、途上国の追求する産業の一体化ではない。このことから、王允貴氏を中心とする論者達は、結局発展途上国の産業発展のモデルとしては、基本的に③のモデルを主に考えるべきであるというのである[40]。

しかしながら、発展途上国の産業開発モデルとして③のモデルを主に考えるということは、あらゆる国（地域）が、あらゆる産業をすべて"自立"発展させなければならないということではない。多国籍企業依存型産業発展モデルの前提条件は、すべてのあるいは大部分の産業の発展が、多国籍企業に依存する形で行われるということであり、"自立"型産業発展モデルの前提条件は、すべてのあるいは大部分の産業の発展は"自立"型でやらなければ達成できないという条件下にあるということである。したがって、"自立"型産業発展モデルを主とするといっても、産業、業種に応じて条件的に選択的である。シンガポールのような場合、多国籍企業依存型産業発展モデルがより適合し、中国のように人口規模の大きな途上国の場合、"自立"型産業発展モデルがより適合しているという[41]。このことか

---

40) 宋泓・柴瑜「加入WTO后中国利用外資的産業戦略」、王允貴主編『中国加入WTO后的外経貿発展戦略』所収、中国計画出版社、2002年、138〜143頁、178頁、180頁、宋泓「中国成為世界製造業中心的条件研究」、『管理世界』2005年12期、88〜90頁。
41) 同上稿、同上書、146頁。小国で特殊な国情にあるような場合、多国籍企業は戦略的に自己開発の機軸の中に包摂、融合化していく可能性があると見るからであろう。

ら、中国は各産業の具体的発展段階、産業あるいは業種の特性を考え、条件的にいくつかの産業を選択して自立的発展政策をとり、またいくつかの業種では依存型発展を選択しうるという[42]。

　外資利用"自立"型産業発展を追及する場合には、外資直接投資と多国籍企業の産業への介入の程度に応じて、指針を示して必要な制限をおこなわなければならない。外資直接投資導入は内資企業の成長を損なわない限りでということであって、多国籍企業は内資企業発展のバイプレーヤーとしての位置におくということである。この限度を超えた外資直接投資の流入は中国経済発展の潜在的生命力（内資企業の資本蓄積の前提条件と主体的自己革新の前提条件…括弧内筆者）を殺ぐ。これと反対に、外資直接投資の流入の程度が適度であれば、多国籍企業は内資企業の発展と経済の自立の目標の達成を促進する。したがって、内資企業の競争力に合わせて外資直接投資の規模と地位を定めるということは、内資企業の競争力が強いところでは外資の直接投資をより多く導入し、多国籍企業の規模もより大きくてもよいということで、内資企業の競争力が弱い、あるいは新興業種のところでは外資直接投資導入も制限し、多国籍企業の規模も基本的には内資企業と同水準相当にすべきということになる[43]。

2　新たな外資直接投資導入産業戦略論

　上述の基準からみて、どの産業分野が問題となる分野であるかについて、宋泓・柴瑜氏は具体的に分析をおこなっている。両氏の分析は1997年の『中国外商投資報告』統計によるものでいささか旧いが、本稿との関連要点部分は次のとおりである。

　両氏は外資系企業の中国の産業成長に対する影響を、外向型（外国市場指向型）と内向型（国内市場指向型）に分けて分析した上で、外資系企業は輸出指向が強く、中国の各産業の輸出拡大に大きな促進作用を果たした

---

42) 同上稿、同上書、135頁、180頁。
43) 同上稿、同上書、178～179頁。

が、外資系企業の工業部門の産業成長に対する内向型影響は、外向型成長に与えた影響よりもはるかに大きいことを正視すべきであると指摘する。両氏は外資系企業の国内市場マーケットシェアが20％を超える業種がかなりあることを指摘され、12業種[44]では40％を超える点を重視されている[45]。

　これと必ずしも同一の業種分類ではないが、2001年の工業部門の各産業の関連状況については第六章ですでに一部触れた。2004年の『中国工業経済統計年鑑』によれば、2003年に採掘業部門とガス・水道部門を除く31業種のうち、外資系企業の国内マーケットシェアが20％を超える業種は20業種で、「一般機械」20.8％、「医薬品」21.1％、「化学」21.3％、「食品加工」23.2％、「金属製品」24.4％、「電気機械及び機材」24.9％、「家具」27.2％、「印刷」27.5％、「工芸品及びその他の製造業」27.7％、「製紙及び紙製品」28.2％、「プラスチック」30.4％、「ゴム」31.1％、「飲料」31.6％、「皮革・毛皮・羽毛製品」32.0％、「文化・教育・体育用品」33.3％、「アパレル」34.1％、「食品製造」37.7％、「交通・運輸設備」40.2％、「科学機器・計器、事務用機械」43.3％、「電子及び通信設備」61.3％となっている。外資系企業の国内マーケットシェアが20％未満の業種は、「タバコ」、「紡織」、「木材加工」、「石油・天然ガス」、「石油加工・コークス」、「化学繊維」、「非金属鉱物」、「鉄及び関連金属」、「非鉄金属」、「専門設備」、「電力」の11業種のみである。

　上記31業種のうち2001年に比べて2003年に外資系企業の国内マーケットシェアが上昇した業種は18業種で、反対に下がった業種は10業種である（2003年の統計では「工芸品及びその他の製造業」と「石油・天然ガス」の2業種が独立業種として設けられているが、比較できない）[46]。この状況からすると、中国のWTO加盟後外資系企業が全般的に国内市場への参入を強めている事情がわかる。宋泓・柴瑜氏の分析に合わせた小分類業種区

---

44) ①ニット製品、②アパレル、③日用電子器具製造、④菓子類、⑤文化・事務機械、⑥コンテナ、⑦電子部品製造、⑧オートバイ、⑨通信設備、⑩体育用品、⑪ソフトドリンク、⑫乗用車の業種である。
45) 前掲稿、前掲書、153〜154頁。
46) 398頁へ

第十章　WTO加盟後製造業における外資直接投資導入戦略

表10-2　外資系企業の市場占有率—2003年

業　種	全国売上高に占める外資系企業のシェア(%)	2001年に対する趨勢	全国工業出荷額に占める輸出比率(%) (A)	(A)に占める外資系企業の比率(%)	外資系企業の工業出荷額に占める輸出比率(%)	国内市場向け工業出荷額に占める外資系企業のシェア(%)	2001年に対する趨勢
食品加工	27.6	↗	11.2	54.8	23.0	23.2	↗
食品製造	39.6	▲	10.9	47.6	13.4	37.7	▲
飲料	31.8	↗	3.6	44.0	4.9	31.6	↗
タバコ	0.6	→	1.0	3.3	5.9	0.6	→
紡織	23.3	↗	29.7	41.0	51.9	16.1	↗
アパレル	47.3	↗	54.6	57.3	66.9	34.1	↗
皮革・毛皮・羽毛製品	51.0	▲	55.6	66.5	72.2	32.0	▲
木材加工	26.5	↗	20.8	57.1	44.6	18.6	↗
家具	50.4	↗	47.4	76.1	71.6	27.2	↗
製紙及び紙製品	32.7	→	7.7	75.2	18.2	28.2	▲
印刷	34.3	→	10.4	86.8	26.8	27.5	▲
文化・教育・体育用品	60.0	→	67.9	71.8	82.0	33.3	▲
石油・天然ガス	3.9		4.2	50.5	29.0	5.4	
石油加工・コークス	10.2	↗	4.8	29.5	14.0	9.2	↗
化学	23.5	↗	9.4	41.7	16.9	21.3	↗
医薬品	21.0	▲	11.0	25.9	13.2	21.1	▲
化学繊維	19.9	↗	6.0	41.3	12.4	18.4	↘
ゴム	39.0	↗	20.9	60.0	33.8	31.1	↗
プラスチック	43.3	▲	26.7	77.7	48.2	30.4	▲
非金属鉱物	17.3	↘	8.9	49.2	25.9	13.8	↘
鉄及び関連金属	8.6	↗	3.4	20.4	8.0	8.3	↗
非鉄金属	12.8	↗	10.5	26.6	21.2	11.6	↗
金属製品	36.1	→	27.8	64.3	50.3	24.4	▲
一般機械	25.5	↗	15.0	49.4	29.5	20.8	↗
専門設備	20.9	↗	9.1	50.7	22.8	17.1	↗
交通・運輸設備	40.4	↗	8.5	43.9	9.2	40.2	↗
電気機械及び機材	35.9	↗	25.5	66.9	47.9	24.9	↗
電子及び通信設備	78.3	↗	53.2	91.9	63.0	61.3	↗
科学機器・計器・事務用機械	68.4	↗	52.7	89.5	69.8	43.3	↗
工芸品及びその他の製造業	42.4		56.5	52.7	71.2	27.7	
電力	10.7	→	1.0	76.8	4.4	17.4	↗

注：表6-7と資料が異なるのは、表6-7と表6-11の項目に係わる2003年の数値を、便宜上同一資料からとったためである。表6-7の基礎となっている中華人民共和国統計局編『中国統計年鑑』の該当数値と国家統計局工業交通統計司編『中国工業経済統計年鑑』の該当数値は同じものであるので、ここでは後者によった。前者には本表に係わる一部統計数値が掲載されていない。2001年に対する2003年の趨勢は、表6-7と表6-11の数値と対比してある。

出所：国家統計局工業交通統計司編『中国工業経済統計年鑑・2004』、中国統計出版社、2004年、65頁、69頁、95頁、99頁より作成。

397

分による2003年の業種別国内マーケットシェア状況では、20％を超えるシェアの業種、40％を超えるシェアの業種がより多くなっていることが予測される。

宋泓・柴瑜氏は、この間の事情を次のように総括している。「中国の対外貿易と産業構造の調整の中で、外資系企業はすでに主導的な地位を占めるようになってきている。この主導的地位は、外資系企業がすでに中国国内企業の輸出の柱となり、また輸入代替をリードする地位にあることを物語っている。より重要な点は、外資系企業が産業間貿易（産業内貿易ではない…括弧内筆者）を重視してきているということであり、内資企業はすでに外資系企業の"下働きあるいは貿易の付属物"になっており、これによる輸出外貨が外資系企業の発展を作りだしているのであって、その逆ではない。正にこの意味において、中国経済は目下深刻な"外資系企業化"の過程にあるとみられる[47]」。

表10-2は、参考までに2001年と比べた2003年のマーケットシェアの変化の様子を示したものであるが、この表の変化の状況から、競争力の基礎条件を踏まえた内資企業と外資系企業の間の中長期的な競争力の優勢、

---

46) 2003年に外資系企業の国内市場マーケットシェアが20％を超える業種で、2001年に比べてシェアが上昇しているのは、「食品加工」（3％上昇）、「飲料」（2％同）、「アパレル」（2％同）、「皮革・毛皮・羽毛製品」（1.5％同）、「家具」（1％同）、「化学」（2％同）、「ゴム」（4％同）、「一般機械」（3％同）、「交通・運輸設備」（10％同）、「電気機械及び機材」（0.5％同）、「電子及び通信設備」（1％同）、「科学機器・計器、事務用機械」（12％同）の12業種で、シェアが下がっているのは、「食品製造」（1％低下）、「製紙及び紙製品」（1％同）、「印刷」（1％同）、「文化・教育・体育用品」（4％同）、「医薬品」（1％同）、「プラスチック」（2％同）、「金属製品」（2％同）の7業種である。2003年に国内市場マーケットシェアが20％未満の業種で、2001年に比べシェアが上昇している業種は、「紡織」（2％上昇）、「石油加工・コークス」（1％同）、「鉄及び関連金属」（0.5％同）、「非鉄金属」（1％同）、「専門設備」（3％同）、「電力」（1％同）の6業種で、シェアが下がったのは「木材加工」（5％低下）、「化学繊維」（1％同）、「非金属鉱物」（1％同）の3業種である。国家専営を基本とするタバコ部門における外資系企業の国内マーケットシェア（2003年のシェアは0.6％）は、特に取り上げる必要はあるまい（国家統計局工業交通統計司編『中国工業経済統計年鑑・2002』、中国統計出版社、2002年、69頁、99頁、同編『同年鑑・2004』、同出版社、2004年、65頁、95頁の数字より計算）。

47) 前掲稿、前掲書、155頁。

劣勢の趨勢を直ちに判断することはできない。問題は各々の業種の"外資系企業化"の性格評価に関連しよう。判断の核心は、両者の間にある競争力格差の基盤と条件の中で、今後の動態をどうみるかである。

（1）低技術・資源を基礎とする業種

　上述の31製造業業種のうち、中国がかなり、あるいは一定の比較優位と競争優位をもつ業種は、「アパレル」、「文化・教育・体育用品」、「皮革・毛皮・羽毛製品」、「食品加工」、「食品製造」、「紡織」、「家具」、「金属製品」、「ゴム」、「非金属鉱物」、「プラスチック」[48]、「木材加工」、「工芸品及びその他の製造業」、「電気機械及び機材―家電機械」などの業種である。これらの業種の内、2001年に比べて2003年に外資系企業の国内のマーケットシェアが下がったのは、「食品製造」、「文化・教育・体育用品」、「金属製品」、「プラスチック」、「木材加工」、「非金属鉱物」、「印刷」である。これらの業種がかなり、あるいは一定の比較優位と競争優位をもつというのは、これら業種の加工あるいは製品においてというある意味では限定された内容を含む業種もあって、ゴムやプラスチックなどは原料生産段階では比較優位をもっているわけではない点は注意を要する[49]。

　これらの製品はいずれも労働集約的製品であることを特徴とするが、競争優位という観点から見れば、上に見た通り外資系企業が競争優位に立ち、国内マーケットシェアが20％を超えているものが多く、上昇しているものもかなりある。これらの業種の製品は、昨今の貿易摩擦の対象となっている主要製品で、このことへの対策と同時に、これら業種製品の高付加価値化、高度化をはかるために、すでに一部実施した輸出戻し税の切り下げ・撤廃、輸出税の賦課のほかに、上述したように外資系企業に対しては企業

48）同上稿、同上書、169頁。
49）例えば、2004年のゴム、プラスチックの輸出入でみれば、原料の輸入を含めてみれば比較劣位構造となるが、製品でみれば比較優位構造の様子がうかがわれる（General Administration of Customs of the People's Republic of China., China's Customs Statistics（Monthly）, December 2004（Series No.184）, Economic Information＆Agency, Hong Kong、p.11、中国経済年鑑編輯委員会編輯『中国経済年鑑・2004』、中国経済年鑑社、2004年、180頁、192頁、247頁、1,009～1,010頁）。

所得税の優遇の撤廃を考えている。このこともあって、外資系企業は内外両市場をにらみながら、従来に比べ輸出指向から国内市場指向へ重点を移していく動きに出る可能性が強く、すでに上述のところで、その動きの一端が嗅ぎ取れる。

これら業種の自立的発展（内資企業のグローバル化への指向）という観点からすれば、王允貴氏を中心とする論者達の二つの指摘が、今後のこれら業種に対する外資直接投資政策上の基本的視点として重要に思われる。

先ず第一に、これら業種はいずれも低技術あるいは資源を基礎とした業種で、これら業種における外資系企業の技術優位はそれほど高いというわけではない。内資企業もこれに伍するかなりの競争力をもっている。これらの業種では、いくらかの政策的奨励と競争の程度を高めれば、外資系企業は速やかに技術移転をおこなう可能性がある[50]。

第二に、上に指摘したような外資系企業の動きと、すでに外資系企業の入ってくる余地の限られていることなどの事情は、国内市場における競争を激化させ、このような競争が外資系企業と内資企業の間で比較的対等な協力関係、提携関係などの構築を促し、内資企業と外資系企業の融合的グローバル化を発展させる可能性がある[51]。

したがって、これらの業種では固有の戦略的外資政策はさほど必要とせず、競争政策を適切におこなうことが重要で、基本的にはこれを通じて自立的発展がはかられるとみている。

（2）中レベル技術業種―現段階における戦略業種

すでに一部触れたが、WTO加盟後中国の論者達が、中レベル技術産業の発展に戦略的焦点をあてるのにはそれなりの背景がある。中レベル技術産業は、発展段階からみて中国が追い付くのに力を入れなければならない産業であると同時に、多国籍企業が決断に迷いをもちつつも、潜在的には

---

50) 王允貴「加入WTO后中国利用外資戦略」、王允貴主編『中国加入WTO后的外経貿発展戦略』所収、中国計画出版社、2002年、129頁。
51) 宋泓・柴瑜「加入WTO后中国利用外資的産業戦略」、同上書、138～143頁、178頁、180頁。

技術移転をする可能性のある産業である。中国は中レベル技術産業では基本的に比較劣位にある[52]。

中国の現段階の技術の構成から見れば、基礎技術はすでに具えており、軍事・宇宙・ゲノム解読などの部門のハイテクでも、すでに先端レベルに達しているが、中間技術が決定的に欠けている[53]。したがって、中国の産業構造は畸型的で、内的に組織された内実を具えておらず、総体的にみて体系的に大きな弱点をもっているというのが、中国の論者達の基本的な認識である。これまでの各国の産業技術政策の成功例から判断して、一つの独立し、且つ整った内的に相互に連関した調和のとれた産業構造を打ち立てることが、現段階における中国の外資利用と技術導入政策目標調整の最も重点を置くべきところであって、資金の蓄積よりも、技術の蓄積の方が現段階では重要であるとみる。このことから、「第十一次５ヵ年規画」期の外資利用と技術導入政策の重点は、目下の中国の中間技術の深刻な欠落を埋め、問題の解決をはかることに転換すべきであり、これに向けて国際産業移転領域と技術政策目標を調整すべきであるとの判断に立つ[54]。

これらは具体的には、自動車関連製品業種、化学工業製品業種、電気及び電子産業の低いレベルの業種、機械を代表とする各種装備製造業種、鉄鋼及び関連製品、非鉄金属及び関連製品などである[55]。化学工業製品業種

---

52) 前掲稿、前掲書、130頁。
53) 于立新・姚雯「向関聯産業多元投資傾斜―我国"十一五"期間利用外資与引進技術的政策思考」、『国際貿易』2005年11月号、23頁、王允貴氏は次のように指摘している。軍事・宇宙・ゲノムなどの分野では優れた業績を出しているにもかかわらず、自動車や高度数値制御工作機械、半導体チップなどの自主開発ができない根源は、技術上の実力が不十分だということではなく、科学研究体制が経済競争に適合していないということにあり、基礎研究が比較的強いのに、これが応用研究と開発面での研究の弱い部分を支えていないということにある（王允貴「加入WTO后中国貿易発展戦略」、王允貴主編『中国加入WTO后的外経貿発展戦略』所収、中国計画出版社、2002年、37頁）。
54) 于立新・姚雯「向関聯産業多元投資傾斜―我国"十一五"期間利用外資与引進技術的政策思考」、『国際貿易』2005年11月号、23頁。
55) 王允貴「加入WTO后中国貿易発展戦略」、王允貴主編『中国加入WTO后的外経貿発展戦略』所収、中国計画出版社、2002年、34～35頁、王允貴「加入WTO后中国利用外資戦略」、同書、130頁。

の範囲は広く、これには基礎化学原料、化学肥料、農薬、塗料・印刷用インク・染料、合成材料専用化学品、日用化学品などが含まれる（上述のゴム、プラスチック製品などを除く）[56]。非鉄金属及び関連製品については、鉛、亜鉛、錫、アンチモン、マグネシュウム、タングステン、モリブデン、希土類などの分野では比較優位にあるが、銅やニッケルでは国際競争力がない[57]。鉄鋼及び関連製品については、下級製品は国際競争力をもち、鉄鋼の生産量としては世界第一位であるが、高付加価値で高度技術内容の鉄鋼製品は輸入依存度が高く、比較劣位にある[58]。機械を代表とする各種装備製造業種には、一般機械製造、専門設備製造、電気機械及び機材製造（家電を除く）などが含まれるが、専門設備製造部門は基本的には比較劣位にあり、特に鉱山専用機械、石化専用機械、医療用機械、紡織機械の部門は国際競争力を具えておらず、輸入依存度が高い。一般機械製造の一部では一定の競争力をもつ（ボイラー、ベアリング、一般的部品、鍛造品など）が、内燃機関、起重設備、金属切削機械などの部門は競争力を具えていない。電気機械及び機材製造（家電を除く）部門のうち、労働集約的部門は一定の競争力をもつ[59]。

---

56) 李廉水・杜占元主編『2004・中国製造業発展研究報告』、科学出版社、2004年、220頁。業種としてみれば、産業成熟度が低く、主要原料品が不足、核心技術・装置は輸入に依存している（国務院発展研究中心産業経済研究部課題組「加入WTO対製造業的影響及政府政策」、王夢奎主編『加入世貿組織后的中国』所収、人民出版社、2003年、168頁）。
57) 国務院発展研究中心産業経済研究部課題組「加入WTO対製造業的影響及政府政策」、王夢奎主編『加入世貿組織后的中国』所収、人民出版社、2003年、171頁、General Administration of Customs of the People's Republic of China., China's Customs Statistics (Monthly), December 2004(Series No.184), Economic Information & Agency, Hong Kong, p.12。
58) 国務院発展研究中心産業経済研究部課題組「加入WTO対製造業的影響及政府政策」、王夢奎主編『加入世貿組織后的中国』所収、人民出版社、2003年、170頁、General Administration of Customs of the People's Republic of China., China's Customs Statistics (Monthly), December 2004(Series No.184), Economic Information & Agency, Hong Kong, p.12。
59) 国務院発展研究中心産業経済研究部課題組「加入WTO対製造業的影響及政府政策」、王夢奎主編『加入世貿組織后的中国』所収、人民出版社、2003年、171～173頁。

第十章　WTO加盟後製造業における外資直接投資導入戦略

　宇宙・航空機関連製造部門を除く「交通・運輸設備」部門について、以下若干触れておきたい。
　「交通・運輸設備」部門では、2003年の業種全体の工業出荷額の8.5%が輸出されているが、このうち43.9%を外資系企業が輸出している。売上高に占める外資系企業のシェアは急速に高まっているのに対し、業種全体の輸出比率、この中に占める外資系企業の比率はやや下がっている。外資系企業の工業出荷額に占める輸出比率も大幅に下降がみられ、外資系企業の国内市場におけるマーケットシェアは急速に上昇しており、外資系企業の国内市場重視が明確に出ている。
　この部門には鉄道輸送機械設備製造部門、自動車製造部門、モーターバイク製造部門、電車製造部門、船舶製造部門、宇宙・航空機関連製造部門などが含まれるが、船舶製造部門についてはすでに国際的にみてほぼ先進水準に到達しており、世界第三位の造船大国の地位にある[60]。2005年の造船は1,200万トンに達し、国際市場に占めるシェアは前年の14%から18%に上昇したと伝えられる[61]。すでに第九章で指摘したように、この業種は自立的発展の可能性があるが[62]、中国の船舶製造の60%のセット部品は輸入されており[63]、自立的発展は技術の習得と自己開発の努力によらなければならない。2005年1月1日から実施された「外商投資産業指導目録」では、一部の特殊船、高性能船の船舶設計・製造、部品などの設計・製造における外資導入は奨励項目（中国側がマジョリティをとる）とされている[64]。
　鉄道輸送機械設備製造部門は一般的水準の基礎を具えているが、今日の

---

60) 李廉水・杜占元主編『2004・中国製造業発展研究報告』、科学出版社、2004年、215頁。
61) 日本国際貿易促進協会『国際貿易』2006年1月17日号。最近の情報によれば、2005年の中国の船舶輸出額は対前年比49.4%増の47億18百万ドルに達した様子である。このうちバルクキャリア、輸送船、コンテナ船の輸出額が32億ドルを占める。世界市場におけるシェアは、バルクキャリア42%、輸送船25%、コンテナ船19%を占める。輸入額は対前年比52.7%減の4億9千万ドルであった（同紙2006年3月7日号）。
62) 国務院発展研究中心産業経済研究部課題組「加入WTO対製造業的影響及政府政策」、王夢奎主編『加入世貿組織后的中国』所収、人民出版社、2003年、172頁。
63) 李廉水・杜占元主編『2004・中国製造業発展研究報告』、科学出版社、2004年、218頁。
64) 次頁へ

時代的要請に対応するに十分な水準に達していない[65]。上述の「外商投資産業指導目録」でも、高度の水準の鉄道輸送技術設備製造と都市快速鉄道交通輸送設備製造部門は外資導入奨励業種とされている[66]。因みに、2003年における中国の鉄道関連設備の輸出は1億5千万ドル程度である[67]。

　2004年における自動車生産台数は約507万台、対前年成長率14%、自動車製品輸入額約163億ドル、対前年増加率13%、このうち完成車輸入18万台（ノックダウン輸入を含む）、対前年増加率2.6%、54億ドル、対前年増加率3%、中心部品輸入37億ドル、対前年増加率23%、その他輸入部品72億ドル、完成車輸出41万台（ノックダウン輸出を含む乗用車9,335台、ジープ779台、マイクロバス62,281台、大中型バス4,782台、大型重量トラック51,347台、特殊自動車275,186台）、8億ドル、中心部品輸出12億ドル、その他の部品輸出62億ドルといった状況になっている[68]。

　一定規模以上の中国の自動車製造関連企業は2003年には5,439社あり、この内完成車メーカーは204社、特殊自動車及び改造車工場376社、モーターバイクメーカー217社、車体メーカー127社、自動車及びモーターバイク部品メーカーが4,518社ある[69]。2004年における自動車関連企業数は5,857

64）「外商投資産業指導目録（2004年修訂）」、国家発展和改革委員会外資司編『我国利用外資和境外投資実用法規政策匯編』、中国計画出版社、2005年、113頁、日本国際貿易促進協会『国際貿易』2005年1月18日号。

65）『日本経済新聞』2006年3月9日号によれば、「第十一次5ヵ年規画」期間中に建設する北京―上海間の高速鉄道について、車両を自己開発する考えのようである。すでに湖北省武漢―広州などの路線では、シーメンスと日本連合が車両を受注しているが、契約では日独企業には中国メーカーへの技術供与と国産化への協力が義務づけられている。

66）「外商投資産業指導目録（2004年修訂）」、国家発展和改革委員会外資司編『我国利用外資和境外投資実用法規政策匯編』、中国計画出版社、2005年、113頁、日本国際貿易促進協会『国際貿易』2005年1月18日号。

67）中国商務年鑑編輯委員会編『中国商務年鑑・2004』、中国商務出版社、2004年、50頁。

68）中華人民共和国商務部編『2005年中国外商投資報告』、2005年、68〜69頁（http://wzs.mofcom.gov.cn/aarticle/ztxx/dwmyxs/200510/20051000527050.html）。

69）中国経済年鑑編輯委員会編輯『中国経済年鑑・2004』、中国経済年鑑社、2004年、279頁。

404

社、同年末までの外資投資項目が3,405件、契約外資金額152億ドル、実際に投資された外資金額は102億ドルである[70]。代表的な自動車メーカーは上海GM、上海VW、一汽VW、北京現代、広州ホンダ、天津一汽、奇瑞汽車、東風日産、神龍汽車、吉利汽車などであるが、このうち天津一汽、奇瑞汽車、吉利汽車は民族企業自動車メーカーである。

　2005年1月1日から自動車輸入の割当許可証管理が取り消され、多くの車種の関税率は30％に引き下げられ、さらに2006年7月1日までに25％に、また自動車関連部品の関税率は10％にまで引き下げられる。また、2005年から第一段階の燃費基準制限が設けられ、2008年からは第二段階が実施される。このような事情から、中国自動車業界は厳しい競争を余儀なくされよう[71]。

　2004年6月1日から実施された「汽車産業発展政策」では、中国は2010年までに世界の主要自動車生産国となることを目標とし、技術導入と自主開発を結合する原則に則り、ブランド戦略、自己の知的所有権による製品の開発の奨励、現有の自動車メーカーの再編成によって、自動車工業の自立的発展をはかる方針を打ち出した[72]。当然ながら、上述の「外商投資産業指導目録」でも、完成車製造（R&Dを含む、自動車、モーターバイクの完成車製造については外資出資比率は50％を超えないこと）、エンジン製造（R&Dを含む）、主要部品製造、電子制御装置製造などは奨励業種とされており[73]、技術移転の推進をはかりながら、自立的発展を目指していることが読み取れる。

　こういった国家戦略に合わせて、トヨタは第一汽車集団と合弁で研究開

---

70)　前掲『報告』、68～69頁。
71)　任泉著『中国企業出路―后WTO時代的中国企業発展対策』、中国海関出版社、2005年、51頁。
72)　中華人民共和国国家発展和改革委員会『汽車産業発展政策』（中華人民共和国国家発展和改革委員会令代8号）(http://www.ndrc.gov.cn/gyfz/zcfg/t20050707_27861.htm)。
73)　「外商投資産業指導目録（2004年修訂）」、国家発展和改革委員会外資司編『我国利用外資和境外投資実用法規政策匯編』、中国計画出版社、2005年、112頁、123頁、日本国際貿易促進協会『国際貿易』2005年1月18日号。

発会社を設立し、中国の現地の需要や好みを反映させた「中国専用車」の開発を進める方針を固めたと伝えられる。また、日産自動車も上海と広州に開発拠点を設置しており、日本メーカーに限ってみても、生産、販売、開発体制の新たな編成による技術移転の新段階に入る状況にある[74]。広州汽車集団の張房有董事長は、2010年までに自主ブランドを確立し、エンジンや変速機も自主開発して搭載する意欲を示し、ホンダやトヨタとの合弁の中でも、独自ブランドを立ち上げたいとの意向を表明している[75]。

（3）ハイテク業種

普通ハイテク業種といわれる業種は、宇宙・航空機関連業種、高度コンピュータ・業務用機械業種、電子・通信機械業種、精密機器業種、医学・医薬品業種などである[76]。中国海関統計上では、バイオテクノロジー製品、生命科学技術製品、フォトテクノロジー製品、コンピュータ・通信技術製品、電子技術製品、コンピュータ自動管理製造工程技術製品、材料技術製品、宇宙・航空機関連技術などが、ハイテク製品として取り扱われる[77]。

中国が国策として推進している宇宙探査・開発に関連する科学技術水準は相当なものであることが推測されるが[78]、産業としての宇宙・航空機関連部門は劣っている。中国の民用航空機の自主開発能力は弱く、民用飛行

---

74)『日本経済新聞』2006年2月3日号。
75) 同上紙2006年1月28日号。『日本経済新聞』2006年2月25日号によれば、「上海汽車集団は24日、独自技術による自社ブランド車の生産許可を政府から得たと発表した。……独自ブランド車生産のため設立した新会社〈上汽汽車製造〉を、経済計画を担う国家発展改革委員会が正式に認可した」。
76) 王允貴「加入WTO后中国貿易発展戦略」、王允貴主編『中国加入WTO后的外経貿発展戦略』所収、中国計画出版社、2002年、35頁。
77) 孫鳳玉著『海関統計』、中国海関出版社。2005年、111〜113頁、115〜116頁。
78) 周知のように、中国は2003年10月に有人宇宙船「神舟5号」の打ち上げに成功し、2005年10月にも二回目の有人宇宙船「神舟6号」の打ち上げに成功しており、「中国航天科工集団公司第十一次5ヵ年発展規画」でも、2010年までに国防と一定の国際競争力を具えた集団企業にまでもっていくことを目指している（「航天科工集団公司制定"十一五"発展規画」）。

機はほぼ外国航空機製造会社に独占されているのが実情である[79]。製品単位重量当たり付加価値対比で船舶を1とすると、小型自動車9、ジェット旅客機800、航空エンジン1,400という構成になるという。この部門は国家の科学技術水準と総合的な国力を反映したものであり、機械、計器、電子、材料、冶金、化学など諸部門の総合力を必要とすることから[80]、上にみた中レベル技術産業業種の技術水準の全体的向上に待たざるをえまい。

　電子・通信設備業種については、2003年における「電子及び通信設備」業種全体の工業出荷総額の53.2％は輸出されており、外資系企業がこの91.9％を担っている。2001年に比べて、外資系企業の工業出荷額における輸出比率の大幅上昇がみられる。外資系企業は、2001年にすでに国内市場において60％以上のマーケットシェアをもっていることから、2003年に大幅なシェアの上昇が見られるわけではないが、第六章で述べた通り、外資系企業が全面的に市場を制覇している。中国政府や中国企業はデジタル技術の国産化を強力に推し進めており、中でも次世代製品では独自技術の確立を目指しているが、特許をほとんどもたず、薄利多売の産業構造を強いられている状況下で、国産化が重要な課題である。すでに一部ではあるが独自技術開発に挑む企業も現れつつある[81]。中国情報産業部は、開発の難航が伝えられていた中国企業が中心になって開発を進めてきた第三世代携帯電話（国際電気通信連合が認める3G）の標準規格として「TD－SCDMA」方式を採用すると発表した。このことは、同規格が実用化に耐えられる技術水準に達したことを意味するものであろう[82]。いうまでもなく簡単な一部の電子製品部位において内資企業も比較優位をもってはいる

---

79) 李廉水・杜占元主編『2004・中国製造業発展研究報告』、科学出版社、2004年、218頁。
80) 同上報告、216頁。
81) 『日本経済新聞』2005年10月24日号。
82) 同上紙2006年1月22日号。中国携帯電話メーカーの最大手波導公司の2005年における携帯電話輸出は過去最高の600万台に達した。2006年の目標は1,000万台としているという。同社の製品は国産携帯電話輸出の60％を占めている（日本国際貿易促進協会『国際貿易』2006年1月24日号）。

が、複雑な電子設備を含む「電子及び通信設備」全体としては、この段階では当分の間、自立的発展によるグローバル化を直接一気に推し進めることは困難とみられ、すでに述べた技術移転戦略を駆使しつつ、一部の当該業種の末端部位から時間をかけ学習、自己開発過程を経て攻め上るしかあるまい[83]。グローバル化に向けた自立的発展行程計画に応じた過程の構築を指向することになろう。長期的には、中国は一定の動態的比較優位を具えることになろう[84]。

コンピュータ・業務用機械業種については、少数の労働集約度の比較的高い部分を除く高度事務用機械の製造では国際競争力がない。また、コンピュータの製造部門は技術集約型産業で、現在のところ中国は加工・組立工程で競争力をもつのみで、高度コンピュータ製造工程では基本的には国際競争力をもたない[85]。ハイテク精密機器業種としてはフォトテクノロジー製品が代表的なものであるが、自動計器、専用計器、電子測定計器などの製造では、中国は競争力をもたない[86]。

医学・医薬品業種については、漢方薬製造では中国は一定の競争力をもつが[87]、輸出という面からみれば、日本や韓国向けに、ほとんどを原料あるいは半製品の形で輸出するという本家を奪われた状況にある[88]。化学医薬品製造業種は技術集約型業種で、中国はきわめて明確な比較劣位にある[89]。

---

83) 李廉水・杜占元主編『2004・中国製造業発展研究報告』、科学出版社、2004年、214頁。
84) 王允貴「加入WTO后中国貿易発展戦略」、王允貴主編『中国加入WTO后的外経貿発展戦略』所収、中国計画出版社、2002年、34頁、国務院発展研究中心産業経済研究部課題組「加入WTO対製造業的影響及政府政策」、王夢奎主編『加入世貿組織后的中国』、人民出版社、2003年、174～175頁。
85) 国務院発展研究中心産業経済研究部課題組「加入WTO対製造業的影響及政府政策」、王夢奎主編『加入世貿組織后的中国』、人民出版社、2003年、174～175頁。
86) 同上稿、同上書、175頁。
87) 同上稿、同上書、168頁。
88) 任泉著『中国企業出路―后WTO時代的中国企業発展対策』、中国海関出版社、2005年、87頁、105頁。
89) 前掲稿、前掲書、168頁。

2001年頃の時点で中国で生産された化学医薬品は97.4％が模造品で、中国はWTO加盟後「知的所有権の貿易関連の側面に関する協定（TRIPS協定）」にしたがえば、特許料請求額は4～10億ドルの賠償額となり、一新薬で500～600万ドルになる。新薬の開発には一般に数十年を要する[90]。化学医薬品製造における落差は大きい。中国医薬管理部門は、2010年までに自主研究開発の実現を主とする目標を制定しているが[91]、当分の間は外国特許に依存せざるをえまい。2003年の世界的市場における生物技術薬品販売額は、同年の世界薬品販売額の一割以上といわれており、世界的な巨大製薬会社が、精力的にこの部門の研究開発に取り組んでいるようである[92]。中国はこの部門での取り組みに目を向けた段階のようだ[93]。

3　中長期戦略政策と「第十一次5ヵ年規画」の指向

すでに第五章で示唆したように、中国は外資直接投資導入を積極的に進めつつも、外資直接投資を全く受動的にのみ受け入れようとしたわけではない。これまでのところ、比較的受動的に受け入れてきた印象が強かったが、論者のほとんどが受動的導入を必ずしも肯定的に受け止めていたわけではない。外資直接投資導入の窓口部門は、当然ながら社交的且つ柔らかい対応と論調を振り撒く。筆者は第五章で、この裏面にある中国の積極的政策性を秘めた外資直接投資導入の意識構造を看過すべきではないことを喚起したかったわけである。

本章で主として議論してきたところは、国家の有力研究機関の研究者達を含む研究者達の議論であって、言うまでもなく必ずしも政府の見解というわけではない。しかし、注目すべきは、この段階で党及び国家の指導者達が、上段で議論してきたような問題意識を背景としていると思われる方

---

90) 前掲書、90頁。
91) 同上書、107頁。
92) 同上書、同上頁。
93) 同上書、同上頁。

向での方針を表明し、政府機関が明確な形で一連の関連政策を打ち出してきていることである。これは外資直接投資導入の基本方針と対立するものではなく、外資導入の発展段階と条件を踏まえて、自己の新たな課題に焦点を合わせて、導入の重点を転換したということであろう。

　2005年10月に開催された党第16期5中全会の広報によれば、「第十一次5ヵ年規画」期には、経済成長方式の転換と自主革新能力を高めていくことが強調されており、自己の知的所有権とブランドをもち、相当の国際競争力を具えた企業を作り上げていかなければならないことが、初めて明確な形で打ち出されている。自主革新能力の強化によって産業構造の調整、経済成長方式の中心軸の転換、先進的な製造業の急速な発展、産業技術水準の引き上げ、産業構造の高度化をはかること、科学技術教育と人材の養成に力を入れていくことが、国家の競争力の決定的要素であり、科学技術教育興国戦略と人材強国戦略を深化させていくこと、科学技術の発展は自主革新を堅持していくことが謳われている[94]。この方針は、胡錦濤が2006年の年頭祝賀の中でも強調している[95]。

　2006年1月9日から開催された全国科学技術大会における演説の中で、胡錦濤は次のように述べている。「党中央、国務院が出した革新型国家建設戦略政策は、社会主義現代化建設の全面に及ぶ重大な戦略的政策決定である。革新型国家建設の核心は、自主革新能力の強化を科学技術発展戦略の基礎とし、中国の特色ある自主革新の道に乗り出し、科学技術における飛び越し発展方式を推進するということである。自主革新能力の強化を産業構造調整、成長方式転換の中心的環節とし、資源節約型、環境に優しい社会を建設し、国民経済の急速かつ優れた発展を推進するということである。自主革新能力の強化を国家戦略として、現代化建設の各方面に貫徹さ

---

94)「中共十六届五中全会在京挙行　中央政治局主持会議　中央委員会総書記胡錦濤作了重要講話」、『人民日報』（海外版）2005年10月12日号、「中共中央"十一五規画"建議公布　提出中国未来五年国民経済和社会発展主要目標」、同上紙2005年10月19日号。

95) 胡錦濤『胡錦濤主席発表2006年新年賀詞　携手建設持久和平、共同繁栄的和諧世界』、同上紙2006年1月1日号。

せ、……自主革新に有利なシステムを形成し、理論革新、制度革新、科学技術革新を大々的に推し進め、中国の特色ある社会主義の偉大な事業を不断に強固にし、発展させるということである[96]」。

また、より具体的に次のように言及している。「中国の特色ある自主革新の道の核心は、自主的に革新し、重点をつかんで飛び越し、発展を支えて、未来を導くという指導方針を堅持することである。自主革新は国家の革新能力の強化から出発し、まず基礎レベルの技術革新を強化し、革新技術を統合し、導入技術の消化、吸収、再革新をはかるということである。重点をつかんで飛び越えるとは、取るべきところと取るべからざるところの中から一定の基礎と優位を具えたところ、国家計画、人民生活、国家安全に関連する重要な領域を選択して力を集中し、重点を突破して飛び越し発展方式を推し進めるということである。発展を支えるとは、現実の逼迫した要求から出発し、重要な要となる技術と共通技術開発の突破に力を注ぎ、経済社会の持続的発展を支えるということである[97]」。

党第16期5中全会の方針を承けて、2005年12月2日「促進産業結構調整暫行規定」並びに「産業結構調整指導目録」が公布されたが、この中では農業を基礎とし、ハイテクを先導とし、基礎産業と製造業を支柱として、サービス業を全面的に発展させるという産業の構造を漸次形成していくことが目標とされている。自主革新による産業の技術水準の引き上げには、自主革新能力の強化を産業構造調整の中心環節とし、産学結合による技術革新体系の構築をはかることが目指されている。この過程は、まず基礎レベルの技術革新を強化し、革新技術を統合し、導入技術の消化、吸収、再革新を行うことによって、産業全体の技術水準の向上をはかっていくということである。

支柱となるべき製造業については、製造業の装備の振興をはかり、先進的製造業を重点的に発展させる。これは自主革新、技術導入、合作開発、

---

96) 胡錦濤「堅持走中国特色自主創新道路 為建設創新型国家而努力奮闘─在全国科学技術大会上的講話」(http://www.cas.cn/html/Dir/2006/01/10/13/79/31.htm)。
97) 同上講話、同上サイト。なお、背景とこの内容については、武吉次朗氏が国際貿易促進協会『国際貿易』2006年1月31日号に解説されている。

連合製造等の方式を通じて、技術装備の国産化水準を引き上げていくという道である[98]。ハイテクについては、この速やかな発展を通じた経済成長に対する牽引作用を強める。この分野の自主革新の技術的基礎を打ち立て、ハイテク産業によって、加工・組立を主とすることから、自主研究開発型製造業への発展を加速化する[99]。

　外資に対しては、「外商投資産業指導目録」によるが、「促進産業結構調整暫行規定」と同時に発表された「産業結構調整指導目録」は、今後「外商投資産業指導目録」の改定の主要なベースの一つとされる。「産業結構調整指導目録」は、奨励項目類、制限項目類、淘汰項目類によって構成される。これら項目に属さず、法に合致するものについては許可項目類とされるが、「産業結構調整指導目録」には載せられない。淘汰項目類は外資系企業にも適用される。奨励項目類は関連投資規定によって審査、許可、記録され、金融機関からは貸付原則に則て貸付の支援が得られる。また、投資総額内の自用輸入設備については、財政部の「国内投資項目不免税的進口商品目録」（2000年改定）に列挙された商品を除き、輸入関税と増値税が免除される。制限項目類への新設投資は禁止される。淘汰項目類への投資は禁止される。「当面国家重点鼓励発展的産業、産品和技術目録」（2000年改定）による優遇政策は当該「目録」奨励類に調整される[100]。

　2006年1月26日中共中央国務院は「関于実施科技規画綱要増強自主創新能力的決定」を発表し、同時に発表された「国家中長期科学和技術発展規画綱要（2006—2020年）」を組織的に実施し、すでに上段で述べた内容

---

98) 特にクリーン発電・配電、大型石油化学、先進的応用運輸設備、高度数値制御工作機械、自動制御設備、IC製造設備、先進動力設備、省エネ設備に重点を置き、これらの研究開発設計、セットとなった核心部品、加工製造のレベルの引き上げと、系統的統合性をもつ全体的水準の向上をはかっていくことに力点が置かれる。

99) 特に情報（IC、ソフト開発の核心産業、デジタル視聴覚機器、次世代移動電話、高性能コンピュータ、インターネット設備など）、生物、新素材、新エネルギー、宇宙・航空等の産業に力点が置かれる。

100)「促進産業結構調整暫行規定」（国務院文件・国発［2005］40号）、「産業結構調整指導目録」（2005年本、中華人民共和国国家発展和改革委員会令 第40号）（http://www.sdpc.gov.cn/zcfb/zcfbqt/zcfb2005/t20051222_54304.htm）。

を強調し、15年の努力によって2020年までに中国を革新型国家にもっていくとしている[101]。この期間中国の科学技術の発展は、国家全体の競争力向上を核心としたものでなければならないとする。ここでは八項目の重要目標が掲げられている。

① 国家全体の競争力に係わる製造業の装備と情報産業の核心技術を押さえ、製造業と情報産業の技術水準を、世界の先進的な水準のところにまでもっていくこと
② 農業の科学技術の全体的実力を世界の前列にまで高め、国家食料安全の保障をはかること
③ エネルギー開発、省エネ技術、クリーンエネルギー技術の開発を進め、エネルギーの消費率を世界の先進的水準にまでもっていくこと
④ 循環型経済の技術発展モデルを構築すること
⑤ 重要な医学・予防治療の水準の向上、新薬の開発と重要医療機器の研究、開発、製造によって、当該産業発展の技術能力を全面的に高めること
⑥ 国家安全保障を確保するため、国防科学技術の自主研究、開発、製造と情報化の必要を基本的に達成すること
⑦ 科学発展上の重要な革新的成果によって、情報、生物、材料、宇宙・航空部門等の前線技術で世界的先進水準に到達すること
⑧ 世界一級の研究機関と国際競争力をもつ企業のR&D機構を打ち立て、比較的整った中国の特色ある国家革新体系を構築すること

この「綱要」では、GDPに占める科学研究開発投入額を2010年までに2％、2020年までに2.5％以上にまで高め、世界における中国人の年発明・特許件数、国際科学論文引用件数が5位以内に入るようにし、技術の対外依存度を30％以下にもっていく[102]。

---

101)「中共中央国務院関于実施科技規画綱要増強自主創新能力的決定」(2006年1月26日)(http://www.ndrc.gov.cn/gjscy/cxtx/t20060227_60966.htm)。
102) 中華人民共和国国務院「国家中長期科学和技術発展規画綱要（2006－2020年）」(http://www.gov.cn/jrzg/2006-02/09/content_183787.htm)、『日本経済新聞』

「綱要[103]」で具体的分野と項目が列記されているのは、①「重点領域及び優先主題」、②「重大専門項目」、③「先端技術」、④「基礎研究」においてであるが、産業分類、技術の低・中・高という分類などからみると、かなりの部分が相互に重複している。例えば、所謂ハイテクと呼ばれる中の基盤的ハイテク、汎国民的社会経済の基礎に係わるハイテクの高度化のための開発部分は②入れられ、固有の分野としてのハイテクは③に入れられる。①は経済社会と国防の発展のために重点的に発展させなければならない領域で、このうち優先主題として取り上げられているのは、発展が急がれ、技術的基礎が比較的すぐれ、それほどの時間を待たないで突破可能な技術群である。ハイテク応用による当該分野のイノベーションも含まれる。
　「第十一次5ヵ年規画」期は、自主革新能力の強化が最優先位置におかれる。
　本章の主題との関連では、自主的な知的所有権を具えた核心技術と重点となる技術を積極的に発展させ、一群のマーケットシェアの高い製品と国際的なブランド製品を作り上げ、重要な技術装備面で国産化水準を高めていくこと、ハイテク産業の加工・組立から自主研究・開発・製造への発展

2006年2月10日号によれば、「中国科学技術協会によれば、技術の対外依存度は現在、50%程度」であるという。

103) 中華人民共和国国務院「国家中長期科学和技術発展規画綱要（2006－2020年）」は、①序言、②指導方針、発展目標、総体部署、③重点領域及び優先主題（経済社会発展のための緊急課題11領域、68主題項目〈63主題のみ明示……括弧内筆者〉）、④重大専項（国家目標の実現ため核心技術の難関を突破し、資源の統合によって、一定期間内に完成を目指す戦略製品、重要な共通性技術と重要生産工程で、科学技術の重要中の重と位置づけられた16項目：核心電子部品、高度汎用チップ・基盤ソフト、大規模集積回路製造技術及び合成技術、次世代ブロードバンド移動通信、高度数値制御工作機械と基礎製造技術、大型石油・ガス田及び炭層ガス開発、大型先進加圧水炉・高温ガス炉原子力発電、遺伝子工学による生物開発、重要新薬開発・エイズ・ウィルス等感染治療、大型航空機、GPS技術、有人宇宙飛行・月探査、水系汚染対策技術等)、⑤先端技術（8領域、27項目〈22項目のみ明示……括弧内筆者〉）、⑥基礎研究（4領域、2学科発展項目、先端科学18項目、重大科学研究計画4項目）、⑦科学技術体制改革と国家革新体系の建設、⑧いくつかの重要政策と措置、⑨科学技術投資と科学技術のためのインフラ構築、⑩人材の組織の養成、確保、配置から構成されている（同上サイト）。

に特に重点が置かれている。また、技術革新の推進は企業を主体とし、産・学・研の結合した技術革新体系を突破口とするとし、市場競争が技術革新の重要な動力であり、技術革新が企業の競争力向上の根本的な道であるとされる。このために、国有大型企業は速やかにR&D機構を打ち立て、R&D投資を増やし、R&D、設計、製造を一体として結合した国際競争力を具えた大型の中核企業としての存在を確立しなければならない。また、非国有科学技術関連企業の役割も重視し、自主革新を発揮させ、ハイテク産業における新鋭軍としての役割を発展させるべきであるとされている。さらに重視すべきは、上述「決定」の中で、この「綱要」の実施に当たっては、財政、税制、金融、政府調達、知的所有権保護[104]、人材などの面で、系統的な政策措置を制定し、経済政策と科学技術政策の相互協調をはかり、自主革新を奨励する政策体系を作りあげると謳い[105]、「綱要」の中で重要な政策と措置を示していることである[106]。

　再三強調するように、こういった指向は技術移転に重点を移した外資直接投資導入への戦略政策転換であって、外資直接投資導入の拒否への指向ではない[107]。むしろ外資との合作を通じて、技術の消化、吸収、再革新の道を加速化したいというのが、中国の本音であろう。「綱要」に盛られた構想と意気込みに敬意を払うものではあるが、少なくとも「第十一次5

---

104) 2006年内にも独自の知的所有権をもつ製品の開発力と知的所有権保護を強化する国家戦略が策定される模様である（『日本経済新聞』2006年2月16日号）。
105) 「中共中央国務院関于実施科技規画綱要増強自主創新能力的決定」（2006年1月26日）、（http://www.ndrc.gov.cn/gjscy/cxtx/t20060227_60966.htm）。
106) 中華人民共和国国務院「国家中長期科学和技術発展規画綱要（2006-2020年）」（http://www.gov.cn/jrzg/2006-02/09/content_183787.htm）、18～20頁。
107) 「商務部によると外資系企業が中国に設置したR&D（研究・開発）センターは750以上に達する。……在中R&Dセンターの多くは中国市場向け商品の応用開発を行っているものである。しかし、世界的なR&Dセンターを中国に設置する多国籍企業も増加している。マイクロソフトアジア研究院、松下R&D（中国）有限公司、ノキア杭州R&Dセンター、上海ベルアルカテルR&Dセンターなどがこの部類に属する。投入するR&D費も増えており、1,000万ドルを超えるものとしてはゼネラル・エレクトリック（GE）、フイリップスが上海、モトローラ、シーメンスが北京に設置したR&Dセンターなどが挙げられる。人材も現地化に努めており、90％以上が国内採用者または留学経験者である。国内の大学、研究機関との協力も活発に行っている」（日本国際貿易促進協会『国際貿易』2006年2月14日号）。

ヵ年規画」期における努力が、国際的産業競争力として一定の成果をみるのは、筆者が上で述べた中レベルの技術業種ではあるまいか[108]。また、筆者のいう中レベル技術業種は、「綱要」の「優先主題」項目とかなり合致しているのである。中国の産業では、中レベルの技術業種の実力が決定的に弱いといわれており、この業種の基礎が確立した上で、製造工程の深化したハイテク産業の展開が可能となると筆者は見るからである。現段階でハイテク技術面での研究開発が不要だといっているのではない。推進すべきであろう。筆者は、国際競争力を具えた産業の構築の重点を、どこに置くかということを問題にしているのである。「綱要」は一見ほとんどの分野での自主技術開発を強調しているかにみえるが、上述の具体的分野と項目の四分類の設定は、中国の技術構造の弱さを背景とした政策的意図も込められているように思われる。

　対外開放政策に転じて以来、中国は国際市場向けに国内資源の配置転換をはかり、同時に潜在的遊休資源の経済価値実体化を推し進めてきたが、この政策遂行の一翼は外資系企業が担うという構造となっていた。外資系企業も動員する形で、所謂「貿易指向戦略」と通常よくいわれる政策遂行がはかられてきたのである。しかし、中国としては同時に、国民経済全体の経済水準の向上、産業の高度化という根本的な潜在的課題を内にもっていたわけである。この課題の解決についても、外資系企業の協力によって一半の過程が遂行できれば、短時間内により急速に目的が果たせるわけであり、一定の協力もえられたわけではあるが、この課題の達成については、外資系企業の国際経営戦略の枠組に合わせた受動的な外資導入策では、中国側の複合的目的が必ずしも十二分に達成できにくいという問題が突き付けられてきた。そこで中国は、外資系企業の国際経営戦略の枠組を突き破って、さらなる産業の高度化をはかることを目指して、就中その中心軸と

---

108)『日本経済新聞』2006年2月25日号によれば、「上海汽車集団は24日、独自技術による自社ブランド車の生産許可を政府から得たと発表した。……独自ブランド車生産のため設立した新会社〈上汽汽車製造〉を、経済計画を担う国家発展改革委員会が正式に認可した」。

なる核心技術について、学習、消化・吸収、自主開発に向けての協力に重点をおく第三ラウンドの外資直接投資導入戦略を打ち立てるところとなったと判断される。

最後に、上述のことを背景とした産業の地域配置と外資直接投資導入の重点方向性について、一言触れておきたい。

長江三角州（江蘇省、浙江省、上海市）地域の外資導入の重点は、上海を先導役とする一帯的な国際的にみた先進的製造業基地を打ち立てることを目指し、多国籍企業のグローバル価値連鎖を広げ、長江三角州経済の一体化の過程を進めることに置かれよう。産業の中心は、先進的重装備の製造業、電子情報・ソフト・通信設備製造、ファインケミカル、生物医学、乗用車を含む自動車、新型金属材料、家電製品、高級アパレル部門などが主となり、これに焦点を合わせた外資政策の重点は、民営企業を含む内資企業の技術向上、産業連鎖の拡大による主導産業群を形成することに置かれよう。

珠江三角州（広東省、深圳、珠海）地域の外資導入の重点は、珠江三角州を中心とする南中国の製造業基地を構築することに置かれ、加工貿易、香港と内地との経済関係の緊密化[109]及び内地9省2地区（福建省、江西省、湖南省、広東省、広西省、海南省、四川省、貴州省、雲南省と香港、マカオ2地区）との経済協力を通じて、汎珠江三角州一体化の高地を作り上げることを目指すものと思われる。産業の中心は、軽装備製造業、小型コンピュータ部品、家電製品、OA機器、移動通信設備、自家用車、現代医薬、軽工業、紡績・紡織工業などを主とし、これに焦点を合わせた外資政策の重点は、産業の国際移転に対応させた珠江三角州製造業の配置を推し進め、新興産業群の国際競争への参入をはかることに置かれよう[110]。

北京・天津地区は技術・知識集約型産業に重点がおかれ、これに合わせ

---

[109] 周知のように2004年1月1日より「内地与香港関于建立更緊密経貿関係的安排（CEPA）」が実施された。
[110] 于力新・姚雯「向関聯産業多元投資傾斜—我国"十一五"期間利用外資与引進技術的政策思考」、『国際貿易』2005年11月号、22頁。

た外資導入がはかられよう[111]。

　中西部地区[112]の開発は、主として資源産業と農産品分野におかれるが、ところの優位に応じてプラスチック、石炭加工、レーザー光線工業、フォトエレクトロニクス製品、自動車部品、数値制御工作機械部品、新型医療機器、電気工事用フィルム・シート、毛織物、天然ガス化学工業、鉱山機械、航路用機械、IC組立、高級皮革製品などの業種の発展が目ざされる[113]。

　吉林省と黒龍江省は中西部地区開発計画に含まれるが、これとは別に東北の旧工業基地地区（遼寧省、吉林省、黒龍江省）が重点開発地域とされている。この地域の外資導入の重点は、瀋陽を中心都市とし、南は大連港、北はハルピンの東北重装備工業帯に、先進技術を導入して、旧工業基地の産業改造をはかり、東北重装備製造業の振興と北東アジア圏の国際競争への参加を目指すことにおかれる。産業の中心は、重装備型製造業、冶金設備製造業、大型石化設備、電力設備、軽・重交通運輸設備、大型農業機械設備、フォト機械・電気一体化設備、農産品高度加工、漢方製剤等の加工業などが主となり、これに焦点を合わせた外資政策の重点は、外資利用による国有企業の改革をはかりながら、投資主体を多元化した工業発展の構造を構築し、国有企業と外資を結合して、従来の伝統的産業の再編をおこない、東北旧工業基地の国際競争力の全面的レベルアップをはかることに

111）宋志勇「促進加工貿易転型升級的対策」、『国際貿易』2005年8月号、24頁。
112）中西部地区は二つに分けられる。西部地区とは、西部12省区市3州（重慶市、四川省、貴州省、雲南省、西藏自治区、陝西省、甘粛省、青海省、寧夏回族自治区、新疆維吾爾自治区、広西壮族自治区、内蒙古自治区、新疆生産建設兵団及び湖南湘西土家族苗族自治州、湖北恩施土家族苗族自治州、吉林延辺朝鮮族自治州）をいう。中部地区とは、中部8省（山西省、吉林省、黒龍江省、安徽省、江西省、河南省、湖北省、湖南省）をいう（国務院西部地区開発領導小組弁公室〈http://www.ndrc.gov.cn/zcfb/zcfbl/zcfbl2004/t20050617_7837.htm〉、国家発展和改革委員会、商務部令第13号、「中西部地区外商投資優勢産業目録〈2004年修訂〉」、国家発展和改革委員会外資司編『我国利用外資和境外投資実用法規政策匯編』、中国計画出版社、2005年、126～136頁）。
113）国家発展和改革委員会、商務部令第13号、「中西部地区外商投資優勢産業目録〈2004年修訂〉」、国家発展和改革委員会外資司編『我国利用外資和境外投資実用法規政策匯編』、中国計画出版社、2005年、126～136頁。

置かれよう[114]。

---

114)「国務院弁公庁関于促進東北老工業基地進一歩拡大対外開放的実施意見」(国弁 [2005] 36号) (http://www.ndrc.gov.cn/tzgg/jjlygg/t20050906_41562.htm)。 于力新・姚雯「向関聯産業多元投資傾斜—我国"十一五"期間利用外資与引進技術的政策思考」、『国際貿易』2005年11月号、22頁。

索　引

あ

R&D活動をおこなうことを要求しない　381
R&D投資　350，352，353，369，378，385，387，390，415
ＩＭＦ8条国　243
赤字補填の取り止め　237
「アジア・アフリカ会議」　16
アジアココム版中国委員会（Chincom）　20
新しい生産力解放「社会主義」体制　3
新しい世界戦争の策源地　40
新しい体制としての「社会主義計画経済」　3
アメリカ経済の地位低下　322
アメリカ対中経済包囲網　17，43
アメリカ帝国主義　16，35，38，41，43，61
アメリカの経済構造の調整　322
アメリカの世界政治経済における基本的地位　320
アメリカの世界戦略　43，323
アメリカの対中輸出統制　18
新たな外資直接投資導入産業戦略論　395
新たな形の民族経済論　157
新たな世界戦争の危険　34，38，41
新たな貿易保護体系　349
新たな幼稚産業扶助政策　350
ある期間の平和の時期　52
アンチダンピング　183，338，347，349，359
「アンチ・ダンピング条例」　243

い

"以進養出"（輸入によって輸出をはかる）　50
イスラム原理主義　292
委託加工　7，51，179，233，257，258，259，262，263，264，265，266，267，268，269，270，271，272，273，274，275，276，277，278，281，335，337，341，351，363，368，369
委託加工・組立貿易（来料加工・装配貿易）　7，51，179，233，257，258，259，262，263，264，265，266，267，268，269，270，271，272，273，274，275，276，277，278，281，335，337，341，351，363，368，369
委託・代理貿易　259，263，267，268，269，270，271，273

「一個人による他の個人の搾取」　301
一極主導制覇型の経済のグローバリゼーション　327
一国の元来の要素賦存の制約性　334
「一国民による他の国民の搾取」　300
「一超多強」　320，322
五つの混合所有制　5，315
一般競争産業　360
一般競争産業群　367
一般的な独占資本主義　64
イデオロギー　35，43，44，47，101，139，292，293，317

う

請負経営責任制　171，236，238，239，241，262，265
有無相通ずる　4，44，46，48，112，113

え

エネルギー開発、省エネ技術、クリーンエネルギー技術の開発　413
沿海開放区　171
沿海開放都市　171，237，241，249，251
沿海経済開放区　171
沿海経済開放地帯　171
「沿海地区発展外向型経済的若干補充規定」　171
エンゲルス　17，23，31，59，64，65，72，74，85，93，101，103，105，109，298，299，300，301，302，304，305，306，307，308，309，310，312，314
袁文祺　118，121，122

お

王一夫　133
王偉光　99，100，105
王懐寧　75，76
王岳平　167，168，192，195，201，205
王賽恵　121
王林生　30，88，89，90，91，92，118，120，159，161，164，226，256
大型外貿企業集団　239
「大型単機和成套設備出口項目協調管理弁法」　246
「大釜の飯を食う」　236
太田仁樹　299，300，304，306，307，308，309，310

421

か

「外匯管理暫行条例」 230
「外匯管理条例」 243
外貨買取制 242, 243
改革・開放から今日にいたる保護政策 145
改革・開放後の中国の対外貿易の総体政策 143
改革・開放後の工業化戦略 329
改革・開放後の対外貿易・重要な戦略的地位 113
改革・開放前時期の垂直型国際分業 121
改革・開放前対外貿易・物資調節器の役割 113
改革・開放前の保護貿易 145
外貨市場 171
外貨建株式発行 171
外貨建証券発行 176
外貨調整市場 239
外貨調整センター 237
外貨の定額請負 232
外貨売却制 242, 243
外貨留成 234, 236, 237
外貨留成制度 234, 237
外貨留成比率の全国統一化 239
外向型経済発展戦略 135, 171
外向型貿易戦略 330
外交に奉仕（従属）する対外経済関係 172
外交の新規まき直し（另起炉灶） 21
外国為替管理の刷新 242
外国為替指定銀行 242
外国側の株式支配 159
外国工事請負にともなう貨物 259, 264, 266, 267, 268, 269, 270, 271
外国市場指向型（輸出指向型）進出業種 202
外国資本の支配する企業主体 184
外国製品の国内市場の独占に対する制限措置 349
外国政府借款 176, 177, 256
外債の発行の開始 170
外資側の持ち株比率の制限 155
外資企業化 398, 399
外資系企業・社会主義経済体制の侵蝕、崩壊 156
外資系企業投資案件投資比率条件 188
外資系企業投資案件の手続き 188
外資系企業と内資企業の平等な競争条件 387
外資系企業と民族企業と競争 152
外資系企業に対して国内調達の要求 381

外資系企業に対して特別の優遇政策を継続して実行すべきではない 379
外資系企業に対して特別の優遇も与えず、制限や差別も行わない中性的な政策 379
外資系企業に対して輸出入のバランス 381
外資系企業に対して輸出義務 381
外資系企業に対する外貨管理 242
外資系企業に対する過度の優遇条件 163
外資系企業に対する国民的待遇条件 163
外資系企業に対する優遇措置 181
外資系企業の加工工程の統合 362
外資系企業の技術移転 365, 385
外資系企業の業種別主要進出動機 221
外資系企業の経営支配権 155
外資系企業の国際戦略上の位置づけの枠の中での技術移転 365
外資系企業の国内マーケットシェア 396, 398
外資系企業の"下働きあるいは貿易の付属物" 398
外資系企業の自動輸入 248
外資系企業の投資としての輸入設備・資材 259
外資系企業の特化度 6, 196
外資系企業の内資企業に対するM&A 372
外資系企業の輸出競争力 351, 362
外資系企業の輸出入 264, 265, 269, 275
外資系企業の輸入加工貿易とその原因 277
外資系銀行・金融機関外貨業務経営の認可 172
外資直接投資導入政策 6, 11, 178, 181, 219, 224
外資直接投資導入総体戦略 380
外資直接投資導入の代価 223
外資直接導入の利益 222
外資投資許可・奨励業種 161
外資投資禁止業種 162
外資投資産業目録 178
外資投資制限業種 162
外資投資と民族経済との間の衝突 152
外資投資の侵略性 148
外資投資比率制限 153
外資投資分野の限定 153
外資導入と技術改造 171
外資導入と産業発展モデルの選択 392
外資独資企業（100%外資経営形態） 148, 176, 181, 184, 185, 224, 226, 234, 235, 270, 271, 272, 273, 275, 289, 376
外資と民族資本の資本蓄積の格差の拡大 224

422

索引

外資に対して制限と差別政策　375，376，378
外資に対して制限と差別政策を継続　375
外資に対して先進技術の譲渡を要求　377
外資に対して全面的に優遇政策を継続　378
外資に対して優遇政策を継続　375，377，378
外資に対する輸出入商社経営の自由化　289
外資による土地開発　171
外資の各種経済活動への参加の許可　172
外資引き込みによる企業改造　171
「外商投資企業批准証書」　254
「外商投資項目不予免税的進口商品目録」　256，260
「外商投資産業指導目録」　155，162，181，182，183，186，188，189，260，403，404，405，412
買付計画　235
「開展対外加工装配和中小型補償貿易弁法」　170
開放型貿易政策と調節型貿易政策の結合　144
開放型保護政策　144，145
外貿企業損益自己負担（独立採算制）　239
解放前中国における外資直接投資　6
開放前と今日の外資直接投資のちがい　146，161
外部経済性産業群　359
外来経済　152
賈英健　313，314
カウツキー　301，302，306，307，310
カウンタートレード　121
科学技術教育興国戦略　410
科学技術政策　352，415
科学技術における飛び越し発展方式　12，410
科学技術発展戦略の基礎　12，410
科学技術労働商品　132
各種産業保護と政策範囲が縮小　347
各種政策と貿易政策の協調と総合　348
革新型国家建設戦略政策　12，410
革新型国家建設の核心　12，410
革命造反外交　38
郭友群　377，378
加工・組立以外の環節の競争力優位　363
加工・組立貿易　7，121，173，176，177，257，258，259，261，262，264，265，266，267，268，269，270，271，272，273，274，275，276，277，278，281，335，337，368，369，376
加工工程分業型国際貿易　334，335

加工貿易　7，171，247，248，254，256，258，260，262，263，264，265，267，268，269，274，275，276，277，278，279，281，283，287，288，335，337，343，344，345，351，355，361，362，363，367，368，369，370，371，372，373，374，386，387，417，418
加工貿易形態の国際分業　335
加工貿易政策　351，363
加工貿易における外国調達から国内調達への転換　372
加工貿易における国内調達率　278，372，374
加工貿易の国内産業連関　344，362
加工貿易の産業高度化への積極的役割　351，363
加工貿易の主体　277，362
加工貿易の主導的地位　351，363
加工貿易の中に含まれる技術量　362，386
加工貿易の発展による新型工業化　343
加工貿易の担い手　274
華国鋒政府活動報告　52
何新　313，314，316
カスケード型関税構造　348
価値移転　121，122，123，124
価値創出環節間の多層にまたがる分業　333
価値の無償移転＝価値収奪　29
価値連鎖上の特定の環節における優位　341
各国の主権と領土保全の尊重　38
合作開発　176，184，376，411
合作企業　151，152，157，158，168，170，176，184，216，270，271，272，273，376
GATTの地位回復　140，150，224，291，393
GATTの地位回復の申請　230
過当競争による「輸出貧困化」成長現象　360
「過渡的な資本主義」　71，74
過度の保護　358
可能な範囲の補助金　349
株式投資企業　176，376
「貨物自動輸入許可管理弁法」　247
「貨物輸出入管理条例」　243，245
「貨物輸入指定経営管理弁法」　244，253
宦郷　56
関税及び増値税の免除　183，186，260
関税数量割当　244，247
関税・非関税障壁等の差別政策　324
関税率引き下げ　283，285，289
広東省、福建省に対して特殊政策と貿易活性

423

化の措置　232
環渤海地区　344
「関于外貿体制改革意見的報告」　233
「関于外貿体制改革若干問題的規定」　236
「関于経済体制改革的初歩意見」　96
「関于国有企業改革和発展若干重大問題的決定」　98
「関于鼓励外商投資的規定」　178
「関于出口許可証制度的暫行弁法」　230
「関于進一歩改革外匯管理体制的公告」　242
「関于進一歩改革和完善対外貿易体制若干問題的決定」　238
「関于停弁外匯調剤業務的通知」　243
管理的貿易自由化戦略と輸入代替戦略の本質的なちがい　349
管理的貿易自由化戦略論　10, 11, 346, 348, 355, 356, 359, 369, 374
管理フロート　349

き

「機械電気製品自動輸入許可管理実施細則」, 248
機械・電気製品の輸入　247, 249, 250, 251, 252
企業間加工貿易　344, 361, 386
企業内加工貿易　343, 361, 386
企業内加工貿易と企業間加工貿易　361, 386
企業の技術習得能力の強化　390
魏浩　332, 338, 339, 340, 341, 354, 357, 359, 371
「汽車産業発展政策」　405
技術指向発展戦略論　133
技術集約　129, 133, 182, 288, 344, 352, 361, 370, 408
技術政策　364, 365, 366, 401
技術装備の国産化水準を引き上げ　412
技術の消化・吸収・開発（再革新）　365, 415
技術の漸次的向上の過程　362, 386
技術の内生性と外生性　364
技術貿易　62, 121
「技術輸出入管理条例」（2002年1月1日施行）243
技術流出国に対抗できるような競争優位　352
寄生的な、腐朽しつつある資本主義　65
「基礎研究」　414
吉林省　171, 418
「機電産品進口管理弁法」　247
機動性変則貿易　262, 265, 274, 276, 335
木下悦二　29

仇啓華　69, 70, 71, 73, 74, 75, 85
旧式の自然発生的分業　103
旧中国における外資系企業　147, 149, 150
「求同存異」（異を認めつつ同一の方向を探す）139
教育と学習過程　369
供給連鎖の末端部分　368, 387
強権的な政治と経済上の優位　148
共産主義社会　93, 98, 101, 104, 105, 111
業種別国内マーケットシェア　398
教条的社会主義理想像　50
強制的認証制度を実行している機械・電気製品　249
競争性産業群　358
競争政策　343, 358, 363, 364, 365, 366, 369, 379, 400
競争政策との関連における輸入の拡大　357
競争政策による技術進歩政策　365
競争政策の国際的協調と秩序の確立　364
競争的市場統合の社会的機構　124
競争優位にもとづく輸出競争力の創出　356
競争優位による工程分業　343
競争優位を具えた比較優位　353
協調管理型貿易政策　142, 144, 145
許可証管理　231, 238, 240, 244, 245, 246, 247, 250, 330, 405
極対極の関係　327
極端な民族主義的社会主義経済建設路線　165
極と極とは相互に依存関係　327
極と極の関係は対峙関係に立つというよりも協調的関係　328
巨大多国籍企業にみられるグローバルな最適配置行動　324
許モモ新　147
許民　375, 377, 378, 379, 381, 383
金融寡頭制　63, 70
金融資本　22, 60, 63, 66, 67, 70, 75, 82, 324, 334
金融資本と商業資本の国際化　323, 325

く

具体的労働と抽象的労働の対立・分離　93, 102
国全体としての収支の統一計算（「統収統支」）体制　236
グローバリズム　8, 9, 291, 292, 293, 295, 296, 297, 298, 302, 306, 313, 317, 318
グローバリゼーション　7, 8, 9, 10, 11, 13, 291, 297, 299, 300, 301, 303,

索引

304, 305, 306, 307, 309, 311, 313, 315, 317, 318, 319, 322, 323, 324, 325, 326, 327, 328, 329, 331, 332, 333, 334, 335, 346, 347, 352, 356, 366, 392, 393
グローバル競争　322, 327, 343, 364, 366, 367
グローバル競争への一体化戦略　10, 338, 386
グローバルな世界貿易体制を崩壊させる危機　339
軍事拡張型経済運営　322
軍事、政治、文化上の覇権　323
軍事的面でのハイテクの国際協力開発　370
グンナー・ミュルダール　294

け

計画的商品経済理論　96
経済安全関連産業群　358
経済、科学技術のグローバリゼーション　326
経済活動に対するグローバルな統一ルール　328, 332
経済技術開発区　171
経済建設における「左」の誤り　90, 92
経済主権が直接対峙的関係（すなわち主権の絶対観）　328
経済主体・直接組織化・社会有機的共同体　94
経済上の覇権　323
経済成長に対する輸入の役割　359
経済成長の主導的牽引者　331
経済成長方式の中心軸の転換　410
経済成長方式の転換　12, 141, 410
「経済体制改革に関する中国共産党中央委員会の決定」　97
経済的主権と独立性　155, 156
経済特区　144, 171, 172, 233, 237, 241, 244, 249, 250, 254
経済の国際化の高級な段階への発展　325
経済のグローバリズム　291, 306
経済のグローバリゼーション　7, 9, 10, 11, 13, 291, 293, 295, 297, 299, 301, 303, 304, 305, 307, 309, 311, 313, 315, 317, 318, 319, 321, 322, 323, 324, 325, 326, 327, 328, 329, 331, 332, 333, 334, 335, 346, 347, 352, 366, 392, 393
経済のグローバリゼーションと中国の国家経済安全　329
経済のグローバリゼーションの中で比較優位と競争優位を統一　356
経済のグローバリゼーションの中における相互依存関係　328
経済のリージョナリズム　327
経済封鎖・禁輸の包囲網　19
経済民族主義　313, 315, 316
経済理論における二つのグローバリズム　292
「結匯、售匯及付匯管理暫行規定」　242
倪健民　318, 322, 323
現行世界政治経済秩序を徹底否定　4
言語の物質的な社会的生産手段としての意義　310
現代資本主義の相対的に安定的発展の状況　77
「現代資本主義論」　62, 69
現代修正主義　38, 45
現代修正主義の所謂"国際分業"　45
現代世界における主要矛盾　35, 36
現代における世界戦争の抑止力　82
現段階の中国の戦略的産業の重点　361
現地立地型業種　215

こ

公益性産業　360
工業化の中期段階　9, 10, 332
工業化の中期段階から後期段階、重工業化、高度加工工業化へ急速に脱皮　366
公正で合理的な国際政治経済新秩序の構築　322
公正で合理的な新経済秩序の確立の闘い　79
向ソ一辺倒政策　21, 25, 35, 44
工程の国際分業　344, 361, 386
後天的生産要素　356
後天的生産要素のグローバルな流動化　354
後天的に創り出された比較優位要素　352
高度加工品輸出　367
工農同盟　311
高品質化　367
高付加価値の国際競争力を具えた製品の輸出への脱皮　360
公平な競争原則　347
合弁企業　148, 152, 157, 158, 160, 162, 168, 176, 181, 184, 185, 208, 213, 261, 270, 271, 272, 273, 275, 376, 382, 388
合弁形態　148, 149, 181, 185, 225, 226, 227
黄方毅　128, 129
工貿結合　232, 233
合法的かつ公平な国民的権利の保護　164

425

効率的経済拡張戦略　322
公有制を主体とした所有関係　105
「公有制を主体とした多様な所有制経済の共同の発展」　100
呉儀　135, 136, 240, 332
胡錦濤　360, 410, 411
国営貿易管理制度　252
国営貿易企業　244, 248, 252, 253, 254
国際化過程における差別政策　325
国際価値　121, 122, 123, 126, 131, 132
国際価値・客観的なカテゴリー　121
国際価値の客観的存在性　121, 122
国際価値否定論　122
国際価値論　121, 122, 123, 124, 126, 303
国際間の不等価交換の問題　46
国際共産主義運動の世界性　36
国際競争圧力を自覚的に利用　365
国際競争への参入度を基準　349
国際競争力　11, 12, 127, 131, 132, 157, 158, 186, 214, 275, 276, 282, 287, 322, 330, 332, 333, 334, 340, 348, 351, 352, 354, 356, 357, 363, 365, 367, 368, 370, 371, 374, 386, 387, 402, 406, 408, 410, 413, 415, 416, 418
国際競争力育成扶助のための対象産業選択　360
国際競争力強化をめぐる政策協調と基軸　363
国際競争力指向戦略　130
国際市場価値論　122, 124, 126, 130
国際市場価格を基礎とした価格設定方式　47
国際生産価格　123, 124, 126
国際生産時代　324
国際大循環経済貿易発展戦略　133, 134, 135
国際的管理貿易の多角的協調を受け入れる　336
国際的搾取　40, 88, 123, 124
国際的独占　70
国際的な一般的ルールに準拠した経済関係　164
国際的な迂回生産過程としての深化　333
国際的な迂回生産過程の深化・拡大　333
国際的な生産関係　119, 120
国際的に管理貿易の趨勢が必然的　336
国際的不等価交換　29
国際的平民主陣営と帝国主義侵略陣営　25
国際的要素移動という要因　334
国際独占資本の闘争の主要な形式, 77
国際分業　5, 9, 11, 44, 45, 81, 88, 90, 91, 92, 95, 96, 112, 113, 114, 115, 116, 118, 119, 120, 121, 125, 126, 130, 134, 138, 151, 157, 160, 324, 332, 333, 334, 335, 340, 341, 342, 343, 344, 346, 347, 353, 354, 355, 361, 371, 386
国際分業・労働節約・資本蓄積の積極的推進　112
国際紛争の平和的解決の趨勢が発展　57
国際貿易関係・不等価交換＝国際的搾取　88
国際貿易時代　324
国際貿易における不等価交換の解消　47
国際貿易の古典派理論　294
国内外無差別の国際市場競争の場　364
国内革命戦争　68, 83
国内加工販売用輸入原材料　265, 266, 267
国内企業あるいは国内産業概念　153
国内高価買付・低価格輸出競争　143
国内産業の保護のための国内法整備　349
国内市場開発型直接投資導入　226
国内市場指向型進出業種　207
「国内投資項目不免税的進口商品目録」　412
国内付加価値率　278
国防科学技術の自主研究・開発・製造と情報化の必要　413
国民経済間の差別政策が後退　325
国民経済と国民経済の対峙　325
国民経済の効率的社会的分業　112
国民国家　298, 300, 302, 304, 305, 307, 308, 310
国民待遇　12, 375, 378, 379
国民待遇と超国民待遇　375
国民的価値と国際価値の間の差の縮小　132
国民的生産力発動・総動員体制の枠組　111
国連特別総会　19, 41
国連復帰（1971年）　38
ココム　17, 18, 19, 20, 21, 43
呉承明　147
個人の生産手段に対する所有権の実現方式　106
コスモポリタンな人間労働　121
国家外匯管理総局の創設　170
国家が貿易の統一計画　229
国家間には各種の利益の摩擦と衝突が存在する　336
国家計画委員会　51, 181, 182
国家経済安全　154, 155, 156, 329, 383, 384, 386
国家経済安全上の観点からする外資系企業導入制限論　154
国家主権と安全　160, 162

426

索引

「国家中長期科学和技術発展規画綱要（2006-2020年）」 13, 413, 414
国家統制型保護貿易の理論と政策 44
国家独占資本主義 5, 61, 63, 64, 67, 69, 70, 71, 72, 73, 74, 75, 76, 77, 78, 79, 82, 83, 84, 85, 86, 177
国家独占資本主義第三段階論 73
国家独占資本主義の国際的側面での特徴 75
国家独占資本主義の連合、協調、協力 77
国家による貿易の統一計画 229
国家の経済的安全 155, 156
国家の経済的独立の保護 163
国家類型による基礎構造 318
国境小額貿易 259, 263, 268, 269, 270
古典的な輸入代替政策 359
個別企業輸出赤字に対する財政補填の取り消し 239
個別経済主体の活動を通じてのグローバリゼーション 325
混合所有制 99, 106, 108, 109, 110, 111
今後の外資直接投資の基本的な見通し 169
今日の民族経済保護 160

さ

サービス貿易 120, 188, 189
財貨貿易・サービス貿易・技術貿易の相互融合した発展 136
財政請負 232
再生産不可能な天然資源や原材料 357
柴瑜 375, 386, 394, 395, 396, 398, 400
昨今の経済摩擦 331
産業間分業 333, 341, 354
産業連関を組み込んだ産業の集積地域の形成 344
産業構造の高度化 11, 141, 189, 352, 365, 374, 384, 410
産業構造の高度化と技術水準の引き上げ 366
産業構造の調整 322, 360, 375, 387, 398, 410, 411, 412
産業技術集約度の引き上げ 352
「産業結構調整指導目録」 13, 411, 412
産業資本と商業資本の分業 325
産業資本の国際優位性 324
産業資本を中核とする国際資本移動 334
産業資本を中心とした経済のグローバリゼーション 366
産業集積地域の形成 344
産業政策の中心的地位 352
産業内集中・工程分化と特化 333
産業内貿易 7, 279, 280, 281, 282, 283, 333, 334, 366, 398
産業の高度化プロセス 344, 361, 386
産業発展と地域発展が結合 134
産業保護と振興政策の範囲が狭まっている 332
産銷結合 232
"三道防線、一面出撃" 137
「三来一補」 179

し

自家用輸入設備・資材 265, 266, 267, 268, 269, 272
資源集約的産品の輸出 129
資源と市場をハイテクの共同開発に切り替える 370
資源の独占的収奪論 3
自己完結型・鎖国封鎖型国民経済の建設方式 26
自己収斂型対外経済関係構築 27
自国経済の積極性と世界経済のダイナミックスを結合 164
自己の知的所有権とブランド 12, 410
自主革新能力 12, 13, 410, 411, 414
自主型輸出戦略 137
自主研究開発型製造業への発展 412
自主研究・開発・製造への発展 414
自主研究開発を強化 371
市場競争の効率と公平 364
市場競争の効率と公平を保障する競争政策 364
市場参入制限 377
市場をもって技術と交換する（以市場換技術） 11, 154, 375
「市場をもって技術と交換する」という戦略 179, 225, 377, 380, 382, 383, 384, 389
「市場をもって技術と交換する」という戦略を使うことができる前提条件 380
自然経済思想 90, 93, 94, 96
自然経済段階 99
自然史的過程 101
自然的生産要素のグローバルな流動化 354
自然発生的な分業を最高の形態 103
実際の経営管理上の決定権 160
実践から得られた学習 352
指定経営貨物 248
指定経営管理制度 253
指定経営管理対象品リスト 253
指定経営企業 244, 253, 254, 255
指定経営資格 254
私的労働と社会的労働の対立・分離 93

427

「指導外商投資方向規定」 186, 188
「指導外商投資方向暫行規定」 178, 182, 186
自動車輸入の割当許可証管理 405
指導性計画 144, 235, 240, 241
自動輸入許可管理 244, 247, 248, 249, 250, 251
「資本家の国際的独占団体」 70
資本・技術集約的工程 361, 386
資本財の輸入を通じて先進技術の導入 371
資本財輸入の生産性向上と技術導入に果たす役割 371
資本集約的 129, 133, 181, 196, 206, 212, 214, 282, 287, 288, 344, 361
資本集約的、あるいは技術集約的工程 344
資本集約的、あるいは技術集約的製品 344, 361
資本集約的工程 361, 386
資本主義か社会主義かの闘争 37
資本主義から社会主義への移行 34, 72, 73, 74
資本主義国内部のプロレタリアートとブルジョアジーの矛盾 35
資本主義的国際分業 45, 119, 120
「資本主義的最強国による地球の領土的分割」 71
資本主義的搾取関係の止揚 28
資本主義的搾取の手段の一つとしての資本主義的外国貿易の本性 29
資本主義統一世界市場の崩壊 115
資本主義独占段階・資本主義の最後の段階 68
資本主義に対する社会主義の絶対的優位性 165
「資本主義の最高の段階としての帝国主義」 22, 40, 52
資本主義の市場予定調和論 295
資本主義の全般的危機論 115
資本主義の長期生命性 4
資本主義の特殊の段階としての帝国主義 63
資本主義の腐朽化 59
資本主義の復活したソ連 38
資本主義は社会主義への過渡期 68
資本主義発展の第三段階 71, 74
資本の原始蓄積段階 73
資本の社会化の新たな水準 72
資本の総過程を含む総資本の全過程の運動 67, 323, 325
資本の有機的構成と労働生産性の国際的差異 123
「死滅しつつある資本主義」 3, 5, 25, 27,
58, 63, 68, 69, 74, 83, 86, 100, 295, 309, 312
死滅しつつある帝国主義 25, 96, 150
社会主義革命 5, 22, 23, 25, 33, 34, 36, 49, 52, 55, 69, 74, 77, 78, 83, 84, 85, 92, 295, 296, 297, 298, 302, 304, 307, 308, 312, 314
社会主義革命および民族解放革命の時代 34
「社会主義革命と民族自決権（テーゼ）」 308
「社会主義革命の前夜」 17, 22, 40, 55, 68, 69, 78, 83, 86, 100, 295, 309, 312
社会主義革命論の取り下げ 297, 298
社会主義兄弟国間の計画的貿易と経済協力 45
社会主義企業の相対的独立計算単位 89
社会主義計画経済の優越性 25, 86, 88
社会主義経済において商品が存在する根拠 88
社会主義建設の総路線 93
社会主義現代化の前提条件としての平和の保障 53
「社会主義国際分業」 44, 45
社会主義国民経済・対外貿易の必要性 46
社会主義国家 31, 33, 314, 316, 318, 319
社会主義混合経済論 81
社会主義再生産過程における不均衡 46
社会主義市場経済 4, 8, 9, 81, 96, 97, 98, 100, 102, 105, 111, 112, 113, 116, 120, 136, 140, 141, 144, 152, 163, 164, 167, 179, 240, 315, 342
社会主義諸国間の経済関係 44
社会主義初級段階 102, 103, 104, 105, 106, 138, 315
社会主義陣営の崩壊 44, 312, 313, 317
社会主義制度下における国家資本主義経済 75
〈社会主義世界体制〉の成立 37
社会主義体制擁護論 154
社会主義的改造 94, 149, 150
社会主義的改造実施以前の一部外資の利用 149, 150
社会主義と共産主義の世界的な勝利の時代 34
社会主義と資本主義との間の矛盾 35, 36, 37
社会主義へ移行しつつある資本主義 72
「社会主義への移行の始まり」の時代 74
社会主義への直接的過渡的な資本主義として帝国主義 68

索引

社会主義への直結的道　297
社会主義民族経済　154，315，316
社会主義民族経済擁護論　154
社会主義民族国家　315，316，318，328
社会主義民族国家論　312
社会主義労働は直接的なものとしての社会的労働　103
社会帝国主義　4，38，39，47，52，62
社会的協働　306，310
社会的生産の専門的分業の高度の発展　99
社会的分業による労働の社会的形式　100
社会的分業は商品生産、市場経済存在の一般的前提　99
社会的平均的必要労働時間　124
社会的労働　45，91，93，102，105，120
上海浦東新区の開発と開放　171
周恩来　16，17，49，50，51，95
重化学工業化に向けて外資の導入をはかっていく戦略　127
重化学工業中間製品の代替段階　332
就業機会の増加　163
自由競争段階にある資本主義　325
主権の相互譲許関係（主権の相対化）　328
重工業の現代化による資本・技術集約型製品の輸出　134
重工業発展のために必要な技術と物財の輸入　133
重工業優先発展によるダイナミックな生産力の発動効果に依拠する開発方式　30
重商主義的性格の対外貿易政策　338
重商主義的貿易政策　366
重商主義保護貿易的な輸入政策　357
「重大専門項目」　414
自由で開放的な国際貿易制度　322
「重点中古機電製品輸入目録」　252
重点的外資導入誘導の方向　181
「重点領域及び優先主題」　414
自由貿易主義的国際分業　120
自由輸入貨物　247
重要工業品自動輸入許可管理品目　249
重要な医学・予防治療の水準の向上　413
14都市へ外資投資を引き込むために国境経済合作区を創設　172
珠江三角洲　50，171，344
珠江三角州（広東省、深圳、珠海）地区の外資導入の重点　417
循環型経済の技術発展モデル　413
準管理型貿易政策　335
準競争性産業群　358
"主権喪失国威失墜"　51
主権領土の尊重　25

主体的国際競争力創出・競争環境整備、調整　132
「出口貨物退（免）税管理弁法」　255
「出口許可証制度的暫行弁法」　170
「出口農副産品生産基地和出口工業品専廠的試行弁法」　51
周柏林　321，322
主要農産品に対する国家計画買付・計画販売　94
純粋民族資本　151
商業資本　66，67，82，324，325
小私有制経営経済構成体　106
消費者の権利の保護　163
商品経済と市場経済の区別　98
商品生産、市場経済存在の根底的基礎　99
商品別商会　240
肖楓　55，65，66，68，71，74，76，78，79，82
情報、生物、材料、宇宙、航空部門等の前線技術　413
庄凌　132，133
奨励項目　155，178，181，182，183，184，186，187，188，189，260，403
奨励項目類　412
徐華　135
徐海寧　330，332，335
初級段階の社会主義の理論　97
植民地主義　17，40，54，55，71
植民地体制一掃の時代　34
植民地、半植民地国　151，157
諸侯経済　238
ジョン・グレイ　292
自力更生　45，53，90，95，151，161，386，387，389
自立的国民経済の建設　149，150
指令性計画　96，111，144，234，235，236，240，241，263
新式分業・直接的社会的分業・自己自覚性、計画性　105
「進口貨物許可制度暫行条例」　171
「進出口商品検験条例」　171，230
新植民地主義　71，77
新中国建国後ソ連からの外資導入　149
人民元経常項目の自由な兌換　243
人民元の価値　331
人民元の切り上げ圧力　339
新薬の開発と重要医療機器の研究、開発・製造　413
侵略政策と戦争政策　16，52
侵略的外資系企業　150
人類社会発展の決定的な要因　34，35，36

429

す

スイス・フラン建てによるバーター貿易記帳決済方式　47
垂直型分業　279, 281
水平型分業　279, 281
水平的国際分業の進展　324
数量割当　231, 238, 240, 244, 245, 246, 247, 248, 250, 252, 331
スターリン　23, 24, 25, 26, 27, 33, 59, 62, 63, 88, 115, 309

せ

セーフガード　349
セーフガード、アンチダンピング、輸出補助金に対する防衛　347, 359
「セーフガード措置条例」　243
西欧啓蒙思想　292
政企職能分離　233
制限項目　178, 181, 182, 183, 187, 188, 189, 202, 258
制限項目類　412
制限輸出貨物　245
生産工程の一部の非中心的工程、あるいは末端工程部分のみを移転する場合　367
生産工程のほぼ全部分、あるいは生産工程の中心部分を移転する場合　367
生産者の公平・平等な権利の保護　163
生産手段の公有制が優位を占める、各種経済構成体の併存する商品経済　96
生産手段の公有制と指令性計画経済　103
生産手段の公有制を主体とした多様な経済構成体の併存する下での分業　104
生産手段の共同所有　103
「生産と資本の集積」　70
生産の国際化　120
生産の国際的展開　344, 361
生産要素市場の発展と生産要素価格形成のメカニズム　98
生産要素のモビリティがないという前提　332, 333
生産力水準が低い段階にある中国社会主義　86
生産力の高度に発展した未来社会の素描　101
政治主導突出型の国民経済構築論理　82
成熟資本主義を経ないで転換した社会主義　86
製造業と情報産業の技術水準　413
製品差別化　206, 208, 333, 367
製品市場における競争圧力戦略　385
製品のすべてを直接輸出する許可項目　187
製品輸出外資系企業　178
政府間協定貿易項目の輸入　254
政府間貿易協定　327
政府調達　347, 359, 389, 390, 415
世界一級の研究機関と国際競争力をもつ企業のR&D機構　413
世界革命戦略　298, 311
世界革命論　309, 312
世界経済運営の民主化　327
世界経済多極化　327
世界経済の一体化　157, 325, 328
世界経済の新しいグローバル化の段階　164
世界経済発展の客観的な趨勢　326
世界経済貿易の主潮流　140
世界社会主義革命論　302
世界政治経済の多極化　326
世界政治経済の多元化構造　318
世界政治経済は多元化と多極化　321
世界戦争　33, 42, 49, 68, 77, 82, 315, 321, 322
世界的な同一同質的市場関係　304
世界的な要素流動化　353
世界熱核戦争　37
世界の運命を決する要因　37
世界の加工場　374
世界の関連国家の協議や協定によるグローバルな組織　325
世界の経済貿易の主潮流　140
世界の工場　335, 342, 355, 374
世界の主要な基本矛盾　35
「世界の分割」　70
世界の歴史の車輪の前進を推進する革命的原動力　40
世界八十一ヵ国共産党・労働者党代表者会議　34
世界貿易秩序の攪乱　339
世界変革の原動力　4
世界を脅かす帝国主義超大国　42
薛栄久　24, 28, 44, 45, 47, 114, 117, 118, 119, 120, 130, 133, 134, 137, 140, 142, 143, 144, 167, 173, 256, 331
積極的国際的要素移動　334
絶対劣位にあっても、なおかつ比較優位の存在する理由　333
銭学鋒　346, 347, 369, 370
1958年価格を基礎とした取引価格設定方式　47
1986年のGATTの地位回復申請　140, 150, 224, 230

全国際ブルジョア階級に反対する闘争　78
全国統一輸出体制を構築　238
全国的収支の統一計算（「統収統支」）体制　236
潜在的遊休資源の経済価値実体化　416
先進技術外資系企業　178
先進技術、機械設備と中間製品の輸入　357
先進資本主義国に先行して登場した中国社会主義　101
先進資本主義国家　318
漸進的な平和的変革の道　38, 53
全人民所有制内部における商品交換関係　27
〈戦争〉でない〈革命〉　38, 53
「戦争と革命」の時代　33, 34, 35, 43, 44, 50, 57, 170, 312
「戦争と革命」の時代認識との訣別　49, 51
「戦争に備えて」　82, 83, 92, 94, 170
戦争抑止力の有効な条件　53
全体の輸出赤字を全体の輸入黒字で埋め合わせる　229
全体を包括する単一の世界市場の崩壊　23
選択的外資優遇も与えないという中性的な外資政策　379
選択的に外資に対して優遇政策を継続　378
センダロフ　46
「先端技術」　414
船舶輸入管理　252
全般的な国際分業の否定　88
全面的な外資系列化　367
全面的支配統合完結型絶対優位構造　321
全面的な輸出指向戦略　129
全要素生産性の向上作用　357
戦略競争産業　360, 368, 370
戦略産業　348, 349
戦略的な貿易統制　18
戦略発展産業群　358, 368
戦略物資禁輸強化措置　19

そ

宋泓　375, 386, 394, 395, 396, 398, 400
宋群　371, 372
相互に競い合う複数多国籍企業の導入　388
相互不可侵　25
相互防衛援助統制法」（通称バトル法）　19
相殺措置の対象とならない補助金　350
"走出去"　330, 343
総体的社会経済制度としての帝国主義　58
相対的に後れている中西部地域　330
相対的優劣思想という合理的真髄　118
装置型製造業の水準　371
増値税　183, 186, 189, 190, 191, 204, 255, 256, 257, 258, 259, 260, 261, 278, 372, 391, 412
桑百川　96, 99, 157, 159, 160, 162, 163, 167, 168, 222, 223
「促進産業結構調整暫行規定」　13, 411, 412
ソ修覇権主義　39
「ソ同盟における社会主義の経済的諸問題」　27, 59
ソ米両覇権主義国　42, 52
ソ連共産党第20回大会　35
ソ連社会帝国主義との関係　43
損益自己負担　233, 234, 235, 237, 238, 239, 241
損益自己負担請負経営責任制　239

た

第一次産品の競争力指数　286
対外経済関係の捨象あるいは軽視論　3
対外経済貿易体制改革と貿易成長方式転換　136
対外経済貿易発展戦略　81, 127
対外経済貿易発展の…総合力結集戦略　136
対外借款　147, 173, 174, 175, 176, 177, 376
対外進出　330, 343
対外政治経済に関する中ソ対立根本問題　35
対外貿易「強化価値創出発展戦略」　132
対外貿易経営権　7, 232, 239, 243, 244
対外貿易・資源の効率的配置・経済発展　113
「対外貿易進口管理試行弁法」　230
対外貿易専業総公司　171, 232, 233, 236, 263
対外貿易戦略は特定の単線型に偏らない複合中立型の有効な輸入代替と適度の輸出拡大を結びつけたもの　332
「対外貿易地方進口管理試行弁法」　230
対外貿易に対する二級管理体制　231
対外貿易の財務体制の改革　235
対外貿易の内的構造　329
対外貿易の倍化価値利益　132
対外貿易部傘下の輸出入総公司系統の機構　229
「対外貿易法」　243
大規模な世界戦争の行使によって覇権を追及　322
「大経貿」戦略　136
第5期全人大第4回会議の政府活動報告　170
第三次科学技術革命　59
第三次世界大戦の発生の可能性　33

431

第三世界諸国と人民の団結と連合　41
第三世界の主力軍としての役割　42
第三世界の帝国主義戦争抑止力　63
第三世代携帯電話　407
第三ラウンドの外資直接投資導入戦略　417
「第十一次5ヵ年規画」　392，404
体制的、制度的に組み込まれた搾取　4，48
体制的な総体的開放　341
対ソ同盟関係　25
対中経済封鎖・禁輸網　19
対中経済包囲網戦線　19
対中国向け禁輸リスト　20
対中貿易統制　18
対帝国主義戦略と世界共産主義革命戦略　35
第二次大戦後国際的な資本運動・条件変化　66
第二世界　40，41，42，47，62
対日輸出競争力　283，285
対米、対日貿易等…垂直分業型特徴　281
対米輸出競争力　285
「大躍進」政策　87
対立する二つの社会体制の闘争の時代　34
戴倫彰　118，121，122
第6回国連特別総会における鄧小平演説　40
高い輸入依存型構造　283
多国籍企業依存型産業発展モデル　393，394
多国籍企業加工工程統合の主要な一翼　362
多国籍企業拒絶自給自足型産業発展モデル　393
多国籍企業と高水準の競争が展開可能な内資企業の育成　387
多国籍企業との合作研究開発　370
多国籍企業に主導される国際分業の新体系　342，355
多国籍企業に対する中心技術あるいは核心技術移転の奨励　388
多国籍企業の大きな発展　76
多国籍企業の経営戦略　343
多国籍企業のグローバル資源配置　344
多国籍企業のグローバルな産業連鎖　362
多国籍企業の中国におけるR&D機構設立の奨励　389
多国籍企業の内資企業に対するM&A行動の規範化　388
多国籍企業利用"自立"型産業発展モデル　393
多国籍企業を中心とした国際直接投資の拡大　335
他国にたいする不侵犯　38
他国の内政にたいする不干渉　38
打掃干浄屋子再請客　21

WTO加入承諾の過渡期条項準備期間に、外資に開放する領域については前以って内資企業に参入を自由化する　388
WTO加盟後製造業の外資導入戦略　392
WTO加盟後の外資導入戦略　375
WTO規則の範囲内の内資企業に対する扶助　388
WTOルールの中で残された貿易政策の空間　348
WTOルールの中の主動的な機動性輸入保護の発動　349
「単一超強大国」　319，320
単純な単線型対外貿易戦略　330

ち

地域的経済構造　319
地域的自給自足体制の構築　94
知的所有権　12，132，144，363，368，371，390，405，409，410，414，415
「知的所有権の貿易関連の側面に関する協定（TRIPS協定）」　409
地方外貿公司　232，233
地方の損益自己負担　232
中央政府による指令性計画　5
「中外合弁対外貿易会社設立の試行についての暫定規則」（1996年）　245
「中外合弁対外貿易会社の設立に関する暫定規則」（2003年）　245
中核となるのは技術集約度　352
「中華人民共和国外匯管理条例」　242
「〈中華人民共和国海関法〉の改訂に関する決定」　243
「中華人民共和国憲法」　170
「中華人民共和国中外合資経営企業法」　170
中華人民共和国の外交政策の原則　16
中間財輸入の製造業企業の生産性向上に与える効果　371
中間地帯論　38
中継貿易　171，242，261，263，264，268，269，270，271，272，273，279
中古機械・電気製品　251，252
中国側が株式支配している合弁・合作企業　158，162
中国側の株式所有比率　159
中国側の指導的立場堅持の規定　153
中国機械・電気製品輸出入商会　246
中国共産党指導の反帝反封建民族解放闘争　22
中国経済の発展段階　99
「中国経済発展と外資直接投資導入"自立"型発展戦略」に合わせた戦略対策　387

索引

中国工業化の発展段階　329
中国工業化の最も重要な中心軸　367
中国（国有・集団企業）資産価値保全・増殖　162
中国産業の輸出競争力　351，362
中国式の輸出代替の道　129
中国自体の世界における地位の向上　43
中国社会主義初級段階の基本的経済制度　100
中国人民政治協商会議第1回全体会議　16
中国対外経済貿易の総体政策　142，145
中国対外経済貿易発展理論　116，124
中国対外承包工程商会　246
中国WTO加盟後対外経済貿易の総体政策　143
中国WTO加盟賛成派或は支持派の見解　140
中国特色ある自主革新の道　411
中国に対する選択的貿易統制　18
中国の外資直接投資導入の総体戦略　375
中国の外資利用と対外貿易の相互作用　138
中国の開放戦略の全体的長期構想計画　342，355，361
中国の加工貿易品の国際競争力　363
中国の競争優位　369
中国の経済成長は主として国内需要によって牽引　331
中国の国際分業への参加　120
中国の主導的輸出形態である加工貿易　362
中国の対外経済貿易の発展問題　116
中国の東部地域や南部地域　330
中国の特色ある国家革新体系　413
中国の貿易の多重構造性　373
中国民族経済の対立物　152
中国の輸出競争力　230，284，286，288
中国の要素優位　335
中心的基軸構造　319
「中西部地区外商投資優勢産業目録」　186，188，260
中西部地区の開発　418
中ソの対立　44，47
中ソ貿易　47
中ソ論争　34，35，38，297
中長期戦略政策　409
中立的な立場にたつという貿易自由化戦略　347
中レベル技術　356，369，370，389，390，392，400，401，407，416
中レベル技術業種―現段階における戦略業種　400
超越的な理想主義　170

張漢林　346
趙謹　360
長江三角洲　171，344
長江三角州（江蘇省、浙江省、上海市）地域の外資導入の重点　417
張世賢　155
朝鮮戦争の勃発　16，18，296
超大国に反対する主な力　40
超大国の収奪と搾取　40
張二震　332，333，334，335，338，339，340，341，342，346，353，354，355，357，358，359，360，361，363，365，366，370，371，384，386，387，388，390，391
直接投資による市場参入・覇権型資本蓄積構造　324
直接的社会主義革命への展望の後退　57
陳琦偉　118，120，121，122，130，131
チンコム　20，43
陳徳照　115
陳隆深　121，122，126

つ

通常貿易　7，247，256，258，259，262，263，264，265，269，274，275，276，279，337，344，362，368，370，371，372

て

鄭海東　140，291，339，346，393
低技術・資源を基礎とする業種　399
帝国主義一般　39，40
帝国主義概念　55，83
帝国主義が社会主義革命の前夜　17，63，72
帝国主義国からの外資進出全般の否定　149
帝国主義国対外侵略に有利な国際分業論　118
帝国主義搾取論　48
帝国主義時代の特徴と異なる点　76
帝国主義諸国間の不均等発展　77
帝国主義諸国間の領土…争奪・新たな戦争　68
帝国主義戦争　5，36，49，52，58，63，68，69，76，77，78，81，83，84，85，87，101，309
帝国主義戦争の抑止力の発展　56
帝国主義段階　3，36，56，65，66，71，74，82，83，85，86，87，96，217，295，308，309，315
帝国主義的国際分業　119
帝国主義的対外政策　83

433

帝国主義的領土囲い込み型資本蓄積構造 324
帝国主義との闘争 35
帝国主義とは資本主義の独占的段階 63
帝国主義とプロレタリア革命の時代 33, 41
帝国主義に対する直接対立物・中国革命 100
『帝国主義による植民地原料の略奪』 46
帝国主義による植民地収奪 29
帝国主義の眼前の即事対立物 84
帝国主義の「寄生性」 65, 66, 67, 69
「帝国主義」の時代 78
帝国主義の政治経済上の不均等発展 68
帝国主義の「腐朽性」 63, 64, 69
帝国主義の崩壊 34
帝国主義の歴史的地位 68, 71, 150
低保護政策 347, 359
低保護と緩やかな輸出奨励政策 347, 360
適度に低めの人民元レート 349
TD-SCDMA 407
鄭励志 23, 58, 59, 62, 63, 64
天安門事件 263
伝統的商品の輸出入パターン 120
伝統的な民族経済の概念 151
伝統的民族経済擁護論 153, 164, 165, 166

と

統一世界市場 114, 115, 116
統一貿易計画 230
当該国経済 158, 343
等価交換 89, 122, 123, 126
等価交換・効率の社会的分業・・・の組織化 90
投資受入国の主要利益 158
投資禁止及び制限項目業種 155
投資政策、競争政策、産業政策との関連で調整と統合 363
鄧小平 41, 49, 50, 52, 53, 55, 56, 57, 96, 98, 179, 326, 329
党第11期3中全会 53, 147, 170, 230
党第15回全国代表大会における江沢民の報告 325
党第16期5中全会 12, 13, 392, 410, 411
動態的な輸出拡大 347, 359
淘汰項目類 412
東南アジアの小国モデル 331
導入外資数量制限 153
導入技術の消化、吸収、再革新 411
東北旧工業基地の国際競争力の全面的レベルアップ 418
東北の旧工業基地 418

董輔礽 26, 94, 170
「当面国家産業政策鼓励発展産業、産品和技術目録」 260
「当面国家重点鼓励発展的産業、産品和技術目録」 412
当面死に瀕していない生命力…資本主義 58
当面の世界の主な傾向 34, 38, 41
独資企業 148, 155, 158, 159, 168, 170, 176, 181, 184, 185, 224, 225, 226, 234, 235, 270, 271, 272, 273, 275, 289, 376, 382
独自の主体性をもつ漸進的固有の政策に裏打ちされた貿易政策 338
独占資本主義 3, 5, 22, 60, 61, 63, 64, 67, 69, 70, 71, 72, 73, 74, 75, 76, 77, 798, 79, 82, 84, 85, 86, 177, 315
独占資本主義の国家独占資本主義・・・移行 67
独占資本と国家政権が相結合 76
独占資本の支配 60
独占の要因 123
独占の防止 347, 359
「特定機械・電気製品目録」 250
「特定機電産品進口管理実施細則」 250
特定の品種に特化した…基地…工場 51
独立自主の経済体系 157
独立自主の自国の意思による「有無相通ずる貿易」 48
独立した、完全な工業体系をうちたてる問題 27, 95
独立した、比較的整った国民経済体系 91
独立した完全な経済体系 91
独立的な絶対的位置関係 327
途上国民族国家 319
土地使用権の有償転売 171
独禁法 64, 349, 385, 388
独禁法、反不公正競争法 385, 388
届出制（登記制） 244

な

内向型（国内市場指向型） 395
内向型経済発展 127
内向型戦略 331
内向型貿易政策から開放型で適度の保護貿易政策 143
内向型保護政策の特徴 144
内向型保護貿易政策 145
内政不干渉 25
内藤昭 147, 148, 149
内陸産品の沿海地域への進出 134

ナショナリズム 83, 86, 293, 296, 297, 298, 299

に

二極体制 319
「ニクソン主義」 43
ニクソン訪中（1972年） 38
二元戦略 385
二元的産業構造・発展への相互制約的関係 133
21世紀に単独覇権 322
2001年WTOへ正式に加盟 393
2010年までに比較の整った社会主義市場体制の基本的枠組を整えて 100
「日中平和友好条約」 54
入札競争 241
任暁 279, 320, 321, 323, 328

ね

燃費基準制限 405

の

農業における請負責任制 96
農業の科学技術の全体的実力 413
農業を重視し商業を抑える（重農抑商思想） 93
農産品に対する割当買付 94
農村労働力…移転と重工業の高度化の結合 134
農貿結合 232

は

バーター貿易 121, 240, 257, 260, 262, 264, 267, 268, 269
拝外主義 155
裴長洪 159, 160, 163, 371, 372, 373, 374, 384
ハイテク 111, 133, 182, 186, 282, 316, 322, 335, 363, 370, 387, 388, 389, 390, 391, 392, 401, 406, 408, 411, 412, 414, 416
ハイテク産業 189, 322, 330, 348, 349, 360, 361, 364, 368, 370, 378, 385, 389, 390, 412, 416
ハイテク産業における新鋭軍 415
ハイテク産業の加工・組立 414
ハイテク産業を現段階の根本的な戦略的選択 355
ハイテク製品 11, 288, 330, 363, 368, 387, 390, 406
ハイテク製品を輸入し、低次の加工製品を輸出 282
配分計画 235
ハイレベル技術 352
跛行非完結型相対的優位支配構造 321
覇権 38, 39, 40, 41, 42, 52, 54, 55, 56, 57, 58, 62, 79, 83, 86, 321, 322, 323
「覇権主義」と「強権政治」に対する闘い 79
覇権主義と強権政治の抑制 322
バターロフ等の著作『国際貿易』 28
発展途上国 8, 40, 41, 57, 58, 66, 77, 79, 84, 85, 124, 125, 126, 127, 128, 131, 134, 140, 141, 144, 149, 151, 154, 156, 158, 164, 165, 167, 190, 223, 319, 326, 330, 339, 341, 342, 350, 352, 354, 359, 361, 371, 386, 393, 394
潘悦 334, 338, 346, 348, 351, 352, 355, 356, 357, 359, 360, 361, 362, 363, 366, 370
半植民地・帝国主義列強の外資系企業 149
半植民地的半封建的経済構造 26
反帝国際共産主義運動の積極的意味 36
反帝国主義社会主義 36
反帝闘争の世界性 36
反帝・反植民地主義・反覇権主義の主力軍 42
反帝・反覇権・反植民地・反人権差別主義の闘争 54
反帝反封建闘争の歴史的位置・前提論理構造 22
反帝民族解放闘争 36, 296, 302, 308
バンドン会議 297
反覇権 42, 52, 53, 54, 55, 57, 297

ひ

比較生産費原理 131, 132, 303, 354
比較生産費説の「合理的真髄」 117
比較生産費説の労働価値論的展開 125
比較生産費理論の理論的位置 117
比較の発達した重工業…未発達な農業 133
比較優位競争力 334
比較優位製品特化型分業＝産業間国際分業 333
比較優位構造の中における国内市場指向型進出 207
比較優位を根拠とする競争力 333
比較優位をもつ労働集約的製品の輸出 129
比較劣位構造の中における国内市場指向型進出 213

非競争性産業群　358
非公有制　104, 105, 108
非国営貿易企業　248, 252, 253
非国有科学技術関連企業　4154
ビジネス情報の国際化　120
「左」の誤り　92, 96
ビッグプッシュ型市場拡大　166
非同盟諸国会議　296
一つの世界体系としての帝国主義死滅の過程　85
人と人との間の有機的分業関係　103
非民族企業　159, 168
被抑圧民族と帝国主義の矛盾　35
「貧困化」成長現象　339
瀕死の資本主義　24

プロレタリア　4, 31, 36, 54, 55, 68, 72, 73, 78, 92, 295, 299, 300, 301, 303, 304, 305, 306, 307, 308, 309, 310, 311
プロレタリアート　312
プロレタリアートの潜在的世界連帯　305, 306
プロレタリア革命　33, 41, 54, 85
プロレタリア国際主義　41, 45, 54, 55, 78, 295, 308, 311, 316
プロレタリア文化大革命　38, 44, 47, 49, 50, 58, 93, 156
分業と労働の社会的形式　100
分業の固定性、自然発生性…強制性　103

ふ

馮遠　366, 368, 370, 387, 389, 390, 391
馮蕾　334, 346, 347, 348, 349, 350, 351, 352, 353, 355, 356, 3573, 359, 360, 361, 362, 363, 366, 368, 387, 389, 390, 391
付加価値の増殖、技術進歩　113
付加価値の高い輸出　365
付加価値率10～15％を上回るものを国産品　160
腐朽とはっきり相反するような現象　59
複合型あるいは総合型対外貿易戦略　330
不足する資本を外資利用によって補うという目的　366
不足を補い不要を避ける(補短避長)　11, 375
二つの階級　295
二つの形態の公有制　88
二つの啓蒙イデオロギー　293
二つの超大国　40
物財計画経済　29
物財経済　93, 94, 99
不等価交換　28, 29, 46, 47, 88, 121, 122, 123, 124, 382
不等労働量交換　123, 124, 126
不平等条約　148, 149
不平等条件の下での競争の助長　143
普遍主義　292, 317, 318
プラント輸出項目　245
旧い形の比較優位原理　353
旧い国際経済秩序　62, 126
旧い理念にもとづく輸出奨励政策　354
ブルジョアジー　295, 299, 300, 301, 303, 307, 309
ブルジョアジーの民族性と国民国家　300,

301
閉鎖型経済建設路線　96
閉鎖的な自給自足的経済　94
米ソの対抗と協調の複雑な関係　43
併存する二つの世界市場　4, 41, 114, 115
米中共同コミュニケ　38, 43, 54
米中WTO協議　377, 381
平和共存　37, 38, 54, 172, 298
平和勢力が戦争遂行勢力を上回ったこと　57
平和と安定した世界の繁栄　322
「平和と発展」の時代　78, 81, 82, 135, 170, 291, 312, 392
平和な経済競争　37
平和の問題と南北問題　56
「辺境小額貿易暫行弁法」　171
辺境貿易企業・指定経営管理品の辺境貿易　254
片務協調型の貿易政策　335

ほ

貿易外貨　234
貿易活動の活性化と発展・貿易体制転換　171
貿易経営権　7, 232, 236, 239, 240, 244
貿易計画体制　234
貿易構造の高度化　274
貿易搾取論　3
貿易自由化と資本の自由化政策　322
貿易奨励制度を中性化　347
貿易政策、投資政策、産業政策の協調　365
貿易政策、投資政策、産業政策を競争政策の目標要求に従属　365
貿易政策と国民経済全体発展政策との乖離　339
貿易政策を中性化　11, 348

索引

貿易投資一体化の流れ 386
貿易と投資の一体化 338, 341, 342, 343, 345, 355, 361, 363, 365
貿易における強化された価値の創出 132
貿易における動態的比較優位の獲得 133
貿易の完全な形の国家管理 229
貿易に関連する投資措置に関する協定 (TRIMS協定) 376
貿易の国家独占制 6, 142, 229, 230, 231, 232, 238
貿易の国家独占制をめぐる論争 238
貿易の利益と国民資産の流出 143
貿易紛争の激化 338
貿易摩擦 331, 337, 360, 367, 399
貿易摩擦の中心部分を占める労働集約的製品の輸出 360
貿易を通ずる搾取 123
封建的小生産思想 94
方勇 333, 334, 335, 338, 340, 342, 346, 353, 354, 355, 358, 360, 361, 363, 366, 370, 384, 386, 387, 388, 390, 391
保護政策の内部化 11, 348
保護的な色彩の管理型貿易政策 336
保護の対象は外資系企業になる場合 357
保護貿易政策から協調管理型政策の転換 145
補償貿易 170, 176, 177, 179, 233, 257, 259, 263, 264, 269, 376
「補助金禁止条例」 243
補助金対抗措置 349
保税区 171, 247, 254, 261, 268, 269, 270, 271, 272, 273, 279, 289
保税倉庫移出入貨物 261, 268, 269, 270, 271, 272, 273
本来的独占性産業 358, 359, 360
本来的独占性産業群 358, 359

ま

馬宇 151, 152, 165, 167, 377, 378
末端部分の加工・組立工程 369
馬野青 333, 334, 335, 338, 340, 342, 345, 346, 353, 354, 355, 358, 360, 361, 362, 363, 364, 366, 367, 384, 386, 387, 388, 390, 391
マルクス 8, 9, 17, 23, 28, 29, 31, 41, 42, 53, 54, 59, 64, 65, 72, 74, 85, 93, 94, 98, 99, 101, 102, 103, 105, 109, 132, 138, 293, 298, 299, 300, 301, 302, 303, 304, 305, 306, 307, 308, 309, 310, 312, 313, 314, 317, 318, 321
マルクス、エンゲルスが描いていたような社会主義 101
マルクス主義 8, 9, 28, 31, 94, 138, 293, 295, 298, 299, 300, 304, 307, 312, 313, 316, 317, 318, 321, 328
マルクス主義グローバリズム 8, 295, 298, 312, 313, 316, 317, 318, 328
マルクス主義経済理論 8, 295
マルクスとエンゲルスにみる民族、国民国家 298
マルクスの国際貿易理論 118, 125
「マルクス派の人々の定説的世界市場観」 29, 88, 95

み

「三つの世界」 40, 41, 47
"三つの有利" 162
「民族革命的」分子 308, 309
民族企業 141, 147, 151, 152, 153, 154, 154, 157, 158, 159, 160, 162, 163, 168, 226, 340, 341, 343, 351, 386, 405
民族経済 6, 62, 83, 141, 147, 150, 151, 152, 153, 154, 155, 156, 157, 158, 159, 160, 161, 162, 163, 164, 165, 166, 167, 168, 216, 223, 309, 313, 315, 316
「民族＝言語共同体」 306
民族工業 141, 153, 155, 159, 160, 161, 163, 164, 226, 386
民族国民経済 295, 313
民族国家 55, 86, 307, 310, 312, 313, 314, 315, 316, 318, 319, 328
民族国家概念 313
民族産業の保護 150, 164, 357
民族産業、民族企業、国内産業、国内企業の保護との関連 340
民族自決権 299, 306, 308
民族自決の世界的な社会主義革命に向けての意義 308
「民族主義国」 44
民族主義を奉ずる国家 296
民族独立と平等の戦略的意味と実体性 304
"民族"の概念 150
民族独立と民族の平等 301
民族のプロレタリアートが共同の計画に従って規制する一つの全一体としての世界経済 312

437

む

無期限の保護 358
"無原則の右傾" 51
無政府的競争…を否定した計画経済 28

め

明示的意思表示による外資系企業 148
免税外貨商品 260, 267, 268, 269

も

毛沢東 16, 26, 27, 33, 34, 38, 40, 53
目的的外資導入 344
モザイク型産業集積 345
モスクワ声明 34
持ち株比率制限 377
戻し税 236, 255, 278, 279, 344, 347, 250, 355, 362, 369, 372, 373, 374, 385, 399
戻し税率 373, 374
元の宗主国の経済的な従属的地位 157

ゆ

優遇政策を継続すべきであるという論 377
優遇政策を継続すべきではないという論 377
有効保護率 348
輸出赤字に対する補填の取り止め 238
輸出加工区 254, 261, 268, 272, 273, 277
輸出加工貿易 260, 267, 268, 269
輸出競争力 7, 11, 230, 279, 280, 282, 283, 284, 285, 286, 288, 351, 357, 362, 365, 370, 384
輸出禁止貨物 245
輸出計画商品の貨源 235
輸出指向型外資経済 384
輸出指向型進出 204, 206, 207, 209, 220, 226
輸出指向戦略 129, 132, 134, 330, 331
輸出指向戦略下の主軸産業 331
輸出指向戦略と輸入代替戦略が産業間で併存・交錯 330
輸出指向段階 330
輸出指向貿易政策 347
輸出指向や対外進出と輸入代替の複合性 330
輸出指定経営 244, 253
輸出商品計画 238, 240
輸出商品生産基地 50, 51
輸出奨励 11, 204, 255, 338, 339, 340, 343, 349, 350, 354, 355, 357, 360, 388
輸出市場企業に対して補助金が与えられている場合 350
輸出信用と外国銀行の貸し付け 176
輸出産品の親企業関連企業内部調達率 287
輸出制限貨物 245
輸出専門工場 51
輸出代替戦略 128, 129
「輸出入企業経営資格証書」 254
輸出入損益自己負担の特定三業種模式 237
輸出入代理制 234
輸出品の自主技術革新能力 351, 362
輸出部門の産業連関効果 362
輸出補助金 347, 255, 359
輸出戻し税 255, 278, 279, 344, 347, 350, 355, 362, 373, 374, 399
輸出戻し税制度 255, 279, 344, 362, 373
輸出戻し税と輸出補助金という間接的な輸出奨励策 355
俞正梁 320, 321, 322, 323, 328
輸入加工貿易 7, 258, 260, 262, 263, 264, 265, 268, 269, 274, 275, 276, 277, 278, 281, 335, 251, 268, 271
輸入関税数量割当内輸入貨物 247
輸入許可証 244, 246, 247, 248, 251, 252
輸入禁止貨物 246, 249
輸入計画 235, 252
輸入指向型発展と輸出指向型発展の結合 134
輸入指定経営管理 244, 253, 254
輸入制限 240, 246, 247, 249, 250, 289, 338, 340, 341, 343, 376
輸入代替型外資投資 384
輸入代替戦略 127, 128, 129, 130, 132, 134, 330, 331, 349, 357
輸入代替戦略下の主軸産業 331
輸入代替戦略の特徴 330
輸入代替段階 330
輸入代替的貿易政策 346
輸入代替的保護政策 341, 342
輸入代替と本質的に異なる低保護政策 359
輸入中間財 344, 362
輸入と輸出の有機的な結合 341
輸入による経済成長 357, 359
輸入の意義に対する見直しの必要性の理由 340
輸入の重点 357
輸入のための輸出 30, 48
輸入用外貨制限 381
「輸入割当許可証」 250
緩やかな輸出奨励政策 347, 355, 360

438

索引

よ

楊永華 154
要素移動によらない受動的な分業を超えるより積極的なもの 334
要素市場におけるR&D投資引き込み戦略 385
要素集約的性格の環節間の分業 333
要素分業 333, 334, 335, 340, 341, 342, 343, 344, 354, 355, 361, 386
要素分業化を推進する積極的存在 334
要素分業、産業内分業、工程分業による直接的国際競争力 354
要素流動化 332, 353, 354, 355
要素流動化が極く限られた一国国民経済の戦略的要素配置 354
要素流動化の条件 355
幼稚産業 154, 156, 158, 160, 345, 348, 350, 351, 358
幼稚産業の保護の基準 345

ら

来件装配 179, 233
来様加工 179, 233
来料加工 179, 233, 257, 258
羅双臨 368, 383, 387, 388, 389, 390, 391

り

リース 108, 171, 176, 259, 269, 376
利改税 235
李玉舉 351, 353, 360, 363, 368
李計広 346
李琮 71, 73, 74, 75, 76
理想主義的な社会主義経済モデル 92, 93
リベラリズム 293, 294, 295, 317, 318
リベラリズムの経済学の合理化の根拠 294
リベラリズムの経済学 294
リベラリズムの経済理論 7, 8, 9, 293, 295
隆国強 154, 279
劉昌黎 127
凌星光 123, 126
劉力 153, 154, 328, 331, 338, 339, 375, 377, 379, 381, 383
両下一上 229
「両頭在外、大進大出」 171
臨時措置対象貨物の自動輸入許可証 248

る

ルーブル表示のバーター貿易記帳決済方式 47

れ

レーニン 17, 22, 23, 24, 31, 33, 36, 40, 41, 42, 52, 53, 54, 55, 56, 59, 60, 62, 63, 64, 65, 66, 67, 68, 69, 70, 71, 72, 73, 74, 77, 78, 83, 93, 99, 101, 102, 105, 109, 299, 306, 307, 308, 309, 310, 312
レーニンの「民族原理」 308
レーニン的意味の「帝国主義」 40
レーニンの時代の帝国主義 76
冷戦構造の中での軍事費拡大 322
聯美反蘇外交 39

ろ

労働価値説的比較生産費説の合理化解釈 125
労働価値説と比較生産費説 117
労働集約型加工 222, 288
労働集約型産業 158, 207, 281, 384
労働集約型製品の輸出 138
労働集約型低次加工や低技術加工輸出 7
労働集約的工程 212, 344, 361, 386
労働集約的製品 11, 129, 135, 278, 344, 360, 361, 362
労働主体の主観的能動性社会エネルギー結集 93
労働生産性 28, 60, 122, 123, 126, 132, 199, 201, 204, 205, 206, 207, 208, 209, 210, 212, 213, 214, 215, 216, 219, 221, 222, 307, 310
労働生産性の差異・不等労働量交換の縮小 126
労働と労働条件との関係（所有制関係） 103, 105
ロバート・ギルピン 292, 293

わ

割当入札 246
割当無償入札 246
割当有償使用 246

439

著者紹介

片岡　幸雄（かたおか　さちお）
1943年　中国生まれ
1972年　大阪市立大学大学院経済学研究科博士課程単位取得退学
1972年　(財)九州経済調査協会研究員
1977年　第一経済大学助教授兼任
1981年　広島経済大学助教授
1986年　同教授
1987年　北京大学、復旦大学において一年間在外研究
1994年　日本学術振興会派遣・中国国家教育委員会招聘による北京大学、対外経済貿易大学、南開大学、復旦大学における半年間の在外研究

〔主要著書・論文〕
『中国における対外貿易論の新展開』(広島経済大学モノグラフⅠ)、1984年
『現代世界経済論』(共編著)、税務経理協会、1985年
『世界経済への挑戦―中国対外経済開放政策の理論的基礎―』(編訳)、1986年
『現代経済学の展開』(共著)、春秋社、1987年
『新亜洲』(共著)、上海三聯書店、1989年
『東アジアの経済発展』(共著)、渓水社、1990年
『世界経済与中国』(共著)、経済科学出版社、1996年
『中国対外経済論』(共著)、渓水社、2004年
その他論文、翻訳多数

〔専攻・担当科目〕
国際経済論、中国対外経済貿易論
住所　広島市安佐南区毘沙門台3-10-29
電話　(082) 877-7403
E-mail：sc-kata@hue.ac.jp

中国の対外経済論と戦略政策

平成18年7月10日　発行

著　者　片岡　幸雄
発行所　株式会社　渓水社
　　　　広島市中区小町1-4　(〒730-0041)
　　　　電話　(082) 246-7909
　　　　FAX　(082) 246-7876
　　　　E-mail：info@keisui.co.jp
　　　　URL：http://www.keisui.co.jp

ISBN4-87440-931-8 C3033